U0541679

宋學淵源記箋證

Commentary on The Recording of the Origin on Song Classical Learning

〔清〕江藩 纂　　劉國宣 箋證

中國社會科學出版社

圖書在版編目(CIP)數據

宋學淵源記箋證/劉國宣箋證.—北京：中國社會科學出版社，2021.1
（中國社會科學博士後文庫）
ISBN 978-7-5203-7921-2

Ⅰ.①宋… Ⅱ.①劉… Ⅲ.①理學—研究—中國—宋代
Ⅳ.①B244.05

中國版本圖書館 CIP 數據核字（2021）第 029112 號

出 版 人	趙劍英
策劃編輯	李凱凱
責任編輯	劉凱琳
責任校對	趙　威
責任印製	李寡寡

出　　版	中國社會科學出版社
社　　址	北京鼓樓西大街甲158號
郵　　編	100720
網　　址	http：//www.csspw.cn
發 行 部	010-84083685
門 市 部	010-84029450
經　　銷	新華書店及其他書店

印　　刷	北京君昇印刷有限公司
裝　　訂	廊坊市廣陽區廣增裝訂廠
版　　次	2021年1月第1版
印　　次	2021年1月第1次印刷

開　　本	710×1000　1/16
印　　張	25
字　　數	418千字
定　　價	138.00元

凡購買中國社會科學出版社圖書，如有質量問題請與本社營銷中心聯系調換
電話：010-84083683
版權所有　侵權必究

第九批《中國社會科學博士後文庫》編委會及編輯部成員名單

(一) 編委會

主　任：王京清
副主任：崔建民　馬　援　俞家棟　夏文峰
秘書長：邱春雷
成　員（按姓氏筆畫排序）：

卜憲群　王立勝　王建朗　方　勇　史　丹
邢廣程　朱恒鵬　李　平　李向陽　李新烽
吳白乙　何德旭　汪朝光　武　力　胡　濱
袁東振　陳星燦　陳衆議　陳　蘇　孫壯志
黄　平　張宇燕　張車偉　張樹華　張　翼
朝戈金　楊世偉　楊伯江　趙天曉　趙劍英
鄭筱筠　樊建新　劉丹青　劉躍進　潘家華
冀祥德　穆林霞　魏後凱　謝壽光

(二) 編輯部（按姓氏筆畫排序）：

主　任：崔建民
副主任：曲建君　李曉琳　陳　穎　薛萬里
成　員：王　芳　王　琪　宋　娜　苑淑婭　姚冬梅
　　　　孫大偉　梅　玫　張　昊　黎　元　劉　傑

序　言

　　博士後制度在我國落地生根已逾30年，已經成爲國家人才體系建設中的重要一環。30多年來，博士後制度對推動我國人事人才體制機制改革、促進科技創新和經濟社會發展發揮了重要的作用，也培養了一批國家急需的高層次創新型人才。

　　自1986年1月開始招收第一名博士後研究人員起，截至目前，國家已累計招收14萬餘名博士後研究人員，已經出站的博士後大多成爲各領域的科研骨幹和學術帶頭人。這其中，已有50餘名博士後當選兩院院士；眾多博士後入選各類人才計劃，其中，國家百千萬人才工程年入選率達34.36%，國家杰出青年科學基金入選率平均達21.04%，教育部"長江學者"入選率平均達10%左右。

　　2015年底，國務院辦公廳出臺《關於改革完善博士後制度的意見》，要求各地各部門各設站單位按照黨中央、國務院決策部署，牢固樹立并切實貫徹創新、協調、綠色、開放、共享的發展理念，深入實施創新驅動發展戰略和人才優先發展戰略，完善體制機制，健全服務體系，推動博士後事業科學發展。這爲我國博士後事業的進一步發展指明了方向，也爲哲學社會科學領域博士後工作提出了新的研究方向。

　　習近平總書記在2016年5月17日全國哲學社會科學工作座談會上發表重要講話指出：一個國家的發展水平，既取決於自然科學發展水平，也取決於哲學社會科學發展水平。一個沒有發達的自然科學的國家不可能走在世界前列，一個沒有繁榮的哲學社會科學的國家也不可能走在世界前列。堅持和發展中國特色社會主義，需要不斷在實踐和理論上進行探索，用發展着的理論指導發展着的實踐。在這個過程中，哲學社會科學具有不可替代的重要地位，哲學社會科學工作者具有不可替代的重要作用。這是黨和國家領導人對包括哲學社會科學博士後在內的所有哲學社會科學領域的研究者、工作者提出的殷切希望！

中國社會科學院是中央直屬的國家哲學社會科學研究機構，在哲學社會科學博士後工作領域處於領軍地位。爲充分調動哲學社會科學博士後研究人員科研創新積極性，展示哲學社會科學領域博士後優秀成果，提高我國哲學社會科學發展整體水平，中國社會科學院和全國博士後管理委員會於2012年聯合推出了《中國社會科學博士後文庫》（以下簡稱《文庫》），每年在全國範圍內擇優出版博士後成果。經過多年的發展，《文庫》已經成爲集中、系統、全面反映我國哲學社會科學博士後優秀成果的高端學術平臺，學術影響力和社會影響力逐年提高。

下一步，做好哲學社會科學博士後工作，做好《文庫》工作，要認真學習領會習近平總書記系列重要講話精神，自覺肩負起新的時代使命，銳意創新、發奮進取。爲此，需做到：

第一，始終堅持馬克思主義的指導地位。哲學社會科學研究離不開正確的世界觀、方法論的指導。習近平總書記深刻指出：堅持以馬克思主義爲指導，是當代中國哲學社會科學區別於其他哲學社會科學的根本標志，必須旗幟鮮明加以堅持。馬克思主義揭示了事物的本質、內在聯繫及發展規律，是"偉大的認識工具"，是人們觀察世界、分析問題的有力思想武器。馬克思主義儘管誕生在一個半多世紀之前，但在當今時代，馬克思主義與新的時代實踐結合起來，愈來愈顯示出更加強大的生命力。哲學社會科學博士後研究人員應該更加自覺堅持馬克思主義在科研工作中的指導地位，繼續推進馬克思主義中國化、時代化、大衆化，繼續發展21世紀馬克思主義、當代中國馬克思主義。要繼續把《文庫》建設成爲馬克思主義中國化最新理論成果的宣傳、展示、交流的平臺，爲中國特色社會主義建設提供强有力的理論支撑。

第二，逐步樹立智庫意識和品牌意識。哲學社會科學肩負着回答時代命題、規劃未來道路的使命。當前中央對哲學社會科學愈發重視，尤其是提出要發揮哲學社會科學在治國理政、提高改革決策水平、推進國家治理體系和治理能力現代化中的作用。從2015年開始，中央已啓動了國家高端智庫的建設，這對哲學社會科學博士後工作提出了更高的針對性要求，也爲哲學社會科學博士後研究提供了更爲廣闊的應用空間。《文庫》依托中國社會科學院，面向全國哲學社會科學領域博士後科研流動站、工作站的博士後征集優秀成果，入選出版的著作也代表了哲學社會科學博士後最高的學術研究水平。因此，要善於把中國社會科學院服務黨和國家決策的大智庫功能與《文庫》的小智庫功能結合起來，進而以智庫意識推動品牌意識建設，最終樹立《文庫》的智庫意識和品牌意識。

第三，積極推動中國特色哲學社會科學學術體系和話語體系建設。改革開放30多年來，我國在經濟建設、政治建設、文化建設、社會建設、生態文明建設和黨的建設各個領域都取得了舉世矚目的成就，比歷史上任何時期都更接近中華民族偉大復興的目標。但正如習近平總書記所指出的那樣：在解讀中國實踐、構建中國理論上，我們應該最有發言權，但實際上我國哲學社會科學在國際上的聲音還比較小，還處於有理說不出、說了傳不開的境地。這里問題的實質，就是中國特色、中國特質的哲學社會科學學術體系和話語體系的缺失和建設問題。具有中國特色、中國特質的學術體系和話語體系必然是由具有中國特色、中國特質的概念、範疇和學科等組成。這一切不是憑空想象得來的，而是在中國化的馬克思主義指導下，在參考我們民族特質、歷史智慧的基礎上再創造出來的。在這一過程中，積極吸納儒、釋、道、墨、名、法、農、雜、兵等各家學說的精髓，無疑是保持中國特色、中國特質的重要保證。換言之，不能站在歷史、文化虛無主義立場搞研究。要通過《文庫》積極引導哲學社會科學博士後研究人員：一方面，要積極吸收古今中外各種學術資源，堅持古爲今用、洋爲中用；另一方面，要以中國自己的實踐爲研究定位，圍繞中國自己的問題，堅持問題導向，努力探索具備中國特色、中國特質的概念、範疇與理論體系，在體現繼承性和民族性，體現原創性和時代性，體現系統性和專業性方面，不斷加強和深化中國特色學術體系和話語體系建設。

新形勢下，我國哲學社會科學地位更加重要，任務更加繁重。衷心希望廣大哲學社會科學博士後工作者和博士後們，以《文庫》系列著作的出版爲契機，以習近平總書記在全國哲學社會科學座談會上的講話爲根本遵循，將自身的研究工作與時代的需求結合起來，將自身的研究工作與國家和人民的召喚結合起來，以深厚的學識修養贏得尊重，以高尚的人格魅力引領風氣，在爲祖國、爲人民立德、立功、立言中，在實現中華民族偉大復興中國夢征程中，成就自我、實現價値。

是爲序。

王京清

中國社會科學院副院長
中國社會科學院博士後管理委員會主任
2016 年 12 月 1 日

序

《宋學淵源記箋證》原是劉國宣君的博士論文，現被選入第九批《中國社會科學博士後文庫》出版。這樣一個結果，正是我當初對他預設和預期的目標，所以得聞此訊，除爲之由衷高興外，心裏還有點"不出所料""果不其然"的小得意。

江藩《宋學淵源記》向被稱作《漢學師承記》的"姐妹篇"，雖評價不及《漢記》，但因是"首部真正意義的清代理學史"，"蘊含著豐厚的學術思想史信息"，故而在古代學術史研究的參考書目中，一直占有不可或缺的位置。我讀《宋學淵源記》，有兩點感觸頗覺意外。一是意外江藩這個對宋學成見頗深的漢學家，竟會記得朱子書裏還說過"康成畢竟是大儒"這樣的話，還能看出"朱子服膺鄭君"這麽隱秘的宋學"基因密碼"，而後世衆多"宗朱"學者，反倒熟視無睹。二是意外《宋學淵源記》史料取裁太過粗獷疏略，與一貫強調文獻考據、實事求是的漢學家風大相違失，著實令我大跌眼鏡。《宋記》編纂之旨，原本惠棟"六經尊服鄭，百行法程朱"之說。惠氏說："章句訓詁，知也；灑掃應對，行也。二者廢其一，非學也。"以爲宋學之"知"不可取，可取者宋學之"行"。藩既宗師說，故《宋記》記述之重，遂專在傳主"篤行"之跡，至其"博學""慎思"之要，則多疏略不顧。又《宋記》編纂史料，大多取自彭紹升《儒行述》，史源太過狹窄。這樣的情況在《漢學師承記》已見發生。據漆永祥教授考證，該書"全襲或摘錄最多者爲錢大昕之著述，幾占全書字數之三分之一"，故調侃《漢記》"幾爲錢、江二人之合著矣"。《宋記》後出，變本加厲，與《儒行述》的"查重率"竟高達十之八九。既未廣採博搜，亦無辨僞訂訛，更執門户之見，逞臆汰刪裁割，致使原有學術信息無端流失。故而《宋記》的文獻疏漏舛失問題，遠較《漢記》爲甚。此外，《宋記》例不收理學名臣學行，於朱陸異同、朱王分派，亦"概置之弗議弗論"。如此處理雖自有解釋，卻給他建構清前期理學史的客觀性和完整性，扣去不少學術分。後世學者之所以重《漢記》輕《宋記》，視《宋記》爲《漢記》陪襯，實與《宋記》的文獻"短板"脱不了干係。當然，從另一方面來説，這個"短板"也給後世學者騰出了研究的"可乘之機"。

《宋學淵源記箋證》是以傳統治書之法對這部清前期理學史的研究，用國宣君的話來説，則是"以傳統文獻學方法研治學術史"。這對文獻短板問題突出的《宋記》而言，的確不失爲一種對症下藥的學術方法和研究方式。爲達成此目的，他"一做裴松志注《三國志》"義例："引諸家之論，以辨是非"，"參諸書之説，以核訛異"，"傳所有之事，詳其委曲"，"傳所無之事，補其闕佚"，"傳所有之人，詳其生平"，"傳所無之人，附以同類"。凡此諸端，皆著力於文獻考證，檢覈史源，比勘異同，刊正訛誤，補苴闕漏，務使原書所記理學人事，愈發詳明而準確。復依劉知幾《史通》"六體"之説，附撰《〈宋學淵源記〉人物學行繫年》，以時代經緯人事學行，以編年補益紀傳敘事之不足。如此等等，限於篇幅，不煩舉例。然撰者用心用力之深，所見所得之富，讀其書者，自可知之。我曾前後兩度深讀此書，上次看的是博士論文，此番是看的待印書稿，是知其當年擬定的研究目標——爲學界奉獻一部"堪供參稽"的《宋學淵源記》箋證本，已告達成。也可喜漆永祥教授大著《漢學師承記箋釋》，總算有了"姐妹篇"。

國宣君是二〇一五年入學華東師大古籍所，從我攻讀古典文獻學專業的古代學術史方向博士學位。那時我年過六十七歲，離退休之日不遠，本不打算再招學生，是他投送的學術文章讓我眼睛一亮，於是向研究生院重新申請名額，而他也憑著出色的考試成績，成了我最後一名博士研究生。他的學位論文選題《宋學淵源記箋證》，是讀博一年後自己提出的；也或許是因我多次在學生面前稱讚漆永祥教授的《漢學師承記箋釋》，並以此開端，進而江藩，進而惠氏，再進而乾嘉學派的學術研究進路，讓他聽之有心而起念的緣故。三年過去，國宣君如期交出一份讓我點頭稱是的論文稿；而令我印象深刻的，還有他的超強自學能力，以及學業愈重愈樂呵、睡眠越少越增重的超強心理素質。論文以優秀品第通過博士學位答辯，但他自覺仍不夠成熟，遠未臻卓越。遂於畢業之後，一鼓作氣，投奔北大中文系博雅博士後工作站，並如願以償，得以接受漆永祥教授的近身指導；於今圓滿收官，也算是沒有辜負此一段歲月靜好。國宣君即將踏上新的學術之路，但願他繼續虛心前行，以《宋學淵源記箋證》出版爲開端，"進而""進而""再進而"，日新日新日日新。藉此筆墨，既作寄語，亦爲祈願！

庚子臘月　嚴佐之於滬寓

摘　要

　　清代著名學者江藩（1761—1830）爲吴派宗匠惠棟的再傳弟子，謹守惠氏"六經尊服鄭，百行法程朱"的旨訓，既仿《漢書·儒林傳》《藝文志》編纂《國朝漢學師承記》《國朝經師經義目録》，復撰《國朝宋學淵源記》以繼之。兩《記》的編纂，反映了江藩對所處時代學術的認識與總結，共同完成了江藩本人對清代前期學術史體系的建構，成爲考論這近兩個世紀中思想學術發展首當參考的重要著作。然而較之《漢學師承記》，作爲首部真正意義上的清代理學史著述，《宋學淵源記》成書倉猝，行文簡率，甚至不無錯謬，其根源則在於纂輯者江藩深拒固閉的門户意識。拙稿以傳統文獻學方法研治學術史，對《宋學淵源記》全書進行條理細密的文本箋證工作，檢覈史源，比勘異同，刊正訛誤，補苴闕漏，間附考證，時下己意，本於治學求是之旨，務使該《記》所述清代前期理學人事詳明而準確，以供學界參稽利用。無論對江藩本人思想、清代漢宋之争的學術生態，尤其對清代前期理學發展狀况的理解，竊謂皆有所裨益。

　　關鍵詞：江藩（1761—1830），《宋學淵源記》，箋證，清代學術

Abstract

Jiang Fan (1761—1830) was a famous scholar who lived during the qianlong and jia qing dynasties of the qing dynasty. He is Hui Dong's reincarnated disciple which mean to learned from the master of great learning and integrity in Wu school, so he was follow close to the tenet about "when we reading six book, we don't doubt that Zheng Xuan's explanation is wrong; When we do anything, we should regard Zhu Zixue's thought as the criterion". By this way, he was so respected the "Han school" but did not ignore the "Song School" that had wrote some monograph like "The recording of the Succession of Teachings From a Master to Disciples in Han School" "The Text of '經師' and '經義' in this history" ang "the recording of the origin on song classical learning". These books were written in imitation of "Biography of Confucianism" "Artistic records" in "Han Shu". The two "recording" can reflect the author's understanding and summary to academic condition for his livingera. In these book, the author had completed the construction of the academic history system in the early Qing Dynasty. So it's become the first literature to be consulted when scholar will research on the development of academic thougth in the past two century. Compare with "The recording of the Succession of Teachings From a Master to Disciples in Han School", although this book is the frist true significance work of History of Neo Confucianism in Qing dynasty, the author's writing is rather hasty, simple and even errors. The root cause of these errors is the author's serious sectarianism. The article research on academic history with the method of traditional philology to make annotations and textual work such as search the historical source, explore the similarities and differences, delete the false, supply the omission and even express the author's opinions and textual research in the corresponding places for full text which in line with the objective of seeking truth from facts. And then, the purpose of the study is to make the content on the persons and matters of early Qing Dynasty's Neo-Confucianism in the book more accurate and rich for the convenience of scholars' reference and use. So the research is helpful in deepen understanding about the monographic study on Jiang Fan's thought, Academic ecology in the context of the controversy between Han and Song school, espically for the development of Neo Confucianism in early Qing Dynasty.

Key Word: Jiang Fan (1761 – 1830), *The Recording of the Origin on Song Classical Learning*, Annotations and Textual Research, Academic of Qing Dynasty

目　錄

引　論 …………………………………………………… (1)
例　言 …………………………………………………… (42)

卷　上

前　叙 …………………………………………………… (45)
孫奇逢 …………………………………………………… (55)
刁　包 …………………………………………………… (67)
李中孚 附王心敬 ………………………………………… (73)
李因篤 …………………………………………………… (88)
孫若群 …………………………………………………… (102)
張　沐 …………………………………………………… (104)
竇克勤 …………………………………………………… (108)
劉源渌 …………………………………………………… (114)
姜國霖 附閻循觀　韓夢周 ……………………………… (119)
孫景烈 …………………………………………………… (126)

卷　下

劉　汋 附惲日初 ………………………………………… (135)

韓孔當 ·· (145)
邵曾可 ·· (150)
張履祥 ·· (153)
朱用純 ·· (162)
沈　昀 ·· (169)
謝文洊 ·· (174)
應撝謙 ·· (181)
吳日慎 ·· (186)
施　璜 ·· (190)
張　夏 ·· (194)
彭　瓏 ·· (198)
高　愈 ·· (206)
顧　培 ·· (210)
錢　民 ·· (214)
勞　史 ·· (218)
朱澤澐 ·· (223)
向　璿 ·· (230)
黃商衡 ·· (233)
任德成 ·· (236)
鄧元昌 ·· (239)

附　記

沈國模 ·· (249)
史孝咸 ·· (254)
王朝式 ·· (257)
薛香聞師 ·· (262)
羅有高 ·· (267)
汪愛廬師 ·· (277)
彭尺木居士 ·· (287)

程在仁 …………………………………………………………（301）

附　錄 ……………………………………………………（308）
 一　《宋學淵源記》人物學行繫年 ………………………（308）
 二　相關序跋篇什 …………………………………………（343）
 三　主要引徵書目 …………………………………………（353）

索　引 ……………………………………………………（369）

後　記 ……………………………………………………（372）

Contents

Prolegomena ·· (1)
General Notices ··· (42)

VOLUME I

Foreword ·· (45)
Sun Qifeng ··· (55)
Diao Bao ·· (67)
Li Zhongfu ·· (73)
Li Yindu ··· (88)
Sun Ruoqun ··· (102)
Zhang Mu ·· (104)
Dou Keqin ··· (108)
Liu Yuanlu ·· (114)
Jiang Guolin ··· (119)
Sun Jinglie ·· (126)

VOLUME II

Liu Zhuo ·· (135)

Han Kongdang	(145)
Shao Zengke	(150)
Zhang Lvxiang	(153)
Zhu Yongchun	(162)
Shen Yun	(169)
Xie Wenjian	(174)
Ying Huiqian	(181)
Wu Rishen	(186)
Shi Huang	(190)
Zhang Xia	(194)
Peng Long	(198)
Gao Yu	(206)
Gu Pei	(210)
Qian Min	(214)
Lao Shi	(218)
Zhu Zeyun	(223)
Xiang Xuan	(230)
Huang Shangheng	(233)
Ren Decheng	(236)
Deng Yuanchang	(239)

EXCURSUS

Shen Guomo	(249)
Shi Xiaoxian	(254)
Wang Chaoshi	(257)
Xue Qifeng	(262)
Luo Yougao	(267)
Wang Jin	(277)
Peng Shaosheng	(287)

Cheng Zairen ·· (301)

Appendix ·· (308)
   Ⅰ Chronicle of characters of *Biographies of Neo Confucianism*
      Scholars in Qing Dynasty ··· (308)
   Ⅱ Related Preface and Postscript ··· (343)
   Ⅲ Works Cited ·· (353)

Index ·· (369)

Postscript ··· (372)

引　論

一　選題緣起與既有研究的回顧

　　明代正德、嘉靖時期是中國學術思想史上的重要轉型期，出現了兩個旨在修正甚或反對程朱理學的學術流派——王陽明創立的"心學"與早期考據學。前者的出現導致了程朱、陸王兩派之間此後持續三個多世紀的論辯，後者的萌生則漸漸演變爲漢、宋之爭。這兩條綫索貫穿了"中國近三百年學術史"的首尾，成爲這一時期學術思想史上熱議的主題。活動於清代乾嘉時代的著名學者江藩（1761—1830）爲吴派宗匠惠棟的再傳弟子，深受惠氏"六經尊服鄭，百行法程朱"的教訓，既尊崇漢學，又基本能正視宋學。既仿《漢書·儒林傳》《藝文志》編纂《國朝漢學師承記》《國朝經師經義目録》，復撰《國朝宋學淵源記》以繼之。[1]兩《記》的編纂，反映了江藩對所處時代學術的認識與總結，共同完成了江藩對清代前中期學術史體系的建構，成爲考論這近兩個世紀中思想學術發展的重要文獻。但緣於當時漢學盛、宋學衰的客觀形勢，清代中期的宋學往往被視作漢學的陪襯附庸而備受冷遇，這一長期存在的認知慣性也造成了在兩《記》的接受史上，《漢學師承記》盛、《宋學淵源記》衰的不争事實。

　　與《漢學師承記》體裁無異，《宋學淵源記》以傳記體編著，全書分上、下二卷，附記一卷。冠於卷首的叙文，交代了江藩纂輯此書的初衷，"耆英凋謝，文獻無徵，甚懼斯道之將墜，恥躬行之不逮也"；同時揭示了《宋學淵源記》"網羅放逸舊聞"，以接續"道統"、激勵志行的著述旨趣。

---

[1] 以下爲行文方便，兩書書名均略去"國朝"二字。

但包括湯斌、李光地、張伯行、陸隴其等在內的理學名臣，"國史自必有傳"，無需贅述，故而繞開此類名家，專就"或處下位，或伏田間，恐歷年久遠，姓氏就湮"的宋學人物"表而出之"。是以《宋學淵源記》所錄學者多無顯名，這或許是造成該書長期遭受冷遇的"先天因素"。該書對所錄學者的編次，隱合今日學術地理觀念；而江藩以漢學宗匠纂輯宋學學術史著作，實不能盡免門户之見，是以論者有謂江氏"臚列諸人多非其所心折者，固不無蹈瑕抵隙之意"（伍崇曜語），亦有所見，但也因此使其書具備了豐富的學術史信息。

時賢目光的轉移，不同學科間的協作，清代理學文獻的整理、學説的發揮成爲時下學界的熱潮。作爲以本朝人建構本朝學術史的成功實踐者，江藩在清代學術史研究中向來備受關注。單就兩《記》而言，即成果蔚然，每使人有隱無臆意之感。漆永祥師在《江藩與〈漢學師承記〉研究》（上海古籍出版社 2006 年）、《江藩集》（上海古籍出版社 2006 年）結撰之後，完成了對《漢學師承記》全書的箋釋，煌煌八十萬言，體大思精，匯聚了此前既有研究的精華，更爲吾儕箋證《宋學淵源記》導夫先路，塑鑄楷模。高明峰的《江藩研究》圍繞江藩的生平、交遊、著述及學術等方面，對其人其學進行了全面系統的考察，一定程度上可視作對漆先生研究的補苴。撰有《中國學案史》的陳祖武先生將兩《記》置於清代中期漢、宋爭衡的歷史背景下，敘述了兩《記》的撰著始末。已故朱維錚先生在《漢學與反漢學》一文中曾就《宋學淵源記》展開述論，著重指出江藩纂修《宋記》，與對宋學表率桐城派的針鋒相向關繫深密。李紀祥教授《〈清史·儒林傳〉纂修之學術史反思——由〈國朝漢學師承記〉到〈清代學術概論〉》一文則從"本朝人修本朝學術史"的視角，深入探討了江藩纂修兩《記》的"方法及寫作之模式"，所論新警可喜。合觀上述諸家議論，重《漢記》輕《宋記》，視《宋記》爲《漢記》的姊妹篇甚至"陪襯"，幾乎成爲學界共識。①

---

① 諸家之外，相關研究論文層出不窮，如馬冰《〈國朝漢學師承記〉和〈國朝宋學淵源記〉》（《文史知識》1985 年第 5 期）、高明峰《江藩〈國朝漢學師承記〉〈國朝宋學淵源記〉述論》（《求索》2005 年第 5 期）二文專就兩《記》發抒宏觀的討論；戚學民《江藩〈宋學淵源記〉史源考論》（《文史哲》2010 年第 1 期）、《〈儒林傳稿〉與〈宋學淵源記〉》（《社會科學研究》2010 年第 1 期）兩文考論《宋學淵源記》的史源問題；王樹民《江藩的學術思想及漢學與宋學之爭》[《河北師範大學學報》（社會科學版）1999 年第 2 期]、王應憲《江藩漢宋學論探頤》（《商丘師範學院學報》2008 年第 1 期）、楊朝亮《江藩學術思想傾向再審視》（《齊魯學刊》2012 年第 4 期）等文則依據兩《記》探討江氏本人的學術史研究，皆有可觀。

然則，就《宋學淵源記》論之，是否果真題無賸意呢？纂輯者的生平與思想影響了他對所處時代學術的認知與判斷，造成了學術史著作中的若干偏差與誤臆，如何正視這一現象？《宋學淵源記》既有不足，較之學術史的真相相去幾何？造成這種差異的原因安在？其間透露出怎樣的學術史意義？倘能就種種思考，發覆文獻，爬梳故實，細密地對《宋學淵源記》全書進行考察，無論對江藩本人，對清代漢、宋之爭的學術生態，還是對清代前中期理學的發展史實，無疑皆有裨益。能否並如何以傳統文獻學方法研治學術史，對真正意義上的首部清代理學史著述《宋學淵源記》進行條理細密的文本箋疏工作，去其訛偽，存其真實，補其闕漏，使該記所記清代理學人事詳明而準確，堪供研究者參稽之用，余私心在焉。

二　晚明迄於清代前期的學術發展述略

（一）

二十世紀二十年代，梁啓超先生在《清代學術概論》中稱，中國學術"自秦以後，確能成爲時代思潮者，則漢之經學，隋唐之佛學，宋及明之理學，清之考證學，四者而已"①，隋唐以前姑置不論，將宋明理學與清代考證學並舉，視爲可相等量的"時代思潮"，似頗可商榷。蓋有清一代，程朱理學始終居於官學的地位，科舉制度的存在，使學者自童蒙之時，即接觸程朱經說。在這種背景之下，學者治學，無論趣於何種取向，皆不能不先就程朱之學加以研習，終不能擺脫理學的籠罩，與宋、明兩朝並無根本的差異。至於以方法論層面的"考證"去觀照整個時代的思想學術，這與梁先生自己對"思潮"一詞所下的定義便不相符。

較之梁說，史家蒙文通先生的意見尤應注意，他認爲，"中國學術，建安、正始而還，天寶、大歷而還，正德、嘉靖而還，並晚周爲四大變局，皆力摧舊說，別啓新途"②。有明"正德、嘉靖而還"，經學研究者多摒棄程朱經說，徑取信於漢唐注疏，湧現出了一大批專事駁難攻擊宋學的經學著作，如萬曆間陳泰交著《尚書注考》專事糾蔡沈《集傳》之繆，楊

---

① 梁啓超著，朱維錚校注：《梁啓超論清學史二種》，復旦大學出版社1985年版，第1頁。
② 蒙文通：《中國史學史》，上海古籍出版社2006年版，第116頁。

子庭作《春秋質疑》攻駁胡安國《春秋傳》，天啓間何凱撰《古周易訂詁》以漢魏經說批判程氏《易傳》、朱子《本義》——相同的事例，從《四庫全書總目》中可以找到許多綫索。蒙先生揭示出這一典範的遷變由發生在文學領域的前後七子的復古運動促成，彼輩倡導的"文必西漢，詩必盛唐"意味著"不要宋代的文和詩"，"不讀唐以後書"也就意味著"不要宋的理學"，① 目的正是要通過文學的革命造就經學的新陳代謝。② 文學革命由以復古爲職幟的前後七子促成演進，義理之學則有王陽明創立的心學爲之張目。《明史·儒林傳序》闡述陽明心學產生後的學術情形，有所謂"嘉、隆而後，篤信程朱、不遷異說者，無復幾人矣"③，但這句表面上看似合理的描寫實難免因果倒置之嫌。蓋上承孟子的陽明心學實在是於明代中期去宋復古的思潮出現時應運而生的，王陽明並非"遷異"程朱的始作俑者。這三股分別出現在文學、經學與義理之學領域的轉化勢力殊途同歸，程朱理學的權威因之在很大程度上受到動搖。七子的文學革命雖因公安、竟陵派的反對而漸歸消熄，王學的出現則促成了此下三百年間程朱、陸王兩派的持續論爭，而清代考據學家亦即樸學家自稱的"漢學"淵源，則不得不推溯於此時經學上的復古運動。換言之，清代學術史上的漢、宋之爭，實伏筆於斯。④

雖然陽明學說的早期傳播並不順利，官方不僅少有尊崇之意，反而予以排擠，但王氏以其卓絕的功業，"贏得生前身後名"，尤其他提倡的"致良知"學說直截簡明，更得其門人子弟秉承其學，講授四方，終於在萬曆年間博取到明廷的承認甚至推崇。⑤ 陽明身後，傳其學者固然極衆，流派

---

① 蒙文通：《中國史學史》，第192頁。
② 這一論斷的給出仍立足於蒙先生素持的"事不孤起，必有其鄰"的治學宗旨（參見蒙默《蒙文通學記》，生活·讀書·新知三聯書店2006年版，第1頁）。但事實上，明代中期經學的復古運動，與文學、義理之學上的變化幾乎同時進行，蒙先生刻意強調七子文學運動的作用，恐怕會造成某種程度的誤讀。
③ 張廷玉等：《明史》，中華書局1974年版，第7223頁。
④ 不少學者曾就漢學淵源於宋學予以揭示，如張舜徽指出："大抵清儒治學，名雖鄙薄宋人，實則多所剿襲。戴東原說《詩》，即多本朱《傳》，其明徵也。他如段玉裁注《說文》，多陰本小徐《繫傳》之言，掠爲己有。（中略）況有清一代樸學，實兩宋諸儒道夫先路。"（《清人筆記條辨》，中華書局1986年版，第394頁）近人汪辟疆也提出"清學出於宋學"，所見與張氏同調（參見其著《讀常見書齋小記》，《汪辟疆文集》，上海古籍出版社1988年版，第749—750頁）。但這類論述大抵屬後見之明，揆諸清人言說，嚴於門戶分立、強調此疆彼界，始是當時的"主流意識"。
⑤ 說詳呂妙芬《陽明學派的建構與發展》，《清華學報》新二十九卷第2期，第167—203頁。

引論

尤爲繁複，如王畿（龍溪）、王艮（心齋）之尊"悟"而雜佛學，鄒守益（東廓）主"戒愼恐懼"，聶豹（雙江）言"歸寂"，季本（彭山）倡"警惕"，取向各異，皆自謂得陽明本旨。雖然程朱之學仍佔據著官學學說的地位，但就民間學界而言，新興的陽明學已然完全凌駕於程朱之上，演爲一時顯學，可以勿疑。黄宗羲編撰《明儒學案》，以分佈地域爲依據，將他認爲確屬正宗陽明後學者分爲"浙中王門""江右王門""南中王門""楚中王門""北方王門"及"粤閩王門"，遍及浙江、江西、江蘇、湖南、廣東、福建及長江以北的廣袤區域。綜合前揭《明史·儒林傳》的描述，可以說，在晚明學術史上，無論就傳播的深度或廣度論之，陽明學說已足以取程朱而代之。同時書院與黨社在士人的講學活動以至時代學術的建構中，扮演了重要的角色，成爲與晚明學術息息相關的因素。①

當明廷"外見迫於遼東，内受困於張、李"之時，雖"養百萬之兵，靡億兆之費，財盡而兵轉增，兵多而民愈困"，"卒坐是以亡國"。② 明清易代，非惟政權的興亡，尤其還有一層民族文化輪替、華夷秩序紊亂的意味，這刺激了相當一部分學人，在入清之後，反思亡國之緣時，歸罪於陽明學之空疏無用。陸隴其（1630—1692）即曾不無偏激地指斥陽明之學曰：

---

① 以《明史·儒林傳》所記王陽明及其弟子講學事跡爲例，王氏曾先後講學於龍崗、貴陽、濂溪、稽山、敷文等多所書院，錢德洪"周遊四方講良知學"，王畿離京後"益務講學，足跡遍東南"，鄒守益在廣德時，"建復初書院，與學者講授其間"，以至於此時"士大夫率務講學爲名高"（俱見《明史》卷二八三，第7266—7274頁）。至於托跡無錫東林書院的顧憲成、高攀龍等東林一派，其論學實欲矯王學末流之弊，而調和於程朱、陸王之間，衍至清初，猶有相當的影響。參見本書卷下吴日愼、施璜、張夏、高愈、顧培諸傳箋證。關於晚明黨社的情形，謝國楨《明清之際黨社運動考》（上海書店出版社2004年版）及日本小野合子《明季黨社考》（上海古籍出版社2013年版）論述已備，不復贅述。對偏向學問的黨社，王汎森分析其活動的目的大約有四："第一是反對當時空疏佚蕩的學風及文風。第二是反對嘉靖、隆慶以來古文的剽竊之習。第三是針對當時内外的危機，想以儒家經典重建社會秩序。第四是想以儒家注疏的傳統取代當時流行的以佛家思想對儒經進行的詮釋。當時的經史社團，也常與經世濟民的關懷相聯，表現出回到經史與現實經世濟民的密切關係。"（《權利的毛細管作用：清代的思想、學術與心態》，北京大學出版社2015年版，第80頁）對於學院與黨社在晚明清初旋盛旋滅，幾近曇花一現，錢穆有曰："夫書院講學，其事本近於私人之結社，苟非有朝廷之護持，名公卿之提獎，又不能與應舉科第相妥洽，則其事終不可以久持。清廷雖外尊程朱，而於北宋以來書院講學精神，本人心之義理，以推之在上之政治者，則摧壓不遺餘力，於是錫之東林，以及浙之姚江，徽之紫陽，往昔宋、元、明以來書院講學之遺規盡墜。"（《中國近三百年學術史》，商務印書館2006年版，第22頁）

② 陳寅恪：《高鴻中明清和議條陳殘本跋》，《金明館叢稿二編》，生活·讀書·新知三聯書店2015年版，第146頁。

· 5 ·

自陽明王氏倡爲良知之說，以禪之實而託儒之名，且輯《朱子晚年定論》一書，以明己之學與朱子未嘗異。龍溪、心齋、近溪、海門之徒，從而衍之，王氏之學徧天下，幾以爲聖人復起，而古先聖賢下學上達之遺法滅裂無餘，學術壞而風俗隨之。其弊也，至於蕩軼禮法，蔑視倫常，天下之人恣睢橫肆，不復自安於規矩繩墨之內，而百病交作。（中略）至於啓、禎之際，風俗愈壞，禮義掃地，以至於不可收拾，其所從來非一日矣。故愚以爲明之天下，不亡於寇盜，不亡於朋黨，而亡於學術。學術之壞，所以釀成寇盜朋黨之禍也。①

陸氏的言說極具代表性。清初，實證學風漸趨濃厚，形上玄遠之學日就沒落，排擊王學，斷斷致辨於朱陸異同，成爲學界的新思潮。史家錢穆梳理"清初之朱陸異同論"略云：

"朱陸異同"之論，遠起明世。陽明之《朱子晚年定論》，專取朱子論學書牘與象山合者三十餘通爲說，同時羅欽順即遺書辨難。後東莞陳建著《學蔀通辨》十二卷，乃大詆"朱陸早異晚同"之說。及清初宛平孫承澤著《考正晚年定論》二卷，持論益偏。同時有柏鄉魏裔介論學與孫承澤相沆瀣。稍次有孝感熊賜履，得意略後於裔介，而亦以講理學爲顯宦名臣。著《閑道錄》，力闢陽明，尊朱子。諸人皆以高官講正學，爲朝廷襃獎。而顧亭林、王船山之儔，激於憂國忠世之意，感憤時變，溯源搜根，深痛晚明士習，歸罪王學，謂種學術亡國之大禍。（亭林）以在野大儒，亦主正學，儼若與朝貴相桴鼓矣。同時有大興張烈，以博學鴻詞纂修《明史》，著《王學質疑》，其書大見賞於平湖陸隴其稼書，以與陳氏《學蔀通辨》並舉。稼書爲有清一代正學宗師，持尊朱黜王之見益堅。其後及於乾隆之朝，一時士大夫專向考據，守程朱義理者深不悅。②

無論出乎虔敬的尊崇，抑或藉以矯飾自重，致身榮顯，尊朱黜王無疑成爲清初理學家的總體趨向，晚明以來低迷不振的程朱之學，轉有燎原之勢。清廷

---

① 陸隴其：《三魚堂文集》卷二《學術辨上》，《文淵閣四庫全書》本。
② 錢穆：《中國近三百年學術史》第七章《李穆堂》，第287—290頁。同參嚴佐之師《"朱陸異同"歷史文獻與"朱陸異同之辨"歷史衍變》一文，《中華文史論叢》2018年第2期。

既奉程朱爲正學，王學更被視爲異端，加之在朝儒臣對程朱理學的提倡，和對民間從事程朱學者的培植援引，終於使學術的天平由陽明傾向程朱。

（二）

對新帝國的統治，除武力控制、政治統轄之外，清廷更輔以因地制宜的文化策略。在蒙古，尊重並接受蒙古上層崇奉的藏傳佛教的信仰；對西藏，在握有實權的諸多教派中，抬高格魯派地位，支持黃教領袖，均以宗教手段強化與蒙藏的宗藩關係。對長城以內的中原地區，則尊崇性理，重新恢復作爲官方學術的程朱理學的地位。[①] 力求以治統干預道統，進而掌控對中國學術思想界絕對的"話語權"。在這方面，清聖祖尤稱有爲，客觀上推進了清代前期近百年理學隆盛的局面。

清聖祖始終強調政事由學問出，他本人對學問一道始終充滿興趣，西洋自然科學而外，最使其津津樂道的便是他畢生潛玩的程朱理學。在他主持倡導之下，《朱子全書》《性理精義》等官修理學書籍編就，學宗性理的樞臣疆吏湧現，享譽學林的理學名家層出不窮，昭示著此時理學獲得了空前的發展。以徐世昌主纂的《清儒學案》爲參照，該書208卷，網羅清代學者1169人，擇取其中開宗立派者立正案179人（附案922人），其中自卷一《夏峰學案》（孫奇逢）至卷六六《翠庭學案》（雷鋐），貫穿起清初至乾隆前期近百年間的理學史。所立66人正案包括了湯斌、張伯行、魏裔介、魏象樞、熊賜履、李光地、陸隴其、陳宏謀等聲名卓著的在朝名臣和孫奇逢、黃宗羲、陸世儀、張履祥、應撝謙、李顒、王懋竑等學宗性理的在野學者，他們因應自晚明以來的學術思潮，從事於講學著述的活動，穩居此時學界的主導地位。嘉慶年間，宗室昭槤（1776—1829）尚對此反復道出憧憬之情："本朝崇尚正道，康熙、雍正間，理學大臣頗不乏人"；康熙朝"宋學昌明，世多醇儒耆學，風俗醇厚，非後世所及也"；乾隆初"一時輔佐之臣（中略）皆理學醇儒，見識正大，故爲一代極盛之時也"。[②] 更晚於此，同治時期也有人稱道：

[①] 此即黃進興所指出的，"統治者主動介入文化與思想的傳統，致使'皇權'變成'政治'與'文化'運作的核心，而統治者遂成爲兩項傳統最終的權威"（《優入聖域》，臺灣允晨文化實業公司1994年版，第109頁）。

[②] 昭槤：《嘯亭雜錄》卷十"本朝理學大臣"，卷一"崇理學""純皇初政"諸條，第318、6、13頁。

洪惟我朝，正學昌明，人文蔚起。陸子（隴其）、湯子（斌）及桴亭（陸世儀）、楊園（張履祥）、儀封（張伯行）三子，實承斯道之正傳。熊孝感（賜履）、李安溪（光地）、朱高安（軾）諸元老，力爲翼之。楊賓實（名時）、蔡梁邨（世遠）、陳榕門（宏謀）諸君子，相與和之。故士有實學，學有成規。①

在道咸以降理學中興之後的學人筆下，類似的敘述多有出現，但這未必不是憧憬懷想的虛像。②

然則清代前期理學繁盛的面相之下，是否有所誇飾？仍證諸時人言論。康熙朝蜚聲文壇的名士趙執信（1662—1744）説：“今之學者，巧飾步趨，深設城府；貌柔而行乖，心煩而言寡；陽倚程朱爲祖，陰奉張孔爲宗。乃可以擅大名，久高位。”③ 位居首輔的張廷玉（1672—1755）描述康熙時代“薦紳之士，非朱子之學不敢言”，但最終的局面卻是“數十年來，海内所信爲朱子之學者不過數人”。④ 焦循（1763—1820）推獎理學名家王懋竑（1668—1741）“一生用力於朱子之書，考訂精核，乃真考亭功臣”，但同時也指出，“他人講程朱理學，皆浮游剿襲而已”。⑤ 應該承認的是，對程朱的尊奉，很大程度上出於統治所需，因而以勢壓學、充斥政事於學術之中，進以“將專制集權政治與學術專制相糅雜”，便成爲康、雍、乾三朝官方理學的總體特徵。⑥ 宋學既尚義理的研討，本就有違於當時趨實的學風，宋學社群又多“巧飾步趨”之輩，品行未克臻於醇粹，而官方更動輒“以理殺人”，自清初漸盛而取向相背的漢學家群體，對宋學

---

① 黄舒昺：《國朝先正學規彙鈔識語》，清同治七年（1868）湘潭紹濂書屋刊本。
② 歷來士人每當對目下失望、對現實無奈之時，往往以一種對昔日景況的懷想稍遣憂鬱，其“想象”之所在，實即對現實的關懷和焦慮之所在。
③ 趙執信：《飴山文集》卷四《送晋二生歸應鄉試序》，國家圖書館藏清乾隆三十九年（1774）刻本。
④ 張廷玉：《太子太保禮部尚書張清恪公墓志銘》，引自《碑傳集》卷十七。
⑤ 焦循：《雕菰集》卷十二《國史儒林文苑傳議》，見劉建臻校點《焦循詩文集》，廣陵書社2009年版，第215頁。
⑥ 説詳姚念慈《康熙盛世與帝王心術：評“自古得天下之正莫如我朝”》（生活·讀書·新知三聯書店2015年版，第225—238、248—249頁）。牟潤孫將清朝“理學統治時期”判爲“胤禛、弘曆兩代”，而不涉康熙一朝，即因雍正、乾隆兩朝的理學已與當時“儒學”“分裂”，而蜕變爲“以理殺人”的政治工具［氏著《胤禛與戴震》一文，收入《注史齋叢稿（修訂本）》，中華書局2009年版，第626頁］。

· 8 ·

引　論

立異以至主動相争，又何必怪焉。

(三)

在先秦時代，雖然已出現《莊子·天下》《荀子·非十二子》等專門記述學派分和、學術升降的文獻，但其著作旨意在於評騭當時學説之高下得失，進以申發己見，而非客觀的"實録"。第一部真正意義上的學術史著作，仍當推之於《史記·儒林傳》，自此開創了吾國學術史叙述"重人尤重其事"的傳統，①後世正史野記，大抵奉爲藍本。宋代理學興盛，朱子編《伊洛淵源録》，始開理學譜系（"學案"）編撰的濫觴。②《宋史·道學傳》的設置與纂寫，實際也是祖本於此。③其體裁雖與歷代《儒林傳》同屬傳記體，但著作宗旨在於追溯一學術傳統的源流，勾畫一學派繁衍的譜系，藉以闡述一家學説之原委。因而甄選人物，固然囿於某一學派，褒貶進退，惟在門户之見，所以"黨同門，妒道真"，也就成了此類著述的通性。這種理學譜系，較諸《儒林傳》，其失在於記述範圍狹隘，主觀私見叢生，甚至闡述學説的成分超乎叙述時代學術之上，"史"的意味也就大爲削弱。

到了清代前期，這兩種學術史的叙述方式均得到空前的發展，清廷倡修《明史》，與在朝在野的理學名臣、道學宗匠編撰學術譜系的學術活動，營造了一種撰述學術史的濃重氛圍。創其始者，則爲黄宗羲（1610—1695）編纂《明儒學案》。梁啓超盛稱此書，以爲"中國有完善的學術史，自梨洲之著《學案》始"④，這一論斷在相當一段時期内幾乎被視爲定論。但依今日的後見之明，無論就作者的撰述意旨，抑或著述本身的文獻形態加以考察，包括《明儒學案》在内的旨在追溯源流、重塑道統的"學案"著述，雖然具備學術史著述的意義（"用"），但其性質（"體"）

---

① 錢穆云："余曾謂歷史記載人物，而事必出於人，故中國史重人尤重其事。"（《現代中國學術論衡》，生活·讀書·新知三聯書店2005年版，第108頁）
② 陳祖武：《中國學案史》，東方出版中心2008年版，第25、41—44頁。
③ 案《四庫全書總目》"儒林宗派"提要："自《伊洛淵源録》出，《宋史》遂以道學、儒林分爲二傳。非惟文章之士、記誦之才不得列之於儒，即自漢以來傳先聖之遺經者，亦幾幾乎不得列於儒。講學者遞相標榜，務自尊大。明以來談道統者，揚己凌人，互相排軋，卒釀門户之禍，流毒無窮。"排除四庫館臣的學術立場因素，此節討論《伊洛淵源録》的影響尚屬簡要（永瑢等：《四庫全書總目》卷五十八，中華書局2001年版，第528頁）。
④ 梁啓超著，朱維錚校注：《中國近三百年學術史》第五講《陽明學派之餘波及其修正》，《梁啓超論清學史二種》，第148頁。

更接近於理學著作；以傳統四部的書籍分類方法觀之，則較接近於"子部"，而略疏遠於"史部"。① 其基本的著述精神，可以在孫奇逢（1584—1675）所著《理學宗傳》的自序中窺見：

> 學之有宗，猶國之有統，家之有繫也。繫之宗有大有小，國之統有正有閏，而學之宗有天有心。今欲稽國之運數，當必分正統焉；溯家之本原，當先定大宗焉；論學之宗傳，而不本諸天者，其非善學者也。②

湯斌（1627—1687）遵沿乃師的理路，繼續説道：

> 苟得其本心之同然，則千百世之上，千百世之下，固無異親授受於一堂者矣。如高曾祖禰與嫡子嫡孫，精氣貫通，譜牒昭然，而旁流支派，雖貴盛于一時，而不敢與大宗相抗，蓋誠有不可紊者在焉。③

這種論調自非一家私意，而實屬理學家的集體意識與話語習慣。幾乎與此同時，熊賜履（1635—1709）編撰《學統》五十三卷，張伯行（1651—1725）編撰《道統録》二卷，張夏編撰《雒閩淵源録》十九卷，魏一鰲（1613—1692）編撰《北學編》四卷，湯斌《洛學編》四卷，王心敬（1656—1738）增補《關學編》六卷，等等，皆是在清代前期理學興盛的背景下湧現出的理學譜系著述。

---

① 朱鴻林考察《明儒學案》面世之前出現的題名"學案"的六種著述，即耿定向《陸楊二先生學案》、劉元卿《諸儒學案》、劉宗周《論語學案》、王甡《學案》、黃宗羲《二程學案》及吳鼎《東莞學案》，指出"學案類著作屬於子書是通則"，"'學案'並不以傳記爲其著作的唯一意義；它的真正關心點是'擇術'的學問方法問題，它的終極意旨在於提示爲學的方案"。但他同時也爲四庫館臣將《明儒學案》歸於"史部傳記類"，而不置於"子部儒家類"提出一種解釋，那就是"當多個學案（傳記）集體成編時，系統性的學派脈絡和發展性的學說傳承也得以交互參見，這樣把它視作足以顯示過程的歷史之書，也算理所當然"（説詳氏著《〈明儒學案〉研究及論學雜著》，生活·讀書·新知三聯書店 2016 年版，第 4—5、22—23 頁）。陳錦忠也認爲《明儒學案》"實應'理學之書'視之，或較能符合其本質"（氏著《黃宗羲〈明儒學案〉著成因緣與其體例性質略探》，《東海學報》1984 年第 25 期）。這裡順帶一提，《續修四庫全書》將孫奇逢《理學宗傳》、湯斌《洛學編》、張夏《雒閩淵源録》、唐鑒《學案小識》等"學案"體著述，與阮元《儒林傳稿》同歸於史部傳記類，多少反映出對兩類同具學術史意義的著述性質的認識不清。

② 孫奇逢：《理學宗傳叙》，《理學宗傳》，鳳凰出版社 2015 年版，第 15 頁。

③ 湯斌：《理學宗傳序》，《理學宗傳》，第 11 頁。

引　論

　　出於彰示正統、籠絡遺民的需要，清廷入關未久即倡修《明史》，其初本欲仿照《宋史·道學傳》的做法，在《儒林傳》之外，別立《理學傳》。曾任明史館總裁的徐乾學（1631—1694）曾就《理學傳》中人物的取捨建議道："凡載《理學傳》中者，豈必皆勝儒林。《宋史》程朱門人亦有不如象山者，特學術源流宜歸一是。學程朱者爲切實平正，不至流弊耳。"① 徐氏的建議在當時得到相當一部分學者的同情，但朱彝尊（1629—1709）卻對此明示反對：

　　　傳儒林者，自司馬氏、班氏以來，史家循而不改。逮宋王偁撰《東都事略》，更名《儒學》，而以周、張、二程子入之。儒林言性理者，別之爲《道學》，又以同乎洛、閩者進之《道學》，異者寘之《儒林》。其意若以經術爲粗，而性理爲密，朱子爲正學，而楊、陸爲歧途，默寓軒輊進退予奪之權，比於《春秋》之義。然六經者，治世之大法，致君堯、舜之術，不外是焉。學者從而修明之，傳心之要，會極之理，範圍曲成之道，未嘗不備。故《儒林》足以包《道學》，《道學》不可以統《儒林》。②

　　最終，《明史》中未曾出現如《宋史》一般《儒林》《道學》分立的情況，就史書的編纂而言，摒棄某一思想流派的意識局限，應該說更趨合理，《明史》纂修的成功，確然有關乎此。

　　《明史》而外，清廷尚有纂修國史的政策，但反映有清一代學術的《儒林傳》，至嘉慶年間始由阮元（1764—1849）創立。嘉慶十四年（1809），時任浙江巡撫的阮元因牽涉劉鳳誥科場舞弊案而遭革職，③ 次年出任國史館總纂，直到嘉慶十七年出任漕運總督，前後任史職約有兩年。此間他基本完成了《儒林傳稿》的編撰，仿官修《明史》的成規，將儒

---

① 《徐健庵修史條議》，引自劉承幹《明史例案》卷二，民國吳興劉氏嘉業堂刻本，第12頁。
② 朱彝尊：《曝書亭集》卷三二。日本人內藤湖南對此有深切闡述，他說："這一議論顯然關係到了後來漢學的勃興，但是就當時學者的認識來說，並非完全出自漢學的意圖。不過，朱彝尊著有《經義考》，是意欲打破宋學那種偏狹學問的，當然，他有尊重漢學之意，但就其他人而言，不立《道學傳》的意見往往是出於尊崇陽明學所發的議論。"（氏著《中國史學史》，上海古籍出版社2016年版，第232頁）這提示研究者，在多種思潮錯綜並進的時代，一例看似簡單的文化現象，其出現的背景及意義往往是多面相的。
③ 事見張鑑等撰，黃愛萍點校《阮元年譜》嘉慶十四年條，中華書局2006年版，第84頁。

林、理學合而爲一。① 收錄清初至嘉慶初學人傳記44篇，合正附人物178人（其中理學99人），凡五萬餘字，首次對清代學術進行整體性記述，並將其交付國史館。案阮元《儒林傳稿序》有云：

> 綜而論之，聖人之道，譬若宮牆，文字訓詁，其門徑也。門徑苟誤，跬步皆歧，安能升堂入室乎？學人求道太高，卑視章句，譬猶天際之翔，出於豐屋之上，高則高矣，户奧之間，未實窺也。或者但求名物，不論聖道，又若終年寢饋於門廡之間，無復知有堂室矣。是故正衣尊視，惡難從易，但立宗旨，即居大名，此一蔽也。精校博考，經義確然，雖不逾閑，德便出入，此又一蔽也。臣等備員史職，綜輯《儒傳》，未敢區分門徑，惟期記述學行。②

此中調和漢宋的論調，非獨是清廷文化政策的反映，也是阮元本人中年之後學術立場的寫照，而嘉慶、道光時期的學風，亦可由此徵見。③

三　嘉道學風與《漢學師承記》　《宋學淵源記》的面世

（一）

近人陳垣（1880—1971）在抗戰期間自述治學遞嬗說："至於史學，

---

① 也就是在此時，自居程朱之學的桐城派堅持儒林、道學的分立，反對阮元等館臣合二者爲一的主張，并汲汲謀求道學傳的設立。然而在漢學熾熱之時，這份堅持的結果不啻石沉大海。當時桐城派的陳用光出任福建學政，恰逢《福建通志》的纂修，他全力營求在通志中立道學傳，雖然遭到主纂者陳壽祺的反對，但最終如願以償地實現了這一夙求。當時桐城派要求在史書中爲理學立傳的努力太半無果，這也成爲他們少有的勝利。
② 阮元：《儒林傳稿》卷首，《續修四庫全書》第537册，第618頁。
③ 戚學民：《阮元〈儒林傳稿〉研究》對《儒林傳稿》進行了詳審的考察，作者因《儒林傳稿》官修史書的著述性質，對"以往學界多以此爲阮元持'漢宋調和'的立場，甚而以爲阮元是首倡漢宋調和的人"表示了質疑，他認爲，"《儒林傳稿》中的'漢宋調和'論，實是代朝廷發言"，而阮元仍屬尊漢抑宋的人物。説見《阮元〈儒林傳稿〉研究》（生活·讀書·新知三聯書店2011年版，第48—49頁）。但這一觀點，用來概述阮元前半生的治學自無疑問，用以指稱其晚年，卻有所未安。這祇需看他晚年與方東樹的交遊，並爲之刊行激烈反對漢學的《漢學商兑》即能推知一二。王汎森就曾指出，"阮氏早、晚年對宋學的態度，仍有微妙不同，大抵他愈到後期，愈能正面肯定宋學"（《權利的毛細管作用：清代的思想、學術與心態》，第502頁）。

此間風氣亦變。從前專重考證，服膺嘉定錢氏；事變後頗趨實用，推尊崑山顧氏；近又進一步，頗提倡有意義之史學。故前兩年講《日知錄》，今年講《鮚埼亭集》，亦欲以正人心，端士習，不徒爲精密之考證而已。"①治學由"專重考證"，一變而趨向經世致用，警世牖民，如若將時限上溯百年，援庵先生的話大致也適用於對嘉道學風遞嬗的描述。

對清代學術影響至鉅的漢宋關係在當時洵屬全國性的語境，②雖然這兩種典範的分野對立並無真正的合理性。③皮錫瑞（1850—1908）稱清初"諸儒治經，取漢、唐注疏及宋、元、明人之説，擇善而從。由後人論之，爲漢、宋兼采一派；而在諸公當日，不過實事求是，非必欲自成一家也"，彼時"漢學方萌芽，皆以宋學爲根柢，不分門户，各取所長"。④演至乾嘉時代，一世學者群尚考據，⑤對知識探討的興趣完全凌駕於道德事功之上，

---

① 這通致方豪的書信寫於1943年11月24日，收入陳智超編注《陳垣來往書信集》，上海古籍出版社1990年版，第302頁。
② 對於這一學術環境的生成，朱維錚以爲"十八世紀的學術史中的所謂漢宋之爭，原是清統治者施行的分裂文化政策的産物"[《中國經學的近代行程》，《復旦學報》（社會科學版）1989年第4期]。
③ 如余英時先生即指出："這種漢宋（即所謂考據與義理）的對峙，自18世紀中葉以來即已顯然。推原其始，實由於清代考據學學者立意自別於宋、明儒，以爭取在整個儒學史上的正統地位。換句話説，漢、宋之辨主要是清儒宗派意識的産物，是否與宋、明以來儒學發展的史實相應，頗成問題。"（《從宋明儒學的發展論清代思想史——宋明儒學中智識主義的傳統》，收入《論戴震與章學誠——清代中期學術思想史研究》，生活·讀書·新知三聯書店2000年版，第292頁）
④ 皮錫瑞著，周予同注：《經學歷史》，中華書局1959年版，第305、341頁。清代漢宋競立，據陳祖武的説法，始於毛奇齡治經尊漢闢宋（《推易始末》卷一）（參見《中國學案史》，第184頁）。劉師培稱"古無漢學之名，漢學之名始於近代"，"所謂漢學者，不過用漢儒之訓詁以説經，及用漢儒注書之條例以治群書耳"（《左盫外集》卷九《近代漢學變遷論》）。劉氏解釋"漢學"之義，揆諸清人言説，大抵準確。至於清代流行的"宋學"一詞，古今人所見卻表現出相當程度的出入，自應有所界定。傅斯年曾就清代漢、宋學的名實問題極有見地地闡述道："自今日觀之，清代所謂宋學，實是明代之官學，而所謂漢學，大體上直是自紫陽至深寧一脈相承之宋學。今人固可有'觚不觚'之嘆，在當時環境中則不易在此處平心靜氣。"[《性命古訓辨證》，《傅斯年全集》（第2册），臺北聯經出版公司1980年版，第166頁]。羅志田更繼此論之曰："清初反宋學者所針對的'空疏'等多是明學特徵，他們所反的宋學實際更多是明學，以及宋學的陸、王一系，而程、朱一系則所受衝擊相對較輕"，"道咸以後復興的宋學與乾嘉諸儒所反對的宋學其實不必是一個宋學，此前之宋學實多爲明學，最多也就上溯到宋學的陸、王一系；而此後復興的宋學則更多是程、朱一系，且愈來愈由程轉朱"（《道咸新學與清代學術史研究》，徐亮工編校：《中國近三百年學術史論》卷首導讀，上海古籍出版社2006年版，第19頁）。
⑤ 據袁枚説，當日"競尊漢儒之學，排擊宋儒，幾乎南北皆是矣"（《隨園詩話》卷二）。姚瑩也説考據學的盛行造成了"無復有潛心理學者"的局面，竟"至有稱頌宋、元、明以來儒者，則相與誹笑"（《東溟文外集》卷一《復黃又園書》）。袁、姚二氏對漢學均懷有敵意，立説或不免誇張，但漢、宋兩派強弱之判，是顯見而可信的。

宋學已然退居較邊緣的位置。途窮必變，隨著嘉道時期因內憂外患而造成的經世思想的彌漫，本就偏狹瑣碎的漢學典範，愈發暴露出其拙於思辨、規避現實的缺陷，是以漢學的絕對優勢雖一時尚存，但衰退之象已現，宋學順勢萌生復蘇之態。學術生態的遷變，導致此時學人言論中增加了相當比例的"異響"，部分漢學家調停於兩派之間，而宋學家甚至一改疲態，主動相爭。至於"道咸以下，則漢宋兼采之說漸盛，抑且多尊宋貶漢，對乾嘉爲平反者"①，便是此時學術變化之後理所當然、事之必然的結果了。

值漢學鼎熾之時，章學誠（1738—1801）曾描述當日"自命通經服古之流，不薄朱子則不得爲通人"②，這話未免有誇飾之嫌，但自居精博，動輒譏彈宋儒治學粗陋，確是乾嘉時代漢學一派的通病。過度的闢宋，不惟激發宗奉程朱者仇讎相對，即使是與漢學一派往還稔密的大儒也深以爲憾。焦循曾說，"近之學者，無端而立一考據之名，群起而趨之"，"執一害道，莫此爲甚"，③言下對"考據學"頗含幾分不屑。凌廷堪（1755—1809）對當時過分闢宋的風習也甚爲不滿，云"不明千古學術之源流，而但以譏彈宋儒爲能事，所謂天下不見學術之異，其弊將有不可勝言者"④。翁方綱（1733—1818）在承認"墨守宋儒""其弊也陋"的前提下，著重指出"騁異聞，侈異說，漸致自外於程朱而恬然不覺者"之弊"將不可究極矣"。⑤ 至於宗宋學者，更不待言。程晉芳（1718—1784）曰："海內儒家，昌言漢學者，幾四十年矣。其大旨謂唐以前書皆尺珠寸璧，無一不可貴，（中略）宋以後可置勿論也。爲宋學者未嘗棄漢、唐也，爲漢學者獨可棄宋、元以降乎！"⑥ 自居理學正統的桐城派更視漢學爲"異端"。⑦

---

① 錢穆：《中國近三百年學術史》第一章《引論》，第1頁。
② 章學誠著，葉瑛校注：《文史通義校注》內篇二《朱陸》附《書朱陸篇後》，中華書局1985年版，第276頁。
③ 焦循：《理堂家訓》卷下，轉引自賴貴三《焦循年譜新編》，里仁書局1994年版，第114頁。
④ 凌廷堪著，王文錦點校：《校禮堂文集》卷二三《與胡敬仲書》，中華書局1998年版，第204頁。
⑤ 翁方綱：《復初齋文集》卷十一《與曹中堂論儒林傳目書》，《續修四庫全書》影印清李彥章校刻本，第1455冊，第445頁。
⑥ 程晉芳：《勉行堂文集》卷一《正學論四》。頗具諷刺意味的是，程氏學宗程朱，而江藩偏偏將其收入《漢學師承記》。
⑦ 參見本書卷上前叙箋證［六］。

引　論

　　這種聲音在嘉慶之後逐日高漲。面對類似的訾苛，漢學家迄無系統的回應，隱忍處之，不事爭競。① 蓋考據學於思辨一面，本以"拙"見譏，漢學家中也確然很少有如章學誠一般擅於表述、持説明達者；但即使存在類似的人物，格於清廷功令，畏避時諱，也斷難直斥宋學。何況清代漢學的出現，與宋學淵源極深，② 漢學社群中頗有如盧文弨（1717—1795）一樣衷心欽服朱子者，這從他在乾隆四十二年寫給彭紹升（1740—1796）的一通信中即可徵見。③

　　前文提及的宗室昭槤，對程朱理學懷有真摯的信仰，在其名著《嘯亭雜録》中嘗記載他於乾嘉之際的購書事跡：

> 余嘗購求薛文清《讀書記》及胡居仁《居業録》諸書於書坊中，賈者云："近二十餘年，坊中久不貯此種書，恐其無人市易，徒傷貲本耳！"④

　　理學書長期不見售於書商，正是當時理學衰微至極的結果。⑤ 但嘉慶、

---

① 王國維指出，即使身爲漢學宗師的戴震，也深知考據學"庞雜瑣碎，無當於學，遂出漢學固有之範圍外，而取宋學之途徑"（《國朝漢學派戴阮二家之哲學説》，見傅傑編校《王國維論學集》，雲南人民出版社2008年版，第296頁）。
② 葉德輝即持此見，他説："國初鉅儒如顧亭林、閻百詩諸先生，其初皆出於宋學，而其初皆出於宋學，而兼爲訓詁、考訂之事，遂爲漢學之胚胎。漢學之名，古無有也，倡之者三惠，成之者江慎修、戴東原。然此數君者，皆未化宋學之跡者也。"後來調和漢宋説的出現，實因如戴震、孫星衍、阮元等"明避宋學之途，暗奪宋學之席"的"乾嘉諸儒，晚年亦浸宋學"才有以致之［葉德輝：《與戴宣翹書》，《郋園書剳》，民國二十五年（1936）《郋園全書》本，第19—20頁］。清末皮錫瑞、近人張舜徽皆持此論（見《南學會第七次講義》、《廣校讎略》卷五"兩宋諸儒實爲清代樸學之先驅"條）。
③ 在這封信中，盧文弨對歸心禪寂的門生彭紹升訾苛朱子的做法殊爲不滿，在指責彭氏援儒入釋"得罪於名教甚大"之後，盧文弨重指出"吾人爲學，自當於萬事萬物之理，即身體驗，而尋其所爲一者何在。（中略）以年兄之才，沈潛於義理之中，以輔經而翼傳，何不可自成一書。（中略）朱子《集注》自是顛撲不破，今年兄所云'小儒'，所云'臆説'者何人乎？是明明指朱子而已矣。（中略）亦無救於此之離經而畔道也。"其對朱子的虔敬是顯見的［盧文弨著，王文錦點校：《抱經堂文集》卷十八《答彭允初書（丁酉）》，中華書局1990年版，第261—262頁］。
④ 對於乾嘉之際的宋學衰微，昭槤進而叙述道："近日士大夫不尚友宋儒，雖江浙文士之藪，其仕朝者無一人以理學著"，"迂者株守考訂，嘗議宋儒，遂將濂、洛、關、閩之書，束之高閣，無讀之者"。參見《嘯亭雜録》卷十"滿洲二理學之士""書賈語"，第317—318頁。
⑤ 當時尊朱的朝鮮南學派人士購書琉璃廠，也每每以"此行求朱子書不得"爲恨（［朝鮮］柳得恭：《燕臺再遊録》，《燕行録》第60册，第237頁）。

· 15 ·

道光兩朝，重彈清初尊奉程朱的故調，期於廓清紜擾，重塑秩序。① 隨著"近年睿皇帝（嘉慶）講求實學，今上（道光）復以恭儉率天下"，使得"在朝大吏，無不屏聲色，減騶從，深衣布袍，遽以理學自命矣"。② 同時士大夫中也頗有提倡宋學之說者，其著眼處並不在學問、事功兩端，而在矯正士習、移風易俗一面，其取向極富功利性。潘德輿（1785—1839）在詮釋當時漢、宋之爭時，也透露出其關懷所在：

> 程、朱二子之學，今之宗之罕矣，其宗之者，率七八十年以前之人。近則目爲迂疏空滯而薄之，人心風俗之患不可不察也。夫程、朱二子學聖人而思得其全體，所謂德行、言語、政事、文學，殆無一不取而則效之。（中略）今人不滿之者，每能確指其解經不盡吻合乎聖人，制度名物往往疏而不核，誠不爲無見。不知此特二子之文學有所不備，而其德行、言語、政事，犖犖大者，固孔、孟以後必不可無之。（中略）而七八十年來，學者崇漢、唐之解經與百家之雜說，轉視二子不足道，無怪其制行之日下，趨於功利邪僻而不自知也。③

"欲救人心，則必待學術"④ 的言說日衆，幾近形成時代語境。在相當一部分士人的心目中，程朱理學是整合社會秩序的有效途徑，這與清代前期皇權以理學壟斷意識局面的成功經驗關係至深。⑤ 雖然高倡程朱者，殊不乏行不由本之輩，但此時理學的發展，繼康、雍之後逐漸形成第二個高

---

① 桐城派的方宗誠如此描述當時的理學面貌："嘉道間，海内重熙累洽，文教昌明，而黯然爲爲己之學兢兢焉。謹守程朱之正軌，體之於心，修之於身，用則著之爲事功，變則見之於節義，窮則發之於著述，踐之於内行。"［氏撰《校刊何文貞公遺書序》，《何文貞公遺書》卷首，清光緒十年（1884）六安涂氏求我齋校刊本］
② 昭槤：《嘯亭續錄》卷四《理學盛衰》條，第 503 頁。這裡所說的"實學"，偏重於經世致用之學，與此前漢學家針對晚明講學活動盛行的背景下學風虛空疏陋而言的"實學"並不盡同。
③ 潘德輿：《養一齋集》卷一八《任東澗先生文集序》，清同治十一年（1873）刻本，第 6—7 頁。
④ 潘德輿：《養一齋集》卷二二《與魯通甫書》，第 18 頁。
⑤ 參見葛兆光《中國思想史》（下）第三編第三節《考據學的興起：十七世紀中葉至十八世紀末知識與思想世界的狀況》。

峰期,則屬事實。①

(二)

在上述時代學風之下,揚州學者江藩先後結撰了《漢學師承記》和《宋學淵源記》,完成了對清代前期學術史的脈絡梳理和體系建構,成爲當時漢、宋分野下學術生態的充分反映,同時也是今日吾儕考論這近兩個世紀思想學術發展的重要著述。

江藩(1761—1830),字子屛,號鄭堂,晚號節甫,佛號辟支伽羅居士,揚州甘泉(今江蘇邗江)人。先世本安徽旌德人,祖父江日宙始遷居揚州,著籍甘泉,以販藥行醫爲生。父江起棟(1722—1786)棄賈業儒,所交薛起鳳(1734—1774)、汪元亮、江聲(1721—1799)、余蕭客(1732—1778)等,皆一時名儒。起棟又治佛學,但不使與儒學相雜,自謂"儒自爲儒,佛自爲佛,何必比而同之?學儒學佛,亦視其性之所近而已",這對日後江藩"不敢闢佛,亦不敢佞佛"的學術立場,②影響甚重,即使他自幼師從於雜糅儒釋的薛起鳳和汪縉(1725—1792)。乾隆二十一年(1756),江家遷居吳縣,五年後,江藩出生。

自十二歲起,江藩先後師從薛起鳳、汪縉、余蕭客、江聲等,薛、汪二氏學綜儒釋,尊崇性理,對江藩的教育,除了啓蒙的句讀之外,極重修身一面(參見本書附記《薛香聞師》)。而余、江二家,俱屬惠棟門下高第,江藩受經義、詞章之學於余蕭客,蕭客殁,更從江聲受"七經"、"三史"、《說文》及惠棟的《易》學。③ 十八歲著《爾雅正字》,表現出在學術上的早熟,也顯示了他宗漢的治學取向。

---

① 沈垚(1798—1840)觀察到,"大概近日所謂士,約有數端:或略窺語錄,便自命爲第一流人,而經史概未寓目,此欺人之一術也。或略窺近時今證家言,東鈔西撮,自謂淹雅,而竟無一章一句之貫通,此又欺人之一術也……習語錄者最少,習考證者亦以無所得食,大不如昔者之多矣。"[沈垚《落帆樓文集》卷八外集二《與孫愈愚》,清咸豐八年(1858)吳興劉氏嘉業堂刻《吳興叢書》本]一般來說,漢學退而宋學進,是嘉慶以降學術升降變化的一個重要面相,一旦考據學典範衰頽,加諸宋學的壓力驟減,反易使人產生宋學駸駸追進的錯覺。就沈氏說觀之,與其說漢學衰而宋學盛,似乎倒不如說漢宋學術同趨衰落更爲合適。李慈銘以"戶鄭家買之天下遂變爲不識一字"描述當時的學術生態,誠有所見[參見李慈銘《越縵堂日記補》第十冊"咸豐十年十二月十五日"條,民國二十五年(1936)商務印書館影印稿本,第十冊第53A頁]。
② 江藩:《國朝宋學淵源記》,中華書局1983年版,第190頁。
③ 詳見江藩《國朝漢學師承記》卷二《余古農先生》《江艮庭先生》兩傳。

· 17 ·

江藩科舉不順，屢屢受挫於場屋，終其身不過一監生。但性格豪邁，志在用世，不甘寂寞，樂與人接，足跡遍及南北。當世名流，如朱筠（1729—1781）、王昶（1724—1806）、①翁方綱、王傑（1725—1805）、阮元一輩，因江藩雅擅文辭、學問通博，多以青眼相加。而與同時學人如汪中（1744—1794）、黄承吉（1771—1842）、李惇（1734—1784）、凌廷堪、焦循、洪亮吉（1746—1809）、胡虔（1753—1804）等，往來論學研求，以學問相推敬。②

自二十六歲雙親辭世之後，頻遭喪荒，江藩既無治生之技，至以罄盡藏書，易米充飢，窘境幾於無可復加。③年逾而立，開始了他三十餘年的游幕生涯。先後館於王傑、王昶、阮元等幕府，爲之講學編書。道光五年，已是耆宿老儒的江藩，由嶺南歸里，五年後窮老以終，享年七十。

洪亮吉述及這位畢生窮途的老友時説：

> 江上舍藩，寓居江都，實旌德人也。爲惠定宇徵君再傳弟子，學有師法，作小詩亦工。（中略）余識上舍已二十年，惜其爲饑寒所迫，學不能進也。④

誠然，命途窮蹇，給江藩的治學帶來了無可奈何的困擾，但即使如此，他仍爲後世留下了遺作22種，其中由他自著者凡16種37卷，包括《周易述補》四卷、《爾雅小箋》三卷、《國朝漢學師承記》八卷、《國朝經師經義目録》一卷、《國朝宋學淵源記》二卷《附記》一卷、《乙丙集》二卷、《伴月樓詩鈔》三卷、《隸經文》四卷等，⑤學綜四部，足副通儒之名。同學好友更兼幕主的阮元稱其學行有云：

---

① 詳見江藩《國朝漢學師承記》卷四《王蘭泉先生》《朱笥河先生》兩傳。
② 案諸人中，洪亮吉與李惇、汪中、凌廷堪分別被江藩記入《漢學師承記》卷四、卷七。
③ 據江藩的自述，"藩昔年聚書，與太史相埒，乾隆乙巳、丙子間，頻遭喪荒，以之易米，書倉一空"，"日唯一饘粥，貧居無事，發八百首讀之，吟哦之聲，與飢腸雷鳴聲相斷續"。語見《石研齋書目序》《乙丙集自序》（漆永祥整理：《江藩集》，上海古籍出版社2006年版，第110—111、109頁）。
④ 洪亮吉：《北江詩話》卷四，人民文學出版社1983年版，第74頁。
⑤ 這裡僅粗舉數種，其詳參見漆永祥師《江藩著述考》（彭林編《清代經學與文化》，北京大學出版社2005年版，第299—324頁）。

引論

  甘泉江鄭堂藩,淹貫經史,博通群籍,旁及九流、二氏之書,無不綜覽。所爲詩古文辭,豪邁雄俊,卓然可觀。嘗作《河賦》以匹景純、元虛《江》《海》二賦。元和惠徵君定宇棟,經學冠天下,鄭堂受業於惠氏弟子余君仲林,盡得其傳。所著《周易述補》《爾雅正字》諸書,皆有發明。爲人權奇倜儻,能走馬奪槊。豪飲好客,至貧其家。遍游齊、晋、燕、趙、閩、粵、江、浙。王韓城師極重之。①

就此觀之,江藩的治學風格與崇尚專精的乾嘉學風,確然頗有出入。江藩在《漢學師承記》中述及乾嘉時代學者治學的逼仄狹隘時説:"近時學者喜講六書,孜孜於一字一音,苟問以三代制度、五禮大端,則茫然矣。至於潛心讀史之人,更不能多得也。"②表明他對時代風習已甚爲不滿。

  凌廷堪曾就當時整體的學術風尚及江藩個人的學術追求言道:"近日學者風尚,多留心經學,於辭章則卑視之,而於史事,又或畏其繁密。辭章之學,相識中猶有講求之者。而史學惟錢辛楣先生用功最深,江君鄭堂亦融洽條貫,相與縱談今古,同時朋好莫與爲敵,蓋不僅經學專門也。"③在肯定江藩"經學專門"的同時,尤其推服其史學,至與錢大昕相埒。《漢》《宋》兩記之外,江藩的佚著《資治通鑑訓纂》似乎最宜爲凌氏説充任例證。阮元曾爲之序云:

  江君鄭堂,專治漢經學,而子史百家亦無不通,於《通鑒》讀之尤審,就己意所下者抄成《資治通鑑訓纂》若干卷,皆取其所採之本書而互證之,引覽甚博,審决甚精。昔胡梅磵等未能通經,故僅立乎史之前後,今江君由經子百家而及於史,蓋立乎史之前。譬如挽十鈞之弓者,更挽百斤之弓,裕如矣。④

---

① 阮元:《定香亭筆談》卷四,《叢書集成初編》本,第168—169頁。陳康祺就阮元等對江藩的記述,稱他入"儒林、文苑、遊俠三傳,令後人難於位置"(《郎潛紀聞二筆》卷十六"江鄭堂在儒林文苑遊俠之間"條,中華書局1977年版,第633頁)。民國時修《清史稿》,終没有爲江藩立傳,竟似陳氏一語成讖。
② 江藩:《國朝漢學師承記》卷三《錢大昕》,第49頁。
③ 凌廷堪:《校禮堂文集》卷二五《與張生其錦書》,第226頁。
④ 阮元:《揅經室二集》卷七《資治通鑑訓纂序》,見鄧經元點校《揅經室集》,中華書局1993年版,第556頁。

· 19 ·

此書規模之大，可就此序推知，同時著述，難尋其匹，雖然最終未能成書傳世，殊屬憾事，但江藩治學風格兼有專精與博綜兩方面，卻足以藉此印證。

這一治學風格，與乾嘉時期揚州一地的學風頗爲一致，① 經學名家儀徵劉毓崧（1818—1867）稱述道：

> 百年以來，揚郡名儒尤盛，（中略）其深於經學者，由名物象數以會通典禮制作之原，而非僅專己守殘、拘墟於章句之內也。其深於小學者，由訓詁聲音以精研大義微言之蘊，而非僅貪常嗜瑣，限跡於點畫之間也。其深於史籍之學者，究始終以辨治亂之端倪，核本末以察是非之情實，而非僅好言褒貶，持高論以自豪也。其深於金石之學者，考世系官階以補表傳遺闕，驗年月地理以訂記志舛訛，而非僅夸語收藏，聚舊拓以自喜也。其深於古儒家之學者，法召公之節性，宗曾子之修身，以闡鄒、魯論仁之訓，而非若旁採釋氏，矜覺悟以入於禪也。其深於諸子書之學者，明殊途之同歸，溯九流之緣起，以證成周教士之官，而非若偏嗜老、莊，崇虛無以失於誕也。其深於駢散文之學者，奉《易‧文言》爲根柢，《詩‧大序》爲範圍，《春秋》內外傳爲程式，以熔鑄秦、漢後之文，而非若詰屈以爲新奇，空疏以爲簡潔也。其深於古近體詩之學者，循風騷之比興，樂府之聲情，選樓玉臺之格調，以化裁隋、唐後之詩，而非若淺率以爲性靈，叫囂以爲雄肆也。②

劉氏所述經學、小學爲乾嘉學人的看家本領，江藩更以惠棟再傳弟子，得其醇正。其餘"史籍之學""金石之學""古儒家之學""諸子書之學""駢散文之學""古近體詩之學"，以江藩著述印證，知其非僅涉其藩籬，幾近精通諸學。

龔自珍（1792—1841）稱許江藩"以布衣爲掌故宗者，垂二十年"，

---

① 近人張舜徽盛推"揚州學派"，說"近人研究清代學術史的，莫不認爲'漢學'興起時有吳、皖二派"。但"很少有人注意到揚州學者們在清代學術界中所起的重大作用"（見氏著《清代揚州學記》，華中師範大學出版社2005年版，第6頁）。其作《清代揚州學記》，宗旨即在表彰所謂"揚州學派"的學術貢獻。羅志田曾就此指出："觀張氏書中所論，俱爲人人提到的清代大儒，從未被忽視；則所謂'很少人注意到'，實即'揚州學派'一說基本不存於昔人心中也。"（《道咸"新學"與清代學術史研究》，徐亮工編校：《中國近三百年學術史論》，第15頁註釋）

② 劉毓崧：《通義堂文集》卷九《吳禮北竹西求友圖序》，民國劉氏刻《求恕齋叢書》本。

揭示江藩學術興趣的一個重要面向。所謂"掌故"也者，在龔氏的本意或更偏重於《漢學師承記》一書，但以江藩生平學術考量，實即指以《漢》《宋》兩記為代表的史學著述。

（三）

阮元編撰《儒林傳》，秉持的一個宗旨即是講經者應立品行，講學者須治經史，故而將儒林（漢學）、道學（宋學）合而為一，實際上反映出"匯漢、宋之全"的調停主張。① 此舉或對江藩造成了一定刺激，他反其道而行，依據其自身所處的學術環境（漢、宋之爭）及個人認識（尊漢抑宋），將阮元傳述的"儒林"重又判分漢、宋，就此分撰《漢學師承記》與《宋學淵源記》兩書。② 前書刊行於嘉慶二十三年（1818），後書刊行於道光二年冬（1823）。

至遲在嘉慶十七年（1812），《漢學師承記》應已成帙，汪中之子汪喜孫（1786—1840）在這一年為《漢學師承記》作跋，盛推出現在宋明七百年經學衰微之後的本朝漢學"超軼千古"，繼舉汪琬、方苞、毛奇齡、王懋竑四人為例，稱以"矯誣之學"，實即為江藩代言區分漢、宋門戶的著述旨意。後此"異時采之柱下，傳之其人，先生名山之業固當坿此不朽"一語，與其說是汪氏表達對前輩的推許，毋寧說是委婉地道出江藩的著述意圖。儘管就汪喜孫本人而言，未必同意江藩偏蔽的門户之見。③ 五年後，

---

① 龔自珍：《阮尚書年譜第一序》，王珮諍校：《龔自珍全集》，中華書局1959年版，第227頁。
② 李紀祥教授曾就《漢學師承記》指出："江藩此書撰述的意義與意圖，正在於建構一個時代思潮的描繪并深深相聯繫於自己；或者說，由自己出發，為身在其中的學術活動描繪其成為一個時代思潮的主流價值"（《〈清史儒林傳〉纂修之學術史反思》，彭林編《清代經學與文化》，第275頁）。但若忽略對《宋學淵源記》的討論，終究有憾。換言之，只有結合兩《記》，彼此印證，共相探討，江藩的"寫史"立場、態度與義例始得顯著的表現，而李先生所論，自然也就得到更多的理據支持。
③ 汪喜孫跋有曰："自後儒以讀書為翫物喪志，義理典章區而為二，度數文為，棄若弁髦，箋傳注疏，束之高閣。又其甚者，肆其創獲之見，著為一家之言，（中略）末學膚受，後世浸微，蓋七百年矣。國朝漢學昌明，超軼千古，（中略）若夫矯誣之學，震驚耳目，舉世沿襲，罔識其非。如汪鈍翁私造典故，其他古文詞支離牴牾，體例破壞；方靈皋以時文為古文，《三禮》之學，等之自鄶以下；毛西河肆意譏彈，譬如秦楚之無道；王白田根據漢宋，比諸春秋之調人。惡莠亂苗，似是而非，自非大儒，孰有能辨之者！吾鄉江先生博覽群籍，通知作者之意，聞見日廣，義據斯嚴，彙論經生授受之惜，輯為《漢學師承記》一書。異時采之柱下，傳之其人，先生名山之業，固當附此不朽。"（見江藩《國朝漢學師承記》卷尾，第134頁）案汪氏《從政錄》卷一《與任階平先生書》謂"漢宋之學，可不必分；通經與力行，更不必別""讀孔之書，為周孔之學，安有所謂漢學哉"，表明他對當時漢宋之爭並不認同，甚至如焦循一般，否認"漢學"成立的合理性。

龔自珍致書江藩，討論《漢學師承記》"名目有十不安"，稱"若以漢與宋爲對峙，尤非大方之言"，并一再反問道"漢人何嘗不談性道"，"宋人何嘗不談名物訓詁"，因而建議"改爲《國朝經學師承記》"較善。① 龔氏所論自爲通達，但他的質問與建議，表明他對江藩所持的宗旨尚未具備"了解之同情"，然則江藩最終視諍言若無睹，又何足怪。

次年，當江藩居兩廣總督阮元幕中，爲之纂輯《皇清經解》之時，阮元資助江藩刊行《漢學師承記》，並親爲之序云：

> 兩漢經學所以當尊行者，爲其去聖賢最近，而二氏之説尚未起也。（中略）我朝儒學篤實，務爲其難，務求其是，是以通儒碩學，有束髮研經，白首而不能究者，豈如朝立一旨，暮即成宗者哉！甘泉江君子屏，得師傳於紅豆惠氏，博聞強記，無所不通，心貫群經，折衷兩漢。元幼與君同里同學，竊聞論説三十餘年。江君所纂《國朝漢學師承記》八卷，嘉慶二十三年，元居廣州節院時刻之。讀此可知漢世儒林家法之承授，國朝學者經學之淵源，大義微言，不乖不絶，而二氏之説，亦不攻自破矣。②

粗覽此序，阮元似乎自開篇即在回避《漢學師承記》判分漢、宋門户的旨趣，而有意將江藩立言的着眼點由漢、宋之間過渡到儒釋道的争競之中。倘取同時宋學家論學文獻如方東樹《辨道論》參閲，則知阮元此序全然站在江藩的立場上，充任考證學派的護法。在首叙兩漢經學之後，繼云"我朝儒學篤實，務爲其難，務求其是"，意在強調清代"漢學"上承兩漢經學，不雜絲毫"朝立一旨，暮即成宗"的佛老成分，其意中蓋在回應宋學家的貶斥。

江藩對清代學術的整體認知，見諸《漢學師承記》卷一：

> 藩綰髮讀書，授經於吴郡通儒余古農、同宗艮庭二先生，明象數制度之原，聲音訓詁之學，乃知經術一壞於東、西晋之清談，再壞於南、北宋之道學，元明以來此道益晦。至本朝，三惠之學盛於吴中，江永、戴震諸君繼起於歙，從此漢學昌明，千載沉霾，一朝復旦。暇

---

① 龔自珍：《與江子屏箋》，《龔自珍全集》，第346—347頁。
② 阮序，見江藩《國朝漢學師承記》卷首，第1頁。

引　論

日詮次本朝諸儒爲漢學者，成《漢學師承記》一編，以備國史之採擇。①

在他看來，本朝的經學擺脱并修正了魏晉玄學、宋明理學的淆亂，直接兩漢經學的統緒，最能得其醇正，"漢學"名義的成立，端在乎此；惠、戴兩派的出現，更使清代經學臻於"千載沉霾，一朝復旦"的"昌明"境地。此中透露出的江藩對漢學的自信是顯見的。至於對宋、明以來理學流變及其意義的判定，則表達出相當的反感與蔑視——自行文而言，不如此走筆亦不足突顯漢學的正統性：

　　至於濂、洛、關、閩之學，不究禮樂之源，獨標性命之旨，義疏諸書，束置高閣，視如糟粕，棄等弁髦。蓋率履則有餘，考鏡則不足也。（中略）而有明三百年，四方奊艾困於帖括，以講章爲經學，以類書爲博聞，長夜悠悠，視天夢夢，可悲也夫！②

則不僅不屑於明學，縱是程朱之學，竟亦不足以入其目中。而所以不重甚至不屑者，正如前揭潘德輿所説，"其解經不盡吻合乎聖人，制度名物往往疏而不核"。但在《宋學淵源記》中，江藩卻一改此前言辭鋒鋭的故態：

　　我朝聖人首出庶物，以文道化成天下，斥浮僞，勉實行，於是樸械之士，彬彬有洙泗之遺風焉。（中略）近今漢學昌明，徧於寰宇，有一知半解者，無不痛詆宋學。然本朝爲漢學者，始於元和惠氏。紅豆山房半農人手書楹帖云"六經尊服鄭，百行法程朱"，不以爲非，且以爲法，爲漢學者背其師承，何哉？藩爲是記，實本師説。③

江藩的著述心迹，將述於後文。漢强宋弱的時代背景與尊漢抑宋的學術立場，使之在分述漢、宋學術時，難免詳前略後。他的初衷期於藉《漢學師承記》確立漢學的正統，而《宋學淵源記》的纂輯，或更出於對前書

---

① 江藩：《國朝漢學師承記》卷一，第5—6頁。
② 江藩：《國朝漢學師承記》卷一，第4頁。
③ 江藩：《國朝宋學淵源記》卷一，第154頁。

的配合，完成對清代學術史的整體建構。在他的意識之中，時時充斥着漢尊宋卑的成見，因而處處表現出對宋學的輕視、無視甚至敵視便屬常態。在具體纂修過程中，不盡不實甚至有意竄亂真相的記述，也就不免多見。在他筆下呈現出的清代宋學幾乎淪爲漢學的附庸，不著光彩，不能成軍。《宋學淵源記》也被視爲《漢學師承記》的陪襯，備受冷遇。①

四 《宋學淵源記》讜論

（一）

　　對《宋學淵源記》的考察，絕不當離《漢學師承記》而獨論之。後人稱述江藩這兩部"當代人記述當代學術史"的著作，往往有意省略"國朝"二字。當然，爲了行文表述的簡明，此舉無可厚非，但並不意味著"國朝"僅是無實義的贅加的冠詞，它不僅在時間上規限了該書記述的起迄範圍，更凝聚了纂輯者的時代意識。而將"漢學""宋學"同綴於"國朝"——清朝之下，也昭示出江藩梳理與建構當身學術系統的著述意圖。漢人治經，最重師法傳承，清人治經，既自謂得之於漢代經學正宗，自然也就視師法爲"天則"。所謂"漢學師承"者，意在於是。② 理學家最重道學的源流統緒，所謂"淵源"也者，實即理學家最看重的"道統"，其意義的界定已見諸前揭孫奇逢《理學宗傳》的序言。對"漢學""宋學"兩個競立的學術派別、兩種迥異的治學取向，各以"漢學師承""宋學淵源"的名義進行平等的記述，則是力圖表現出江藩作爲秉筆者的客觀公正的態度，掩藏其軒輊進退的真實意態與立場，不羼雜其孰居正統的先入之見，纂修心跡窺測匪難。

　　《宋學淵源記》以傳記體纂輯，全書分上、下二卷，附記一卷，收錄

---

① 如李紀祥教授就很明確地爲《宋學淵源記》做過如此定位："《國朝宋學淵源記》，就江藩而言，則不過是一部爲了陪襯、爲了襯托，以烘雲帶月之筆法而帶出朝廷尊崇、科舉應試，但卻是主流之旁的一本熒光星火的相映之書。"（《〈清史儒林傳〉纂修之學術史反思》，彭林編《清代經學與文化》，第276頁）案"《國朝宋學淵源記》"本誤作"《國朝宋學淵源錄》"，徑予改正。
② 參見漆永祥師《漢學師承記箋釋·前言》，《漢學師承記箋釋》，第19—21頁；李紀祥《〈清史儒林傳〉纂修之學術史反思》，彭林編《清代經學與文化》，第275頁。

清代宋學人物凡 39 家，若計附傳人物，則有 46 人。卷上自孫奇逢至孫景烈凡 10 人（籍屬北方）；卷下自劉汋至鄧元昌凡 21 人（籍屬南方）；附記 8 人，治學則雜糅儒釋。作爲有清一代第一部真正意義上的理學史著作，就其著述體裁與旨意論之，《宋學淵源記》的性質更應歸諸"史學"的編撰，非如《明儒學案》《理學宗傳》一類的理學系譜。

表一　　　　　　　　《宋學淵源記》所見人物

卷次	人物	籍貫	學術宗尚
卷上 (10 人)	孫奇逢（1584—1675）	直隸容城（今河北保定）	宗奉陸王而不廢程朱
	刁包（1603—1669）	直隸祁州（今河北安國）	宗奉程朱
	李顒（1627—1705）（附王心敬）	陝西盩厔（今周至）	宗奉陸王
	李因篤（1633—1692）	陝西富平	宗奉程朱
	孫若群（生卒年不詳）	山東淄川（今淄博）	不詳
	張沐（生卒年不詳）	河南上蔡	出入於程朱、陸王
	竇克勤（1653—1708）	河南柘城	宗奉程朱
	劉源淥（1619—1700）	山東安丘	宗奉程朱
	姜國霖（生卒年不詳）（附閻循觀、韓夢周）	山東濰縣	不詳
	孫景烈（1706—1782）	陝西武功	宗奉程朱
卷下 (21 人)	劉汋（1613—1664）	浙江山陰	學近陽明
	韓孔當（1599—1671）	浙江餘姚	宗奉陸王，稍近程朱
	邵曾可（1609—1659）	浙江餘姚	宗奉陸王
	張履祥（1611—1674）	浙江桐鄉	由陸王而入程朱
	朱用純（1627—1698）	江蘇崑山	宗奉程朱
	沈昀（1618—1680）	浙江仁和（今杭州）	宗奉程朱
	謝文洊（1615—1681）	江西南豐	由陸王而入程朱
	應撝謙（1615—1683）	浙江仁和（今杭州）	宗奉程朱
	吳日慎（生卒年不詳）	安徽歙縣	宗奉程朱
	施璜（生卒年不詳）	安徽休寧	宗奉程朱
	張夏（生卒年不詳）	江蘇無錫	宗奉程朱

续表

卷次	人物	籍貫	學術宗尚
卷下 (21人)	彭瓏（1613—1689）（附彭定求、彭啓豐）	江蘇蘇州	由佛老、陸王而入程朱
	高愈（生卒年不詳）	江蘇無錫	宗奉程朱
	顧培（生卒年不詳）	江蘇無錫	調和程朱、陸王
	錢民（生卒年不詳）	江蘇嘉定（今上海嘉定）	調和程朱、陸王
	勞史（1655—1713）（附汪鋆）	浙江餘姚	宗奉程朱
	朱澤澐（1666—1732）	江蘇寶應	宗奉程朱
	向璿（1682—1731）	浙江山陰	由陸王而入程朱
	黃商衡（生卒年不詳）	江蘇長洲（今蘇州）	宗奉程朱
	任德成（1684—1772）	江蘇吳江（今蘇州）	宗奉程朱
	鄧元昌（1698—1765）	江西贛州	宗奉程朱
附記 (8人)	沈國模（1575—1656）（附管宗聖）	浙江餘姚	出入於陸王、佛學
	史孝咸（1582—1659）	浙江餘姚	出入於陸王、佛學
	王朝式（1603—1640）	浙江山陰	學近陽明
	薛起鳳（1734—1774）	江蘇長洲（今蘇州）	學尊朱子而雜佛學
	羅有高（1734—1779）	江西瑞金	學尊程朱而雜佛學
	汪縉（1725—1792）	江蘇吳縣（今蘇州）	學尊朱子而雜佛學
	彭紹升（1740—1796）	江蘇長洲（今蘇州）	學近陸王而尤尊佛學
	程在仁（生卒年不詳）	江蘇常熟	學近陸王而尊佛學

對於甄錄人物的標準，江藩如是説道：

  國朝儒林，代不乏人，如湯文正（斌）、魏果敏（象樞）、李文貞（光地）、熊文端（賜履）、張清恪（伯行）、朱文端（軾）、楊文定（名時）、孫文定（嘉淦）、蔡文勤（世遠）、雷副憲（鋐）、陳文恭（宏謀）、王文端（傑），或登臺輔，或居卿貳，以大儒爲名臣，其政術之施於朝廷、達於倫物者，具載史冊，無煩記録。且恐草茅下士，見聞失實，貽譏當世也。若陸清獻公（隴其）位秩雖卑，然乾隆初特邀從祀之典，國史自必有傳矣。藩所錄者，或處下位，或伏田間，恐歷年久遠，姓氏就湮，故特表而出之。

朱維錚先生曾以列於《漢學師承記》之首的閻若璩爲例，說明"江藩同情有學問而常在底層的漢學家"，"哀惋他們'數乖運舛'，'筮仕無門'，雖通經而無以致用"。① 以江藩所述"耆英彫謝，文獻無徵，甚懼斯道之將墜，恥躬行之不逮"，"恐歷年久遠，姓氏就湮，故特表而出之"諸語觀之，朱先生的判斷依然適用。被他甄錄的宋學人物，大抵屬於秩低位卑抑或終生白身的在野學者，這是造成《宋學淵源記》聲光闇弱的主要因素之一——其學行有足稱道，其聲譽著於儒林；至於那些傳在國史的理學名臣如湯斌、李光地、熊賜履、張伯行等輩，爲了避免記述的重複甚或失實，則一概不予選入。

雖然體裁一致，但《宋學淵源記》在人物的具體編次原則上，則有別於《漢學師承記》。該書以籍貫爲依據，將所錄人物分隸北方、南方，屬之上、下兩卷；至於附記所收，則以學術宗尚有外於儒家，依其生活年代之先後彙編一卷。

案梁啓超《近代學風之地理的分佈》自述采取依地理判劃學風的撰述方法云：

> 本篇以行政區域分節，理論上本極不適當，貪便而已，抑捨此而別求一科學的區分法亦非易易也。②

從方法論的層面來說，依照地理（空間）分佈敘述清代學術史，本是近代編著學術史的慣技常法，無論章太炎的《清儒》、梁啓超的《清代學術概論》以"吳、皖"二派代指"惠（棟）、戴（震）"，③ 及劉師培討論清代南北學風的多篇文章（已收入本書附錄），大都遵循這一方式，反映

---

① 朱維錚：《漢學與反漢學》，收入《近代學術導論》，中西書局2013年版，第7頁。
② 梁啓超：《近代學風之地理的分佈》，臺灣中華書局1971年版，第2頁。
③ 案章太炎《清儒》有謂："其成學著系統者，自乾隆朝始。一自吳，一自皖南。吳始惠棟，其學好博而尊聞；皖南始江永、戴震，綜形名，任裁斷，此其所異也。"〔《檢論》卷四，《章太炎全集》（第三册），上海人民出版社1986年版，第473頁〕

出以地理指稱學派的著述意識，後來張舜徽著《清代揚州學記》，仍然屬於對這一敘述方式的繼承。當然，如果追溯源頭，終要推及宋代朱子的《伊洛淵源錄》。宋代學術素居中國學術史至高的地位，在"天水一朝之文化"（陳寅恪語）的三百年演進史中，便有洛學（二程）、關學（張載）、蜀學（三蘇）、閩學（朱子）等以地域指稱學派的習慣，朱子撰《伊洛淵源錄》，始將這種敘述筆之於書。清初黃宗羲編纂《明儒學案》，更將此種以地域分門別類的敘事與著錄方式發揮至純熟之境，其詳上文已及，茲不復贅。前揭清初學案體著述如《雒閩淵源錄》《北學編》《洛學編》《關學編》等大抵也遵沿不改。但就清代學術史著作的撰修來看，這一方式並不爲官方所習用，而是流行於在野學者之間，私家著述之中，① 是以從《明史·儒林傳》到《儒林傳稿》，都不易反映出這一地域意識。

應用這一方法，其合乎情理的前提，在於各個地域內部學術風格的一致或相近，及與諸地域間學風的迥異。但同樣是對全國範圍內理學的記述，江藩的處理卻顯然比《明儒學案》《宋元學案》等前出著述粗糙太多——僅以南北爲判，② 而不復對學人籍貫進行更細緻的區分。他對此的解釋，俱見於《宋學淵源記》卷上的後敘之中：

> 北人質直好義，身體力行，南人習尚浮誇，好騰口說，其蔽流於釋老，甚至援儒入佛，較之陸王之說，變本加厲矣。北學以百泉、二曲爲宗，其議論不主一家，期於自得，無一語墮入禪窟。即二曲雖提倡良知，然不專於心學，所以不爲禪言，不爲禪行也。刁、王諸子亦皆敬守洛閩之教者，豈非篤信志道之士哉！

---

① 桑兵指出："清代做官避籍貫及科考等防止冒籍，反而刺激地域自覺。"（《治學的門徑與取法——晚清民國研究的史料與史學》，社會科學文獻出版社2014年版，第215頁）或許也可爲這一著史方式的流行進一解。
② 錢鍾書云："某一地域的專稱引申而爲某一屬性的統稱，是語言裡的慣常現象"，"把'南'、'北'兩個地域和兩種思想方法或學風聯繫，早已見於六朝，唐代禪宗區別南、北，恰恰符合或沿承了六朝古說。"在歷舉《世說新語》"北人學問，淵綜廣博；南人學問，清通簡要"（《文學第四》）、《隋書·儒林傳》"大抵南人約簡，得其英華；北人深蕪，窮其枝葉"（《北史·儒林傳》同）等事例之後，錢先生進而指出，"南、北'學問'的分歧，和宋、明儒家有關'博觀'與'約取'、'多聞'與'一貫'、'道問學'與'尊德性'的爭論，屬於同一類型"（語見《中國詩與中國畫》一文，收入《七綴集》，生活·讀書·新知三聯書店2002年版，第10—11頁）。

引 論

　　對南、北兩個地域的宋學人物的襃貶進退，秉筆者的意態是很明顯的，其思想深處或有取於顧炎武對"南北學者之病"的議論。①由於家學的影響，江藩對佛學本具修養，而對釋家所持之見，自謂既不佞佛，亦不關佛，已見於前。但或許出自儒家衛道的立場，始將批判式的話語加諸歷來被視作"異端"的釋、老之學。尤其身屬漢學家的江藩，自居爲漢代經學的嫡派宗傳，漢代經學的衰微淆亂，則先後由"東、西晉之清談""南、北宋之道學"所造成，以致"元、明以來此道益晦"，而魏晉玄學、宋明理學本身就是羼雜了釋、老家言的"合流之學"。職是之故，"流於釋、老，甚至援儒入佛"即屬爲學之"弊"，而這正是"習尚浮誇，好騰口説"的南人爲學的普遍特徵，較諸"質直好義，身體力行"的北人，既"不爲禪言，不爲禪行"，且"敬守洛閩之教"，"篤信志道"，高下立判，其抑南揚北的論調，誠所謂歷歷昭昭。

　　卷下後叙集中闡論宋明以來的講學風氣與朱陸之爭，其基調仍建立在對南人的否定之上。江氏曰：

　　　　夫道學始於濂溪而盛於洛閩，自龜山辟書院以講學，於是白鹿、鵞湖相繼而起；逮及明時，講席徧天下，而東南尤甚，至本朝，其風衰矣。爰考厥初，其講學皆切於身心性命之旨，自道南、東林以還，但辯論朱、陸、王之異同而已，是爲詞費，是爲近名。（中略）藩詮次諸君子，於曉曉辯論三家之異同者概無取焉。

　　黄宗羲、顧炎武對清代學術産生的重要影響之一即在於"憎惡講學而不參與"，尤其顧氏更"以著作取代了以往的講學"。②流風所被，凡爲樸學者，莫不重著述而輕講學，加之清廷的遏制，晚明濃厚的講學風習漸次歸於消熄。漢學家在繼承顧炎武開創的諸門學問之外，也繼承了他對講學的反感，江藩持論如是，自勿足爲異。以影響而論，清初北方的孫奇逢、李顒皆是從事於講學活動而著盛名的學人，聲勢之隆，同時南方幾無人與匹，而江藩獨以講學歸罪南人，殊不能服人。包括梁啓超在内，不少學者都以清代宋學無所突破、停滯不前爲説，就清代理學整體而言，確非偏執

―――――――――

① 顧炎武《日知録》卷十三"南北學者之病"條云："飽食終日，無所用心，難矣哉！今日北方之學者是也。群居終日，言不及義，好行小慧，難矣哉！今日南方之學者是也。"
② ［日］内藤湖南：《中國史學史》，第237頁。

· 29 ·

之見，此時成爲清代宋學家主要議題之一的，即對朱陸異同的討論。但在江藩看來，則純系無關宏旨的"詞費""近名"，所以他"於曉曉辯論三家之異同者概無取焉"，雖然在當時環境中，實難找到一位對這一時代議題毫無關懷的宋學家。

（二）

日本近藤光男氏論《漢學師承記》體裁爲"集句式"，如阮福稱其父《儒林傳稿》"采集甚博，全是裁集句而成，不自加撰一字"[1]然。編纂《漢學師承記》，江藩曾耗費偌大心力，對記載漢學家生平學行的傳記、事狀、墓誌等材料廣泛參稽，旁徵博引，雖然不免門户之見，未能完全忠實於史源，多所刪改，但其纂著的精心是不可否認的。與之相比，《宋學淵源記》的編撰則每顯粗獷疏略，除了篇幅短促，一個重要的表現，即是史源的狹隘。

《宋學淵源記》的結撰，在很大程度上仰賴於對彭紹升《儒行述》及收錄於氏著《二林居集》中相關傳記的取材。長洲彭氏家族在《宋學淵源記》中立有專傳，自其五世祖彭瓏以至乃父彭啓豐，俱見於該書卷下《彭瓏》傳，此處不更做詳述。案《宋學淵源記》附記《彭尺木居士》稱彭紹升"熟於本朝掌故，所著《名臣事狀》《良吏述》《儒行述》，信而有徵，卓然可傳於後世"[2]。《良吏述》與本節宏旨無關，惟就《名臣事狀》與《儒行述》稍作論述。案張舜徽《清人文集別録》卷八"《二林居集》"條可引爲對記文的具體闡釋，該條稱彭紹升：

> 留心當世掌故，所爲碑誌、事狀、述傳之文，居集中太半。嘗博觀清初諸大吏遺書，考其行事，訂傳聞之失，補誌傳之遺。重撰（中略）事狀，共十六篇，分載是集卷十二至十八，叙述翔實，繁而不蕪，足以羽翼國史，與全祖望《鮚琦亭集》中碑傳之作，可相頡頏也。又嘗比次孫奇逢、李中孚、張履祥、顧炎武等二十餘人學行，擇其言之尤醇者，撰爲《儒行述》，載是集卷十九。復廣搜文集方志之所著録，選輯政績斐然之士，爲《良吏述》上、下篇，載是集卷二十

---

[1] 阮福《擬國史儒林傳序》案語（見阮元《揅經室一集》卷二《擬國史儒林傳序》）。
[2] 案先此朱軾、蔡世遠曾合編《歷代名臣傳》三十五卷《續編》五卷、《循吏傳》八卷、《名儒傳》八卷，對彭紹升結撰諸篇史傳，應産生過影響。詳參本書附記《彭尺木居士》箋證［九］。

至二十一。斯又不啻爲後來編《學案小識》《先正事略》諸書之先導矣。①

記文所說的十六篇《名臣事狀》由彭紹升"博觀清初諸大吏遺書，考其行事，訂傳聞之失，補誌傳之遺"而經意"重撰"，其中包括了江藩在《宋學淵源記》卷上前叙中述及的九位"或登臺輔，或居卿貳，以大儒爲名臣"者，包括魏象樞、湯斌、熊賜履、李光地、陸隴其、張伯行、楊名時、孫嘉淦、雷鋐。彭氏撰寫諸人事狀的撰述宗旨、義例及取材等概況俱見於《二林居集》卷十八《書諸名公事狀後二則》，略謂：

予於本朝諸名公讀其書，考其行事，輒私心嚮往，第尋覽往時記載之文，或略不具本末，或煩蕪而寡體要，心嘗病焉。探索餘間，竊取李氏（翱）、朱氏（熹）之意，成事狀十六篇，（中略）傳之異時，徵故獻者當有取焉。（中略）文獻不足，雖善無徵。予之狀諸公也，徵諸文者，不可以僞爲也。徵諸獻者，則有諸公朋舊、門生、子姓之屬，其所撰碑志行述，聞見既鑿，情實難淆，以視夫道路之風聞，稗官之勦説，不既遠乎？（中略）至所引諸書，各條其目，略仿朱子《伊川年譜》之例。②

同書卷十九《儒行述》有謂：

儒之道，明三綱五常，經緯萬事，飭其叢淆，使罔不順理，洋洋乎天地之際，逮後稍陵遲，求言議之工，務實者少，門户分，是非起，儒益難言矣。子言之："汝爲君子儒，無爲小人儒。"噫，可不慎哉，作《儒行述》。（中略）予觀近世諸先生論學書，其間是非離合，蓋難言之。然攷其出處之際，作止進退之間，其冥符乎道者多矣。于是比次諸先生行事，擇其言之醇者著于篇。③

---

① 張舜徽：《清人文集別録》，華中師範大學出版社2010年版，第207頁。
② 彭紹升：《二林居集》，《續修四庫全書》第1461册，影印清嘉慶四年（1799）味初堂刻本，上海古籍出版社2002年版，第445頁。
③ 彭紹升：《二林居集》，第465頁。

彭紹升雖未直言《儒行述》的著述意圖，但玩索文義，蓋與撰寫《名公事狀》相類，皆意在供人采擇，"羽翼國史"。李文藻（1730—1778）在乾隆二十八年（1763）寫給摯友周永年（1730—1791）的一通書札中談及："近接蘇州彭允初劄，其意欲搜羅我朝百餘年來名公狀志爲國史底本，不知可爲留神否？"① 可知彭氏起意撰寫相關傳志的時間頗早。《二林居集》梓行於嘉慶四年（1799），《儒行述》更別出單行。當阮元纂輯《儒林傳稿》時，即對《二林居集》尤其《儒行述》進行過廣泛的參考，繼之於後，江藩汲取尤深。取《宋學淵源記》所收人物與《儒行述》比勘，竟有29人出乎其中，行文之肖似尤足昭示《宋學淵源記》對《儒行述》的直接襲用。此外，尚有八篇傳記不同程度地參考了《二林居集》中的碑傳文字。其詳見諸表二。②

表二　　　　　　《宋學淵源記》與《儒行述》人物對照

卷次	《宋學淵源記》所見人物	是否出於彭紹升《儒行述》	備注
卷上（10人）	孫奇逢	是	
	刁包（附王心敬）	是	
	李顒	是	
	李因篤	是	
	孫若群	否	本鈕琇《觚賸續編》卷二《人觚》"淄川小聖人"條，而孫氏實難以理學稱
	張沐	是	
	竇克勤	是	
	劉源渌	是	
	姜國霖（附閻循觀、韓夢周）	是	《韓夢周》取材《二林居集》卷三《與汪大紳》、卷一〇《韓長孺墓表》
	孫景烈	否	孫氏聲譽囿於關中，然爲王杰之師，王杰於江藩頗有知遇之恩

---

① 李有經：《昔吾雜抄》，山東省圖書館藏抄本。
② 這裡省略了若干例證，相關例證及論述，參見戚學民《阮元〈儒林傳稿〉研究》第七章《〈宋學淵源記〉與〈儒林傳稿〉》第一節《取材〈二林居集〉》，第310—329頁。

续表

卷次	《宋學淵源記》所見人物	是否出於彭紹升《儒行述》	備註
卷下 （21人）	劉汋	是	
	韓孔當	是	
	邵曾可	是	
	張履祥	是	
	朱用純	是	
	沈昀	是	
	謝文洊	是	
	應撝謙	是	
	吳日慎	是	
	施璜	是	
	張夏	是	
	彭瓏	否	取材於《二林居集》卷二三《彭氏家傳》
	高愈	是	
	顧培	是	
	錢民	是	
	勞史（附汪鑒）	是	
	朱澤澐	是	
	向璿	是	
	黃商衡	否	取材於《二林居集》卷二三《黃氏家傳》
	任德成	否	本《二林居集》卷十《恩授修職郎府學生任君墓志銘》
	鄧元昌	是	
附記 （8人）	沈國模（附管宗聖）	是	
	史孝咸	是	
	王朝式	是	

续表

卷次	《宋學淵源記》所見人物	是否出於彭紹升《儒行述》	備注
附記 (8人)	薛起鳳	否	雜取《二林居集》卷廿二《薛家三述》、汪縉《汪子文錄》卷九《薛起鳳述》等
	羅有高	否	有取於《二林居集》卷廿二《羅臺山述》，改易頗多
	汪縉	否	有取於《二林居集》卷廿二《汪大紳述》
	彭紹升	否	雜取彭紹升《一行居集》《二林居集》並汪縉《汪子文錄》等撰成
	程在仁	否	

《宋學淵源記》的史源問題既已得到廓清，回視卷上前叙，則知江藩所述，頗多飾辭。那些被江藩摒棄不錄的"或登臺輔，或居卿貳，以大儒爲名臣"之流，與其説"具載史戚，無煩記錄"，倒不如説他們已被詳審地記述在《二林居集》中，已無空間供江氏發揮。何況彼輩公卿，名爵貴重，諒非江藩以布衣學人所敢雌黄者，索性以一句"恐草茅下士，見聞失實，貽譏當世"爲辭，一筆帶過。[1] 至於他"所錄者，或處下位，或伏田間"，實則十之八九取材《儒行述》，細繹其文，亦少見精心刻畫，尚不及彭紹升所述翔實。尤有可論者，在其未能忠實史源，即使是在已將"國朝"宋學人物大量剔除、相關傳記篇幅大爲縮減的情況下，更有意竄改史材，這仍是漢學家記述宋學史時，蔽於門户之見的行爲。在江藩身後，曾刊行《宋學淵源記》的伍崇曜稱其"臚列諸人多非其所心折者，固不無蹈

---

[1] 在當時的知識社群中，對爲名臣顯宦撰寫傳記一事往往抱有相當的矜持，如彭紹升的座師盧文弨便稱"私念爲大臣作傳，乃史官之職，非某所敢任也"（《抱經堂文集》卷一八《答彭允初書》，中華書局1990年版，第260頁）。胡虔也説："古文章作家法，不得爲達官立傳，懼侵史官權也。"（《柿葉軒筆記》，《續修四庫全書》第1158册，第40頁）與盧文弨所言若合符契。與漢學家多有齟齬的桐城派方苞、姚鼐更是這一取向的積極推動者，參見《方苞集》卷六《答喬介夫書》及姚鼐《古文辭類纂·序目》。

瑕抵隙之意",皮相之識耳。①

漆永祥師曾爬梳《漢學師承記》諸傳,證明江藩"排宋而尊漢"的立場,稱其"書中凡涉宋明理學者,或明加駁責,或避而不談,甚或刪改原意,以就己義",期與"嚴判漢、宋門户"的主旨相吻合。②移録二則例證於下:

《王蘭泉先生》:"肄業紫陽書院,時從惠徵君定宇遊,於是潛心經術,講求聲音訓詁之學。"

此據阮元《述庵王公神道碑》,原作:"公治經與惠棟同,深漢儒之學,《詩》《禮》宗毛、鄭,《易》學荀、虞。言性道則尊朱子,下及薛河津、王陽明諸家。"江藩有意刪去王昶近理學一節,"益似其專意漢學者也"。

《盧文弨》:"長爲桑調元弢甫婿,師事之。於是學有本原,不爲異説所惑。"

盧文弨《抱經堂文集》卷二《中庸圖説序》:"文弨弱冠執經於桑弢甫先生之門,聞先生説《中庸》大義,支分節解,綱舉目張,而中間脈絡無不通貫融洽,先生固以爲所得於朱子者如是。蓋先生少師事姚江勞麟書(史)先生,勞先生之學,一以朱子爲歸,躬行實踐,所言皆見道之言,雖生陽明之里,餘焰猶熾,而獨卓然不爲異説所惑。"是"則盧氏之學,初亦宋學根底也,江藩忌不言之"③。

同樣的情況也見諸《宋學淵源記》,如卷下《高愈》:"不事帖括,日誦經史。"案顧棟高《高紫超先生傳》:"而先生居恒絶不作帖括文字,日

---

① 據陳康祺説,那部"校讎精審,中多秘本"的《粵雅堂叢書》,"每書卷尾必有題跋,皆南海譚玉生舍人瑩手筆,間亦嫁名伍氏崇曜,蓋伍爲高貲富人,購書付雕,咸藉其力,故讓以己作云。"(氏著《郎潜紀聞初筆》卷十四"粵東伍氏刻書之多"條,中華書局1984年版,第297頁)
② 漆永祥師:《清學劄記》第八二條"江藩之排宋而尊漢",第184頁。
③ 兩則例證俱引自漆永祥師《清學劄記》,第185—186頁。同參《江藩與〈漢學師承記〉研究》第七章《〈漢學師承記〉考異》。

從事聖賢遺經及程朱性理諸書。"①《儒行述》亦謂："平居不事帖括,日誦遺經及先儒語録。"然則高愈讀書不限於記文之"經史",乃江藩竟視"程朱性理諸書""先儒語録"等若無物,固囿於門户意識,有意删改耳。是以尊漢抑宋的意態,《漢》《宋》兩記皆然,其所以尊之、所以抑之的手法亦前後無異。

前文嘗引卷下後叙,江藩謂"於曉曉辯論三家之異同者概無取焉",當朱陸(王)異同成爲宋學家討論主題之時,很少人不就此施以關懷,名儒尤甚。案《宋學淵源記》卷下《應撝謙》稱應氏於"陽明之説,亦不致辯也",但卻是大違事實的謬論。檢陸隴其《王學考序》曰:

> 自陽明之學行,天下迷惑溺没於其中者百五十餘年,近歲以來,好學深思之士乃敢昌言排之,然以其功業赫赫,於人之耳目間者疑信且半。錢塘應潛齋獨一言以斷之曰:"陽明之功,譎而不正,詭遇獲禽耳。"又推其本而論之曰:"陽明自少馳馬試劍,獨學無師,而始堅於自用,則又直窮其病根。"陽明復起,不能不服斯言。(中略)其論次陽明言行凡一卷,附於其所輯《性理大中》内。②

據此,應氏於陽明學行,本有詮次述論,畢見其尊朱闢王之旨,何嘗如江氏所謂"陽明之説,亦不致辯也"③?率爾操筆,亦未必盡出於想當然,或更在於江藩堅持己見,擅改史源,於宋學家論學意見未克細繹其旨所致。

上述二事,皆屬有意删改史源,至於心粗氣浮,以致訛誤者,也屢屢可見。如卷下《顧培》:"四方來學者甚衆。春秋大會於山居,復行忠憲《七規》。"案傅秦瀛《顧培傳》:"每春秋兩會,遵高攀龍《復七規》,遠方至者常不下百餘人。"④"復行忠憲《七規》",係"行忠憲《復七規》"之倒譌。⑤ 又附記《汪愛廬師》:"壯歲讀《陳龍川文集》,慕其爲人,思見用於世。既而讀宋五子書,又讀西來梵筴,始悟其非。"案汪縉《二録》

---

① 顧棟高:《高紫超先生傳》,見許獻、高廷珍等編《東林書院志》卷十二,清雍正十一年(1733)刻本,第 31 頁 A。
② 陸隴其:《三魚堂文集》卷八《王學考序》,《文淵閣四庫全書》本,第 18 頁 B。
③ 詳本書卷下《應撝謙》箋證〔十三〕。
④ 李桓:《國朝耆獻類徵初編》卷三九九,清光緒刻本,第 39 頁 A。
⑤ 詳本書卷下《顧培》箋證〔三〕。

上録《明尊朱之旨》:"吾之所以尊朱也,于王(通)、陳(龍川)之説亦不廢焉者,西方度世之心,漢、唐救世之功,雖聖人復起,亦必有取焉。"[1] 就此論之,江藩所謂"始悟其非",言過其實矣。

(三)

《宋學淵源記》所據史源、著述宗旨及纂輯者之意態、立場諸題,已如上述。案卷上前叙(實即全書總序)首先對清代之前的學術史略作回顧,重點則在叙述宋明理學的源流。在江藩看來,漢儒的經學事業興起於"聖人之道幾乎息""七十子之大義乖"之後,尤其經由集其大成的鄭玄研治音韻訓詁以"通聖人之言",考訂禮樂制度以"爲教化之本",宋儒汲汲倡導的性理之學、經世之道,始有其基礎,有所根據。這實際是設定了宋學源出於漢學的前提,使漢學穩居於正統的地位。然則宋儒攻擊漢儒,自是不該,而宋學家背棄漢學典範,與之立異爭競,即屬"數典忘祖"的不肖行徑。至於宋學社群內部自宋明以來朱、陸、王諸派分立,異見紛呈,各尊其是,至以口舌相争,與"明道""修身"的宗旨又相去何遠。

演至清代,江藩自陳對當身"漢學昌明"之際,"有一知半解者,無不痛詆宋學"的學術環境懷有一種失望,這種失望源於漢學家對其宗主惠士奇"六經尊服鄭,百行法程朱"訓示的違背。聯繫上文所述江藩尊漢抑宋的意態與立場,這種失望未必出於真誠。惠棟對乃父手書楹聯的內涵做過如下解釋:

> 先君言宋儒可與談心性,未可與窮經。棟嘗三復斯言,以爲不朽。宋儒談心性直接孔孟,漢以後皆不能及。若經學則斷推兩漢。宋儒經學不惟不及漢,且不及唐,以其臆説居多,而不好古也。章句訓詁,知也;灑掃應對,行也。二者廢其一,非學也。漢有經師,宋無經師。漢儒淺而有本,宋儒深而無本。有師與無師之異,淺者勿輕疑,深者勿輕信,此後學之責。[2]

治經服膺漢儒,固不必論,所謂"百行法程朱",與其説是在褒揚宋

---

[1] 汪縉:《二録》上録《明尊朱之旨》,清光緒八年(1882)刻《汪子遺書》本,第5頁B。
[2] 惠棟:《九曜齋筆記》卷二《趨庭録》,《聚學軒叢書》本。

儒性理之學、實踐之教，倒不如説是在强調程朱重行輕學的面相，其學"深而無本"，"後學之責"必須"深者勿輕信"。據此，"六經尊服鄭，百行法程朱"，二者的地位殊不對等。江藩稱結撰《宋學淵源記》"實本師説"，那麼尊漢卑宋，即是不"背其師承"了。

朱維錚觀察到，"《漢學師承記》還曾指名批評方苞，《宋學淵源記》則對桐城派採取回避態度，不僅没有隻字説道方苞、劉大櫆、姚鼐，而且没有隻字提及陰受桐城義法的陽湖派惲敬、陸繼輅等人。江藩可能没有想到，他這樣做，實際是將桐城、陽湖諸家排除在'國朝宋學'之外"①。結合"言外之世"，江藩不録被他稱爲"詞章家"的桐城派，未必如朱先生所説的"可能没有想到"，而更似有意爲之。章太炎如是描述清代"經儒"與"文士"爭競：

> 天下視文士漸輕，文士與經儒始交惡。而江淮間治文辭者，故有方苞、姚範、劉大櫆，皆産桐城，以效法曾鞏、歸有光相高，亦願尸程、朱爲後世，謂之桐城義法。（戴）震爲《孟子字義疏證》，以明材性，學者自是疑程、朱。桐城諸家，本未得程、朱要領，徒援引膚末，大言自壯，案方苞出自寒素，雖未識程朱深旨，其孝友嚴整躬行足多矣。諸姚生於紈絝綺襦之間，特稍恬淡自持，席富厚者自易爲之，其他躬行，未有聞者。既非誠求宋學，委蛇寧靖，亦不足稱實踐，斯愈庳也。故尤被輕蔑。範從子姚鼐，欲從震學，震謝之，猶亟以微言匡飭。鼐不平，數持論詆樸學殘碎。其後方東樹爲《漢學商兑》，徽章益分。東樹亦略識音聲訓故，其非議漢學，非專誣讕之言。然東樹本以文辭爲宗，横欲自附宋儒，又奔走阮元、鄧廷楨間，躬行佞諛，其行與言頗相反。②

姚鼐一向被認爲桐城派的集大成者，他綰合義理、考據、辭章三者爲

---

① 朱維錚：《漢學與反漢學》，《近代學術導論》，第13頁。
② 章太炎：《清儒》，傅傑編校：《章太炎學術史論集》，第390—391頁。又章氏《清代學術之系統》亦云："桐城派始祖方苞，頗自居於理學。至姚鼐，則無理學之見。姚在少年時願從戴震學，戴拒而不收——究竟是不敢收，還是不屑收卻不得而知——因此兩人極相左。（中略）至方東樹作《漢學商兑》，對戴仍不減仇視之意。"（同書第404頁）據今人的研究，姚鼐欲師從戴震不遂，轉而尊奉程朱，詆訾漢學，事屬不實。但桐城派對考證學派的立異頗訐，自不必疑。詳見王達敏《姚鼐與乾嘉學派》，學苑出版社2007年版，第15—21頁。

一的論學主張也爲人所熟知。桐城一派的自我定位首在"義理"一端，他們以尊奉程朱爲宗旨，自謂正學的化身，無論漢學家宗尚的"考據"抑或爲之卑視的"辭章"，俱屬"義理"的輔翼，這種意識自方苞以來便十分明顯。但他們最受世人肯定的方面，偏偏是最爲他們輕視的"辭章"，這從清廷國史館臣，將部分著績經史但傾向宋學的桐城學人編入《文苑傳》，而不入諸《儒林傳》一事即可概見。類似的事件足以刺激他們視漢學家爲仇敵，以"衛道"的旗幟，與考據學派相爭競。如將《宋學淵源記》叙文中所説的"小生豎儒妄肆訛訶""數典而忘其祖""不第攻漢儒而已也，抑且同室操戈矣"諸語與此時代背景相聯繫，便不能不疑心江藩意下別有所指。

江藩與方東樹在嘉道之際的論争是清代學術史上的一次象徵性事件，凸顯了清代中期以來知識界漢宋並存、新舊同處而錯綜糾纏的複雜現象，長期以來備受關注，相關研究極夥，但其趨向均落實於《漢學商兑》與《漢學師承記》（《國朝經師經義目録》）桴鼓相應的文獻關係上而不及其餘。當然就名義而論，《漢記》非但是催生《商兑》成書的直接動力，更是《商兑》立意攻訐的矢的。殊不知，作爲全書"總論"，旨在論述漢學家"詆誣唐宋儒先而非事實者"[①]的《商兑》卷下，其批駁的對象即始終未在方東樹筆下具名的《宋學淵源記》。

東樹，字植之，晚號儀衛主人，世居桐城。成年之後，充任幕僚，講學書院，倒似半數時間都在爲謀求養家糊口而奔波。他一生落魄，尤甚江藩，五十歲前，屢屢應試不第，此後即絶意科場。《清史稿》本傳説方氏"始好文事，專精治之，有獨到之識，中歲爲義理學，晚耽禪悦，凡三變"[②]，這種取向自不易爲漢學鼎盛時的學界主流所激賞，以致他在給友人的書信中自歎"孤窮於世，匪獨無見收之人，乃至無一人可共語"[③]。

江、方論争的主題或根源是"争取在整個儒學史上的正統地位"[④]，方氏主動争競，隱含着文苑反擊儒林的消息。其事起於《漢學師承記》的梓

[①] 方東樹：《漢學商兑·序例》，《續修四庫全書》（子部）第951册，上海古籍出版社2002年版，第539頁。按《序例》作於道光丙戌（1826）。
[②] 趙爾巽等：《清史稿》卷四八六《方東樹傳》，中華書局1977年版，第13430頁。此節論方氏學術三變，大約根據鄭福照《方儀衛先生年譜》（《儀衛軒文集》附録）。
[③] 方東樹：《儀衛軒文集》卷七《答姚石甫書》，第13頁。
[④] 余英時：《從宋明儒學的發展論清代思想史——宋明儒學中智識主義的傳統》，收入《論戴震與章學誠——清代中期學術思想史研究》，生活·讀書·新知三聯書店2000年版，第292頁。

行,此後二人同居阮元幕中參纂《廣東通志》,論學不睦。其間《宋學淵源記》的刊行、學海堂的落成、《皇清經解》的輯刻等一系列推動漢學的學術活動,足以構成對方氏的刺激。集中體現方東樹攻駁漢學意見的《漢學商兌》,即在這一期間漸次成稿。該書凝聚了方東樹對漢宋學術的思考與焦慮,卻以"灌夫罵座"的表述方式指陳漢學的疏失。在他看來,"漢學家所執爲宋儒之罪者有三","一則以其講學標榜,門户分争,爲害於家國;一則以其言心、言性、言理,墮於空虛心學禪宗,爲歧於聖道;一則以其高談性命,束書不觀,空疏不學,爲荒於經術"①。實則這三條所謂漢學家的議論,針對的正是《宋學淵源記》中的四篇叙記(分別闡述漢宋學術源流、宋明講學風習、朱陸王門户之争及宋學雜糅佛學,前文已及)。當然,這並不意味着《宋學淵源記》的結撰,純係乎江藩與宋學家的争衡。②

(四)

《宋學淵源記》是在漢、宋分野的學術時態下,與先出的《漢學師承記》相呼應、相配合的學術史著述。此書出現於漢、宋争競的時代背景之下,與《漢學師承記》共同秉持着尊漢抑宋的宗旨,是江藩伸張門户的延續,以竟其尊漢抑宋之功。兩《記》的結撰,完成了江藩對清代學術史體系的建構,彼此相輔,未可獨論一面,雖然這一工作貫穿了纂輯者的門户意識。與《漢記》相同,在《宋記》的具體編撰過程中,江藩有意對史源進行删汰、削減甚至竄改、歪曲,致使《宋記》中不乏紀事脱略、違背史實之處,有悖於樸學實事求是之旨,但整體上仍不妨礙後人藉以增進對清代前中期學術史的認知與理解。祇是對江藩的議論判斷,應謹慎地預做幾份保留。當然,即使是纂輯者的誤説謬論,置諸學術史、思想史上,也是不可多得的珍貴史料。

自道、咸以降,學界興起了一股編纂清代學術史著述的潮流。就史傳、學案兩種體裁予以區分,前者如錢林《文獻徵存録》、張星鑒《國朝

---

① 方東樹:《漢學商兑·序例》,第537頁。
② 本書曾經的一個主要觀點,《宋學淵源記》是江、方論争的直接産物,方東樹反對漢學的言論、篇什——尤其是《辯道論》,直接促成了《宋記》的結撰。嚴佐之師、戴揚本師、漆永祥師先後就此表示過質疑,久後我也自悔於對《辯道論》的過分解讀,因以做出片面武斷的結論,誠所謂求深反惑者也。

經學名儒記》不分卷、范臺《皇朝儒行所知錄》六卷、李慈銘《國朝儒林小志》、曾文玉《國朝漢學師承續記》、趙之謙《漢學師承續記》不分卷，後者如唐鑑《國朝學案小識》十四卷、張廷琛《國朝學統》不分卷、成蓉鏡《學案備忘錄》一卷、黃嗣東《道學淵源錄》一百卷。這一現象的背景，在於當時舉國內憂外患激發了學術界經世務實思想的醞釀與瀰漫，具體的表現即是史學與理學的勃興。真正爲之樹立著述典範而導其源、開其流者，首當歸於江藩所撰的《漢》《宋》兩記，這一點，單就以上所舉著述的書名即可推知。阮元編纂《儒林傳》，在清代學術史上是一件極應矚目的事件，但結合《儒林傳》的"國史"性質，爬梳其具體的流傳事實，此書在晚清的實際影響殊爲有限，尤其不能與著稱學林的《漢》《宋》兩記相媲。

例　言

一、本書以清咸豐四年南海伍氏刻《粵雅堂叢書》本《宋學淵源記》爲底本，校以光緒九年山西書局刻本、光緒十一年掃葉山房刻本、校經山房刻本、光緒二十一年滬上文海書局刻本及今人鍾哲整理本（中華書局一九八三年版）。勘驗諸本，幾無文字出入，舛譌衍奪，多據他書是正刪補，校記隨箋證表出，不復專列。

二、《宋學淵源記》文義淺近，而紀事疏略，故箋證體例一倣裴松之注《三國志》。《四庫全書總目》稱裴注"約有六端"，"一曰引諸家之論，以辨是非；一曰參諸書之説，以核訛異；一曰傳所有之事，詳其委曲；一曰傳所無之事，補其闕佚；一曰傳所有之人，詳其生平；一曰傳所無之人，附以同類"。本書箋證《宋學淵源記》，亦不出裴注六端。

三、鄭堂甄錄人物，記言述行，多本彭紹升《儒行述》，然於《儒行述》史源，往往疏於檢覈，錯簡誤記，非爬梳史源，明其遞嬗，不能爲判。故揭示出處，參稽他書，甄辨異同，秉筆者之著述意態始足論定。

四、箋證所及，大抵有關於學術流變、學林故實、政治興亂、社會升降等要目詳作箋證，對於淺近而無礙理解之語辭掌故，概付闕如，以免濫釋之責。務求《宋學淵源記》所記清代宋學史事詳確，以合檢用。記文與史實或存出入，相關人事或有待疏解發覆，故間附考論，時下己意，以盡治學求是之旨。引徵繁蕪，有所不辭焉；考論冗沓，有所不避焉。

五、歷代評騭之語，識解或有資啓蒙，有裨於窺測時代學術之嬗變，稍事采擷，以"集評"附箋證之後；偶有與記文無涉，而關乎傳主學行之要目，則以"補述"出之。

六、所附《〈宋學淵源記〉人物學行繫年》，以時代貫穿人事，依劉知幾"六體"之説，意在以編年補紀傳之不足。相關序跋篇什，或有裨於知人論世，一併綴於卷尾。

巻　上

前　叙

　　春秋戰國之際，楊墨之説起，短長之策行，薄湯武，非周孔，聖人之道幾乎息矣。暴秦燔書，棄仁義，峻刑法，七十子之大義乖矣。[一]漢興，儒生攟摭群籍於火燼之餘，傳遺經於既絶之後，厥功偉哉！[二]東京高密鄭君集其大成，肄故訓，究禮樂。以故訓通聖人之言，而正心誠意之學自明矣；以禮樂爲教化之本，而修齊治平之道自成矣。[三]爰及趙宋，周、程、張、朱所讀之書，先儒之義疏也，讀義疏之書，始能闡性命之理，苟非漢儒傳經，則聖經賢傳久墜於地，宋儒何能高談性命耶？後人攻擊康成，不遺餘力，豈非數典而忘其祖歟。[四]惟朱子則不然，其言曰："鄭康成是好人。"又曰："康成是大儒。"再則曰："康成畢竟是大儒。"朱子服膺鄭君如此，[五]而小生豎儒妄肆詆訶，果何謂哉！
　　然而爲宋學者，不第攻漢儒而已也，抑且同室操戈矣。爲朱子之學者攻陸子，爲陸子之學者攻朱子，至明姚江之學興，尊陸卑朱，天下士翕然從風。[六]姚江又著《朱子晚年定論》一篇，爲調人之説，亦自悔其黨同伐異矣。[七]竊謂朱子主敬，大《易》"敬以直内"也；陸子主静，《大學》"定而後能静"也；姚江良知，《孟子》"良知良能"也。其末節雖異，其本則同，要皆聖人之徒也。陸子一傳爲慈湖楊氏，其言頗雜禪理，於是學者承隙攻之，[八]遂集矢於象山，詎知朱子之言又何嘗不近於禪耶？蓋析理至微，其言必至涉於虚而無涯涘，斯乃"賢者過之"之病，中庸之所以爲難能也。儒生讀聖人書，期於明道，明道在於修身，無他，身體力行而已，豈徒以口舌爭哉！有明儒生斷斷辯論朱、陸、王三家異同，甚無謂也。[九]
　　我朝聖人，首出庶物，以文道化成天下，斥浮僞，勉實行，於是樸棫之士，彬彬有洙泗之遺風焉。[一〇]藩少長吳門，習聞碩德耆彦談論，壯游四方，好搜輯遺聞逸事，詞章家往往笑以爲迂。[一一]近今漢學昌明，徧於寰宇，有一知半解者，無不痛詆宋學。[一二]然本朝爲漢學者，始於元和惠氏。紅豆山房半農人手書楹帖云"六經尊服鄭，百行法程朱"，[一三]不以爲非，且以爲法，爲漢學者背其師承，何哉？藩爲是記，實本師説。嗟乎！耆英彫謝，文獻無徵，甚懼斯道之將墜，恥躬行之不逮也。惟願學者求其放心，反躬律己，庶幾可與爲善矣。至於孰異孰同，概置之弗議弗論焉。

　　國朝儒林，代不乏人，如湯文正、魏敏果、李文貞、熊文端、張清恪、朱文端、楊文定、孫文定、蔡文勤、雷副憲、陳文恭、王文端，或登臺輔，或居卿貳，以大儒爲名臣，其政術之施於朝廷、達於倫物者，具載史成，無煩記録。且恐草茅下士，見聞失實，貽譏當世也。若陸清獻公位秩雖卑，然乾隆初特邀從祀之典，國史自必有傳矣。[一四]藩所録者，或處下位，或伏田間，恐歷年久遠，姓氏就湮，故特表而出之。黃南雷、顧亭林、張嵩菴見於《漢學師承記》，兹不復出。此記之大凡也，附書於此。[一五]

〔箋證〕

[一]《史記》卷一二一《儒林傳序》："自孔子卒後，七十子之徒散游諸侯，（中略）及至秦之季世，焚《詩》《書》，阬術士，六藝從此缺焉。"《漢書》卷三〇《藝文志序》："昔仲尼没而微言絶，七十子喪而大義乖。（中略）戰國縱橫，真僞分争，諸子之言，紛然淆亂。至秦患之，乃燔滅文章，以愚黔首。"

[二]《漢書·藝文志序》："漢興，改秦之敗，大收篇籍，廣開獻書之路。迄孝武世，書缺簡脱，禮壞樂崩。聖上喟然而稱曰：'朕甚閔焉。'於是建藏書之策，置寫書之官，下及諸子傳説，皆充秘府。"

　　案齊召南《漢書藝文志考證》謂"漢興，改秦之敗，大收篇籍，廣開獻書之路"句"既在孝武之前，則指高祖時蕭何收秦圖籍，楚元王學《詩》，惠帝時除挾書之令，文帝使晁錯受《尚書》，使博士作《王制》，又置《論語》《孝經》《爾雅》《孟子》博士即其事也"。

　　《史記·儒林傳序》："及今上即位，趙綰、王臧之屬明儒學，而上亦鄉之，於是招方正賢良文學之士。自是之後，言《詩》於魯則申培公，於齊則轅固生，於燕則韓太傅。言《尚書》自濟南伏生。言《禮》自魯高堂生。言《易》自菑川田生。言《春秋》於齊魯自胡毋生，於趙自董仲舒。"

[三]《後漢書》卷三五《鄭玄傳》："自秦焚六經，聖文埃滅。漢興，諸儒頗修蓺文；及東京，學者亦各名家。而守文之徒，滯固所稟，異端紛紜，互相詭激，遂令經有數家，家有數說，章句多者或乃百餘萬言，學徒勞而少功，後生疑而莫正。鄭玄囊括大典，網羅衆家，刪裁繁誣，刊改漏失，自是學者略知所歸。"

案清儒服膺鄭玄，如錢大昕《潛研堂集》卷二八《鄭康成年譜序》曰："經術莫盛於漢，北海鄭君兼通六藝，集諸家之大成，刪裁繁蕪，刊改漏失，俾百世窮經之士有所折衷，厥功偉矣。"段玉裁《經韻樓集》卷八《經義雜記序》曰："千古之大業，未有盛於鄭康成氏者也。《七略》必衷六藝，刪定必歸素王。康成氏其亦漢之素王乎？（中略）而鄭君之學，不主於墨守，而主於兼綜；不主於兼綜，而主於獨斷。（中略）不知古聖賢之用心，又何以得其文義而定所從、整百家之不齊與？"

[四]《漢學師承記》卷一："宋初，承唐之弊，而邪說詭言，亂經非聖，殆有甚焉。如歐陽修之《詩》，孫明復之《春秋》，王安石之《新義》是已。至於濂、洛、關、閩之學，不究禮樂之源，獨標性命之旨，義疏諸書，束置高閣，視如糟粕，棄等弁髦，蓋率履則有餘，考鏡則不足也。"

案吳曾《能改齋漫錄》卷二引《國史》云："慶曆以前，多尊章句訓詁之學。至劉原甫為《七經小傳》，始異諸儒之說。王荆公修《經義》，蓋本於原甫。"王應麟《困學紀聞》卷八："自漢儒至於慶曆間，談經者守訓詁而不鑿，《七經小傳》出而稍尚奇矣。至《三經新義》行，視漢儒之學若土梗。（中略）陸務觀曰：'唐及國初學者，不敢議孔安國、鄭康成，況聖人乎！自慶曆後，諸儒發明經旨，非前人所及，然排《繫辭》，毀《周禮》，疑《孟子》，譏《書》之《胤征》《顧命》，黜《詩》之《序》，不難於議經，況傳注乎。'斯言可以箴談經者之膏肓。"檢《郡齋讀書志》："《七經小傳》三卷，劉敞原甫撰。七經者，《毛詩》《尚書》《公羊》《周禮》《儀禮》《禮記》《論語》也。元祐史官謂慶曆前學者尚文辭，多守章句注疏之學，至敞始異諸儒之說。後王安石修《經義》，蓋本於敞。"

［五］《朱子語類》卷八七："鄭康成是箇好人，考禮名數大有功，事事都理會得。如漢律令亦皆有注，儘有許多精力。"又曰："康成也可謂大儒。"

　　［六］兹舉兩例以相印證。姚鼐《惜抱軒文集後集》卷十《安慶府重修儒學記》："近時陽明之焰熄，而異道又興。學者稍有志於勤學法古之美，是相率而竟於考證訓詁之途，自名漢學，穿鑿瑣屑，駁難猥雜。其行曾不能望見象山、陽明之倫，其識解更卑於永嘉，而輒敢上詆程朱，豈非今日之患哉。"方東樹《儀衛軒文集》卷一《辨道錄》："以孔子爲歸，以六經爲宗，以德爲本，以理爲主，以道爲門，旁開聖則，蠢迪檢押，廣而不肆，周而不泰，學問之道，有在於是者，程朱以之。以孔子爲歸，以六經爲宗，以德爲本，以理爲主，以道爲門，以精爲心，以約爲紀，廣而肆，周而泰，學問之道，有在於是者，陸王以之。以六經爲宗，以章句爲本，以訓詁爲主，以博辨爲門，以同異爲攻，不概於道，不協於理，不顧其所安，鶩名干澤，若飄風之還而不儳，亦闢乎佛，亦攻乎陸王，而尤異端寇讐乎程朱。今時之敝，蓋有在於是者，名曰考證漢學，其爲説以文害辭，以辭害意，棄心而任目，刓敝精神而無益於世用，其言盈天下，其離經畔道，過於楊、墨、佛、老。然而吾姑置而不辨者，非爲其不足以陷溺乎人心也，以爲其説粗，其失易曉，而不足辨也。使其人稍有所悟而反乎己，則必翻然厭之矣。翻然厭之，則必於陸王是歸矣。（中略）吾爲辨乎陸王之異以伺其歸，如弋者之張羅於路歧也，會鳥之倦而還者，必入之矣！"

　　［七］王陽明《又答汪進之書》（正德十四年）："朱陸異同之辯，固守仁平日之所召尤速謗者，亦嘗欲爲一書，以明陸學之非禪，見朱學亦有未定者。又恐世之學者先懷黨同伐異之心，將觀其言而不入，反激怒焉。乃取朱子晚年悔悟之説，集爲小册，名曰《朱子晚年定論》，使具眼者自擇焉。將二家之學，不待辯説而自明矣。"（引録自《汪仁峰先生外集》卷三）

　　案陽明《朱子晚年定論序》（正德十年）："取朱子之書而檢求之，然後知其晚歲固已大悟舊説之非，痛悔極艾，至以爲自誑誑人之罪，不可勝贖。世之所傳《集注》《或問》之類，乃其中年未定之説，自咎以爲舊本之誤，思改正而未及。而其諸《語類》之屬，又其門人挾勝心以附己見，固於朱子平日之説猶有大相繆戾者。而世之學者局於見聞，不過持循講習於此，其於悟後之論，概乎其未有聞。則亦何怪乎予言之不信，而朱子之心無以自暴於後世也乎？予既自幸其説之不繆於朱子，又喜朱子之先得我心之同然，且慨夫世之學者徒守朱子中年未定之説，而不復知求其晚歲既悟之論，競相呶呶以亂正學，不自知其已入於異端。"

[八] 陳淳《北溪大全集》卷二三《與李公晦一》："兩浙間年來象山之學甚旺，以楊慈湖、袁祭酒爲陸門上足，顯立要津，鼓簧其説，而士夫頗爲之風動。"袁甫《蒙齋集》卷一三《象山書院記》："寧宗皇帝更化之初，興崇正學，尊禮故老，（中略）於時慈湖楊先生，（中略）天下學士，想聞風采，推考學問源流所在，而象山先生之道，益大光明。"

案《宋史》卷四〇七《楊簡傳》："楊簡，字敬仲，慈谿人。乾道五年舉進士，授富陽主簿。會陸九淵道過富陽，問答有所契，遂定師弟子之禮。（中略）理宗即位，（中略）授敷文閣直學士，累加中大夫，仍提舉鴻慶宫，尋以寶謨閣學士、太中大夫致仕，卒，贈正奉大夫。（中略）所著有《甲稿》《乙稿》《冠記》《昏記》《喪禮家記》《家祭記》《釋菜禮記》《石魚家記》，又有《己易》《啓蔽》等書。"《四庫全書總目》卷三《楊氏易傳》提要："簡則爲象山弟子之冠，如朱門之有黄榦，又歷官中外，政績可觀，在南宋爲名臣，尤足以籠罩一世，故至於明季，其説大行。"季本《季彭山先生文集》卷一《贈都閫楊君擢清浪參將序》："甲午（嘉靖十三年）秋，（中略）是時方興慈湖楊氏之書，同門諸友多以自然爲宗，至有以生言性，流於欲而不知者矣。（中略）余竊病之。"崔銑《楊子折衷序》："楊簡者，（中略）未久皆絶不傳，近年忽梓其書，崇尚之者，乃陋程朱。已朽之物，重爲道蠹，彼何人哉。"湛若水《楊子折衷》及羅欽順《困學續記》，皆晚明攻駁慈湖心學之作。

[九] 《四庫全書總目》卷九八《朱子晚年全論》提要："朱陸之徒，自宋代即如水火，厥後各尊所聞，轉相詬厲，於是執學問之異同，以爭門户之勝負。其最著者，王守仁作《朱子晚年定論》，引朱以合陸。至萬曆中，東莞陳建作《學蔀通辨》，又尊朱以攻陸。程瞳，朱子之鄉人也，因作《閑辟録》以申朱子之説。（李）紱，陸氏之鄉人也，乃又作此書以尊陸氏之學。"

案參見顧炎武《日知録》卷十八"《朱子晚年全論》"條，顧氏至以"王伯安之良知"與"王夷甫之清談，王介甫之新説"相況。

[一〇] 案"我朝聖人"指稱清帝。"首出庶物"語出《易·乾·

彖》："首出庶物，萬國咸寧。""化成天下"語出《易·賁·彖》："觀乎天文以察時變，觀乎人文以化成天下。""樸棫"皆樹木之名，以喻士人，語出《詩·大雅·棫樸》："芃芃棫樸，薪之槱之。"《毛傳》曰："棫，白桵也。樸，枹木也。山木茂盛，萬民得而薪之；賢人眾多，國家得用蕃興。"意在諛美清帝培植士人，恩德優渥。

［一一］阮元《定香亭筆談》卷四："甘泉江鄭堂藩，淹貫經史，博通群籍，旁及九流、二氏之書，無不綜覽。"（同參《揅經室二集》卷七《資治通鑒訓纂序》）龔自珍《江子屏所箸書序》："嘉慶中，揚州有雄駿君子曰江先生，以布衣爲掌故宗，且二十年。"（《龔自珍全集》第三輯）

［一二］案姚鼐《惜抱軒文集》卷六《復蔣松如書》："今世學者，乃思一切矯之，以專宗漢學爲至，以攻駁程朱爲能，倡於一二專己好名之人，而相率而效者，因大爲學術之害。"李元春《時齋文集初刻》卷二《學術是非論》："乃吾儒之學亦且分黨而角立，（中略）獨宋程朱諸子，倡明正學而得其精，通世顧橫詆之，亦大可感矣。"

［一三］《漢學師承記》卷二《惠士奇》："士奇，字天牧，晚年自號半農人。（中略）鄉人稱研溪先生（惠周惕）曰老紅豆先生，半農先生曰紅豆先生，松崖先生（惠棟）曰小紅豆先生。"

錢大昕《潛研堂集》卷三十九《惠先生傳》："年五十後，專心經術，尤邃於《易》。（中略）乃撰次《周易述》一編，尊宗虞仲翔，參以荀、鄭諸家之義，約其旨爲注，演其説爲疏，漢學之絶者千有五百餘年，至是而粲然後章矣。"

惠棟《九曜齋筆記》卷二"趨庭録"："先君言宋儒可與談心性，未可與窮經。棟嘗三復斯言，以爲不朽。宋儒談心性直接孔孟，漢以後皆不能及。若經學則斷推兩漢。宋儒經學不惟不及漢，且不及唐，以其臆説居多，而不好古也。章句訓詁，知也；灑掃應對，行也。二者廢其一，非學也。漢有經師，宋無經師。漢儒淺而有本，宋儒深而無本。有師與無師之異，淺者勿輕疑，深者勿輕信，此後學之責。"

案惠氏所論殊非創見，如黃宗羲即"以南宋以後講學家空談性命，不論訓詁，教學者説經則宗漢儒，立身則宗宋學。"（《漢學師承記》卷八《黃宗羲》）

［一四］兹略述諸人行實如下。

湯斌（一六二七——一六八七），字孔伯，號荆峴，又號潛庵，睢州

（今河南商丘）人。順治七年進士，尋以病乞養。從孫奇逢遊，參訂《理學宗傳》。康熙十八年，舉博學鴻詞，授翰林院侍講，充《明史》總裁，累擢內閣學士。二十三年，出任江寧巡撫，以廉幹稱。改授禮部尚書，調工部尚書，未幾病卒，年六十一。論學出入於陸王、程朱，有《湯子遺書》十卷，又著《洛學編》二卷、《補睢州志》五卷。雍正時，追諡文正。事詳彭紹升《二林居集》卷十三《故中憲大夫工部尚書湯文正公事狀》，《清史列傳》《清史稿》俱有傳。

魏象樞（一六一七——一六八七），字環極，一字環溪，號庸齋，蔚州（今河北蔚縣）人。順治三年進士，改庶吉士，歷任中外，官至刑部尚書，康熙二十六年卒，諡敏果。象樞深於理學，著有《大學管窺》《庸言》《儒宗錄》《知言錄》《寒松堂集》。事詳彭紹升《二林居集》卷十二《故資政大夫刑部尚書魏敏果公事狀》，《清史列傳》《清史稿》俱有傳。

案"敏果"本誤作"果敏"，據《事狀》改。

李光地（一六四二——一七一八），字晉卿，號厚庵，安溪（今福建泉州）人。康熙九年進士，改庶吉士，授編修，尋乞假歸。十四年，密疏陳破耿精忠及台灣鄭氏機宜。受知於清聖祖，歷任侍讀學士、內閣學士，官至吏部尚書、文淵閣大學士。康熙五十六年卒，年七十有七，諡文貞。學宗程朱，曾奉敕纂《周易折中》，自著《周易通論》四卷、《周易觀象》十二卷、《大學古本說》一卷、《中庸章段》一卷、《中庸餘論》一卷、《論語劄記》二卷、《孟子劄記》二卷、《朱子禮纂》五卷、《榕村語錄》三十卷、《榕村文集》四十卷《別集》五卷。事詳彭紹升《二林居集》卷十五《故光祿大夫文淵閣大學生李文貞公事狀》，《清史列傳》《清史稿》俱有傳。

熊賜履（一六三五——一七〇九），字敬修，號青岳，晚號愚齋，湖北孝感人。順治十五年進士，官至禮部尚書、東閣大學士。康熙四十八年卒，年七十有五，諡文端。論學尊朱闢王。著有《學統》五十六卷、《閑道錄》三卷、《經義齋集》十八卷、《澡修堂集》十六卷，及《學辨》《學規》《學餘》等。事詳彭紹升《二林居集》卷十三《故東閣大學士吏部尚書熊文端公事狀》，《清史列傳》《清史稿》俱有傳。

張伯行（一六五一——一七二五），字孝先，號敬庵，儀封（今河南蘭考）人。康熙二十四年進士，歷內閣中書、江蘇按察使、福建巡撫、江蘇巡撫，官至禮部尚書。雍正三年卒，年七十五，諡清恪。論學專宗程朱，史稱理學名臣之冠。刊行理學著述五十餘種。輯有《濂洛關閩書集解》十九卷、《近思錄集解》十四卷、《續近思錄》十四卷、《廣近思錄》十四卷、《小學集解》六卷、《小學衍義》八十六卷、《學規類編》二十七卷、《養正類編》十三卷、《伊洛淵源續錄》二十卷、《性理正宗》四十卷、《唐宋八大家文鈔》十九卷等。自著彙爲《正誼堂全書》。事詳彭紹升《二林居集》卷十六《故光禄大夫禮部尚書張清恪公事狀》，《清史列傳》《清史稿》俱有傳。

朱軾（一六六五——一七三六），字若瞻，號可亭，高安（今江西南昌）人。康熙三十三進士，歷潛江知縣、刑部主事、陝西學政、光禄寺少卿、浙江巡撫、左都御史，官至文華殿大學士，兼吏部尚書。乾隆元年卒，贈太傅，謚文端。著《周易傳義合訂》十二卷、《儀禮節略》二十卷、《春秋鈔》十卷、《孝經注》一卷、《名儒傳》八卷、《名臣傳》三十五卷《續編》五卷、《循吏傳》八卷、《文集》四卷。事詳張廷玉《澄懷園文集》卷一《光禄大夫太子太傅文華殿大學士兼吏部尚書加贈太傅謚文端朱公墓誌銘》，《清史列傳》《清史稿》俱有傳。

楊名時（一六六一——一七三七），字賓實，號凝齋，江蘇江陰人。康熙三十年進士，出李光地門下。歷官順天學政、雲南巡撫、雲貴總督、兵部尚書、吏部尚書、禮部尚書，卒贈太子太傅，祀賢良祠，謚文定。嘗參纂《周易折中》《性理精義》諸書，著有《易經劄記》三卷、《詩經劄記》一卷、《四書劄記》四卷、《經書言學指要》一卷、《太學講義》一卷、《學庸講義》二卷、《程功錄》四卷、《文集》十二卷《別集》六卷等。治《易》《詩》多本李光地，而不盡附和。事詳盧文弨《抱經堂文集》卷二七《楊文定公家傳》，《清史列傳》《清史稿》俱有傳。

孫嘉淦（一六八三——一七五三），字錫公，號懿齋，山西太原人。康熙五十二年進士，改庶吉士，授翰林院檢討。雍正時以言事見知，歷任中外，官至吏部尚書、協辦大學士。卒謚文定。著《易傳象爻》《詩義折中》《春秋義》等。事詳彭紹升《二林居集》卷十七《故光禄大夫吏部尚書協辦大學士孫文定公事狀》，《清史列傳》《清史稿》俱有傳。

蔡世遠（一六八二——一七三三），字聞之，漳浦（今福建漳州）人，學者稱梁村先生。康熙四十八年進士，參纂《性理精義》，回籍主講鰲峰書院。雍正元年，授編修，命侍清高宗讀。歷官至禮部左侍郎，雍正十一年卒，年五十二。乾隆時追贈禮部尚書，謚文勤。嘗與朱軾同編《歷代名臣》《名儒》《循吏》諸傳，編選《古文雅正》。著有《鰲峰學約》一卷、《朱子家禮輯要》一卷、《二希堂文集》十二卷、《詩集》四卷。事詳方苞《方望溪全集》卷十《禮部侍郎蔡公墓誌銘》，《清史列傳》《清史稿》俱有傳。

雷鋐（一六九六——一七六〇），字貫一，號翠庭，福建寧化人。少受業於蔡世遠。雍正十一年進士，先後督江蘇、浙江學政，官至左副都御史。乾隆二十五年卒，年六十四。著有《讀書偶記》三卷、《經笥堂集》三十五卷、《自恥錄》、《聞見偶錄》等書。事詳彭紹升《二林居集》卷十八《故通奉大夫都察院左副都御史雷公事狀》，《清史列傳》《清史稿》俱有傳。

陳宏謀（一六九六——一七七一），字汝咨，號榕門，臨桂（今廣西桂林）人。雍正元年進士，以言事受清世宗知，歷任揚州知府，甘肅、陝西、江蘇、湖南諸省巡撫，兩廣、兩湖總督，官至兵部、吏部尚書，東閣大學士。乾隆三十六年卒，年七十六，諡文恭。纂錄有《大學衍義輯要》六卷、《大學衍義補輯要》十二卷、《呂子節錄》四卷、《養正遺規》三卷、《教女遺規》三卷、《訓俗遺規》四卷、《從政遺規》二卷等。自著《培遠堂偶存稿》十卷。事詳袁枚《小倉山房續文集》卷二十七《東閣大學士陳文恭公傳》，《清史列傳》《清史稿》俱有傳。

王杰（一七二五——一八〇五），字偉人，號惺園，一號畏堂，陝西韓城人。乾隆二十六年進士，累官左都御史、兵部尚書、東閣大學士。嘉慶十年卒，贈太子太師，入祀賢良祠，諡文端。少從孫景烈遊，又承陳宏謀教。著有《惺園易說》二卷、《葆淳閣集》二十四卷。事詳朱珪《知足齋文集》卷五《太子太傅東閣大學士軍機大臣予告在家食俸特贈太子太師諡文端王公墓誌銘》、阮元《王文端公年譜》，《清史列傳》《清史稿》俱有傳。

陸隴其（一六三〇——一六九二），初名龍其，字稼書，平湖（今浙江嘉興）人。康熙九年進士，歷官嘉定、靈壽知縣，四川道監察御史。康熙三十一年卒，年六十三。乾隆元年，追諡清獻。爲學專宗朱子，力排陽明，號稱醇儒。所著有《讀禮志疑》六卷、《古文尚書攷》一卷、《禮經會元疏釋》四卷、《三魚堂四書大全》四十卷、《四書講義困勉錄》三十七卷、《續困勉錄》六卷、《戰國策去毒》二卷、《靈壽縣志》十卷、《問學錄》四卷、《松陽講義》十二卷、《松陽鈔存》二卷、《讀朱隨筆》四卷、《三魚堂賸言》十二卷、《三魚堂文集》十二卷、《外集》六卷。事詳彭紹升《二林居集》卷十五《故四川道監察御史陸清獻公事狀》，《清史列傳》《清史稿》俱有傳。

〔一五〕案《宋學淵源記》甄錄人物一事，説見引論，兹不贅。又黃宗羲（南雷）、顧炎武（亭林）事具《漢學師承記》卷八，張爾岐（蒿庵）事具同書卷一。

孫奇逢

孫奇逢，字啓泰，號鍾元，容城人。年十七，中萬曆庚子科舉人。[一]與定興鹿忠節公善繼友，以聖賢相期勉。[二]居喪盡禮，偕兄弟廬墓，巡按御史以聞，下詔旌表。[三]天啓時，魏閹竊朝柄，左光斗、魏大中、周順昌被逮，三君與善繼、奇逢友善，時善繼在榆關贊孫承宗軍事，奇逢遣弟彥逢上書高陽曰：[四]

左、魏諸君，善類之宗，直臣之首，橫被奇冤，有心者孰不扼腕？昔盧次楩，一莽男子耳，謝茂秦以布衣爲行哭於燕市曰：「諸君今不爲盧生地，乃從千載下哀湘而弔賈乎？」李獻吉在獄，何仲默致書楊文襄，求一援手，康得涵至不自愛其名。左、魏之品，可方獻吉，非次楩所敢望。奇逢一介書生，無由哭訴，尚慚茂秦。閣下名位比肩文襄，豈至出德涵下乎？

高陽覽書，即具疏請朝，面陳軍事。忠賢大懼，謂高陽興晉陽之甲，夜繞御牀而泣，乃馳詔止之，然高陽亦不能申救也。時三君子誣贓以萬計，許顯純嚴刑追比，奇逢與善繼之父鹿太公正及張果中倡首捐助，輸者麕至。繳納未竟，而三君已斃於詔獄矣。乃經紀其喪，歸葬故里。高陽知其賢，將薦之於朝。奇逢知時不可爲，自陳願老公車，不敢以他途進。[五]

崇禎丙子，容城被圍，率里人堅守。巡撫上其事，有旨褒美而已。時李自成已陷秦、晉，賊氛甚迫，乃移家之易州五公山中，依之者數百家。奇逢定條約，修武備，暇則講論身心性命之學，遠近慕德，土賊亦相戒勿犯孫先生。[六]順治中，巡按御史柳寅東、陳棐交章諭薦，朝命敦促，固辭弗應詔。[七]遂率子弟躬耕於蘇門之百泉山，築堂名兼山，讀《易》其中，四方負笈而來者日衆。[八]睢州湯

斌，成進士後始從學，謹守師說，奇逢門下第一人也。[九]

其學於憂患中默識心性原本。嘗曰："喜怒哀樂中，視聽言動必合於禮，子臣弟友盡分，此終身行不盡者。世之學者不務躬行，惟騰口説，徒增藩籬，於道何補！"[一〇]病世之辯朱陸異同者不知反本。[一一]著《理學宗傳》，以周、程、張、邵、朱、陸、薛、王、羅、顧十一子爲正宗，漢董子以下迄明季諸儒中謹守繩墨者次之，橫浦、慈湖等議論有出入儒佛者又次之，其言平實切理，門户之見泯然矣。[一二]康熙十五年卒，年九十二。孫泲，康熙壬戌進士。[一三]

[箋證]

[一] 魏裔介《夏峰先生本傳》（《夏峰先生集》卷首，下稱《本傳》）："先生諱奇逢，字啓泰，號鍾元，保定容城人。祖臣，嘉靖辛酉鄉試，由沭陽令歷官河東鹽運司運判。居官以廉著，鄉里有長者稱。父丕振，邑諸生，學使者以文行授儒官。公兄弟四人，兄奇儒、奇遇，著名膠序，弟奇彥，爲武城宰。兄弟相師友，皆砥礪名行，少爲閭黨所推。公十四歲入邑庠，（中略）十七歲，登萬曆庚子京兆榜。"

[二] 湯斌《徵君孫鍾元先生墓志銘》（《潛庵先生全集》卷三，下稱《墓志銘》）："先生幼當梁溪、吉水講學都門之日，與鹿忠節公一室默對，以聖賢相期許。忠節既没，獨肩斯道者四十載。"

《本傳》："與定興鹿伯順公善繼爲友，以聖賢相期勉。不爲口耳章句之學，相與講習討論，取諸儒同異而發明考證之。中有自信，人即辨駁不顧也。"

案魏裔介《徵君孫鍾元先生墓表》（《碑傳集》卷一二七，下稱《墓表》）謂孫、鹿"討論濂雒之旨而證諸六經"，至撰《本傳》時已不復執此説，蓋已知其立言失當矣。記文多本魏氏《墓表》，亦不取其説。《夏峰先生集》卷一《與鹿伯順》有"天以此老賜吾兩人"之慨，"此老"謂王陽明也，二人學宗姚江，好尚同致，於兹足徵。《夏峰先生集》卷五《鹿忠節公傳》："鹿善繼，字伯順，號乾嶽，直隸定興人。祖久徵，御史，以諫言謫。父正，逆閹時，傾身急左、魏諸公難，所謂鹿太公者也。善繼性端方謹慤，巋然如斷山。少以祖父爲師，小章句，薄溫飽。讀王文成《傳習錄》而契之，慨然有必爲聖賢之志。（中略）萬曆丙午舉於鄉，癸丑成進士。（中略）丙子秋七月，東兵破定興。（中略）城陷，東兵挾刃逼公，公不爲動，遂死之。（中略）生平應事接物，一意認真，學以認理爲主，而言理即在事上。故其言曰：'讀有字書，卻要識無字理。'則其自得可知矣。所著有《四書說約》《認真草》《三歸草》若干卷行世。"《理學宗傳》卷廿四《皮忠節善繼》與此差同。又《夏峰先生集》卷五有《鹿太公傳》，記鹿正事略云："太公名正，號成宇，侍御豫軒公長子，太常伯順公父也。侍御宦游，正拮据家務，一意以明農課子爲己任，故侍御得無内顧憂，太常未嘗北面一就塾師而業就。（中略）左、魏、周諸君子皆太常密友，方其遭禍，三家子弟賓客絡繹江村，謀所以爲左右力。正挺身周旋，不計禍患。甚至釀金應比，聲聞長安。"

[三]《本傳》："二十二歲，丁父艱，哀毁成病。喪葬一準古禮，偕兄弟結廬墓側，不飲酒、不食肉、不御内者三年。服甫闋，旋丁母艱。既葬，倚廬六載如一日。督學使者李蕃具以事聞，特旨建坊，旌其孝。"

《墓志銘》："兩居父母憂，治喪一準古禮。偕兄弟結廬墓側，飲食必祭，風雨霜雪，哀音動人。嘗語人曰：'少年妄意功名，自雙親見背，哀慟窮苦中，取證本來面目，覺向來氣質之偏，蓋學問實得力於此云。'（中略）崇禎戊辰，督學御史李公蕃舉孝行，奉旨建坊旌表，二丁侍養。"

[四] 案記文"奇逢遣弟彦逢上書高陽"，"彦逢"係"奇彦"之譌。

[五]《本傳》："天啓乙、丙間，逆閹魏忠賢竊柄，毒虐忠良。左僉院光斗、魏科都大中、周文選順昌三君子，皆與鹿公爲友，於公有國士之知。當左、魏被逮時，（中略）公義激而起。時鹿公贊孫高陽師於榆關，其父鹿太公出身營救。於時廠衛嚴緝，爲兩家子弟計棲身之所，上書孫樞輔公求援，（中略）樞輔隨具疏，以關門事請入覲，面奏機宜。忠賢聞之，遶御牀而泣，謂：'孫承宗提兵數萬，欲清君側，奴輩必無噍類。'上即馳旨止之。僉院竟擬贓二萬，科都五千，嚴期追掠。公深念南來者未必即至，且科都介節，家無以應，與鹿太公、張果中謀，義助完贓。炎蒸策蹇，奔走數百里外，釀數百餘金，齎送都門，而科都已斃杖下矣。科都既斃，僉院之追比倍嚴。公與鹿太公計，（中略）於是輸者雲集，數日之内，義湊數百，甫送至，而僉院亦斃杖下。越一年，周文選又逮，（中略）時伯順已從關門入里，與公（中略）偕力區畫，得數百餘金送都門，而文選又斃杖下。諸君子之不免於死，虐燄方張，凡素與往來者，皆鍵門逋跡，無復過而問之。公急難拯溺，置身家性命於度外，而害亦卒未之及也。海内高其義，有'范陽三烈士'之稱，蓋公與鹿太公、張果中也。（中略）

孫樞輔公督師榆關，鹿公與茅元儀參贊師中。樞輔數向二君言公可大用，欲爲推轂，令元儀來商，謂先以職方題授代鹿任。公曰：'君與鹿君從樞輔，二君之才，二君之志也。某既無其才，又無其志，願老公車，不敢借途求用。'（中略）庚午，御史黃宗昌薦公與鹿公可當大任，請行徵聘，公具呈力辭。朝野重之，稱曰徵君。"

《墓表》："當是時，邏校嚴急，士大夫觸手糜爛，親戚故交，鍵户謝絕。先生慷慨急難，呼號同志，禍福不足動心，而禍亦卒不及也。高陽知其有經世才，將題授職方郎，與共事。先生知時不可爲，自陳願老公車，不敢借途求用。臺諫交章推舉，堅辭不就。"

《墓誌銘》："時左忠義、嘉善魏忠節、長洲周忠介以氣節相高，見先生皆傾蓋定交。高陽孫文正公督師關門，鹿忠節爲監軍，約先生同游塞上。（中略）天啓末，逆閹竊柄，左、魏、周三君子相繼逮繫，（中略）而諸君子不可救矣。蓋正人爲國家元氣，非但急友難也。事之不成，則天也，而世徒以節俠視之，過矣。"

案諸傳記事實本夏峰《乙丙記事》（《文集》卷八），文繁不錄。孫承宗（一五六三—一六三八），字稚繩，號愷陽，北直隸保定高陽人。萬曆進士。天啓二年，以兵部尚書經略薊遼，拓地二百里，著勳疆場，後以魏忠賢排擠落職。崇禎二年復起，矢志恢復山海關外失地，四年罷歸。十一年，清兵繞道攻高陽，城陷自縊。《明史》卷二五〇有傳。夏峰撰《孫文正公年譜》，述記尤詳。夏峰《上孫愷陽相公書》見《夏峰先生集》卷一，記文約其辭旨，與原書頗有出入，茲節錄原書於後："左浮邱、魏廓園兩君子，（中略）獨以善類之宗，功臣之首，橫被奇冤，自非有胸無心，誰不扼腕？維桑與梓，固浮邱舊履地也，遺愛在人，不止門墻之士，興歌黃鳥，能不慨然？昔盧次楩，一莽男子耳，謝茂秦以眇布衣爲行哭於燕市，曰：'諸君子不生爲盧生地，乃從千載下哀湘而吊屈乎！'李獻吉在獄，何仲默致書楊邃庵，求爲引手。康德涵義急同調，至不自愛其名。浮邱、廓園之品，固當直跽獻吉，何次楩敢望？恨某等一介書生，無能哭訴，尚負慚於茂秦。閣下功德前無，邃庵憐才扶世之感，諒亦有激於中，稍一斡旋，且有出德涵上者。"又《文集》卷八《論餘》："白溝張果中，天啓元年左光斗恩選士。家貧不仕，急左、魏之難，義聲著海內。甲申後客死蘇門。"

書中所用二典，其一謝茂秦事詳《明史》卷二八七《文苑傳三》：

· 58 ·

"謝榛，字茂秦，臨清人。眇一目。（中略）入京師，脫盧柟於獄。（中略）盧柟，字少楩，浚縣人。家素封，輸貲爲國學生。博聞强記，落筆數千言。爲人跅弛，好使酒罵座。常爲具召邑令，日晏不至，柟大怒，徹席滅炬而卧。令至，柟已大醉，不具賓主禮。會柟役夫被榜，他日牆壓死，令即捕柟，論死，繫獄，破其家。（中略）謝榛入京師，見諸貴人，泣訴其冤狀曰：'生有一盧柟不能救，乃從千古哀沅而弔湘乎！'平湖陸光祖選得浚令，因榛言平反其獄。"案盧柟一字"次楩"，屢見於李攀龍《滄溟集》、謝榛《四溟集》及王世貞《弇州四部稿》。有《蠛蠓集》五卷行世。其二李獻吉事詳《明史》卷二八六《文苑傳二》："李夢陽，字獻吉，慶陽人。（中略）（劉）瑾深憾之，（中略）既而瑾復摭他事下夢陽獄，將殺之。康海爲說瑾，乃免。"同卷《何景明傳》："何景明，字仲默，信陽人。（中略）李夢陽下獄，衆莫敢爲直，景明上書吏部尚書楊一清救之。"康海傳："康海，字德涵，武功人。（中略）正德初，劉瑾亂政。以海同鄉，慕其才，欲招致之，海不肯往。會夢陽下獄，書片紙招海曰：'對山救我。'對山者，海別號也。海乃謁瑾，瑾大喜，爲倒屣迎。海因設詭辭說之，瑾意解，明日釋夢陽。踰年，瑾敗，海坐黨落職。"

[六]《墓表》："崇禎丙子，容城被圍，土垣將圮，率宗族閭黨，矢志守禦，城賴以完。巡撫都御史上其事，特詔褒嘉。（中略）時秦、晉已陷，寇氛漸逼都城，攜家入易之五公山，結茅雙峰。媥黨門人依以自保者數百家。飭武備，定條約，暇則講詩習禮，修冠婚喪祭儀節，簡而可行。干戈搶攘之際，弦歌俎豆，遠近服其德教，賊盜聞而屏跡。"

《本傳》："歲丙子，大兵薄畿輔，逼容城，公與兄若弟率宗族鄉黨入城，鄰邑戚友奔集依公者數十百家。時秋霖，土堞傾圮，西北隅尤甚。公獨領西北一面，未築而兵突至，即窺其圮者。公隨禦隨築，移時而城成。調和官紳，以濟同舟；倡勸捐輸，以保身家。攻數次，竟得保全。鄰近大邑俱陷，獨容城屹然若金湯。巡撫都御史張其平、恤刑員外郎胡向化俱上其事，奉旨加級擢用。嗣南大司馬范景文以軍務聘公，俱辭不赴。時天下多事，鋒鏑時傳，人無安枕。戊寅冬，有兵革之事，公率子弟門人，入易州之五公山，族黨紳士依之者愈衆。公飭武備，輯人心，爲守禦計，誓神告衆。暇則講禮興學，誦詩書，修冠婚喪祭之儀，相恤相觀，簡而可守，於干戈搶攘時，隱然揖讓禮樂，遠邇皆服其德化。"

《墓志銘》："丙子，容城被圍，土垣將圮，窮七晝夜爲攻具。先生指示方略，士民協力捍禦，城賴以全。事定，巡撫都御史、恤刑部郎交章聞於朝，特旨褒嘉。兵部尚書范公景文聘贊畫軍務，固辭不就。時寇氛漸偪都城，移家入五公山，結茅山中，親識從之數百家。修武備，嚴教條，所以整齊約束之法甚具。更日與其徒講學習禮，賦詩唱和，弦歌之聲相聞，當兵戈搶攘時，雍容禮樂，盜賊睥睨不敢犯。"

案《文集》卷十《山居約》，曰嚴同心，曰戒勝氣，曰備器具，曰盡行止，曰儲米豆。同卷又有《嚴樵牧》《六器約》《寶藏社十約》三篇，即《墓志》所謂"教條"者。

[七]《本傳》："鼎革後，（中略）國子監祭酒薛所蘊以讓賢薦，兵部左侍郎劉餘祐以舉知薦，順天巡按御史柳寅東以地方人才薦，陳棐以山林隱逸薦，公俱以病辭不赴。"

案薛所蘊，河南孟縣人，崇禎元年進士。劉餘祐，順天宛平人，萬曆四十四年進士。李自成陷北京，薛、劉皆從附之，南明因之定入從賊案。順治元年，多爾袞入京師，二人復迎降，尋授原官。事具《清史列傳》本傳。又《清史列傳》卷七九《貳臣傳乙》："柳寅東，四川梓潼人，明崇禎四年進士，官御史，巡按順天。流賊李自成陷京師，寅東從賊，授僞直指使。本朝順治元年投誠，授原官。""陳棐"本作"陳蜚"，諸本皆同，據《本傳》改。棐，字孝求，光州人。明天啓七年舉人。清兵下江南，授泰興令，時棐奉母避亂居焉。清順治間擢御史，巡按順天。累官兵部侍郎。事具《中州先哲傳》。

[八]《墓表》："蘇門爲康節、魯齋讀書之地，泉石幽勝，遂移家。築堂名兼山，讀《易》其中。子孫耕稼自給，門人負笈來者日衆。"

《本傳》："慕蘇門百泉之勝，爲宋邵康節、元姚、許諸儒高尚講學之地，遂家焉。水部郎馬光裕贈夏峰田廬，闢兼山堂，讀《易》其中。率子若孫躬耕自給，門人日進。公樂易近人，見者皆服其誠信。生平未嘗以講學自居，不繩人以難行之事。聆其緒論，無不信聖賢之可爲。上自公卿大夫，以暨田氓野老，有就公相質者，公披衷相告，無所吝也。中州直指藩臬諸臺使者嘗過夏峰，修式廬之禮。公田家雞黍，惓惓以民彝爲念，嘗云：'匹夫爲善，康濟一身；公卿爲善，康濟一世。某力不能及民，願公減一分害，民受一分之利。'至負笈北面，有千里百里者，卿貳韋布，不作歧觀。即悍夫武弁聞之，傾心悅服，自勉於善。或有以始終瑕瑜，爲公咎其濫者，公曰：'與人爲善，論其見在，已往將來，安可必耶？'"

《墓志銘》："先生絕意仕進，移家其城，闢兼山堂，讀《易》其中，率子孫耕稼自給。簞瓢屢空，怡然自適。遠邇負笈來學者甚衆，有大僚歸老於家，北面稱弟子者，有千里遣其子從游者。公卿持使節過衛源，不入公署，屏騶從，以一見先生爲快。先生涵養益邃，自強不息。（中略）接人無貴賤少長，各得其道。與後學答問，隨人淺深，亹亹窮晝夜不倦。（中略）自先生講道山中，公卿大臣，四方學士，聞風而起，皆知聖賢之可爲，異端邪説不足以亂孔聖之真，其有功於斯世斯人者大矣。"

案清初京畿盛行圈地，夏峰家亦在被圈之列，遂有渡河南遷之舉。蘇門山在河南輝縣西北，亦名蘇嶺、五巖山，見《太平御覽》卷四五引《十道志》。山南麓有百泉，言其多也。風景幽勝，自宋以來，邵雍、耶律楚材、許衡等皆嘗居此。證諸年譜，夏峰移居蘇門，在順治七年五月，時已六十七歲："來蘇門，同三無老人讀《易》於聞嘯樓。"注云："三無老人李封，字霞表，雄縣人。精於《易》。先生著《讀易大旨》自此始。"九年春，安邑馬光裕"以夏峰田廬見贈，爲諸子躬耕之地"。《清史列傳》卷六六《孫奇逢傳》："率子弟躬耕自給，四方來學願留者，亦授田使耕，所居遂成聚。居夏峰二十五年，屢徵不起。"

《清史列傳》本傳又云："弟子甚衆，而新安魏一鰲、瀓州趙御衆、清苑高鑐、范陽耿極，從游最早。睢州湯斌、登封耿介，皆以仕至監司歸里後，往受業焉。"案魏一鰲，字蓮陸，河南新安人，明舉人，官知州。自少從夏峰遊，凡三十餘年。奉夏峰命，與湯斌分輯《北學編》《洛學編》。又有《四書偶錄》《詩經偶錄》《雪亭詩草》。趙御衆，字寬夫，直隸瀓州人。諸生。少遊夏峰門下，絕意仕進，潛心六經及諸儒語錄，多所發明，與湯斌、魏一鰲並稱夏峰高弟。手輯《夏峰遺書》。所著有《傳信錄》《弗指錄》《困亨錄》《山曉堂集》。高鑐，字淵穎，振奇慕義，從夏峰精研性命之學，佐修《新安縣志》。以詩文著，有《淵穎集》。耿極，字保汝，號誠齋。性孝友，夏峰以渾穆稱之。天啓十二年從夏峰遊，在同門中受業最早。謹守師教，尤精易學。有《周易淺義》《古本大學繹言》《存誠集》。耿介事見本卷《竇克勤》箋證［二］。

［九］《清國史·湯斌傳》（《湯潛庵集》卷首）："湯斌，河南睢州人。（中略）（順治）九年舉進士，由庶吉士授國史院檢討。（中略）尋以父老，乞休歸里，丁憂服闋。聞容城孫奇逢講學夏峰，往受其業。"

田蘭芳《潛菴先生全集序》："才四十輒抱無悶之志，日取先儒諸書而熟復之，更就正孫鍾元先生於夏峰。久之，表裏洞徹，同異貫通，然沖默自居，卒不敢自名一説。及爲魏蔚州所推轂，受知聖主，寤寐吾道之行。在史局則嚴是非，在講筵則恭啓沃，撫江蘇，無念不以民生爲先導。"

案《湯文正公年譜定本》康熙五年丙午："九月，至夏峰，受業容城孫徵君奇逢之門。"次年"自夏峰歸"。九年庚戌："二月，再過夏峰，留兼山堂，與孫徵君講學。"《孫夏峰先生年譜》卷下康熙五年："九月，睢陽湯孔伯來問學。"注曰："孔伯名斌。先生爲《遯菴説》贈之。（中略）孔伯告歸，口占送之。"當是時，夏峰年八十三歲，湯斌年四十歲。

《潛庵先生全集》卷二《上孫徵君先生書》："去冬得侍几杖，蒙指誨真切，佩服無斁。昔豫章見龜山曰：'不至此，幾虛過一生。'誠哉是言！（中略）家居人事紛擾，兼差繁賦急，無子弟可託，不能時常相從於百泉、夏峰之間。又學識疎陋，不足鼓舞同人，振興吾道，負諄諄提誨之意，實切悚懼。"同卷《在内黄寄上孫徵君先生書》："斌庸陋無似，得侍起居，仰見先生動静語默，無非道妙。（中略）更蒙提誨諄諄，示之以體用之大全，勖之以責任之難諉。自此以後，夙夜砥礪，斷不敢時刻少懈，以負真切指授之意。"

[一〇]《墓表》："嘗言：'從憂患抑鬱中默識心性原本，生平學問實得力於此。'（中略）嘗曰：'喜怒哀樂中節，視聽言動合禮，子臣弟友盡分，此終身行不盡者。'自言平生愈進功愈密，天理二字，是千聖心傳，非語言文字可以承當。世之學者不務躬行，惟騰口説，徒增藩籬，於道無補。"

《本傳》："從憂思忍鬱中，灼見功在慎獨。隨時隨處體認天理，而名教自任。（中略）公學以慎獨爲宗，體認天理爲要，以日用倫常爲實際。嘗言：'七十歲工夫較六十而密，八十工夫較七十而密，九十工夫較八十而密，學無止境。此念無時敢懈，此心庶幾少明。非堂上人不能判堂下之是非。視聽言動無非禮，子臣弟友能盡分，戒欺來慊，此是聖賢真境界也。'"

《墓誌銘》："嘗歎世之學者，不務心得，株守藩籬，物我未化。（中略）竊觀其語默動静，元氣渾淪，全體大用，光明洞徹，其斯爲凝道之君子何疑歟！"

案《文集》卷十三《語錄》："隨時隨處，體認此心此理，人生只有這一件事，所謂必有事也。"又云："學者動輒曰：目前爲貧所苦，爲病所苦，爲門戶所苦，爲憂愁拂逆所苦。不知學之實際，正在此貧病拂逆種種難堪處，不可輕易錯過。若待富貴安樂始向學，終無學之日矣。"卷十四《語録》："求放心，功夫在慎獨，慎獨是集義，不慎獨是義襲。"又云："慎獨是一統的功夫，千聖萬賢，總只是這一件事，無内外，無精粗，無大小，一以貫之。"又云："日用間，凡行一事，接一人，無有不當理中情之處，即所謂學也。必待聚衆上坐開講，擬程擬朱，恐其名是而實非。道學之實不可無，道學之名正不必有。"又云："此之學在躬行而不在口語者也。邇來談學者口裏極精密，而身上愈疏漏，即自命爲知學於宋儒荆棘林中掉臂橫行者，吾未敢輕信也。"

[一一]《墓志銘》："先生真見道之大原，無建安，無青田，惟以庸德庸言，直證天命原初之體，可謂千聖同堂、造化與游者矣。"

《儒行述》："自奮于學，博觀約取，尤篤信陽明王子之書，病世之名朱、陸者樹門户，競辯説，不知反本。"

案《夏峰先生集》卷二《又寄張篷軒》自述爲學好尚曰："某幼而讀書，謹守程、朱之訓，然於陸、王亦甚喜之。（中略）某謂學人不宜有心立異，亦不必著意求同。"夏峰深關門户之見，力主消泯渾融，《文集》卷二《與魏蓮陸》曰："僕所輯《宗傳》謂專尊朱而不敢遺陸、王，謂專尊陸、王而不敢遺紫陽，蓋陸、王乃紫陽之益友忠臣，有相成而無相悖。（中略）所謂小德之川流，萬殊源於一本、一本散於萬殊之意。（中略）我輩今日要真實爲紫陽，爲陽明，非求之紫陽、陽明，各從自心自性上打起全副精神，隨各人時勢身分，做得滿足無遺憾，方無愧紫陽與陽明。無愧二子，又何慚於天地，何慚於孔、孟乎？"同卷《答趙寬夫》："前賢議論，語語當活看，稍一執著，便成滯礙，所謂'讀有字書，要識無字理。'朱陸異同，數百年聚訟，文成效諍論於紫陽，至今攻之者不遺餘力。"卷九《題晦庵文鈔》："道問學與尊德性，原是一樁事，正不妨並存。見聖道之大，各人入門不同。（中略）後之學者不知陸，並不知朱，必以爲到底不合，至寧《晚年定論》之語，亦不之信。見有人尊信陸子者，則極力擯斥之；見有人指摘陸子者，則極力推獎之，此與朱、陸何涉？適足明己之拘而不大。千古學術，豈一己之意見，遂爲定評哉！王子格物之説，冒險犯難，歷盡諸攻，始得休息，然亦與朱、王何涉？究竟建安亦無朱元晦，青田亦無陸子静，姚江亦無王伯安。"卷十《讀晚年定論》："晦翁天資醇篤，真切用力，自覺自證。他人看不透，信不及，只覺日前講説有轍跡可循，又不肯虛心求進，所謂中人以下，不可語上。以故於陸子静、王陽明之説紛紛牴牾，忘其爲效忠之良友，謬以爲豎敵之讎人。聖道大公，而學人日私，以爲尊晦翁，乃不尊其所悟者，而偏尊其所悔者，晦翁不有餘恫乎？不能窺古人之藩籬，徒爲古人争是非，最是學人大病。"又卷十三《語録》："儒者談學不啻數百家，争虛争實，争同争異，是非邪正，儒釋真僞，雄辯無已。予謂一折衷於孔子之道，則諸家之伎倆立見矣。"

又方苞《孫徵君傳》（《碑傳集》卷一二七）："奇逢始與鹿善繼講學，以象山、陽明爲宗。及晚年，乃更和通朱子之説。"《清史列傳》本傳："奇逢之學，原本象山、陽明，而兼采程朱之旨，以彌闕失。（中略）而其大本主於窮則勵行，出則經世。"《清儒學案》卷一《夏峰學案》："夏峰以豪傑之士，進希聖賢，講學不分門户，有涵蓋之量。與同時梨洲、二曲兩派同出陽明，氣魄獨大。北方學者，奉爲泰山北斗。（中略）先生之學，原本象山、陽明，以慎獨爲宗，以體認天理爲要，以日用倫常爲實際。不欲判程朱、陸王爲二途，以《朱子晚年定論》爲歸。（中略）承明季講學之後，氣象規模，最爲廣大。被其教者，出爲名臣，處爲醇儒，世以比唐初河汾之盛云。"案李元度《國朝先正事略》卷廿七《孫夏峰先生事略》："魏象樞曰：'生平願見不得者三人，夏峰、梨洲、二曲也。'"時論推夏峰與李顒、黄宗羲爲海内三大儒，疑其説本之魏裔介。

[一二] 孫奇逢《理學宗傳叙》（康熙五年）："余賦性庸拙，不能副天之所與我者。幼承良友鹿伯順提攜，時證諸先正之講。嘗思之，顏子死而聖學不傳，孟氏殁而聞知有待，漢、隋、唐三子衍其端，濂、洛、關、閩五子大其統。嗣是而後，地各有其人，人各鳴其説，雖見有偏全，識有大小，莫不分聖人之一體焉。余因是知理未嘗一日不在天下，儒者之學所以本諸天也。嗚呼，學之有宗，猶國之有統，家之有系也。（中略）蓋仲尼殁至是且二千年，由濂、洛而來且五百有餘歲矣，則姚江豈非紫陽之貞乎？余謂元公接孔子生知之統，而孟子自負爲見知，静言思之，接周子之統者，非姚江其誰與歸？程朱固元公之見知也，羅文恭、顧端文意有所屬矣。《宗傳》共十一人，於宋得七，於明得四，其餘有《漢》《隋》《唐儒考》、《宋》《元儒考》、《明儒考》各若干人，尚有未盡者入《補遺》。《補遺》云者，謂其超異，與聖人端緒微有不同，不得不嚴毫釐千里之辨。真修之悟，其悟皆修；真悟之修，其修皆悟。諸不本天之學者，區區較量於字句口耳之習，其爲學也，腐而少達。又有務爲新奇，以自飾其好高眩

外之智，其爲學也，僞而多惑。更有以理爲入門之障，而以頓悟爲得道之捷者，儒釋未清，學術日晦，究不知何所底極也。此編已三易，坐臥其中，出入與偕者，逾三十年矣。（中略）初訂於渥城，自董江都而後五十餘人，以世次爲叙。後至蘇門，益廿餘人。"

程啓朱《後跋》（康熙六年）："乃取古今醇儒可歷代俎豆不祧者，得十一人，人各一傳，又裒集其著述，條縷訓斷，成十一卷。其餘自漢迄元以來名儒，以理學著稱，或功存于箋注，或附見于師傅者，凡數十人，合十四卷。又有學行精醇，見解超別，在諸儒品評，微有水乳之未合，而不得不以俟後人論定者，因補遺六人爲一卷，共二十六卷，名曰《理學宗傳》。"

案《理學宗傳》卷一至卷十一，傳宋周敦頤、程顥、程頤、張載（附張戩）、邵雍、朱子、陸九淵（附九齡、九韶）、明薛瑄、王陽明、羅洪先、顧憲成也。卷十二《漢儒考》（董仲舒、申培、倪寬、毛萇、鄭玄），卷十三《隋儒考》（王通，附董常等五人），卷十四《唐儒考》（韓愈，附李翱、趙德）。此下四卷《宋儒考》，卷十五程門弟子楊時等廿二人，卷十六胡瑗、羅從彥、李侗、胡安國（附胡宏）、張栻、呂祖謙等六人，卷十七朱門弟子蔡元定等十六人、陸門弟子袁燮等四人，卷十八真德秀、何基、王柏、陳埴、金履祥等五人。卷十九《元儒考》，劉因、許謙、姚公樞、許衡等廿一人。卷二十至卷廿五《明儒考》，計六卷，凡五十八人。卷廿六《補遺》，張九成、楊簡、王畿、羅汝芳、楊起元、周汝登、劉宗周等七人。綜計一百六十六人。

《夏峰先生集》卷二《又寄張篷軒》更曰："三十年來，輯有《宗傳》一編，（中略）及領指示，覺人繁脈涔，殊非傳宗之旨，故止存周、張、二程、邵、朱、陸、薛、王、羅、顧十一子，標曰《傳宗録》。然於舊所彙者終不敢有散佚也。（中略）又念宋文憲、方正學，根極理要，開我明道學之傳，復彙數人爲一編。内雖有學焉而未純者，要皆各具一得，録以備考。"同卷《答姜二寳》："年來與同人輯有《諸儒語録》一編，（中略）繼而念'宗傳'二字寧嚴勿濫，（中略）又於諸儒中標十一子另爲一選。"據此，《宗傳》正編十一人本就《諸儒語録》一書，甄別遴選而定者，而初録之明初宋濂、方孝孺不見存於今本，或日後别生匠心，刪落其人耳。兩書俱有關於《理學宗傳》之成書，特節録備檢。

又魏裔介《本傳》述夏峰之著述云："自之衛後有《日譜》，卷帙浩繁。《宗傳》外，有《四書近指》二十卷，孔學使刻於大梁，余爲之序。《四禮酌》一卷，李居易刻於密縣。張元樞刻《答問》於覃懷，魏一鰲、常大忠刻《答問》《文集》於上谷，余爲之序。公歿後，趙刺史刻《書經近指》於滏陽，《取節錄》六卷、《孝友堂家乘》八卷舊刻於上谷。《讀易大旨》、《聖學錄》、《兩大案錄》、《畿輔》《中州人物考》、《甲申大難錄》、《歲寒居全集》尚未授梓。"魏氏《兼濟堂文集》卷一有《四書近指序》，卷二有《孫鍾元先生歲寒居答問序》《孫鍾元先生歲寒居文集序》。《清儒學案》據之云："所著《讀易大旨》五卷，《書經近指》六卷，《四書近指》二十卷、又晚年重訂本十七卷，《家禮酌》一卷，《孝友堂家規》一卷，《答問》一卷，《理學宗傳》二十六卷，《畿輔人物考》八卷，《中州人物考》八卷，《歲寒居集》三十卷、後改爲《夏峰集》十六卷，《年譜》一卷，《游譜》一卷。又有《聖學錄》《兩大案錄》《甲申大難錄》《乙丙紀事》《晦庵文鈔》《孫文正公年譜》《新安縣志》《蘇門紀事》《日譜》諸書。"

[一三]《墓志銘》："康熙十有四年乙卯四月二十一日，前萬曆庚子舉人徵君孫先生卒於輝縣夏峰之居第。一時監司郡縣之大夫，與方數百里鄉大夫士哭弔，屬路不絕。城內外，市者罷，耕者廢耒，里老嗟嘆，子弟輟誦弦聲。督學使檄郡邑列祀百泉書院。其冬十月十六日，葬夏峰之東原。距生萬曆甲申十二月十二日，享年九十有二矣。"

《本傳》："子六人：立雅、奏雅、望雅、博雅、韻雅、尚雅。女二。（中略）孫十二人：瀾、洤、潛、淳、浩、溥、沐、浴、溶、漢、湛、濂。曾孫廿一人。（中略）元孫四人。"

案夏峰卒於康熙十四年，《墓志銘》《本傳》等並同，記文誤。夏峰諸子中，四子博雅最知名。博雅字君僑，性至孝，夏峰晚年，寓居蘇門，博雅從侍左右。時來學者衆，而夏峰年高重聽，問難往復，爲之傳達，多得言外之意，學者親之。夏峰所著書，多出其手編。有《日約齋集》。"孫洤"本衍作"孫之洤"，諸本皆同，據《本傳》改。洤字靜紫，號擔峰，康熙二十一年進士，官內閣中書。父望雅，字七儼，號臞仙，明諸生，夏峰第三子。洤淹貫經史，尤以詩名。有《四書醒義》八卷、《約史》十五卷、《擔峰文集》六卷《詩集》四卷等。

刁包

　　刁包，字蒙吉，祁州人。[一]明天啓中舉人，再試不第，遂謝公車，力志於學。[二]嘗曰："吾日三省吾身，心無妄念乎？言無妄發乎？事無妄爲乎？"[三]居鄉黨，恂恂如也，然見義必爲，勇過孟賁。[四]

　　崇禎末，流賊至祁，散家財，結聚千餘人，守且戰，賊卻走。時有二璫督兵，探卒報賊勢張甚，璫怒，謂卒誑語惑軍心，欲斬之。包厲聲曰："必欲殺此卒，請先殺刁包！"二璫氣索而止。賊去，流民滿野，爲茅屋處之，且給以食，有傷痍者予以藥，存活數百人。山東婦女被難者不能歸，遣健僕六人護之歸。於其行，敦屬六人保護，八拜而送，六人感泣，盡歸諸其家，無一人失所也。[五]甲申闖變，服斬衰，朝夕哭。忽有僞官趣之起，七發書拒之，其人將行戕害，會闖敗得免。[六]

　　初，聞百泉講學，嚮慕其言行。[七]後讀梁谿高氏遺書，大喜曰："不讀此書，虛過一生矣。"作木主奉之，或有過，即跪主前自訟。[八]居父喪，慟哭無已時，鬚髮盡白，三年不入內，不飲酒食肉，能盡古喪禮。及母歿，大哭嘔血數升，以毀卒。[九]將卒時，肅衣冠起坐，命子再濂告先人及高子主前，俄曰："吾胸中無一事，去矣。"遂逝。門弟子私諡爲文孝。[一〇]

〔箋證〕

　　[一] 高世泰《刁蒙吉先生傳》（《東林書院志》卷十一，下稱高《傳》）："先生姓刁氏，名包，字蒙吉，別號用六居士，北直祁州人。貞惠先生諱克俊之子。幼負異才，能日讀千言。"《清儒學案》卷十五《用

六學案》："刁包初名基命。"

案《四庫全書總目》卷一八一《用六集》提要："自謂有得于《易》，故取永貞之義，以'用六'爲名。"熊賜履《高彙旃先生傳》又稱："祁陽刁先生包篤信忠憲爲師，與先生往復論學，朔南相望，學者有'南梁北祁'之稱。"高世泰，事見卷下《吳日慎》箋證［三］。

［二］高《傳》："生平力學，要在謹言行，閑程朱一脈之傳。舉天啓丁卯鄉試，再詣春宮不第，因慨然謝公車，一意聖賢之學。搆齋曰潛室，亭曰肥遯。置五經四子、《性理綱目》、濂洛關閩諸書其中，讀之忘寢食。遠邇慕之，來學者履滿户外。著《希聖學規》十二條以相砥礪。（中略）日惟杜門立課，考驗身心。案頭置一册，名《潛室劄記》，有得雖夜半必篝燈識焉。取古文之發明正學者，彙爲《斯文正統》，以授學者。嘗曰：'道之不明，禪學害之也。禪何與於吾學？借禪以混於儒者，害之也。'爰作《辨道録》，崇辨姚江《傳習録》之非。"

案天啓丁卯，歲當天啓七年（一六二七）。《用六集》卷十二《希聖堂學規》計十則，《傳》作"《希聖學規》十二條"，疑不確。又錢林《文獻徵存録》卷四："又依《文章正宗》例，以人存文，輯爲《斯文正統》十二卷。"

魏裔介《傳》（《國朝學案小識》卷十引，下稱魏《傳》）："年二十有五，登天啓丁卯賢書，既再詣春宮不遇，遂絶舉子業，以斯文爲己任。於城隈闢地，爲齋曰潛室，亭曰肥遯，讀書其中，無間寒暑，學者宗焉。執經之履，常滿户外。（中略）日取四子、五經及宋、元以來諸儒書，反復尋玩，積二十餘年。所著有《易酌》十二卷、《四書翼註》十六卷、《斯文正統》十二卷、《辨道録》八卷、《潛室劄記》二卷、《用六集》十二卷。其學以謹於言行爲要。嘗曰：'君子守身之道三，一曰言語不苟，一曰取與不苟，一曰出處不苟。'又曰：'吾日三省吾身，心無乃有妄念？言無乃有妄發？事無妄爲乎？'"

案《郘亭知見傳本書目》卷一："《易酌》十四卷。國朝刁包撰。雍正中與《潛室劄記》合刊於江西。"

《清儒學案》："論學由高氏上溯程氏，於陸王有微辭。於諸經，尤深《易》《春秋》。"

案刁包尊程朱抑陸王之意，《用六集》卷三《答范定興銓部書》有云："來論繇孔門而及孟子，繇孟子而及象山，繇象山而及伯安，則是江西、餘姚直接鄒、魯之傳，將置濂洛關閩於何地乎？又云'《近思》《傳習》原是一書，晦菴、象山原非水火。'此曲爲調停之言也。夫以晦菴、象山爲水火，誠過矣，然而同歸者原自殊途。蓋象山之學，從致知入，在孔門爲捷徑；晦菴之學從格物入，在孔門爲定本，此毫釐千里之差。（中略）蓋《近思》經晦菴採輯，粹然一出於正，誠所謂《四書》、六經之階梯也。若《傳習錄》出門人之手，疵累儘多。（中略）包嘗有言曰：'朱子學似顔子而功過之，如注《四書》，集《小學》，作《綱目》，表章《太極圖》《西銘》之類是也。功似孟子而學過之。夷攷其生平，博古通今，無不讀之書；仰觀俯察，無不窮之理；形而上、形而下，無不優爲之事也，其庶幾孔門中行者矣，狂狷不足以盡之也。若伯安與象山，曠世相感，其穎悟似子貢，其文學似子游、子夏，謂之狂也可，謂之狷也可，謂之中行則未也。'"

[三] 案參見箋證 [二] 所錄魏裔介《傳》文。

[四] 高《傳》："迨涵養日充，剛方厚重，見者有泰山嚴嚴氣象。持身不苟，見義勇爲。"

魏《傳》："先生生而魁岸，（中略）居恒木訥，似不能言，及事至當言，則正色而談，上下傾聽。故州有大事不能決者，亦必待其一言爲斷。"

《儒行述》："居常恂恂，然見義輒奮發。"

[五] 魏《傳》："流賊圍州城，毀家糾衆，誓固守，城得不破。兵退後，流民載道，設屋於西關聚養之，疾病受傷者給以醫藥，全活甚重。有山左難婦七十餘人不能歸，命老成家人往送之，臨行八拜以重託，家人皆感泣，竭力護送，無一婦不得所者。"

《儒行述》："流賊掠畿西至祁，蒙吉散家財，糾衆千餘，守且戰，城得不破。時有二璫督兵事，有探卒報賊勢張甚，璫怒，謂其惑衆，欲斬之。蒙吉厲聲爭之曰：'必欲殺彼，請先殺刁包！'二璫氣索而止。已而相語曰：'使若居官者，其不爲楊、左乎？'賊退，流民載路，設屋數區養之，有疾傷者予之藥。山東婦女被難者七十餘人不能歸，蒙吉命其僕六人護而歸之。于其行，爲六人者八拜，六人者皆感泣，歷六府，盡歸諸其家。"

[六] 魏《傳》："甲申闖變，設思廟主於所居之順積樓，朝夕哭臨。賊命敦趣，以死拒，幾及於難，會賊敗得解。入國朝遂不仕。"

案高《傳》、《儒行述》所述無異。"甲申闖變"，"闖"本作"聞"，諸本俱同，據諸傳改。

［七］高《傳》："先是，聞容城孫鍾元先生闡良知之學，以子靜直接孟子，陽明直接陸子，心竊向之。後乃折以群儒，析其純駁，衡量謹嚴，絲毫不爽。"

案《儒行述》同。《清史列傳》卷六六本傳："包少有志聖賢之學。聞容城孫奇逢講良知，心向之。奇逢南遊過祁，館之二年，與相質正。"

［八］高《傳》："歲戊戌，始得先伯父忠憲遺書讀之，喟然謂：'此聖學真脈也。吾尊之若天地，親之若父母，敬之若神明，乃所願則學高子也。'位主奉之順積樓，一如奉貞惠禮。自檢或有過差，或工夫稍不精實，即詣兩主前長跪自訟，久之方起。每推先忠憲爲朱子後一人，欲以《遺書》續《近思錄》《朱子節要》之後。明儒自嘉、隆後統緒日歧，得先生論定，始有薛、胡、羅、高之稱。又上書燕山王大宗伯謂：'河津、餘干已從祀，泰和、梁溪當補祀。'其服膺先忠憲如此。"

魏《傳》："於梁溪高忠憲公尤篤好之，曰：'乃所願則學高子也。'置主奉之如貞惠禮。一言弗檢，一行弗實，必晨詣悔謝曰：'某不肖，甚媿吾父吾師，不可爲子，不可爲人。'其勇於自克如此。"

案习包《答范定興銓部書》："程朱、陸王之學聚訟久矣，前偶爾及之，蓋以平生所疑，一一印諸梁溪，而渙然自信。梁溪者，忠憲高先生景逸，死璫禍者也。及門高第弟子稱其微妙踰薛，純實無弊勝王，包不勝心折。"高攀龍（一五六二—一六二六），字存之，號景逸，江蘇無錫人。萬曆十七年（一五八九）進士，居官直言敢諫，屢忤權貴，而屢遭罷黜。萬曆三十二年（一六〇四），與顧憲成（一五五〇—一六一二）等人重建東林書院，會講不輟，海內嚮往。天啓五年（一六二五）書院遭拆毀。次年，攀龍因魏忠賢黨迫害自盡，崇禎初得昭雪，贈太子太保、兵部尚書，謚曰忠憲。所著《周易易簡說》《春秋孔義》《正蒙釋》《程子節錄》《高子遺書》等。《四庫全書總目》卷一七二《高子遺書》提要："攀龍出趙南星之門，淵源有自。其學以格物爲先，兼取朱、陸兩家之長。操履篤實，粹然一出于正。（中略）其講學之語，類多切近篤實，闡發周密。詩意冲澹，文格清道，亦均無明末纖詭之習。蓋攀龍雖亦聚徒講學，不免濡染于風尚，然嚴氣正性，卓然自立，實非標榜門户之流。故立朝大節，不愧古人，發爲文章，亦不事詞藻，而品格自高，此真之所以異于僞歟。"

［九］高《傳》："事父母至孝。父殁三日，勺水不入口，哀毁月餘，

鬚髮盡白。治喪一做古禮。既葬，廬於中庭，三年不葷酒入內。母年九十三而歿，先生年已六十有六，號慟幾絶，嘔血數升，病卧猶席衰加絰，不數月病革。"

魏《傳》："年六十有六，以居母憂毀悴，遂不起，門人私諡之爲文孝先生。先是，貞惠卒三日，勺水不入口，母哭慰之，始勉進一溢米。鬚髮盡白，杖而後起。令門人治喪，一做文公家禮。既葬，廬於中庭簷下，三年不飲酒，不食肉，不入內室。每朔望忌辰，悲號感路人。"

案刁包生萬曆三十一年癸卯（一六〇三），卒康熙八年己酉（一六六九），實年六十七歲（據今關壽麿《宋元明清儒學年表》），高《傳》云"年已六十有六"而"不數月病革"尚不甚謬，魏《傳》"年六十有六""遂不起"之說即不免爽失之嫌矣。

［一〇］高《傳》："肅衣冠起，凝神正坐，命子濂告辭家廟母柩及忠憲主前，從容而逝。學者私諡爲文孝先生。"

《儒行述》："將卒時，肅衣冠起坐，命子濂告辭先人及高子主。問以生產不荅，徐曰：'吾胷中無一事，行矣。'遂逝。年六十七。學者私諡曰文孝先生。"

案記文"再濂"本作"濂"，諸本俱同。檢李元度《國朝先正事略》卷二八："子再濂，字靜之。自爲諸生，即弛置科舉業，從父友五公山人王餘佑及顏習齋元游。手錄父遺書，又貳之以質四方之學者。平湖陸清獻嘗與靜之書，乞借鈔《用六集》《斯文正統》《辨道錄》諸書。靜之年逾六十，復手錄付諸子，且誡之曰：'（中略）惟先人遺書未刻者，尚百餘萬言，必約身而次第布之。'其後仲子承祖登康熙乙未進士，累官至江西布政使，果盡刻遺書行世。五公山人者，字介祺，保定新城人也。（中略）少勵志行，嘗受業於孫徵君學兵法，國變後，更從徵君講性命之學，隱居教授，不求聞達。（中略）山人負文武才，教人以忠孝，務實學。（中略）山人與刁蒙吉先生爲石交，靜之遊其門最久。"刁包子名再濂，陸隴其嘗有書與之，可相佐證，諸傳皆誤也。

〔集評〕

高世泰《刁蒙吉先生傳》："昔孟氏未得爲孔子徒，竟以私淑肩尼山之統。先生屹起伊、祁，紹衣正學，跡其心，師先忠憲，事死如事生云。時地雖隔，謂之梁溪見知可也。"

陸隴其《三魚堂文集》卷七《與刁再濂》："不佞在江南時，已聞尊公先生之名，恨未得讀其書。頃至恒陽，見《用六集》，稍慰饑渴之思，猶以未得生平著作爲恨。聞尚有《斯文正統》及《潛室劄記》《易酌》《辨道錄》諸書，謹專人走請其已刻者，幸將來紙刷印賜教。其未刻者，乞將原本借抄，抄畢即當專人奉歸。記室斷不敢遺失，亦不敢污損，想高明諒其求教之誠，必不吝也。尊公先生行實并求賜教。"《三魚堂賸言》卷八："刁蒙吉《寄嚴佩之書》，不滿涇陽而深推景逸，以此與陳幾亭同配享于道南祠。其所著《潛室劄記》中亦多格論，但于景逸覺服膺太過耳。"

《清儒學案》："用六篤行好義，忠孝貞隱，與夏峰爲友，聲應氣求。其學私淑梁溪高氏，尊程朱而抑陸王，故陸清獻深取之。"

《四庫全書總目》卷六《易酌》提要："是書用《注疏》本，以程《傳》、《本義》爲主。雖亦偶言象數，然皆陳摶、李之才之學，非漢以來相傳之法也。（中略）考包在國初，與諸儒往來講學，其著書一本於義理，惟以明道爲主，絕不爲程式之計。是書推闡易理，亦大抵明白正大，足以羽翼程朱，於宋學之中實深有所得。"同書卷一八一《用六集》提要："語皆平易近人。（中略）在講學家中，較空談心性者，特爲篤實，然持論每多苛刻，如裴度、韓愈皆懸度其事，力加詆毀，殊失《春秋》善善從長之意。又如《重修秦王廟疏》，多引委巷無稽之言，不知折衷於古，亦其所短也。"

李中孚 附王心敬

李中孚，盩厔人，家在二曲之間，人稱爲二曲先生。[一]父可從，字信吾，烈士也。崇禎末，應募從軍，隸監紀孫兆禄軍，從陝西總督汪喬年討闖賊，喬年戰死襄城，兆禄與可從等五千餘人同日死難。[二]中孚年十六而孤，母彭氏教之讀。家貧，常借人書，遂博覽經史。[三]

攷其誤謬，著書數十卷。及長，盡棄之，爲窮理之學。[四]以悔過自新爲始基，静坐觀心爲入手，謂"必静坐乃能知過，知過乃能自悔，悔過乃能改過，此顔子不遠復之功也"。[五]已而母殁，往襄城求父骨，將以合葬，不得。襄城知縣張允中感其孝，爲可從立祠。常州知府駱鍾麟師事中孚，聞在襄城，迎至道南書院，主東林講席，繼講於江陰、靖江、宜興，興起甚衆，還襄城以竣祠事。[六]初，可從從軍，以落齒一枚與其妻曰："賊氛甚熾，此行恐不能生還，見齒如見我也。"中孚以落齒與母合葬，名曰"齒塚"，崑山顧炎武作《襄城紀異詩》以褒美之。[七]

康熙十二年，陝西總督鄂善以隱逸薦，固辭以疾。十七年，禮部以真儒薦。大吏至其家，敦迫之，中孚絶粒六日，至拔刀自刺，大吏駭去，得以疾辭。遂居土室，反扃其户，不與人通。[八]後聖祖西巡，召赴行在，辭以老病，乃就其家取所著《四書反身録》，賜額曰"關中大儒"。大吏使作表謝，詞甚拙，大吏笑置之。[九]晚遷富平，率弟子王心敬傳其學。[一〇]

〔箋證〕

[一] 全祖望《二曲先生石窆文》（《鮚埼亭集》卷十二）："按先生姓

李氏，諱顒，字中孚，其別署曰'二曲土室病夫'，學者稱之二曲先生，西安之盩厔縣人也。其先世無達者。"

案段玉裁《説文解字注》："説者曰山曲曰盩，水曲曰厔，按即周旋、折旋字之假借也。在今陝西西安府。"鄭堂以避清仁宗諱，故稱字不稱名。

[二] 劉宗泗《盩厔李徵君二曲先生墓表》（下稱《墓表》）："父可從，慷慨有志節。明季，李自成犯河南，汪公喬年奉命督師討賊，中軍監紀同知孫公兆祿招壯士，可從遂與俱東。（中略）及至襄，汪公死城守，兆祿、可從俱死焉。"

龔百藥《盩厔李氏家傳》（《二曲集》卷二五）："盩厔李隱君之父可從，爲人慷慨有志略，喜論兵，而以勇力著，里中呼爲'李壯士'。壯士常自負其才世不我知也，欲爲知己者死。明季，闖賊犯河南，朝議以汪公喬年督師討賊，中軍監紀同知孫公兆祿招壯士與俱，壯士遂從軍。將行，抉一齒留於其家，曰：'我此行，誓不殲賊不生還家，無憶我，有齒在也。'（中略）壯士甲胄帶橐鞬，持戈躍馬，從孫公行。（中略）汪公數目奇之，問曰：'若何官？'曰：'材官耳。'汪公曰：'若立功題授若軍職。'壯士拜曰：'敢不效死命。'賊來攻城，（中略）每汪公下令禦賊攻具，壯士無不以身爭士卒先者。（中略）力不支遂陷。汪公自刎殊未死，賊執之，大罵賊不屈，賊怒，磔汪公死。監紀同知孫公兆祿（中略）與壯士皆死焉。始壯士之從軍討賊，既以城守，不得與賊戰，及城破，聞孫公被執，乃急趨制府侍衛，賊刃孫公，壯士以身翼蔽孫公，遂同遇害。"

張允中《義林記》（《二曲集》卷二四）："（襄城）治西郭蓋有'義林'，云千夫長李忠武公之所葬也。（中略）康熙庚戌，李忠武之元子顒來，長號五衢，招父魂而葬之。鄉先生劉宗泗割腴田數畝，立塋兆焉，藏有文石於窆曰'烈士'，私謚忠武。李公可從，字信吾，陝西盩厔人。生於萬曆己亥年十一月十九日子時，殉難於崇禎壬午年二月十七日。"

案汪喬年，字歲星，遂安人。天啓二年進士，崇禎十四年擢陝西巡撫。次年率兵出潼關，攻李自成於河南，西安府同知鹽山孫兆祿以監紀從。戰不利，退守襄城。二月，軍潰，皆死之。《明史》有傳。

[三] 陳玉璂《李母彭氏傳》（《二曲集》卷廿五）："彭氏，盩厔人，生而慧，及笄，歸同邑李壯士可從。（中略）彭既歸壯士，習聞談論，知世故，以忠義相激摩。（中略）壯士死，彭聞之泣。（中略）闔戶欲身殉，子號慟，家人守視，乃免。然彭雖不死，而家貧，實無以自活。鄉媪有勸

再醮者，彭叱之。日夜艱苦紡織，佐以縫紉，易升斗粟以爲常。如是者數年，而子稍長大。年十六就塾師，塾師以貧不納。母曰：'無師遂不可學耶？古人皆汝師也。'由是發憤讀書，慨然有慕乎古聖賢之學，凡濂洛關閩之書無不窺。嘗編次觀感錄，取王心齋艮、周小泉蕙、朱光信恕、李明祥珠、韓樂吾貞、夏雪峰廷美、林公敏訥、朱子節蘊奇諸子之言，各載其本末。蓋以數子者，或起商賈，或起戍卒、鹽丁、胥吏之屬，卒成理學巨儒，爲跡本凡鄙卑賤者勉。又時時爲母陳說，母大喜曰：'吾向語汝師古人者，非耶？'"

《墓表》："妣彭氏痛夫殉國，誓志完節立孤，紡績縫紉，易粟以食。稍長，使先生就塾，不能具脯，師不納。母恚曰：'無師遂可以不學耶？古人皆汝師。'先生感泣，遂發憤讀書。然家貧不能得，從人借觀，自六經諸史、百家列子、佛經《道藏》、天文地理，無不博覽。久之，恍然大悟，獨慕聖賢之學，於是潛心濂洛關閩、陸王之學，以上溯孔孟之心傳。"

李長祥《李母彭孺人墓表》（《二曲集》卷廿五）："母生於萬曆己亥年五月二十九日未時，卒於康熙乙巳年十一月十七日辰時。"

案《歷年紀略》順治七年庚寅："邑藏書之家，漸知先生貧而力學，恣其繙閱，於是隨閱隨璧。數載之間，上自天文河圖、九流百技，下至稗官野史、壬奇遁甲，靡不究極，人因目爲李夫子。"順治十年癸巳："閱《釋藏》，辯經、論、律三藏中之謬悠。他若西洋教典、外域異書，亦皆究其幻妄，隨說糾正，以嚴吾道之防。"

又李氏家境之貧瘠，吳懷清《二曲先生年譜》崇禎十六年癸未條云："太翁既征賊陣亡，母子煢煢在疚，形影相弔。是時，無一橡寸土之産，所僦邑內小屋，房租不繼被逐，東移西徙，流離失所。癸未之秋，始得茅廈於邑西新莊堡，遂定居焉。（中略）居恒糊口罕資，三黨無一可倚，朝不謀夕，度日如年。"又引《聖室錄感跋》："某母子日日大饑，里人憐其危甚，勸其給事縣庭，充門役。迨長，又導之習陰陽卜畫，業他技。某皆謝而弗爲，蓋恥於失身也。束手受困，吾母居恒菜色，屢瀕於危。"

[四] 案二曲嘗著《十三經糾繆》《二十一史糾繆》及《易說象數蠡測》諸書，屢見於全祖望《石窐文》《清國史·儒林傳》等。《墓表》又載二曲所撰《帝學宏綱》《經筵僭擬》《經世蠡測》《時務急策》等書，稱以"少時慕程伊川上書闕下，邵堯夫慷慨功名，遂有康濟斯世之志"。蓋其早年之學，萃力於考訂、經濟。初事經籍藝文，經史、語錄以外，釋道

二《藏》、泰西教典，無不寓目；繼以經濟時務，以至兵法；後途轍既變，始一意理學。甚而蔑視早年著述，"以爲近於口耳之學，無當於人心，不復示人"（全謝山語），至有錮藏焚稿之舉，而"巾箱所藏，惟取《反身錄》示學者"（《關學續編》）。

二曲學術改轍，《歷年紀略》順治十四年丁酉條云："夏秋之交，患病靜攝，深有感於'默坐澂心'之說，於是一味切己自反，以心觀心。久之，覺靈機天趣，流盎滿前，徹首徹尾，本自光明。太息曰：'學所以明性而已，性明則見道，道見則心化，心化則物理俱融。躍魚飛鳶，莫非天機；易簡廣大，本無欠缺；守約施博，無俟外索。若專靠聞見爲活計，憑耳目作把柄，猶種樹而弗培厥根，枝枝葉葉外頭尋，惑也久矣。'自是屏去一切，時時返觀默識，涵養本源。間閱濂、洛、關、閩及河、會、姚、涇論學要語，聊以印心。其《自題》有云：'余初茫不知學，泛濫於群籍，汲汲以撰述辯訂爲事，以爲學在是矣。三十以後，始悟其非，深悔從前之誤。自此鞭辟著裏，與同人以返觀默認相切砥，雖居恒不廢群籍，而内外本末之辨，則析之甚明，不敢以有用之精神，爲無用之汲汲矣。'"是年二曲三十一歲。至暮年追溯早歲治學亦謂："士之繙故紙、泛窮索者，便侈然以博學自命，人亦翕然以博學歸之。殊不知役有用之精神，親無用之瑣務，内不足以明道存心，外不足以經世宰物，亦祇見其徒勞而已矣。以余之不敏，初昧所向，於經、史、子、集，旁及二氏兩《藏》，以至九流百技、稗官小說，靡不泛涉。中歲始悟其非，恨不能取疇昔記憶，洗之以長風，不留半點骨董於藏識之中，令中心空空洞洞，一若赤子有生之初，其於真實作用，方有入機。乃同志反以是爲尚，亦可謂務非其所務矣。"（《二曲集》卷十五《富平答問》）

[五]《墓表》："其學以尊德性爲本體，以道問學爲工夫，以悔過自新爲始基。其言曰：'李延平云爲學不在多言，默在存心，體認天理。實爲用功之要務。莊敬靜默，從容鎮定，靜以培動之基，動以驗靜之存，刻刻照管，步步提撕，須臾少忽，則非鄙滋而悔吝隨矣。'又曰：'天人理欲之界，所差只在毫釐，非至明不能晰其幾，此君子所以貴窮理也。'又曰：'用功莫先於主敬。敬之一字，徹上徹下功夫，千聖心傳，總不外此，須實下苦功。如人履危橋，惟恐墮落。'又曰：'每日默檢意念之邪正、言行之得失，苟一念稍差，一言一行稍失，即痛自責罰，日消月汰，久自成德。'又曰：'無一念不純於理，無一息或間於私，而後爲聖人之"悔

过"。与天地合德，与日月合明，四时合序，鬼神合吉凶，而後爲聖人之"自新"。夫卑之至，愚夫愚婦有可循；高之至，聖賢有所不能外，此"悔過自新"所以爲人喫緊處。'又嘗謂：'陸之教人，一洗支離蔽錮之陋，在吾儒中最爲警切，令人言下爽暢醒豁。朱之教人，循循有序，恪守尼山家法，中正平實，均有功於世教，不可置低昂於其間。'於是並參互考，折衷盡善，由象山以迄陽明，識心性之源；由紫陽以迄敬軒，得積漸之功。下學上達，一以貫之，此先生平生得力之由，亦其學術之大較也。"

案《墓表》所引二曲論學諸語，散見《二曲集》卷一《悔過自新說》、卷四《靖江語要》、卷十三《關中書院會約》、卷十五《富平答問》。

王心敬《關學續編》："先生之學，幼無師承，故早歲不無馳騁於三教九流。自十七知學後，則天德王道，源源本本，由宋、唐直溯於孔、孟。其生平論學，無朱、陸，無王、薛，惟是之從。嘗曰：'朱子自謂某之學主於道問學，子靜之學主於尊德性。自今當去兩短，集兩長。某生也愚，然如區區素心，則竊願去短集長，遵朱子明訓，敢執私意，昧公道，自蹈於執德不宏耶？'故所學不畸重一偏，落近儒門户之習。"

案檢《清國史·儒林傳》云："其學以尊德性爲本體，以道問學爲工夫，以悔過自新爲始基，以靜坐觀心爲入手。關學自馮從吾後漸替，顒日與其徒講論不輟。（中略）顒學亦出姚江，謂學者當先觀陸九淵、楊簡、王守仁、陳獻章之書，闡明心性，然後取二程、朱子以及吳與弼、薛瑄、吕柟、羅欽順之書，以盡踐履之功。"《清儒學案》卷廿九《二曲學案》："二曲以悔過自新爲入德之基，反身求己，言言歸於實踐，爲高談性命、標榜門户者痛下鍼砭。論學雖兼取程朱，實以陸王爲主體。"至若唐鑒所謂"觀其謂'六經皆我注腳'爲象山之失，'滿街都是聖人'爲陽明之失，則其確宗程朱家法，亦大可知矣。"（《國朝學案小識》卷四）蓋不出以偏概全、以己度人之障也。

案記文"必靜坐乃能知過，知過乃能自悔，悔過乃能改過，此顏子不遠復之功也"一語，本諸《儒行述》，蓋就二曲《悔過自新說》撮叙而成者，兹溯流探源，追錄原本於後。《說》云："殺人須從咽喉處下刀，學問須從肯綮處著力。悔過自新，乃千聖進修要訣，人無志於做人則已，苟真實有志做人，須從此學則不差。"而欲臻於"悔而又悔，以至於無過之可悔；新而又新，以極於日新之不已"之境地，則必待靜坐。《說》云："吾儕既留意此學，復悠悠忽忽，日復一日，與未學者同爲馳逐，終不得力，故須靜坐。靜坐一著，乃古人下工之始基，是故程子見人靜坐，便以爲善學。何者？天地之理，不翕聚則不能發散；吾人之學，不靜極則不能超悟。況過與善，界在幾微，非至精不能剖析，豈平日一向紛營者所可辨也？"《説》又有謂："子曰：'顏氏之子，其殆庶幾乎！有不善未嘗不知，知之未嘗復行也。'（中略）'知之未嘗復行'，故無祗悔也。吾儕欲悔過自新，當以顏氏爲法。"

紹續前修，倡明關學，爲二曲平生心力萃集之處，時推二曲，與此關聯頗密。《二曲集》卷十七《答許學憲》，深歎"關學不振久矣"，"若夫留意理學，稍知斂華就實，志存經濟，務爲有用之學者，猶龜毛兔角，不但目未之見，耳亦絶不之聞"。而"提倡振興"之由，則"須以明體適用爲導，俾士知務實，學期有用"。王心敬論之曰："蓋關中道學之傳，自前明馮少墟先生後寥寥絶響，先生起自孤寒，特振宗風。然論者以爲少墟尚處其易，而先生則倍處其難。至如學不由師，未冠即能卓然志道據德，中年以還，指示來學，諄諄揭'改過自新'爲心課，'盡性無欲'爲究竟，以'反身'爲讀書要領，'名節'爲衛道藩籬，則於聖學宗傳，益覺切近精實。"（《關學續編》）雍正間三原劉紹攽撰《關中人文傳》，備述二曲、李柏、李因篤以下十三人學行於一篇，寓總結清初關學之意焉。《清史列傳》卷六六《馬𫇦士傳》記當時關學人物曰："關學初以馬嗣煜嗣馮從吾，後李容出，夯彩及𫇦士諸人同師事容，有名於時。而郿縣馮雲程、武功張承烈、朝邑關獨可、咸寧羅魁、韓城程良受、蒲城寧維垣、邠州王吉相、淳化宋振麟，皆篤志勵學，得知行合一之旨。"（同參本卷《孫景烈》集評引《清史稿》卷四八〇《儒林傳》語）

《清史列傳》所謂"夯彩及𫇦士諸人"者，白夯彩、黨湛、李士璸與馬𫇦士也。白夯彩，字含章，號泊如，華州人。明諸生，後棄舉業而從學。二曲教以脫去支離，直探原本，夯彩錄其說教爲《學髓》，恪守不移。黨湛，字子澄，號兩一，同州（今陝西大荔）人。性至孝，根究理學，居常默坐，澄心反觀，冥然有契。李士璸，字文伯，明諸生，性孝友，篤性理之學，州吏表其閭曰"關中文獻"，有《大學正譜》《孝經要義》《四書要諦》等。馬𫇦士，字相九，與士璸同籍同州。父嗣煜，字元昭，號二岑。以正學自許，崇禎間，通判山東武定州，殉難。有《五經初說》《寄園會語》等。𫇦士少孤力學，師事二曲極謹。有《卷石齋集》。同時又有蒲城王化泰，號省庵，性剛直，敦尚氣誼，有《迪吉錄》《僞學禁》。諸人皆以學行相砥礪，康熙七年，白奐彩、黨湛、王化泰等迎迓二曲於盩厔，折節請教，而諸人年齒幾倍於二曲，亦先二曲而歿也。《二曲集》卷二十、二一所收《馬二岺先生傳》《李逸史傳》《宿儒泊如白君暨原配王孺人合葬墓誌銘》《黨兩一翁行略》與《題王省庵墓碣》，即二曲爲諸人所撰碑傳。

　　[六]《關學續編》："三十九歲，母彭孺人病，先生百方延醫，衣不解帶者數月。及卒，慟母終身食貧，哀毀幾於滅性。四十四歲，訪父骨於襄城，蓋先生久懷此志，以母老無依，故至此決計往也。至襄城，一時士大夫高其義，爲之舉祀置塚，歲時祀焉，今之義林、忠烈祠是也。而是歲駱侯晉守常州，乃遣人迓先生爲常人開導聖學。來使遇於襄城，遂敦迎至常。所屬五邑皆設皋比明倫堂，次第會講。注籍及門者至四千人，一時故老，咸咤爲百年未有之盛事。去後，五邑追憶風徽，梓語錄一十八種，鼎建延陵書院祀焉。"

　　全祖望《石笢文》："知常州府駱鍾麟前令盩厔，師事先生，至是聞已至襄城，謂此事未能旦夕竣，請先生南詣道南書院，以發顧、高諸公遺書，且講學以慰東林學者之望。先生赴之，來聽講者雲集。凡開講於無錫、於江陰、於靖江、於宜興，晝夜不得休息。忽静中涕下如雨，槌胸且悔且詈曰：'嗚呼不孝，汝此行爲何事，而竟喋喋於此間，尚爲有人心者乎！雖得見顧、高諸公書，亦何益！'申旦不寐，即戒行，毗陵學者固留不能得。時祠事且畢，亟還襄城宿祠下。"

　　案張允中，山西崞縣人。順治十六年進士，康熙七年任襄城縣令，招募流亡，悉力體養，尤重教化。後擢吏部主事。有《治襄錄》。駱鍾麟，字挺生，浙江臨安人。順治四年副榜進士，歷陝西盩厔知縣、西安府同知，康熙八年，任常州知府，所至有政聲，尋以喪親哀毀而卒。《清史稿》本傳云："初，鍾麟在盩厔以師禮數造李顒廬，至是創延陵書院，迎顒講學，率僚屬及薦紳學士北面聽。問爲學之要，顒曰：'天下之治亂在人心，人心之邪正在學術。人心正，風俗移，治道畢矣。'鍾麟書其言，終身誦之。"二曲東走襄城、常州，其始末詳於駱氏《襄城記異律詩序》（《二曲集》卷廿三），文曰："鍾麟向尹二曲，師事隱君李先生八年有奇，省愆補過，幸得告無罪於地方，實惟先生之教。先生善規誨，每造廬即命静坐，坐次惟時惕以政事之不合人心者。視有合處，止以'鮮終'爲戒，從不出一諛詞。（中略）鍾麟旋移延陵守，遣迎先生廣勵東南學者。先生既允且辭曰：'汝但先復爾主，我今且辭墓，向襄城求尋父骨，得則來，不得則行止未定也。'泣淚遂潸潸下。是年冬抵襄，襄尹東峰張子固素慕先生，極盡東道之敬，稅駕郊迎。同邑紳劉君宗洙躬爲區劃，招魂瘞骨，立碑建祠，一一曲全先生純孝之志。迨先生講學東南歸，不五閱月，歷歷告成，舉動出人意表。"

二曲講學常州之況，《歷年紀略》康熙十年引岳宏譽說："盩厔李先生之來毘陵也，毘陵之人從之者如歸市。是何毘陵之人聞道之速，而向道之篤乎？抑先生之德有以入人之深，而聞聲響應不介以孚也？竊聞先生之爲人也，澹澹穆穆，無所求於世。其學以靜爲基，以敬爲要，以返己體認爲宗，以悔過自新爲日用實際。（中略）於是，毘陵之賢士大夫，爭往候於其門，而就教者接踵焉。毘陵之下邑賢有司，爭往致於其邑，大會紳士於明倫堂，以請先生之教。就正者環四面，聞風而至者雲集，（中略）先生來不數月，而人之徘徊眷戀於先生者，何其深也！今先生行矣，有出郭而送先生者，有裹糧買舟而送於數十里或百里之外者，有牽衣泣下不忍別去者，有願隨至關中受業者，非先生之德，果有以入人心之深而能至此耶？先生以康熙九年十二月朔來毘陵，以十年三月六日去，勉留於毘陵者凡兩月，往來於梁溪、荆溪、江陰、靖江之間凡一月。"《墓表》又曰："如靖江、無錫、常州、武進、富平、華陰、關中書院、東林書院，皆其平生歷聘講學之地，而門人友朋多匯集其語以成書。蓋先生之教，因人而施，資之高下，學之淺深，誘之固各不同，而要無不以一念之不昧者擴充而實踐之，以爲希聖希賢之基。凡有答問，窮晝夜不倦，必使其人豁然於心目之間而後已。以故遊歷所至，衲子黃冠，皆爲感化，即宿學名儒，亦退就弟子之列而北面師事焉。"

［七］李因篤《義林述》（《二曲集》卷二四）："予嘗聞盩厔有齒塚，蓋壯士君既應募東征，將行，抉一齒與隱君之母彭，及隱君成母奄歾，奉齒合葬而曰'齒塚'者。（中略）夫當壯士之行，留一齒訣其家人，毅然誓不返矣。"

全祖望《石窆文》："信吾臨發，抉一齒，與其婦彭孺人曰：'戰，危事，如不捷，吾當委骨沙場，子其善教兒矣。'中途三寄書，以先生爲念。（中略）初，彭孺人葬信吾之齒曰'齒冢'，以待身後合葬。先生累欲之襄城招魂，而以孺人老，不敢遠出，且懼其傷心。乙巳，彭孺人卒，居憂三年。庚戌，始徒步之襄城。（中略）於是立碑曰'義林'，奉招魂之主，取其冢土西歸，告於母墓，附之齒冢中，更持服如初喪。"

顧炎武《亭林詩集》卷四《讀李處士顒襄城紀事有贈巳下元默困敦》："躑躅荒郊酹一樽，白楊青火近黃昏。終天不返收殣骨，異代仍招復楚魂。湛阪愁雲隨獨雁，潁橋哀水助啼猿。五千國士皆忠鬼，孰似南山孝子門？"《序》云："處士之父可從，崇禎十五年以壯士隸督師汪公喬年麾下，以五千人剿賊，死之。處士年十六，貧甚，與其母彭氏并日而食，力學有聞。越二十九年，始得走襄城，爲汪公及其父設祭，招魂以歸。余與處士交，爲之作詩。"

案亭林、二曲相識於康熙二年。吳映奎《顧亭林先生年譜》記其年"十月朔，過訪李處士顒于盩厔，遂訂交"。顧氏《廣師篇》謂："堅苦力學，無師而成，吾不如李中孚。""巳下元默困敦"當壬子歲，即康熙十一年，時亭林往來於北京、晋、魯之間。二曲《襄城紀事》撰於去歲，亭林作詩已後之逾年矣。全祖望《石窔文》又記二曲晚年邀隱，不與世接，謂"荆扉反鎖，遂不復與人接，雖舊生徒亦罕覿，惟吳中顧甯人至則款之"。

［八］《關學續編》："四十七歲，制軍鄂公修復關中書院，造士延禮，啓迪諸生，先生三辭不得，而後應命。鄂公既見，親其儀範，聽其議論，則信尚益深，隨以'大儒'疏薦。兵部主政房公延正又以'大儒宜備顧問'薦，撫軍又以博學宏辭薦。交章上請，先後皆奉旨特徵。守令至門，敦逼上道，先生卧病終不赴。自是閉户母祠，終歲不出。"

《清國史·儒林傳》："康熙十二年，陝督鄂善以隱逸薦，有詔起之，固辭以疾。十七年，詔舉博學鴻儒，禮部以'海内真儒'薦。大吏至其家，促之起，舁闖至省，顒絶粒六日，自拔刀自刺，大吏駭去，乃得予假治病。顒戒其子曰：'我日報痛，自期永棲塈室，平生心跡，頗在《塈室錄感》一書。萬一見逼而死，斂以粗布白棺，勿受弔也。'自是閉關，不與人接。"

案《儒林傳》所記，本全祖望《石窔文》。康熙十七年詔舉博學鴻儒事，參見本卷《李因篤》箋證［四］。

［九］《墓表》："今上皇帝御極四十三年西狩，陝西總制華公迎駕平陽。上首以先生起居爲問，且云'召至關中相見'。華公承旨，即遣人造先生廬，具道上意，欲邀先生先期至關，先生以疾辭。使者數往返，先生辭益堅。華公知不可屈，乃具以上聞。上曰：'高年有疾，不必相強。'因索先生所著書，於是先生之子慎言齎《四書反身錄》《二曲集》二書往行

在。召入，上問：'爾父何病，歷年幾何？'慎言對曰：'臣父早孤，臣祖母彭矢節鞠誨。臣父仰承母志，發憤爲學，無屋可居，無田可耕，養親讀書，復管家計，以此積勞成疾，未幾五十，發白齒落。今年七十有五，衰病益甚，時卧牀褥，不能動履。久荷徵召，又蒙天語存注，咫尺乘輿，不能一睹聖顏，此臣父子終天之憾也。'上曰：'爾父平日讀何書？'慎言對曰：'臣父少無師承，百家之書，靡不觀覽。及壯，則一歸於聖經賢傳，不復泛濫涉獵。晚年，非六經、四子、《性理》、《通鑑》及儒先語錄，不輕入目。其教門弟子，亦以此相勖勉。'上曰：'爾父讀書守志，可謂完節。朕有親題"志操高潔"扁額，並手寫詩幅，以旌爾父之志。爾宜歸去侍養。'及上回鑾，慎言送至潼關，上尤諄諄以善事先生爲諭。抵關後，傳螯屋令張公芳，詢先生體貌奚似、家計子弟之詳。"

《關學續編》："七十六歲，聖祖仁皇帝西巡，詔見行宮，並索著述。先生時以老病卧牀懇辭召命，惟以所著之書進奉。溫旨'處士既高年有疾，不必相強'，特賜御書'操志高潔'扁額，並御製《金山詩》幅賜焉。所呈《二曲集》《四書反身錄》二書，則並荷'醇正昌明，羽翼經傳'之褒。蓋康熙癸未冬也。"

全祖望《石窆文》："已而天子西巡，欲見之，命陝督傳旨，先生又驚泣曰：'吾其死矣！'辭以廢疾不至，特賜'關中大儒'四字以寵之。大吏令謝表，先生曰：'素不諳廟堂文字，奈何強之？'乃上一表，文詞蕪拙，大吏哂曰：'是恐不可以塵御覽也。'置之。"

《清國史・儒林傳》："四十二年，聖祖西巡，召顒見，時顒已衰老，遣子慎言詣行在陳情，以所著《四書反身錄》《二曲集》奏進。上謂慎言曰：'爾父讀書守志，可謂完節。'特賜御書'志操高潔'及詩幅以獎之。"

案《墓表》"四十三年西狩"，當從《清國史・儒林傳》作"四十二年"。揆諸上引數則，知記文此節多本全氏《石窆文》。然謝山以隔代殊域之筆，終不若劉、王等二曲友朋弟子所記近實。如"就其家取所著《四書反身錄》"及賜額"關中大儒"云云，當以《墓表》《關學續編》所述較爲確，如《儒林傳》即不信從全文。

［一〇］全祖望《石窆文》："晚年遷居富平，四方之士，不遠而至。然或才名遠播，著書滿家，而先生竟扃戶不納，積數日悵然去者。或出自市廛下戶，而有志自修，先生察其心之不雜，引而進之。當是時，北方則孫先生夏峰，南方則黃先生梨洲，西方則先生，時論以爲三大儒。然夏峰

自明時已與楊、左諸公爲石交，其後高陽相國折節致敬，易代而後，聲名益大。梨洲爲忠端之子，證人書院之高弟，又從亡海上，故嘗自言生平無責沈之恨、過泗之憖。蓋其資望皆索高。先生起自孤根，上接關學六百年之統，寒饑清苦之中，守道愈嚴，而耿光四出，無所憑藉，拔地倚天，尤爲莫及。"

案康熙十三年，吳三桂叛清，次年，戰禍波及關中，二曲即於是年八月徙家富平。先是，嘗有《謝世表》之作，期來訪者"廻其左顧之轍，垺僕於既化之殘魄"，"但使病廢之軀，獲免酬應之勞"云云，然來者絡繹，殊未曾絕。"三大儒"之稱，參見本卷《孫奇逢》箋證［十］。

《清國史·儒林傳》："時容城孫奇逢之學盛於北，餘姚黃宗義之學盛於南，與顒鼎足，世稱'三大儒'。惟顒起自孤根，上接關學之傳，尤爲難及云。晚年寓富平，有《富平答問》。四十四年卒，年七十六。門人王心敬傳其學。其《四書反身錄》七卷、《二曲集》二十二卷，亦心敬所摭次。"

案崇禎十五年，顒父可從殉難，時顒年十六歲，諸傳皆同。以此推算，至康熙四十四年顒卒時，實得壽七十九歲，《儒林傳》誤。檢《四庫全書總目》卷三七："《四書反身錄》六卷《補遺》一卷，國朝李顒撰。（中略）是書本題曰'二曲先生口授，鄠縣門人王心敬錄'。（中略）是此書成於心敬之手，顒特口授。然核其序文年月，則是書之成，顒猶及見，非身後追錄之比，實仍顒所自定也。顒之學，本於姚江。書中所載，如《大學》'格物'之'物'，爲'身心意知家國天下'之'物'，即'物有本末'之'物'。又謂明德與良知無分別，念慮微起，良知即知善與不善，知善即實行其善，知惡即實去其惡，不昧所知，心方自慊云云。其說皆仍本王守仁。又書中所引呂原明渡橋，輿人墜水有溺死者，原明安坐橋上，神色如常。原明自謂未嘗動心，顒稱其臨生死而不動，世間何物可以動之？夫死生不變，固足徵學者之得力。然必如顒說，則孔子之微服過宋，孟子之不立巖牆，皆爲動心矣。且廄焚必問傷人，乍見孺子入井，必有怵惕惻隱之心。輿夫溺死，而原明安坐不動，此正原明平時強制其心，而流爲谿刻之過。顒顧稱之爲不動，則與告子之不動心何異乎？是亦主持太過，而流於偏駁者矣。"又卷一八一《二曲集》提要："集爲門人王心敬所編。每卷分標篇目，曰《悔過自新說》，曰《學髓》，曰《兩庠彙語》，曰《靖江語要》，曰《錫山語要》，曰《傳心錄》，曰《體用全學》，曰

《讀書次第》，曰《東行述》，曰《南行述》，曰《東林書院會語》，曰《匡時要務》，曰《關中書院會約》，曰《盩厔答問》，曰《富平答問》，曰《觀感錄》，皆其講學教授之語。或出自著，或門弟子所輯，凡十六種。本各自爲書，故卷前間録原序。其第十六至二十二卷則顒所著雜文也，二十三卷以下曰《襄城紀異》，乃顒父可從明末從汪喬年擊流寇戰歿，顒建祠襄城，有聞鬼語之事，各作詩文記之，而劉宗泗哀輯成帙者。曰《義林記》，則記顒招魂葬父事，亦宗泗所輯。曰《李氏家乘》，曰《賢母祠記》，則皆爲可從及顒母彭氏所作傳記詩文，而富平惠黽嗣彙次之。刊集時並以編入，蓋用宋人附録之例。然卷帙繁重，而無關顒之著作，殊爲疣贅。"

又李元度《國朝先正事略》卷廿七《李二曲先生事略》有謂："先生晚年因兵氛，遷寓富平，與富平李因篤、鄠縣李柏稱'關中三李'。門人王心敬能傳其學。"唐鑒《國朝學案小識》卷十："關中之學，二曲倡之，豐川繼起而振之，與東南學者相應相求，俱不失切近篤實之旨焉。"案李因篤別有傳。李柏，字雪木，鄠縣人。自幼孤貧，事母至孝，不樂舉業，因母命就試，爲諸生，母歿遂棄之。避亂山中，屏跡讀書，忍饑寒而不計。少與二曲訂交，後爲姻家。有《槲葉集》。

心敬字爾緝，鄠縣人。少爲諸生，歲試，學使遇之不以禮，脫帽而出。[一]居平不苟言笑，終日默坐。有人問學，曰："反求諸己而已矣。"[二]心敬學問淹通，有康濟之志。所著《豐川集》中論選舉、餉兵、馬政、區田法、圃田法、《井利説》、《井利補説》諸篇皆可起而行，較之空談性命、置天下蒼生於度外而不問者，豈可同日語乎！[三]朱高安督學關中，數造廬請益焉。[四]陝西總督額忒倫、年羹堯先後上章，薦於朝，兩徵不起。羹堯以禮招致幕府，心敬見其所爲驕縱不法，避而不見，亦不往謝，世宗聞而重之。乾隆初，有蒲城新進士應廷試，鄂西林相國問："豐川安不？"豐川，心敬之號也。進士不知爲何許人，茫無以對，相國笑曰："若不知若鄉有豐川，亦成進士耶？"[五]

〔箋證〕

[一] 劉青芝《王徵君先生心敬傳》（《碑傳集》卷一二九）："王徵君

李中孚

心敬，字爾緝。其先河南太康人，元初有仕西安者，因家高陵。至元末，避寇終南，乃家於鄠。傳至中悅公忻，值明季流寇之亂，以護母三受賊刃，孝行最著，是爲心敬之父。母李氏，生子一，即心敬。甫十歲而忻没，生理寠艱。李撫遺孤，午夜紡績，心敬就鐙檠讀誦，雞鳴始罷。年十八，補博士弟子，旋食餼。文名噪甚，科第可戾契，至李顧弗樂也。曰：'人生要當頂天立地，功名過眼花。汝苟能爲聖賢一流人，吾即死，亦有顔見汝父地下。'言已涙落如注。心敬感母教，即脱諸生籍，不應學使者試。（中略）以鄠爲豐水所出，號豐川，學者因稱豐川先生。"

劉紹攽《關中人文傳》（《碑傳集》卷一三九）："歲試，提學遇之不以禮，心敬發憤曰：'昔陶令不愛五斗米，我豈戀一青衿乎！'遂脱巾幘出。除其籍。"

[二]《王徵君傳》："徵君豐頤廣額，美鬚髯。晏居獨處，終日儼然，無惰容。及與人接，則温温和懌，學者翕然從之，不憚百舍來受業。隨人問答，訓迪諄悉，内外殫盡。"

王心敬《豐川集》卷一《語録一》："友問學問致知之法。先生曰：'實法無如力行，講説稽考，特借作問津審塗之資耳。'"

[三]《王徵君傳》："徒步往從盩厔李二曲先生容遊，（中略）自六經、《語》《孟》，以及周、程、張氏之精言，朱、陸、王、謝之異同，並經濟諸家書，靡不潛心講貫，究極根底。如是者十年，功力既專，造詣益邃。其初遊二曲也，即知此心出入存亡之機，時體認喜怒哀樂未發以前氣象，於凡前儒言主敬、存誠、反觀、内照之方，及二氏止觀胎息之術，無不歷試。静坐凝神，若癡若迷，久之，豁然有會，乃知吾性本來無欲之體，貫徹動静，而喜怒哀樂未發時，何處有欲？人能握其機以還本性，其又何動之非静耶？故知性爲人心、道心危微之介，即人品事功、純王雜霸之關，高言之，非有識仁明善之功，盡性至命之學，未易符合。近取之一，返照即是矣。其序《二曲集》云：'（中略）二曲先生獨契聖真，一洗前此門户拘方之陋，而以兼採衆長爲歸。謂真知實行，本體功夫，不可偏廢，博文約禮，天德王道，以一貫之，濂、洛、關、閩、河、會、姚、涇，不相悖而反相爲用。聖學自是始會歸於孔、孟矣。'此其平生授受於師門者，亦其學術之大指也。'"

案爾緝從學二曲，始康熙二十一年，而論學意旨、治學規模，則一奉二曲爲楷模。"論選舉、餉兵、馬政、區田法、圍田法、《井利説》、《井利補說》諸篇"，實在《豐川續集》中，非如記文所謂在"所著《豐川集》"中也，蓋鄭堂籠統言之耳。《續集》卷六《選舉》、卷七《積貯》、卷八《水利》、卷九卷十《籌邊》、卷十一《兵糧》，皆爾緝經濟之學。所論"選舉"見諸卷六，"《井利補說》"當作"《井田補說》"，與《井利說》二篇並見卷八《水利》。其餘"餉兵、馬政、區田法、圍田法"諸題，則分見卷十一《餉兵兼用麥米說》、卷十《兵論六條》及卷八《畿輔水利》諸篇。《清史列傳》卷六六《王心敬傳》："心敬爲學，明體達用。西陲邊釁初開，即致書戍行將吏，籌劃精詳，所言多驗。"可相印證。

《四庫全書總目》卷一八五《豐川全集》提要："此集乃所作語錄及雜著，大抵講學者居多，乃康熙丙申湖廣總督額倫特所刊，額倫特即嘗以隱逸薦心敬者也。"同卷《豐川續集》提要："據其子劼凡例稱，心敬康熙丙申刻有《正》《續集》二十八卷，是已有正、續兩集矣。又稱自丙申至乾隆戊午，與當代大人君子相酬答，及與門人子弟講說論辨者，視前刻倍多，今裒成三十四卷。是此本又出《續集》後矣。然其二十八卷之本，實不分正集、續集之目，未喻何說，故此本仍刊版之名，以《豐川續集》著錄焉。"

又爾緝著述，《王徵君傳》稱："君自遊二曲後，益大肆力於四部書，覃思研索，多所悟入。讀《易》有《豐川易說》十卷，謂（中略）易之爲道，遠取諸物，近取諸身，神明存乎其人，默成存乎德行，神明變化之書，亦切近平實之理，不可泥於象數，亦不得泥於錯綜。王輔嗣陡於元言，不合出入以度外內、使知懼之旨。紫陽兼言卜筮，亦非所語於易道崇德廣業宗傳也。讀《詩》有《豐川詩說》若干卷，謂《三百篇》以《毛詩》爲長，故於《三雅》《三頌》，悉本京山解，於《二風》則獨以己意參之。讀《尚書》有《尚書質疑》，（中略）首明二帝三王之道法，次述夫子刪書本旨，次辨古今文之真僞，共計八卷。讀《禮記》有《禮記彙編》，其上編首列夫子論禮之言爲《聖訓拾遺》，而以《古本大學》及《中庸》、與凡曾子之言、諸子之言並《樂記》附焉；中編搜括記中所載禮之大體與細節今可行者爲《諸儒紀要》，而以《月令》《王制》及記中所載嘉言善行附之；下編爲《紀錄雜聞》，乃一切違時乖宜者，共成八卷。讀《春秋》，謂（中略）欲明經旨，必依孟子發明《春秋》大義，於是取本經原旨爲注，曰《原經》，共四卷。（中略）又有《關學彙編文獻攬要》。"

［四］《關中人文傳》："士乃零落矣，獨武功呂賜、鄠縣王心敬二人

耳。吕賜字一峰，以明經居龜山，竟歲不入市。（中略）二人爲理學，俗未之識也。故相國朱公軾督學時，數造廬問業，人始稱之。然吕賜居遠，謝交游，故聲華黯淡；心敬居近，而鄠令金某罷職，嘗依心敬，後復官，時稱道。是以吕賜老死，而心敬爲當事所知。"

案康吕賜，字復齋，諸生。以致良知爲宗，主慎獨爲功夫，以體用一原、内外兩忘爲究竟。有《南阿集》。未知《關中人文傳》何以脱其姓氏。檢《王徵君傳》，"鄠令金某"者，廣寧金廷裏也，字應枚，貢士。《（民國）鄠縣志》有傳。

[五]《關中人文傳》："總制額公忒倫、年羹堯先後上章薦，兩徵不起。當羹堯爲大將軍，聲勢烜赫，士多想望，爭欲出其門。羹堯招心敬，心敬不往，羹堯敗，士詿誤或禁錮終身，心敬不與也。雍正八年，心敬子爲令，陛見，例陳摺。上見而嘉之，曰：'名儒子，故不凡。'令奏摺者以爲式。乾隆元年，蒲城進士廷試，大學士鄂公爾泰問：'灃川安否？'進士素昧灃川，不能應。鄂公笑曰：'若不識關中儒者，何太俗耶！'其見重當世如此。"

案爾緝既以學行著聲名，督撫多欲延主講席，初黔撫陳詵、閩撫張伯行皆欲邀致，爾緝並以養母爲辭。後陳氏移撫湖北，張氏轉任江蘇，再聘乃允。其授講蘇州，與張伯行論學不合一事，尤足表見爾緝師承二曲本陸王而參程朱之旨。《王徵君傳》曰："自是聲聞茂著，四方學士爭識其面，名人巨公每數千里走書幣，欲延致之。（中略）（張）孝先公移節撫吴，則太夫人已前没，（中略）徵君遂赴蘇。（中略）中丞首言：'學術之壞，壞於陸王援儒入禪，當擯棄之，一歸紫陽。'徵君謂：'全體大用，同條共貫，原無偏頗，稍執一即害道。伊川、紫陽，道問學之意重；象山、陽明，尊德性之旨多。高明沈潛不同，故從入異途，要其望道而歸，視心爲主，則一也。'又論高忠憲'心無一事謂敬'之説。中丞謂有庋主一無適之旨。徵君謂，只此本無一物之心，時時提之令醒，即謂之敬，主一無適乃形容其工夫耳。持論迄未合，終不肯依違。"可與《豐川集》卷二《語録二》"先生最不喜門户攻擊之習"條相參觀。

李因篤

　　李因篤，字天生，一字子德，富平人。明季庠生。時天下大亂，因篤走塞上，訪求勇敢士，招集亡命，殲賊以報國，無有應者。[一]歸而閉户讀經史，爲有用之學。[二]與李中孚友善。崑山顧炎武至關中，主其家。甲申、乙酉之間，與炎武冒鋒刃，間關至燕中，兩謁潞帝攢宮。[三]

　　康熙己未，詔舉博學鴻詞，朝臣交章薦之，因篤以母老辭。是時秉鈞者聞其名，必欲致之。大吏承風旨，縣官加意迫促。因篤將以死拒，其母勸之行，始涕泣就道，試授翰林院檢討。以母老且病，上疏辭職歸養，疏曰：

　　　　竊惟幼學而壯行者，人臣之盛節；辭榮而乞養者，人子之苦心。故求賢雖有國之經，而教孝實人倫之本。伏蒙皇上勅諭内外諸臣，保舉學行兼優之人，比有内閣學士項景襄、李天馥、大理寺少卿張雲翼等，旁採虛聲，先後以臣因篤姓名聯蓙薦牘，獲奉諭旨，吏部遵行，陝西督撫促臣應詔赴京。臣母年逾七旬，屬歲多病，又緣避寇墜馬，左股撞傷，晝夜呻吟，久成廢疾，困頓牀褥，轉側需人。臣止一弟因材，從幼過繼于臣叔曾祖家，分奉小宗之祀。臣年四十有九，兒女並無，母子煢煢，相依爲命，躬親扶侍，跬步難離。隨經具哀辭，次第移諮吏部，吏部謂諮内三人，其中稱親援病，恐有推諉，一概駁回。竊思己病或可僞言，親老豈容假借。臣雖極愚不肖，詎忍藉口所生，指爲諉卸之端。痛思臣母遲莫之年，不幸身嬰殘疾，臣若貪承恩詔，背母遠行，必至倚門倚閭，夙病增劇。況衰齡七十，久困扶牀，輦路三千，難通齗指。一旦禱北辰而已遠，迴西景以無期，萬一有人子所不忍言者，則毛義之捧檄，不逮其親；温嶠之絕裾，自忘其母。風木之悲何及，餅罍之恥奚償？即臣永爲名教罪人，虧子職而負朝廷，非臣愚之所敢出也。皇上方敬事兩宮，聿隆孝治，細如草木，咸被矜容，自能宏錫類之仁，推之士庶，寧忍子然母子，飲泣向隅，奪其烏鳥私情，置之仕路？蓋閣臣去臣最遠，故以虛譽採臣而不知臣之有老母也，臣雲翼與臣皆秦人，雖所居里閈非遠，知臣有母老，而不知其既病且衰，委頓支離至於此極也。即部臣推諉之語，概指臣三人而言，非謂臣必舍其親而不知顧也。且臣雖諝陋，而同時薦臣者悉皆朝廷大臣，其於君親出處之義，聞之熟矣。如臣獵名違母，則其始進已乖，不惟瀆敗天倫，無顏以對皇上，而循陔負疚，躁進貽譏，則於薦臣諸臣亦爲有靦面目。去歲，臺司郡邑，絡繹遺人，催臣長行，急若風火。臣趨朝之限，雖迫於戴星，而問寢之私，倍懸於愛日。然呼天莫應，號泣就途，志緒荒迷，如墮雲霧，低頭轉瞬，輒見臣母在前，寢食俱忘，肝腸迸裂，其不可瀆官常而干禄位也明矣。況皇上至聖至仁，以堯舜之道治天下，敦倫厚俗，遠邁前朝，而臣甘違離老親，致傷風化，有臣如此，安所用之。乃臣自抵都以來，屢次具呈具疏，九重嚴邃，情壅上聞。隨於三月初一日，扶病考試，蒙皇上拔之前列，奉旨授臣翰林院檢討，與臣同官纂修《明史》，聞命悚惶，忝竊非分。臣衡茅下士，受皇上特達之知，天恩深重，何忍言歸。但臣於去秋入京，奄更十月，數接家信，云臣母自臣遠離膝下，哀痛彌侵，晝夜思臣，流涕無已，雙目昏眊，垂至失明。臣仰圖報君，俯迫諗母，欲留不可，欲去未能，瞻望闕庭，進退維谷，乃於五月二十一日具呈吏部，未蒙代題。臣孺切下情，惟哀祈君父查見行事例，"凡在京官員無以次人丁，聽其終養"，臣身爲獨子，與例正符。伏願皇上特沛恩慈，許臣遄歸，扶養其母，叨沐聖澤，以終天年。臣母殘病餘生，統由再造，臣母子銜環鏤骨，竭畢生而報國方長，策名有日，益圖力酬知遇，務展涓埃矣。

疏上，有旨放歸。[四]吴江鈕琇謂本朝兩大文章，葉方伯映榴

《絕命疏》與因篤《陳情表》也。[五]後奉母家居，晨夕不離左右，鄉人稱其孝焉。

其學以朱子爲宗。時二曲提唱良知，關中人士皆從之游。二曲與因篤交最密，晚年移家富平，時相過從，各尊所聞，不爲同異之説。君子不黨，其二子之謂乎！[六]平生尚氣節，急人之難。亭林在山左被誣陷，因篤走三千里至日下，泣訴當事而脱其難。[七]性忼直，面斥人過。與毛奇齡論古韻不合，奇齡強辯，因篤氣憤填膺，不能答，遂拔劍斫之，奇齡駭走，當時相傳爲快事。[八]或曰："因篤性剛，非君子也。"予曰："無欲則剛，人之所難，故聖人有未見之歎，子之言過矣。"因篤詩文，出唐入宋，乃一代作者，有《受祺堂集》行於世。[九]

[箋證]

[一] 顧炎武《富平李君墓志銘》（《亭林文集》卷五）："李氏之先，山西之洪洞人，元時遷美原。洪武初，縣廢，爲富平人。數傳至君之曾祖諱朝觀者，爲邊商，以任俠著關中，（中略）至君之考諱效忠，中武舉，稍復振。君始以文補邑諸生。君少而剛方，績學不怠。當萬曆之末，士子好新説，以莊、列、百家之言竄入經義，甚者合佛、老與吾儒爲一，自謂千載絕學。君乃獨好傳注，以程朱爲宗。既得事恭定馮先生，學益大進。（中略）崇禎七年四月壬午，以疾卒，年二十七。君卒之三月，而關中大亂。（中略）李氏之門，合良賤死者八十有一人。嗚呼，憯矣！而孤子因篤方三歲，廸篤二歲，從其母田氏走之外家以免。其後因篤既長，乃折節讀書，已爲諸生，旋棄之。爲詩文有聞於時，而尤潛心於傳注之書，以力追先賢。蓋近年以來，關中士子爲大全、蒙引之學者，自君父子倡之。（中略）君諱映林，字暉天。其没也，鄉人私謚曰貞孝先生。"

案劉獻廷《廣陽雜記》卷二記天生之言曰："人若不食二三升麥飯，四五斤肥肉，如何可以讀得書！"評以"壯哉此言，精神可想見矣"。李中孚稱之"文而俠，肝膽氣誼有足多者"（《二曲集》卷十七《又與秦燈巖》），潘耒稱其"關中豪傑也，爲人豁達慷慨"（《受祺堂詩集序》）。蓋天生慷慨豪邁，關西風氣固有别於殊方，亦似有襲於先世遺風。

錢林《文獻徵存錄》卷四："因篤少孤，受業於外祖田時霨，撫之成立。"《受祺堂詩集》卷一《旅夜追思外祖高士田公潸淚成八百字》："憶我方繈褓，呱呱失所天。舉家依外氏，銜恤倚翁憐。膝下親授讀，會心亦偶然。解頤道我穎，佳譽爲之延。時值翁暫出，走趨必隨肩。道傍買果餌，恒累傾夢還。五歲就小塾，攜持行相聯。竹穴伴夜讀，湯餅嘗滿前。（中略）八歲通制藝，濡毫預群賢。執經儷待側，諄復破言詮。十歲解《小》《論》，初成《去臺篇》。（中略）謂我強記憶，藏書腹已穿。"

馮從吾（一五五六——一六二七），字仲好，號少墟，長安人。萬曆進士。官至工部尚書。師從許孚遠，學宗濂洛，論學主"在本原處透徹，未發處得力，而於日用常行，卻要事事點簡，以求合其本體"（《明儒學案》卷四一）。有《關學編》《馮少墟集》。

魏禧《與富平李天生書》（《魏叔子文集》外篇卷五）："足下負文武大略，甫離成童，慷慨建義聲，虛心好士，出言而人信之，故天下士歸之如流水。"

案鄧之誠《清詩紀事初編》卷八《李因篤小傳》："明季，嘗走塞上，求勇敢士。入清，屢北游雁門，南游三楚，皆有所圖。"崇禎十四年（一六四一），天生十一歲即成諸生。十六年，李自成據有全陝，次年正月，稱帝西安。天生隨外祖避亂富平北山，不復從事舉業。同年，清軍入陝，迫走李闖，時天生年甫十四，北走雁代，號召材武之士，無人影從。記文稱以"殲賊以報國"，轉似有指於李闖，疑鄭堂格於當身實際，故含混其辭，而天生少年抗清之壯業，亦就之隱微。今人王冀民《顧亭林詩箋釋》卷四《屈翁山大均自關中至》更云："明末志士未冠而參與抗清鬥爭者，以夏完淳、李因篤、屈大均、朱彝尊爲最早。"

朱樹滋《李文孝先生行狀》（吳懷清《關中三李年譜》引）："公卒於康熙三十一年十一月二十二日子時，距生明崇禎四年七月初五日丑時，享壽六十有二。"

［二］李顒《田太孺人墓志銘》［附《續刻受祺堂文集》（下稱《續刻文集》）卷四］："因篤遂棄冠，屏舉子業，一意經學，旁通《左》《國》《史》《漢》暨唐、宋諸大家，專力古文辭，尤好爲詩歌。"

案因篤居塞上雁門之日，即刻勵墳籍，非始於歸關中之後。朱樹滋《行狀》曰："居雁門數年，益發憤讀六經及關、閩諸大儒書。所著詩文高古精邃，名播海內，一時騷人詞客，趨之若鶩，至邸舍不能容。"王弘撰《山志》初集卷三"李天生"："後天生從陳祺公於塞上，日事博綜，九經諸史，靡不淹通。祺公視其爲畏友，投契之深，有同骨肉。天生以是無內顧憂，而益肆力於學。及祺公備兵雁、平，攜以入代，復爲具囊資遊。圭組之英，蓬篳之彥，俱與交懽。傅青主、顧寧人、朱錫鬯輩，尤以古道相底厲。著述日富，叩其所蓄，如海涵地負。而敦尚義氣，鑑拔人倫，有倜儻非常之概。丙午返秦時，已棄諸生，當事諸公，知者爭爲倒屣。"案陳上年，字祺公，直隸清苑人，順治六年進士，十六年任涇固道，次年轉雁平道。延天生館其家，甚禮重之。

天生自述措意經學，《續刻文集》卷三《與孫少宰書》有謂："因篤竊觀當世儒者，亦有留心斯道，高談孔、朱，（中略）然皆摭拾語錄，妄稱性命之旨，而絕不知從事經學。自因篤論之，斷未有不深於經學而能以理學名世者也。"案李氏經學深湛，屢見時人推重。《清國史·李因篤傳》稱："李因篤深於經學，著《詩說》，顧炎武稱之曰：'毛、鄭有嗣音矣。'又著《春秋說》，汪琬亦折服焉。"檢汪琬《堯峰文鈔》卷三三《答從弟論師道書》："世未嘗無可師之人，其經學修明者，吾得二人焉，曰顧寧人、李子天生，皆與僕爲友。僕老矣，雖不能師之，固所爲欣然執鞭者也。"王士禎《池北偶談》卷十一"李因篤"條稱天生"博學強記，《十三經注疏》尤極貫穿"；沈德潛《清詩別裁集》稱以"邃於經學"，皆其例證。

深通史學，《續刻文集》卷三《與茹紫庭》有謂："篤西鄙腐儒，夙無一能，然讀史五十年，晚而微有寸得。"李富孫《鶴徵前錄》尤推其精熟明史："先生精熟明代事蹟，史館無能及者。授職數月，乞歸養母。後橫雲山人《史藁》成，欲先生正之。時老病在牀，令二人捧藁朗誦，呼曰'改'，即加竄易，半載而畢。"《清國史·儒林傳》《文獻徵存錄》並同。案鄧之誠《清詩紀事初編》："《史藁》列傳二百八卷，進呈在康熙五十三年，是時因篤不應尚存，就正事或有之，而不當在稿成進呈之時。"因篤病卒於康熙三十一年，鄧氏說是。

蓋因篤經史之學，與亭林顧氏如出一轍，研考經史，期於匡時致用。天生以"蔽於習聞而不稽古，好稱古而非今，皆學者之大患也"[《受祺堂文集》（下稱《文集》）卷三《創建朝陽書院序》]，《文集》卷一匯輯策論十三篇，《聖學》《史法》而外，《漕運》《郊祀》《荒政》《治河》《天文》《曆法》《鹽政》《錢法》《屯田》《樂律》《用人》諸篇，皆就一事目，考其源流，援引經史，貫通古今，而寄意經濟，立言之旨，絕似

《日知錄》。二君志行絕似，性契交厚，學術濡染，臻於一致，何足怪哉，宜乎汪堯峰以顧、李並稱焉。

[三] 案此節記事多誤。顧、李相識於康熙二年癸卯，彼此未嘗有"主家"之誼。甲申、乙酉之際，天生方值少年，避亂山中，亭林則遷家於蘇、常之間，足跡不過長江，焉得有相攜入燕之遊？"乙酉"當作"己酉"，李元度《國朝先正事略》襲其謬誤。

吳映奎《顧亭林先生年譜》康熙二年："與富平李子德因篤訂交。由汾州，歷蒲州，出潼關，游西嶽太華，過華陰王山史。至西安。十月朔，過訪李處士顒于盩厔，遂訂交。"

案王弘撰（一六二二—一七〇二），字無異，一字文修，號山史，陝西華陰人。明諸生，入清隱居華山，一意治學，以經史詩文、金石書法名著關中。有《正學隅見述》《砥齋集》。《亭林文集》卷三《與李星來書》："關中三友，山史辭病，不獲而行；天生母病，涕泣言別；中孚至以死自誓，而後得免。"康熙十七年（一六七八），弘撰與二李同時以博學鴻詞科被薦，弘撰雖勉強赴京，終得以疾堅辭。

又案顧、李訂交於代州陳上年家，時亭林年五十一，天生年三十三。二君唱答，天生作《雁門邸中值寧人先生初度，製二十韻以代洗爵詩》《詠懷五百字奉亭林先生詩》，亭林有《酬李處士因篤》。王冀民《顧亭林詩箋釋》云："《亭林詩集》載酬贈李因篤詩凡八題十一首，先生朋輩得詩之多無出因篤右者。然二人交游之始則俱見此二篇。因篤另有《詠懷五百字奉亭林先生詩》專志斯會，曰：'班荊雁門邸，傾囊出凤撰。慨然弟畜予，札僑風斯踐。'先生《過李子德詩》追憶其事，亦曰：'憶昔論交日，星霜一紀更。及門初拜母，讓齒忝為兄。'蓋先生長因篤十八歲，《清詩紀事初編》謂因篤'欲師事顧炎武，不可，乃為友。'故二人情如兄弟而義兼師友，相交二十年，先生雖臨終絕筆，猶眷眷以因篤為念，終不忍以干旄之辱而疏此舊交也。"

《顧亭林先生年譜》康熙八年己酉："三月，與富平李子德謁十三陵，有《謁攢宮文》。"

案《亭林文集》卷五《謁攢宮文三》："臣炎武、臣因篤，江左豎儒、關中下士。相逢燕市，悲一劍之猶存；旅拜橋山，痛遺弓之不見。時當春暮，敬擷村蔬。聊攄草莽之心，式薦園陵之事。告四方之水旱，及此彌年；乘千載之風雲，未知何日。付惟昭格，俯鑒丹誠。"又《亭林詩集》

卷四《三月十二日有事於欑宮同李處士因篤》："餘生猶拜謁，吾友復同來。筋力愁初減，天顏佇一迴。巖雲隨馭下，寢仗夾車開。未得長陪從，辭行涕泗哀。"天生則有《三月十二日有事于欑宮同顧徵士炎武賦用來字》紀其事："再出松楸路，初將灑埽盃。百神春轉肅，孤寢墓同哀。渚雁依靈藻，峰霞拂繡苔。蔥蔥橋嶽氣，日向五雲來。"亭林一生凡六謁思陵，唯此第五次與天生俱。

[四] 潘耒《受祺堂詩集序》（康熙己卯）："先生之爲人，更高邁卓犖，與古爲徒。當戊午、己未間，天子旁求淵雅宏達之士，徵詣京師。先生夙負重名，公卿交薦之，有司迫遣就道，試於殿試。既授官檢討，念母老，具疏乞歸養，通政司不敢以聞，先生具密疏上之。竟奉俞旨，不就職而歸，天下高之。當是時，同召試入詞曹者五十人，先生與朱子錫鬯、嚴子蓀友及耒四人者，則以布衣入禁林，爲千古曠典。（中略）先生獨鴻軒鳳舉，不受羈紲，陳情一疏，與李令伯同擅千古。"

案《清國史·朱彝尊傳》："康熙十八年，詔舉博學鴻儒科，以布衣試。入選者富平李因篤、吳江潘耒、無錫嚴繩孫及彝尊，凡四人，皆除爲翰林院檢討，與所擢五十人用纂修《明史》。"王士禎《池北偶談》卷二記當日有"四布衣"之目："上嘗問內閣及內直諸臣以布衣四人名字，即富平李因篤、慈谿姜宸英、無錫嚴繩孫、秀水朱彝尊也。後公卿薦舉，獨宸英不得與。"又劉廷璣《在園雜誌》記曰："本朝己未，召試博學鴻才最爲盛典。（中略）其中人材德業，理學政治，文章詞翰，品行事功，無不悉備，洵足表彰廊廟，矜式後儒，可以無慚鴻博，不負聖明之鑒拔，誠一代偉觀也。而最恬退者李檢討因篤，於甫授官日，旋陳情終養，上如其請，命下即歸，更能遂其初志。"

又案記文所述"秉鈞者"，觀後引天生《告終養疏》（《文集》卷一），謂"內閣學士項景襄、李天馥、大理寺少卿張雲翼等"。劉紹攽《關中人文傳》（《碑傳集》卷一三九）稱"會詔舉博學鴻詞，（張）又南及閣學李公天馥交章薦"；《福建通志》卷二二九《李光地傳》："遂薦（中略）餘姚之學則李容，淹博之學則李因篤，耿介之篤行、仇兆鰲之厲志、楊文言之曆算，亦皆以名聞。賢才奮起，文治昌明，而光地亦由是大用矣。"然則舉薦天生者，固不獨三人耳。所謂"大吏承風旨，縣官加意迫促"者，考《清聖祖實錄》卷八："康熙十七年七月庚申，吏部題：各省題薦人員，原令其作速起程，今（中略）陝西李因篤以母老辭相應，相應諮催赴京。

得旨：李因篤等既經諸臣以學問淵通、文藻瑰麗薦舉，該督撫作速起送來京，以副朕求賢至意。"復考秦瀛《己未詞科錄》，時被徵薦者計百七十六人，其中陝籍九，李顒、李因篤、王宏撰、王孫蔚、李念慈、李大春、宋振麟、孫枝蔚、趙天賜，多與天生交厚。當年九月，天生抵京，屢疏請辭無果，遂於次年三月初一與試，取士五十，而天生與朱彝尊、湯斌等二十人同列一等，授檢討，與修《明史》。甫月餘即上疏乞養而歸。

《文集》卷三《王徵君山史六秩序》論及士人出處進退之義，多天生夫子自道，節引於此，藉探其辭歸之心態："士君子立身之大間，仕隱二者而已。而隱之義亦有二，嘉遁林巖、遺世以爲高，甚則離其天屬，躬膺困瘁而罔顧，所謂固隱也；無意圭組，而不爲詭激庚俗之行，亦不必岸然自絕於當世之君大夫，究之史冊，書爲處士而無遺議，所謂通隱也。夫固隱者不可及矣，（中略）未能度其身與時之可否，而硜硜慕空名、履危機，至於潔己自全，陷於兇德，非吾道所貴矣。且夫君子不得志則篷累而行，此無關於世之治亂也。以四皓爲避暴，何以處采薇之仁，人以務光爲不事易姓之君，彼巢、許何據焉。然則善藏而不詭於正，其通隱乎？當吾世而有孫蘇門、顧亭林二公，其道大而行方，其學至博而深，實而有用，擬之古，庶幾貞白、康節之儔，而二公皆往矣。"

此《疏》云"毛義之捧檄，不逮其親；溫嶠之絕裾，自忘其母。"案《東觀漢記》："廬江毛義，性恭儉謙約，少時家貧，以孝行稱。爲安陽尉。南陽張奉慕其名，往候之。坐有頃，府檄適至，以義守令。義奉而入白母，喜動顏色。"《後漢書》卷三十九亦載其事，繼云："奉者，志尚士也，心賤之，自恨來，因辭而去。及義母死，去官行服：數辟公府，爲縣令，進退必以禮。後舉賢良，公車征，遂不至。張奉歎曰：'賢者固不可測。往同之喜，乃爲親屈也。'斯蓋所謂'家貧親老，不擇官而仕'者也。"又《世說新語·尤悔》："溫公初受劉司空（琨）使勸進，母崔氏固駐之，嶠絕裾而去。迄於崇貴，鄉品猶不過也。每爵，皆發詔。"

［五］鈕琇《觚賸》卷六《秦觚》"兩大文章"："人生大節，首在忠孝。若夫縻之爵祿不爲榮，臨之斧鉞不爲屈，以全其致親之義，以成其不負國之貞，非性分定而學力優者，蓋難言之。皇朝摛華之彥，疊跡蘭臺，捍圉之才，蜚英鱗甸。如近日李徵君陳情辭職，葉方伯見危致命，忠孝之誠，洋溢楮墨，洵天地間兩大文章也。（中略）康熙己未，詔海內博學鴻儒至京師，因篤試授翰林院檢討，以母老上疏辭歸，得允。其詞（中略）

葉方伯映榴，號蒼巖，松江上海縣人。康熙戊辰，映榴以湖廣糧儲道攝布政司事，適夏逆作亂，先遣僕奉其母出城，由水道還家。乃刺血書表，潛達御前，於藩署大堂，朝服正坐自刎。其詞：'奏爲臨難瀝血陳情，恭謝天恩事。切臣一介豎儒，幸中辛丑進士，選擢庶常。叨沐皇上高厚深恩，歷任今職。常以潔己奉公，砥礪夙夜，但愧才具庸虛，寸長莫效。茲於康熙二十七年五月初九日，署理布政司印務，忽於本月二十二日督標裁兵，陳夏包子倡亂，閉城造反，刦奪撫臣敕印，分兵圍臣衙署，百計脅從。臣幼讀詩書，粗知禮義，雖白刃在前，豈肯喪恥苟生？此時即欲率同妻女，闔門殉節，第念臣母年已七十六矣，隨臣任所，長子監生葉敷又遠在原籍，其餘二子年未成童。煢煢孤嫠，死將安歸？臣心不忍，因遣妻女奉臣母，於水溝遁出潛逃。臣此時微服匿影，或可倖免，以圖後效。伏念臣守土之官也，城存與存，城亡與亡，義所當然。謹將糧道衙門及布政司道號印五顆，封付家人葉善林，囑向所過衙門呈繳具題。復謹繕謝恩一疏，囑付家人葉升等，俟臣盡節之後，奔赴京師，詣通政司衙門賫投。臣謹於本月二十六日，朝服向闕九叩謝恩畢，隨升臣衙門罵賊，以佩刀自刎。勉盡一死，以報國恩。但恨事起倉卒，既不能先事綢繆，默消反側；復不能臨期捍圉，獨守孤城。上辜三十載之皇恩，下負七旬餘之老母。君親兩負，死有餘愧。伏惟我皇上廟算如神，兵威丕振，么麽小醜，指日掃滅。但臣不能忍死須臾，以覩蕩定，惟有生生世世，啣結無盡而已。'上覽奏惻然，褒恤有加。嗚呼，世有視終南爲捷徑，而絕裾不顧，藉檻車爲福堂，而係頸自甘者，彼何人哉！讀二公之文，亦可以少愧矣。"

案鈕琇見本卷《孫若群》箋證。案王士禎《池北偶談》卷九"葉忠節"："葉映榴，字丙霞，江南上海縣人。順治辛卯進士，由庶吉士改部曹，出視陝西學政，稍遷湖北督糧參議。戊辰，武昌兵變，從容拜疏，公服自刭死。奉旨褒獎，特贈工部侍郎。（中略）諡忠節。"王鳴盛《西莊始存稿》卷廿五《葉映榴傳》："出榷稅江西，復視學陝西，並著廉明聲。旋擢湖北糧儲道參議，署布政使事。武昌督標裁兵，夏逢龍以索餉聚衆倡亂，逐巡撫，（中略）映榴聞變往，挺身當之。賊以其素得人望，擁至營，願戴爲巡撫，不可。賊露白刃脅之，度不能脫，紿以歸署治文書，爲期約，且戒毋焚掠，聽士民逃竄，三日後當從所請。賊喜，圍稍解，映榴歸署閉門，夜令其妻奉母吳氏，率臧獲數人，覓小舟潛渡。乃刺血草疏，並封識印信，遣人間道詣京師告急。遂朝服北面稽首，出所佩刀自裁，血盈

· 96 ·

几案間。"

[六]《行狀》："公博極群書，靡不淹貫，恪宗考亭，不參異見。"

案天生經史經濟之學，遵朱子格致窮理之旨，已略見箋證[二]。尊程朱、抑陸王之説，如《續刻文集》卷三《與孫少宰書》："漢、唐諸儒豈無天資卓邁、出處皎然者，而終不得列理學一席，非經學不純之故乎哉？因篤不揣鄙陋，竊謂經學當折中朱子，而朱子則以《四書集注》爲主。蓋朱子一生精力，十九盡於此書，盡善盡美，無可遺議。"《文集》卷三《重修宋張誠公橫渠夫子祠記》："且今之言陸王者，吾懼焉。百家之説，明背聖人，其邪正易知也。（中略）今援儒入墨，陰剿內典，希微恍惚，莫可究詰，而間摘語孟中有爲而發者，藉作門面。揣其意，固自竊於象教；而聽其言，仍不離聖賢。程子所謂彌近而大亂真，學術人心，幾於澆矣。"

王弘撰著《正學隅見述》，天生爲之序，云其"格物從朱，太極從陸"而"善之"，蓋其於陸王之學，雖多針砭，然能於門户之間，甄其微曲，不持偏見，非一概排擊抹殺。其文有云："自漢以來，士不盡出於學校，而學校必以九經爲準，相與講求先王之典章文物而守之不易。後宋之盛也，程朱大儒相繼作傳注。蓋由是內聖外王，合而爲一，然視漢唐之補殘治墜，肆力於大經大法之間者，已稍有間。是時金谿二陸亦有志聖學，而性之所近，倡爲空虛妙悟之旨。後進樂其簡易，從之甚重。微考亭，即夫子博文約禮之訓，幾何其不瘞埋也。金谿以尊德性爲主，學者雖心知其偏，而左朱以攻陸，則先自懼，曰：'是無以處中庸，或者爲兩是之語以調停之。'夫以陸爲賢而不可與之翼。（中略）如曰言本中庸，舍問學而專言德性，其失自在象山。故得其正，夫子問禮柱下，無害於道；不得其正，即介甫之《周禮》，適足致亂而已。中無灼見，模棱兩可，抑何陋也。"

然天生論學要旨，不獨在尊朱，尤在述橫渠而倡關學。黄宗羲嘗云："關學世所淵源，皆以躬行禮教爲本"（《明儒學案》卷首《師説·吕涇野柟》）。因篤追溯關學源流，《重修宋張誠公橫渠夫子祠記》曰："關學之興，肇端張子，文、武、周公而後，吾西土言聖人之道者，莫之能先也。夫子歿而微言絶，七十子喪而大義乖。歷七百餘年，而始得周元公倡不傳之遺緒。河南純公、正公皆親受業，拓而大之。而誠公爲二程中表尊行，首撤皋比，力相推挽。徽國繼起，遂集大成。蓋自是內聖外王，統合爲一，天下之言學者，論地則四，論人則五。（中略）往嘉靖末，姚江實本鵝湖，樹幟良知。彼天資既高，危言駭俗，又負大勛於當代，據建瓴之勢，號召其徒，聞者如飲酒中狂，趨之唯恐不及。而吾秦高陵、三原爲經生領袖，獨恪守傳注不變。於斯時也，關學甲海內。嗣則孫恭介、溫恭毅，（中略）而長安馮恭定尤著。溯其源委，以誠公爲不祧之祖。"（同參《文集》卷四《寧夏後衛教授鄉進士充五白公墓志銘》）紹述橫渠，則宋振麟《中巖文介先生文集》卷六《朝陽書院奉迎李太史子德先生會講錄序》可徵："先生首發橫渠以禮教人之旨，細論有守有爲之義，而斷之於審幾，以著思誠之體。大約謂人日用而不察天秩皆廢，若循規矩而攝以威儀，則百事可立。故傳以動作威儀之則爲受之徵，而幾者動之界、知之微也。《書》嚴冒貢之非，而《易》以知幾爲神。（中略）先生論學必縡之以經，說經必貫之以諸史，使表裏參伍相發明，而其指益暢。"蓋清初秦中學人，汲汲爲關學博聲立幟者，二曲之外，無能出天生之右者。《關中三李年譜》引西安王維戍說："當時關中講學者，二曲爲最盛，成人亦最多，太史人知爲文章之士，而不知固講聖賢之學者，宜其品詣之卓絕也。"然《關學續編》，終不登其姓字。文名既迥溢學名，而自限地域，學人之姿，反不表於後世矣。二曲學宗姚江，詳參《李中孚》箋證［五］，不復贅。

［七］《顧亭林先生年譜》康熙七年："是年春，先生在都，適以蘇州黃培詩獄牽連。先生聞之，即星馳赴鞫。三月下濟南府獄，十月獄解，先生得釋。"

顧炎武《子德李子聞余在難，特走燕中告急諸友人，復馳至濟南省視。于其行也，作詩贈之》："急難良朋節，扶危烈士情。"

案康熙七年，亭林有《赴東六首》，自序云："萊人姜元衡訐告其主黃培詩獄，株連二三十人。又以吳郡陳濟生《忠節錄》二帙首官，指爲余所輯，書中有名者三百餘人。余在燕京聞之，亟馳投到，頌繫半年，竟得開釋，因有此作。"《顧亭林先生年譜》"蘇州"當作"萊州"。王冀民《顧亭林詩箋釋》曰："先生去歲入都，與因篤同住慈仁寺，作《鈔書自序》贈之。因篤因事別去，回關中。今年春，先生赴東投獄，致書友人曰：'若天生至晉，可爲弟作書促之入京，持槧上一二函至歷下，必當有所濟。弟已別有字往關中矣。'（先生《致因篤促救書》已不存）因篤聞訊，先奔燕京，持槧上數書至濟南，爲先生通關節，理獄食。無何，觸暑致疾，將還關中，先生作此以贈，時猶未保出也。"

[八] 全祖望《蕭山毛檢討別傳》（《鮚埼亭集》外編卷一二）："西河雅好毆人，其與人語，稍不合即罵，罵甚，繼以毆。一日與富平李檢討天生會於合肥閣學座，論韻學。天生主顧氏亭林韻說，西河斥以邪妄。天生秦人，故負氣，起而爭，西河罵之，天生奮拳毆西河重傷。合肥素以兄事天生，西河遂不敢校，聞者快之。"

案李、毛之爭，固緣性情，然亦有關乎當時南北相輕之觀念。《關中人文傳》："因篤貌樸，性質直。初入都，南人易之。一日讌集，語《杜詩》，因篤應口誦。或曰偶熟，復詰其他，即舉全部，且曰：'吾於諸經史類然，願諸君叩之。'一座乍舌，不敢復問。在館職，時王阮亭、汪苕文主詩社，暨南北幟，上多屈服，因篤與抗禮。"李光地《榕村語錄》卷九："關中李天生、晉中傅青主皆高品，雖學問粗淺駁雜，將來與顧寧人皆有名於後，實能外利祿，矯矯自異。"光地閩人，推天生"高品"，因其"能外利祿"，於學問一道，則坦示鄙薄。至與毛奇齡拳勇奮加，其間南人輕易北人之跡，歷歷昭昭，此或有以激成天生回籍後之力倡關學也。

亭林《音學五書》卷首冠《與李子德書》，專論古韻，同見《亭林文集》卷四。因篤有《古今韻考》四卷，卷前有楊傳第《重刊李氏古今韻考序》，文曰："富平李子德氏於顧氏《音學五書》嘗預參訂，既深明顧書之蘊，慮其卷帙浩繁，人不能徧讀。乃依顧書十部，集爲漢魏六朝唐人通用之韻，又匯錄入聲之古音，分爲四部，又專集唐人古詩通用之韻，照劉平水《韻目》提綱於前，以著其稍異於漢魏者，末復取唐初、盛諸公近體嘗用之《韻選》錄之，以見唐人律韻之嚴。總名其書曰《古今韻考》。書僅四卷，簡而易明，雖音韻沿革源流，未暢其說，而後人復古之階，實在於此。可謂善述顧氏者。"

毛奇齡（一六三二——一七一六），字大可，號西河，浙江蕭山人。明清鼎革，以避亂，足跡遍南北，康熙十七年，以博學鴻儒徵，授翰林院檢討，與修《明史》。後告歸，卒康熙五十五年。有《西河全集》。《四庫全書總目》云："西河著述之富，甲於近代，其文縱橫博辨，傲睨一世，與其經說相表裏，不古不今，自成一格，不可以繩尺求之。然議論多所發明，亦不可廢。其詩又次於文，不免傷於猥雜，而要亦我用他法，不屑隨人步趨者。"其學本出蕺山一派，近陽明而遠朱子，復以狂傲好辨，於宋儒排擊特甚。又尚博綜考訂，於清初學術升降，有其力焉。章太炎《檢論》卷八謂："毛氏少壯苦節，有古烈士風，而晚節不終，媚於旀衷。全祖望藉學術以譴呵之，其言特有爲發。"李天馥（一六三四——一六九九），字湘北，號容齋，安徽合肥人。順治十五年進士，仕至吏部尚書、武英殿大學生。康熙三十八年卒，年六十五，謚文定。《清史列傳》《清史稿》有傳。當康熙己未、庚申間，李氏甫擢內閣學士。

[九]《續刻文集》卷一《宋子貞先生制藝序》："予甫卯輒好古文，而於制藝亦竊喜震川、正希、大士、千子數君之作，以其猶存古文之遺意焉。遭亂，既棄諸生，乃始潛心傳注，日治《或問》《大全》《蒙引》，句櫛字比，則數君之文，離合相半，而成、弘以上，蓋彬彬矣。亦嘗出其緒餘，徵之於辭，然無所用之。"

同書卷三《與子書》："所爲詩古文、時藝凡數百首矣。每夜嘗至五鼓不寐，於枕上構思苦吟。"

案《行狀》稱天生爲文有云："其發爲文章也，原本六藝，運以韓、柳、歐、曾之神氣，而渾淪灝瀚，則於秦漢爲近。"最爲近實。《受祺堂文集序》稱以"力追秦漢，經經緯史"，猶是其中年移意經史後之文風，較其早年宗尚唐宋派之歸有光（震川）、金聲（正希）、陳際泰（大士）、艾南英（千子），途輒已易。朱彝尊《曝書亭集》卷三一《報李天生書》："足下學博而才富，英敏果銳之氣，直欲軼秦漢而上之，視僕之所以爲出唐宋以下，宜其分鑣疾馳去之，惟恐不待。（中略）蓋足下之所尚者文，而僕之所期於足下者載道之謂也。（中略）足下試取古人而神明之，勿規仿其字句，抗言持論，期大裨於世道人心，而不爲虛發。"蓋朱氏於天生經濟之學初無所知，對其爲文改轍，亦茫然不聞，然稱其文"直欲軼秦漢而上之"，説猶可取。

潘耒《受祺堂詩集序》："富平李天生先生，關中豪傑也，爲人豁達慷慨，自負經世大略，無所試其奇，一吐之於詩。其詩本《風》《騷》，出入古歌謡樂府，而以少陵爲宗。意象蒼茫，才力雄贍，既與杜冥合，而章法句法，講之尤精，千錘百煉而出之，此學杜而得其神理，非襲其皮毛者也。先生嘗慨世不乏人才，而爭新鬪巧，日趨於衰颯。故其爲詩，寧拙毋纖，寧樸毋艷，寧厚毋澀。乍讀之不甚可喜，而沈吟咀味，意思深長，與夫翡翠藍苔、繁弦促節者，相去霄壤矣。"

案天生詩宗少陵而出入七子，復舉數例。屈大均《荆山詩集序》稱其"諸體陵轢少陵，而五言長律尤善，曹使君秋岳歎爲空同以後一人"，"長律以《十三經》《二十一史》熔鑄成篇，詞無空設，悉有典故"（《翁山文外》）。傅山《霜紅龕集》卷九《爲李天生作》其一："空同原姓李，河岳又天生。"其八小注："寧人向山云，近日文章之事當推天生爲宗主，歷敘司此任者至牧齋，牧齋死而江南無人勝此矣。"沈德潛《清詩別裁集》："詩品似李北地之宗杜陵，骨幹有餘，而神韻或未副焉。"《晚晴簃詩匯·詩話》："天生應徵，出於敦迫，授官後陳情乞養，疏詞悱惻，世比之李令伯。詩宗少陵，於明代獨推二李，有句云：'滄溟表齊幟，北地本秦風。絕構冠千古，雄才有二公。雪嵐嘗抱日，金翮久摩空。薄哂看流輩，江河逐漸東。'具見淵源所自。其胎息深厚，本於樸學，非馳騁才華者比。五七言近體，純用杜法，得其神理，不僅襲其皮毛。長律《贈曹秋岳》一篇，爲漁陽所推，餘亦多傑作。"錢鍾書《談藝錄》："清初精熟杜詩，莫過於李天生。"又云："清初詩家如天生、竹垞、翁山，手眼多承七子，即亭林、梅村亦無不然。然天生取徑既如七子之專，取材亦同七子之狹，斯則異於清初之沿明詩者。"

　　正文"受祺堂集"，"受"本作"壽"，音同致譌也，今予改正。案天生著《受祺堂詩集》三十四卷，有康熙三十一年刻本。《四庫全書總目》稱："是集爲因篤所自定，本三十五卷，此本獨闕第四卷，目錄注云未出。其爲因篤自刪之，或爲隨寫隨刻，誤排卷數，不得已而立一虛卷，均未可知也。"《晚晴簃詩匯·詩話》亦云："《詩集》原缺第四卷未刊，《別裁集》所載《邊上》一首當即在其中也。"《受祺堂文集》八卷，《初集》《續集》各四卷，由馮雲杏、楊浚據舊抄重輯於道光間，有道光七年、十年刻本。《四庫全書》又收錄天生《漢師音注》五卷、《漢詩評》五卷，曰："是編評點漢詩，兼注音韻。一卷至五卷題曰《漢詩音注》，六卷至十卷題曰《漢詩評》，一書而中分二名。又前五卷之評夾注句下，後五卷之評大書詩後，體例亦迥不同，不知其何所取也。"檢《續刻文集》卷三《與許學憲》："僕《音注古詩紀》，自漢迄六朝，惟漢詩確完，評語亦細載其上。（中略）僕意此書曾費四十年苦心，一出必盛行。"又《李文孝先生行狀》所記尚有《廣韻正》四卷。

孫若群

孫若群，淄川人。[一]學贍品端，言動有則，鄉里稱爲小聖人。早歲成進士，[二]謁選京師，任少司寇克溥延之課子，坐不易牀，食不兼豆，雖盛暑亦衣冠危坐，如見大賓。[三]司寇知其二子應童子試，時山左學使與司寇交善，將爲之地，而不知二子名，屢欲問之，憚其嚴，終不敢發。若群寡言語，然有問難者，則指畫談議，滔滔不絶。評騭人文，務愜其隱，窮通壽妖，皆能以文决之。[四]康熙癸丑，出爲交城知縣，遣其子歸淄就昏。去後，見其近作制藝，歎曰："吾子其不反矣！"歸家數日，竟無故自縊死。[五]治交多異政，秩滿，遷四川某州知州，卒於官。[六]

〔箋證〕

[一] 检《般陽孫氏族譜》，若群字公涣，號顧野，順治己亥科進士，雲南晋寧州知州，前山西交城縣知縣，敕授文林郎，誥授奉直大夫。
案若群實爲康熙三年進士，"公涣"一作"公焕"，參箋證[二]。又案此傳據鈕琇《觚賸續編》卷二《人觚》"淄川小聖人"條修葺成文。鈕琇（一六四四——一七〇四），字玉樵，吴江人。康熙十一年貢生，歷任河南、陝西、廣東知縣，卒於高明縣令任上。爲政廉幹，工詩文，有《臨野堂集》四十一卷。所著筆記小説《觚賸》八卷《續編》四卷，有聲於時，《四庫全書總目》稱其"幽豔淒動，有唐人小説之遺"。王培荀《鄉園憶舊録》、李元度《國朝先正事略》卷二七、陳康祺《郎潛紀聞三筆》卷八"孫若群之嚴正"、《清史列傳》卷六六《孫若群傳》及《清史集腋》卷十九《名人軼事》皆祖述於此。鈕琇文末有云："迄今過其故里，詢孫姓名，或不盡識；詢'小聖人'，無不識也。"蓋孫氏雖立身嚴正，然其真能博譽

一時者，不在治學，不在事功，而獨在卜課之神，乃鄭堂竟甄錄於《宋記》之中，恐不免獵奇好異、去取失當之嫌。

［二］《（乾隆）淄川縣志》卷五《選舉志·進士》："孫若群，順治己亥會試亞元，康熙甲辰嚴我斯榜，殿試授交城知縣，陞晉寧知州。卒於官。"同卷《舉人》："孫若群，字公煥，同己卯科，見進士。"知孫氏爲崇禎十二年己卯科舉人，康熙三年甲辰科進士。考《（雍正）山西通志》卷八一《職官九》，若群於康熙十二年始任山西交城縣令，二十一年離任。《（光緒）雲南通志》卷一二八《秩官志二之十一》"雲南府晉寧州知州"條云："孫若群，聊城人，進士，（康熙）二十二年任。"所載籍貫雖誤，然任職時間與《山西通志》相符，當可信從。

［三］《觚賸續編》："任少司寇克溥延之官邸，訓其子彥方。處以廣廈，坐不易床；供以豐肴，食不兼豆。雖隆冬盛暑，衣冠襜如。"

案任克溥，字海湄，山東聊城人，順治四年進士，康熙十二年陞刑部侍郎，剛直敢言，傳見《清史稿》卷二六四。下文既云"康熙癸丑，出爲交城知縣"，知其事即在康熙十二年癸丑。

［四］《觚賸續編》："凡及門與輦下諸子以制藝就正者，一一評騭，務愜其隱，而運之菀枯，年之修短，皆能於文預決之。"

［五］《觚賸續編》："康熙癸丑，出爲交城令，攜家以行，既而遣其子歸淄就婚。課以書藝，忽警歎曰：'嗟呼，吾子其不返乎？'泫然而別。歸未匝月，忽無故自縊死。"

案"書藝"者，《四書》文也。此節仍承前文"運之菀枯，年之修短，皆能於文預決之"一語。

［六］《觚賸續編》："秩滿，遷蜀中州牧，卒於官。"

案孫若群官至雲南晉寧知州，已見箋證［二］，鄭堂襲《觚賸續編》之誤，固不待辨。

張　沐

張沐，字仲誠，[一]上蔡人。順治十五年進士，除直隸内黄縣，敦教化，重農事，注《六諭衍言》，反覆譬喻，雖婦孺聞之，亦憬然改過也。[二]朔望集諸生講學明倫堂，勉以聖賢之道。[三]在官五年，坐事免。復以薦起知四川資縣，治資如内黄，一載告歸。[四]

從百泉遊。[五]初，湯文正道出内黄，與語大悦，寄書百泉，稱其"任道甚勇，求道甚切"。[六]及入京，文正與人書又云："仲誠腳踏實地，學以主敬爲功，治《易》有心得，當代真儒也。"[七]後主遊梁書院。晚闢白龜園以教學者，時人咸稱爲上蔡夫子云。

〔箋證〕

[一] 張沐别號起庵。《河南通志》卷六一《張沐傳》稱沐又"字冲西"，不見他書所載。

[二] 尹會一《張先生沐傳》（《碑傳集》卷八九，下稱尹《傳》）："登順治戊戌進士，授内黄令，爲治重農桑，務教化。自正供外，裁革羡耗，壹意與民休息。令家各書'爲善最樂'四字於門，以相提警。注《六諭衍言》，皆户曉之。"

案《儒行述》同。張沐撰有《六諭衍言通俗》六卷（清乾隆三十二年敦臨堂刻本），《清史稿》《清儒學案》俱稱"著《六諭衍言》"，有異乎諸傳稱"注（註）"不稱"著"，似爲得之。明洪武三十年，明太祖頒行《六諭》，以行教化，是曰"孝順父母，尊敬長上，和睦鄉里，教訓子孫，各安生理，毋作非爲"。順治九年重頒《六諭》，爾後清聖祖頒行《聖諭十六條》，實衍流揚波之舉。張著之旨，在以通俗事語詮解《六諭》，俾家喻而户曉，民風歸於醇厚，以便施政教化。同時如陸隴其撰《六諭集解》以詮釋《六諭》，魏裔介撰《教民恒言》詮釋《聖諭十六

張　沐

條》，皆相類之事例，泂一時風氣也。

［三］尹《傳》："朔望集諸生講學於明倫堂，懇切諄復，環而聽者，罔不聳動。"

案張沐《溯流史學鈔》卷一《敦臨堂録・復舞陽令》："沐腐迂不能有裨當世之務，所爲老父母告者，愛民而已。（中略）然愛民者，循吏皆有心，而愛之不終，學道疏也，故又當講學。學之不講，而云愛民，則終以爲迂而去之矣。"

［四］尹《傳》："在官五年，以事去，有薦之者，又起爲四川資縣令，治資悉如治内黄，一載告歸。"

案《溯流史學鈔》卷一《敦臨堂録・與司野文》："沐以迂拙菲薄之材，借士樸民醇之地，得以小罪行，幸莫大焉。由今追思，何政之有？惟與士講學，與民講約，遂一官，真可笑也。然惟天下之官之所不爲，而沐爲之，殊亦自喜孤逈耳。"

《清史列傳》本傳："（康熙）五年，坐事免，民惜其去，如失父母。十八年，以都察院左都御史魏象樞薦，起授四川資陽縣知縣。方赴部時，途出内黄，民遮道慰問，日僅行數里，有遠送至境外者。既抵資陽任，值吳逆據瀘州，相去僅七百里，羽檄往來如織。城中戶不滿二百，沐入山招撫，量爲調發，供夫驛不缺。吳逆平，以老疾乞休。"

案王士禎《池北偶談》卷十"耿逸菴張仲誠"條："予曩爲湯公（斌）作《繪川書院詩》，有云：'輾轅有耿介，上蔡有張沐；著書各滿家，衆流匯川漬。耿公實廉吏，齋廚甘杞菊；張公赴徵車，萬里向巴蜀。'正謂是也。沐（中略）曾知内黄縣，後以魏尚書環溪（象樞）薦，起知四川資縣，謝病歸。"檢陸隴其《三魚堂外集・奏疏》附錄《魏總憲舉廉疏己未》云："原任直隸内黄縣降調知縣張沐，河南上蔡縣進士，清操惠政，深得民心，有古循良風，因註誤鐫級。去之日，老幼追送，臨河尚不忍捨，其愛戴如此。臣雖未識其面，曾聞其人，今保舉軍前候用。"

［五］尹《傳》："與夏峰孫徵君遊，潛心默悟，力任斯道。"

《清儒學案》卷三十《起菴學案》："先生之學，與夏峰同出陽明，亦兼取程朱。初宗陽明《朱子晚年定論》之說，作《道一録》以闡明之。作《學道六書》以教門人，發揮心學，以'一念常在'四字爲主。後乃取程朱居敬窮理之說，自謂《道一録》及《六書》中有未當，復加刪正，標立志、存養、窮理、力行、盡性、至命六者爲學者致力之次第，其言視夏峰

· 105 ·

愈爲切實。（中略）子烱、熽並從夏峰學。"

　　案孫、張二子之交，蓋始於康熙四年，時孫奇逢年八十二。湯斌《孫夏峰先生年譜》卷下康熙四年十一月"張仲誠以書論學"條下收錄夏峰答張沐書兩通論陽明，畢見二人論學之同調，其一云："手教謂學以學此心，不至於天，有難已者，此言能訣其要，與鄙意正相脗合。（中略）僕謂陽明接聞知之統，爲後學闢一生面，大破帖括目耳之習，學者果能見其確然不可擬議，當下承當，則自致其良知，即自信其本心，庶天之所與我者，不至因循半途，廢棄一簣。操之在我，窮達何分。（中略）時之所遇者在天，而我之所學者，本天而不違乎時，此處師友之夾助，自不可少。"其二云："手教亹亹千百言，不傍人口吻，至知行合一之説，高明重'行'字，此尤對學者口耳涉獵之病。（中略）如適邦畿者，須先計其路向，酌其資費，勿畏難自阻，必期於邦畿而後已。去之之時，到之之後，將屬之知乎，將屬之行乎？此陽明子所以有知行合一之言也。陽明子接聞知之統，僕私心自信，不敢求他人共信之，不意（中略）再得同心。至判朱、王爲二，不欲持兩可之説，足見自信其心。"二書見《夏峰先生集》卷二。

　　次年二月，孫氏過內黃，張沐以講學相請，而夏峰不往，即就行館見之。《孫夏峰先生年譜》云："仲誠與紳士講學於明倫堂，請先生登講，先生辭不往。仲誠復率僚屬紳士就於行館，先生曰：'昔朱子講於白鹿洞，象山適至，發明義利之辨，至今服膺其説。今日使君不爲紫陽，某亦不爲象山。'因舉夫子'學而時習'一語，反覆諄切言之，謂：'子臣弟友之道，俱在現前，不可須臾離。吾人無時不在道中，則無時不在習中。一部《論語》，句句皆時習之功。（中略）何處非時習之地，但人不能立志耳。（中略）願學聖人者，當自立志始。'"十月，張沐爲孫氏刻《理學宗傳》於內黃，未竣事而去官。康熙七年四月，"張仲誠自上蔡來內黃，（中略）留十餘日而別"。《孫夏峰先生年譜》所見二子交游如是。

　　[六]《儒行述》："初，湯文正自夏峰道內黃，與仲誠語，大悦，貽書徵君，稱其'任道甚勇，求道甚切'。"

　　湯斌《潛庵先生全集》卷二《在內黃寄上孫徵君先生書》："別後三日至內黃，晤仲誠，任道之勇，求道之切，今日罕見其匹。得此良友，殊爲欣慰。"

　　案《湯文正公年譜定本》，湯斌於康熙五年七月"服闋"，九月"至夏峰，受業容城孫徵君奇逢之門"，次年"自夏峰歸"。審其與孫夏峰書辭意，湯氏與張沐相識，當在康熙六年，《湯文正公年譜定本》闕如。

[七]《潛庵先生全集》卷二《與劉叔續書》："夏月，仲誠先生在京，時常晤對。其學真腳踏實地，其要在於主敬。程子曰：'整齊嚴肅則心便一，一則自無非僻之干。只纔整齊處便是天理，別無天理，只常常整頓，思慮便一。'此一段是仲老得力處。而仲誠老與崔玉階先生皆精於易學，有心得，不依傍前人。制行皆端方，確有把柄，此當代真儒也。"

案湯斌生平稱道之人，孫奇逢外，推張沐焉，觀集中《答田梁紫書》《答姚岳生書》等篇，誠可謂獎崇有加。案崔蔚林（一六三四——一六八七），字夏章，號定齋，一號玉階。新安（今河北安新）人。與張沐同爲順治十五年進士，官至翰林院侍讀學士。孫奇逢再傳弟子，治學兼采朱陸，潛心《易經》，撰有《易經講義》《解易》《四書講義》等。事具胡具慶《崔定齋先生傳》（《碑傳集》卷四十四）。

又案張沐於五經皆有疏解，《周易疏略》四卷、《書經疏略》六卷、《詩經疏略》八卷、《春秋疏略》五十卷，又與及門合撰《禮記疏略》四十七卷。持論厚古薄今，多信少疑，《四庫全書總目》評騭諸書，亦貶過於褒。所撰《周易疏略》，卷首冠王渭序云："近年上蔡張先生有《周易疏略》，悉本孔子《十翼》之說以解經，文王《彖辭》即以《彖傳》之文釋之，周公《象辭》即以《象傳》之文釋之，《彖》《象傳》之所釋有未盡，則合參于《繫辭》《說卦》《序卦》《雜卦》諸傳以釋之，務使孔子《十翼》之言無一不可爲訓經之語，務令羲、文、周六十四卦、三百八十四爻以及經首諸卦圖幷《河圖》《洛書》之義，無不符合于孔子之言。于是孔子贊《易》之功益彰，而程、朱《易傳》《本義》所未盡者，至此益備焉。（中略）今張先生之《易》，則直從孔子之《易》以説之，孔《傳》所無，不敢妄增，孔《傳》所有，不敢稍略，如謂孔子之説有不可易，則張先生之説亦爲不可易。"

〔集評〕

《清儒學案》："起庵衍陽明之緒，而以孟子求放心爲入手功夫，兼重居敬窮理，謂'釋氏以存心爲了局，吾儒以存心爲起手'，辨析甚明，體驗切實，與夏峰宗旨大同，塗轍互有出入。鏡海唐氏概以心宗屏之，隘矣！"

竇克勤

竇克勤，字敏修，柘城人。少勤學，讀書恒至夜半。比長，治五經。[一]聞耿介石傳百泉之學，從之游。居嵩陽六年，遂契心宗。介石名介，登封人，順治八年進士，官至少詹事，百泉之高弟子也。[二]克勤應京兆試獲雋，謁湯文正公，日夕請業。文正謂師道不立，由教官之失職，勸克勤就教職，選泌陽教諭。泌陽地小而僻，人鮮知學，克勤立五社學，置之師，各設規過勸善簿，月朔稽善過而勸懲之。又立童子社學，授以《孝經》、小學，次及《四書》、五經。暇則讀書，雖饘粥不繼，宴如也。[三]

康熙十七年，成進士，選庶吉士，丁母憂歸。於柘城東門外建朱陽書院，倡導正學。[四]服除入京，授檢討。一日，聖祖命諸翰林院作楷書，克勤書"學宗孔孟，治法堯舜，而其要在慎獨"十四字以進，聖祖覽而器之。[五]尋以父老乞歸。[六]著有《孝經闡義》《事親庸言》。[七]切於內行。卒年六十四。

〔箋證〕

[一] 湯右曾《徵仕郎翰林院檢討靜庵竇公墓誌銘》（《碑傳集》卷四六，下稱《墓誌銘》）："公諱克勤，字敏修，號靜庵，一號艮齋，又號遯齋。其先晉之沁水人，自五世祖兑川公遷河南之柘城，遂家焉。曾大父紹川公，積有隱德。大父筠峰公，值明季異學蠭起，仔肩斯道。再傳至封庶常道康公，是爲公之父，恪守家訓，竇氏理學之傳，於兹益著。以順治十年癸巳十一月六日生。公幼穎異，五歲受《四子書》，能解句讀。八歲受《易》，學爲文，輒得驚人句。弱冠補博士弟子員。壬子舉於鄉，益肆力經史，讀書外，無他嗜也。一日讀《大學章句序》，恍然悟窮理正心、修己

治人之要。於《大學》一書，沉潛反覆，五閱月，不能釋手。自是奮志聖賢，屏棄舉子業。定《學規》，輯《家規》，立《日錄》，以自省，一言一動，必以誠意爲兢兢。（中略）公年五十有六。配王氏，封孺人。男三，長容端，增廣生，前卒。次容莊，廩膳生。次容邃，康熙乙酉科舉人，候補內閣中書舍人。女四。孫四，綢、緯、繽、紓。孫女三。"

案竇氏生順治十年（一六五三），迄康熙四十七年病卒（一七○八），得壽五十六歲，記文末云"卒年六十四"，誤。李元度《國朝先正事略》卷三十《竇遜齋先生事略》又云："自容城孫徵君遷河南，中州士大夫多興於學。及其門者，潛菴湯公、逸庵耿公爲最，而聞二公之風而興起者復有三，竇遜齋先生其一也。"

[二]《墓誌銘》："時耿逸庵先生倡道嵩陽，公以所學印可，道義切劘，爲忘年交。"

尹會一《續洛學編·耿逸庵先生》："先生諱介，字介石，號逸菴，登封人。初名沖壁，一日讀《北山移文》，至'耿介拔俗'之句，遂更今名。順治辛卯舉於鄉，壬辰成進士，由檢討出爲福建巡海道。（中略）除積弊，革冗費，戒貪墨，恩威大著。康熙壬寅，轉江西湖東道，因改官制，除直隸大名道。（中略）丁內艱，回籍，遂絕意仕進。詣蘇門，執贄於孫夏峰先生，篤志躬行，慨然以倡明絕學爲己任。興復嵩陽書院，（中略）來學者衆，士風蒸起。嗣以宗伯湯潛菴先生薦，授少詹，任輔導。未幾，疾作，乞休歸里，復理書院之業。日孜孜以講學爲事。湯文正稱先生'賦質剛方，踐履篤實。服官冰蘗自矢，家居淡泊自甘。潛心經傳，學有淵源。老成凤素，罕見其儔'。君子之道人善，寧有溢美哉！所著有《理學要旨》《孝經易知》《中州道學編》《敬恕堂存稿》行於世。"

案順治辛卯當順治八年，是年耿介舉鄉試，其中進士第在順治十年壬辰，鄭堂云"八年"，誤。

竇克勤《嵩陽書院記》："耿太史逸庵先生倡道嵩陽，其學務以雒閩爲宗旨，孔孟爲要歸。其教人務以主敬爲根本，行恕爲推致。總欲體天地生物之仁，以不負天地生我之意。邑之北舊有嵩陽書院，僅餘一祠。先生回其故址，大爲修理，特祀程朱，與學者往來講習其中，一時儒行，蔚然丕盛。（中略）時予來訪，道逸庵先生，坐敬恕堂且兩月餘，因得屢於書院內，備觀講習之盛焉。（中略）體乎中庸之道，以歷之於君臣、父子、夫婦、昆弟、朋友之倫，而行之以知仁勇之德，從事于博學、審問、慎思、明辨、篤行之務，而本之以盡性致曲之誠，純之以戒懼愼獨之功。而進底於暗然日章、素位而行之域。時而窮也，則遯世不見，知而不悔；時而達也，則禮制可以興，九經可以擧，鬼神可與同其微顯，天地可與同其悠久。徹上徹下，無非中之體陵；爲斂爲散，無非中之存發。（中略）陽城天下之中，將必有繼我逸庵先生後，以求得夫聖學相傳之中，而不自戾於庸者，不知其有以許我乎。"

案耿介《朱陽書院記》（《續修柘城縣志》卷七）："庚申，余興復嵩陽書院，柘城竇靜庵先生違去數百里，聲應氣求，十年之間，六過其地。相與折衷天人性命之理，油然樂也。"王掞《竇道康墓志銘》（《續修柘城縣志》卷十《藝文志》）："是時睢州湯潛庵、嵩陽耿逸庵、蘇門孫夏峰諸先生皆以道學自任，公居其間，聲相應和。命長子檢討君克勤往從之遊。檢討君内奉公過庭之訓，外與諸先生講論切磋，諸先生深相契重，呼爲小友，故檢討君早負時譽，學有本源，卒成名進士，爲學者所依歸，公之教也。"

[三]《墓誌銘》："就試南宫，與湯潛庵先生講學燕臺。潛庵先生以師席不整，勸就教職。公偕天下貢士廷試，名列第一。丙寅，授泌陽教諭。抵任，具詳上官，大修夫子廟，宫牆爲之改觀。課試倣考亭《白鹿洞規》，使學者知所淬礪。分五社，而署以仁、義、禮、智、信，擇學行足式者爲之長，糾察社衆，以申獎懲。又設童子，會萃邑中俊秀，十五以上讀五經、《性理》，十歲以下讀《孝經》《小學》。三日一會，溫經習儀，講說義理，以提撕之。暇乃輯《理學正宗》，自濂、洛、關、閩以及懷孟、河津諸儒之原本孔孟者，示崇正以黜邪也。"

《續洛學編》："公餘擁書自娱，饘粥不給，宴如也。"

案《湯文正公年譜》康熙二十一年壬戌條："公年五十六歲，充《明史》總裁，侍日講《易經》。柘城竇克勤問講官何職，公曰：'講官所職者大，君心正而天下治，猶天之樞紐，轉運衆星，而人不之見。講官又是默令樞紐，能轉運底，是何等關係？'"

[四]《墓誌銘》："戊辰成進士，選翰林院庶吉士，迎養道康公、李太孺人於京邸，色養不減童孺時。未幾，太孺人疾作，公爲文，偕王孺人禱天求代。會病劇不起，公哀毁骨立，居廬奉諱，經畫蔬食，一遵古制，無有遺憾。讀禮之暇，建朱陽書院於邑東門外，來學者日益衆。公躬親督課，講學會文，踵泌陽之法而行之。與從遊諸子日相研究者，孔門仁孝之

旨，主敬存誠之功，窮理力行、希聖希天之實事，一時朱陽之盛，媲美嵩陽。（中略）丁亥，予校士睢陽，經朱襄故墟，遊朱陽書院，見門下士濟濟雍雍，被公指授，制行讀書，咸有法度。益信繼往開來之功，不在紫陽下。"

《續洛學編》："戊辰成進士，改庶常，以内艱家居，執經者接踵。因念宋有四大書院，中州居其二，西曰嵩陽，東曰應天。耿逸菴已葺嵩陽，而應天堙沒無可問，深以爲憾。爰相基於柘城東門外，創朱陽書院，躬親課業，悉踵泌陽之法，士崇實學者日衆。"

案《續修柘城縣志》卷二《學校志》"朱陽書院"條下注云："在縣東關，知縣史鑑同邑人翰林竇克勤建，有碑記，見《藝文志》。今廢。"耿介《朱陽書院記》："戊辰，先生讀書中秘，太先生道康公創建書院未就。會先生丁内艱歸，經營締搆，爲講堂三楹，東西存誠、主敬兩齋，各三楹，庖湢、廁舍、門垣具備。邑侯平泉史公，復捐修聖殿三楹。以地居朱襄之陽，取名朱陽，晋江陳介石太史爲之記。四方來學者日盛，每月講學其中。"竇克勤《朱陽書院記》："予不揣固陋，時同來學者講貫於内，仍泌陽教士法。講學會文，以初二、十六日爲率。每值講期，攜仲弟振起，隨大人後三揖，進邑侯廣文諸紳於前，諸生以次序坐。少間，司講者揖立講案，獻講書某章，人皆肅然起敬，無惰容。講畢，揖而退。官士析疑解惑，互闡學旨，於天人性命，蓋油油如也。日過中，稍休，具麥食菜羹，器以五，設席以十計。史公亦時具撰禮，學者鼓舞，作興不輟。似故革瓢疏水之味，屢嘗於古柏陰森之下，而人不之厭也。會文亦然。其餘日，皆來學者講習之常，與邑人士，少長咸集，蓋不同云。"

[五]《墓誌銘》："甲戌，散館，授檢討，侍直南書房。時道康公思歸切，公請假旋里，教授生徒，往還朱陽書院，雖盛暑祁寒無倦容。己卯，復入京師。庚辰會試，公與分校，語同事者曰：'籲俊大典，安得苟且塞責，以辜聖明委任？平日銜盃酒，接殷勤，交情非不可念，然寧負友朋，不敢欺君上也。文場氍氉之士，舌端非不可懼，然寧蒙謗讟，不敢不畏簡書也。至若利錢帛，徇虛聲，庇少年，抑耆宿，種種弊習，有一於此，天地鑒臨，鬼神昭察，殄我子孫，永絶先祀。'作誓文焚告，諸公益嚴敬之。必撤棘，得士二十一人，皆海内名宿。至未經薦拔者，亦嘆羨感愧，執經盡弟子禮貌。先是，不知公者，妄爲暮夜之求，危其辭，脅以權勢。公曰：'吾行吾直道，爾福禍何容心焉！'至是，亦心折無異辭。頻經

御試，溫語褒嘉。上命詞臣書字，公書'治法堯舜，學遵孔孟，其要在主敬謹獨'數語以進。公名久達宸聰，加俸金，賜御書，將駸駸大用，而公移疾假歸矣。"

［六］《續洛學編》："以疾作，乞假歸里。殫力書院，增其式廓，爲經久作人之計。舊士重集，新學踵至。先生於侍親寢膳之餘，優游訓迪，有終焉之志，未幾卒。"

《墓誌銘》："歸田以來，杜門卻掃，誦法先王，遇後進，諄諄勸誘，教思無窮，量能容，不喜道人過。至忠孝大節，有關綱常名教者，則旁引曲證，語蟬聯不能休。處桑梓間，溫厚和平，鮮倨容厲辭，而心切鄉黨，惕懷民瘼，（中略）至今邑人德之。"

［七］《墓誌銘》："公學術淵源於考亭，其於金谿、姚江之學，辨析必求至當，不強爲附和之詞也。（中略）所著若《四書闡義》《事親庸言》諸集，具能溯流窮源，爲經傳羽翼。"

《續洛學編》："所著有《理學正宗》《孝經闡義》《事親庸言》《尋樂堂家規》《泌陽學條規》等書，行於世。"

案《柘城縣志》卷十《書籍志》著録竇克勤撰述廿一種，經部四種，曰《孝經闡義》《四書闡義》《婚禮喪禮輯略》《朱陽書院講習録》。史部二種，曰《理學正宗》《朱陽書院志》。子部五種，曰《泌陽學規》《事親庸言》《聖學集成》《天德王道編》《樂饑集》。集部三種，曰《尋樂堂詩文集》《晉遊草》《嵩陽酬和集》。雜著七種，曰《家規》《學規》《遊燕日録》《遊嵩雜記》《日録》《劄記》《同志譜》。其《理學正宗》一書最爲世稱，竇克勤《理學正宗叙》有謂："後世溯道統正傳必以宋儒爲斷，而宋儒稱孔孟嫡派，必以周、程、朱子爲歸。（中略）是聖道盡在六經、《四書》，而周、程、朱子之功，亦盡在六經、《四書》，此道統之正傳，百世不易者也。（中略）不至希聖希天，非學也，然不考乎經傳之所傳，以求證乎吾性之本體，則性不可得而復，亦無由而造乎極至之域。故求道者必先讀六經、《四書》，而周、程、張、朱之書，以及遞衍周、程、張、朱者，皆分任乎堯舜以來至孔孟相傳之道也，安可不徧觀盡識，以求得其指要哉！"

竇容莊《校刊事親庸言紀略》（康熙五十九年）略云："先子倡道朱陽，以身所踐履，昭示來學。嘗曰：'人於綱常名教無虧欠，庶可於聖賢道路尋軌跡。'又曰：'倫常，本也。事功，末也。本固而發之爲經濟，則爲真事功。務末而遺憾倫常，大本有缺，雖枝葉繁盛，無取焉。'《事親庸言》一編，皆此意也。(中略)博采廣搜，著爲成書凡二十卷。或總大綱，以立統宗；或分條件，以示標準，務使人循循於子臣弟友之道，以無慚於君父兄友之間。由是可以希賢，可以希聖，次亦不失爲寡過君子。(中略)事親而曰庸言，欲學者敦本崇實，不斤斤於驚世駭俗之瑣屑云爾。康熙丁亥，卷帙略就。戊子春暮，先子遽捐館舍，自十七卷後，僅屬草，未及詳訂。莊及同懷弟邃反復校讐，採取舊籍，以補闕略。"

劉源淥

　　劉源淥，字崑石，安邱人。[一]明末盜賊蜂起，源淥與仲兄某率鄉人壘土爲堡以禦賊。賊至，守堡者多被創死，仲兄出鬬，身中九矢，力戰。源淥從之，發數十矢，矢盡，仲兄麾之去，源淥大呼曰："離兄一步，非死所！"乃舉刀斬二渠帥，獲馬六匹，賊遁去。[二]亂定，以力耕致富，既而推膏腴與仲兄，以其餘爲長兄立後，兼贍亡姊家。[三]

　　於是謝人事，閲道書，求長生久視之術，寢食俱廢，得咯血疾，遂棄去。[四]後讀宋儒書，乃篤信朱子之學，集朱子書作《續近思錄》。[五]嘗曰："學者居敬窮理，二者皆法文王而已矣。'小心翼翼，昭事上帝'，居敬之功也；'不識不知，順帝之則'，窮理之功也。"每五更起，謁祠後，與弟子講論，常至夜分。[六]仲兄疾，籲天祈以身代。兄死，三日内水漿不入口。又爲鄉人置義倉，儉歲煮粥以食饑人。嘗曰："人與我一天而已，何畛域之有焉？"[七]卒年八十二。[八]

〔箋證〕

　　[一] 陳舜錫《劉直齋先生墓志銘》："先生姓劉氏，諱源淥，字崑石，直齋其號也。先世自棲霞徙安邱，（中略）明經諱鵬翶，孺人李氏，先生之考妣也。前明萬曆戊午十二月十九日寅時，本朝康熙庚辰七月二十九日亥時，先生之生卒也。"

　　馬長淑《劉直齋先生傳》（下稱《傳》）："鵬翶三子，長源清，早卒，次源深，先生其季也。（中略）十四歲而孤，事母至孝。"

　　張在辛《直齋劉先生別傳》（下稱《別傳》）："勸善規過，不計其領受與否，皆直言無隱，於是顔其室曰'直齋'，門人因共稱直齋先生云。"

劉源淥

案諸傳皆冠於劉源淥《讀書日記》卷首。記文"源淥"例作"原淥"，諸本皆同，今據陳、馬二《傳》改。陳舜錫字虞章，安邱人，廩生，性孝友，敦行誼，從劉源淥學，終身無二師，教授生徒，一秉師傳，有《周易集解》。邑人馬長淑、王壽長，一稱循吏，一稱孝子，皆其高足。張在辛，張貞之子（張貞見《姜國霖》箋證）。

［二］《傳》："明末造，天下所在寇起，爭肆屠掠。先生與仲兄率鄉人列墅而守，且與鄉人約：寇至，關婦女一室，敗則火之。既而寇薄邨壘，鄉人多被創死，仲兄身中九矢，氣益厲，奮呼齊擊。先生和之，引弩發數十矢，矢盡握空弓，隨仲兄後。仲兄憐先生文弱，喝止之。先生大呼曰：'離兄一步，非死所矣！'卒斬首二，獲馬六，而一邨得全。"

《別傳》："值鼎革，草竊為亂，先生與兄岷中率子弟築樓立寨，共相守禦，膺鋒鏑弗顧，家賴以完。"

［三］《傳》："滄桑後，室家蕩析，四野汙萊，先生買田築屋，叱牛力耕，不數年而旁畝益拓，居然素封矣。迺搆傑閣水濱，顏曰'斯干'，奉仲兄居焉。徐指所營田宅語仲兄曰：'兄子女纍纍，此區區者為若曹計耳，弟豈須此為富家翁哉。'盡推膏腴與之。又分其餘為長兄立嗣，又以餘田贍其亡姊家。"

案"素封"語出《史記·貨殖列傳》："今有無秩祿之奉，爵邑之入，而樂與之比者，命曰'素封'。"張守節《正義》："言不仕之人自有田園收養之給，其利比於封君，故曰'素封'也。"又案《詩經·小雅·斯干》："秩秩斯干，幽幽南山。"朱子《集傳》："此築室既成，而燕飲以落之，因歌其事。（中略）又言居是室者，兄弟相好而無相謀，則頌禱之辭。猶所謂聚國族於斯者也。"

《別傳》："亂後，四野荒蕪，叱牛力耕，墾田千畝。尋即厭之，以膏腴盡讓之兄，餘則散之戚黨。"

［四］《墓誌銘》："及長，工時藝，補博士弟子員，食餼於庠，文名日起。偶閱《迪吉錄》有感，繞庭樹，思兩晝夜，不食不寢，至於咯血，自謂有得。已讀《朱子語類》，謂向之所見，昭昭靈靈者耳，非性命之真也。"

《傳》："是時先生年少，值鼎革，卓犖齊傑之氣無所發抒，間寄術猗頓而高薨廣晦，視猶敝履。追同父之親，咸有恒業，先生始壹意讀書矣。先是，治舉子業，有名諸生中，非其好也。閱養生家言，善之，從道士講參同悟真之術，寢食俱廢，至於咯血，仲兄禁之不能止。久之，自叱有得。已讀宋儒語錄，又謂昭昭靈靈，非性命之真也，復棄去不道。"

案《迪吉錄》八卷卷首一卷，明顏茂猷撰，分《官鑒》《公鑒》二門，雜錄諸書因果之事。劉源淥不喜舉業而好理學，揆諸《別傳》："乃習制舉，業文好奇，不事俗儒章句，屢試前茅，餼於庠校，官以德行舉，上臺獎藉，夷然不屑也。惟日與里中耆宿講身心性命之學，而汲引後學爲尤篤。"

[五]《傳》："遂大購經史，庋置一室，殫精披讀，日不暇給，尤篤嗜朱子之書，曰修身大法，小學備焉；義理精微，《近思錄》詳之。取《文集》《或問》《語類》，仿《近思》義例，次第編纂，閱十餘年，數易稿而後成書。"

劉行秉《讀書日記跋語》："先君生具異稟，穎悟絕人，既長，於書無所不讀。年四十後，棄去帖括，殫心性命，取六經、四子書諸家箋疏注解，穿求崖穴，往往有異境荒塗，爲先儒之所未經，攄摭評騭，皆有定本。尤酷嗜朱子之書，謂孔孟之道至朱子而始明，生我者父母，成我者朱子也。集《或問》《語類》《文集》粹語爲《近思續錄》，比義取類，數易稿而後成。"

案《近思續錄》十四卷，仿《近思錄》體例，依道體、爲學、致知、存養、克己、家道、出處、治體、治法、政事、教人、警戒、異端、聖賢諸題，撮錄朱子《文集》《語錄》《或問》等著述而成，期爲學者"入道之階"。卷首冠陳舜錫康熙三十九年《近思續錄小引》有云："安丘直齋劉先生，天資穎異，樂善好學，潛心於朱夫子《文集》《或問》《語類》諸書者餘四十年，嘗曰：'此中至味無窮，惜知者鮮耳。'既而與門人仍近思錄篇目集成一書，名《近思續錄》，蓋亦竊比之意云爾。"

[六]《傳》："每五鼓起，謁先祠。退居一室，與高第弟子陳虞章舜錫、馬六吉恒謙、劉雪阡仁瑞輩讀書講學，亹亹忘倦，率至丙夜以爲常。月爲講會，列坐數十人，先生敷陳經義，意指詳明，務使人人曉暢而後已。"

案馬恒謙，字六吉，性純孝，師事源淥惟謹，學得入其堂奧。

[七]《墓誌銘》："仲兄病，感金滕故事，爲文禱於神，泣圴，七日三食，幾至不起。此先生之內行也。"

《傳》："先生自幼篤於內行，晚年事仲兄尤謹。兄病，爲文禱於神，願以身代。泊圹，七日三食，喪葬盡禮。推其意以厚宗族，恤親故，義倉周貧，煮粥飼餓。先生之言曰：'財屬人，人屬我，我屬天，此中何分界至？'故生平未得一命，而濟人利物之心隨地湧出，不可得而件繫也。"

案劉汝飛《讀書日記跋語》："先曾祖翕齋府君與先叔曾祖直齋府君兄弟篤愛，自相師友，築斯干樓講學其中。兩府君皆誦法朱子，先曾祖手鈔《語類》《全集》，數年乃成，先叔曾祖性尤高明，沉酣於朱子之學，覃思畢力，四十餘年。"

[八]《傳》："生前明萬曆戊午十二月十九日，卒本朝康熙庚辰七月廿九日亥時，享年八十有三。兩娶孫氏，皆無子，以仲兄第六子行秉爲嗣。"

案《別傳》云"己卯之秋，先生年八十有二"，紀年與《傳》合，是劉氏卒年實八十三歲，記云"卒年八十二"，誤矣。更檢《儒行述》："年八十二有疾，（中略）康熙三十九年卒。"蓋鄭堂未克細繹其文，一時心粗而致譌耳。

〔集評〕

陳舜錫《劉直齋先生墓誌銘》："先生挺生海濱，獨得程朱不傳之秘，於世言淆亂之時，力肩斯道四十餘年。（中略）其造詣之深，自得之奧，舜錫何能知之？但受教有年，竊觀其置身修行、接人待物，實有無愧昔賢者，此銘之所爲作也。銘曰：天生哲人，卓犖非常，孝友媚睦，知能之良。輔以經書，摒棄名利，脫彼虛無，求此仁義。敬義夾持，外內知懼，履薄臨深，出入以度。師主考亭，力肩絕學，奧旨微言，開關啓鑰。推此敷訓，大道爲公，娓娓諄諄，一體相通。今歸於化，廓然太虛，無方無體，惟有遺書。凡厥後人，誰無知識，念哉敬哉，視此銘石。"

馬長淑《劉直齋先生傳》："昌黎韓子稱古豪傑之士，信道篤而自知明，往往特立獨行，不顧人是非，直齋先生殆其人與？（中略）先生一意孤行，不疑不懼，卒能行成言立，屈於身而傳於後，雖古豪傑何以加哉！"

陸師《讀書日記序》："所謂篤志強力者，直齋殆其人歟？（中略）吾鄉稼書陸氏，憲章朱子，講明絕學，暗室一燈，東南學者，翕然從之，今直齋先生復和於北，雖造詣淺深，未曾論定，而晨星落落，相望宇宙間，朱子之學爲不孤矣。"

李滮《讀書日記叙》："直齋先生生當勝國之末，良知慎獨之説蔓衍於天下，天下學者名爲禘孔而郊朱，實則祖陸而宗王，濂、洛、關、閩之集，幾於皮匱不行。沿及國初，大江以南，龍溪、蕺山之餘緒未泯，孫鍾元先生講學夏峰，兩朝十一徵而不起，北方之士，翕然從之。先生伏處海濱，望夏峰之門，逡巡不進，獨抱考亭遺書，埋首其中，卒能體之於身，得之於心，融釋脱落於天人理氣之離合。諸家所齟齬而不安者，皆有以得其受病之源，而上合於朱子，是豈中無所主而徒以虚見承襲、負盛氣於口爭舌辯者與？"

唐鑒《國朝學案小識》："寢食於朱子之書者四十年，（中略）而源流本末，要不外敬義二字。論主敬也，以戒懼慎獨爲始，而歸之於參前倚衡。論集義也，以格物致知爲先，而極之於不獲其身，不見其人。"

〔補述〕

《墓志銘》："所著有《周易解》《詩書經傳禮記選》《儀禮經傳通解評》《春秋左傳編》《四書》《小學》及《或問補注》，集朱子之説爲《近思續録》十四卷；劄記讀書所得，得廿四卷，題曰《記疑》，俟質也；晚年又著《冷語》五卷，未及筆削而殁。至手札一册、《講學日記》一册，則門人所録而質諸先生者，此先生之著述也。"

案馬長淑《劉直齋先生傳》、《（咸豐）青州府志》卷四六《劉源渌傳》同。《四庫全書總目》子部八"《讀書日記》六卷"提要曰："凡《記疑》五卷、《冷語》一卷，皆讀書劄記之言。其《記疑》本二十四卷，《冷語》本五卷，後歸安陸師爲之刪定，更以今名。然《冷語》又有三卷一本，蓋天下之至易作者莫如語録，偶達紙筆，即可成編，故諸本錯出如是也。"又子部十《元城語録》提要有云："近時有安邱劉源渌者作《冷語》三卷，掇拾伊洛之糟粕，乃以衛道爲名，肆言排擊，指安世爲邪人，謂其罪甚於章惇、邢恕，豈非但有朋黨之見，絶無是非之心者歟。要之安世心事如青天白日，非源渌一人所能障蔽衆目也。"案錢林《文獻徵存録》卷三《劉源渌傳》稱："《冷語》以宋劉安世之學與程頤不協，故斥爲姦邪，謂其害甚於章惇、邢恕，儒者以爲未讀《盡言集》也。"則承《四庫全書總目》之説而摒去門户之見矣。

姜國霖 附閻循觀 韓夢周

姜國霖，字雲一，濰縣人。生有至性，父客燕中感病，國霖往省，跣走千里。至則父已殁，無錢市棺，以衣裹屍負之行，乞食歸里，泣告族黨曰："父死不能斂，又不能葬，欲以身殉，又有老母在，長者何以教我？"人憐其孝，爲捐金以葬。[一]母善怒，一日怒甚，國霖作小兒嬉戲狀，長跪膝前，持母手披其面，母大笑，自是不復怒，時年五十矣。師事昌樂周士宏，嘗與雲一至莒，樂其山川，遂移家昌樂，死而葬焉。[二]國霖築室墓側，安貧守素，不求於人，值歉歲，三旬九食，莒人恐其饑死，聞於官而周之粟，亦弗卻也。昌樂閻循觀問國霖喜讀何書，曰："《論語》終身味之不盡。予年四十，始能不以貧富攖其心，五十始能不以死生動其心。"其自述如此。[三]

〔箋證〕

[一] 閻循觀《西澗草堂集》卷二《姜雲一先生言行記》（下稱《言行記》）："家貧，父遊京師，疾病，先生往省，至則已卒，無錢市棺，以敝衣一稱裹其屍，身負之還。族黨哀之，爲醵貲以葬。是行也，往返二千里，攜錢三百，常乞食於道，見者泣下。"

[二]《言行記》："師事昌樂周生士宏，士宏有高致，嘗與先生至莒，樂其山川而家焉，死葬其地。"

案《儒行述》同。周、姜二氏遷居之所，自是在莒而不在昌樂，記文"遂移家昌樂"一語明係鄭堂誤解而生訛。

[三]《言行記》："予嘗過其書廬，見題座右云'此心不可有呼吸之放'。予問先生喜讀何書，曰：'只《論語》終身味之不盡。'嘗自述生平

爲學得力，四十始能不以貧富攖其念，五十始能不以死生動其心。"

循觀字懷庭，年十八舉於鄉。[一]初喜讀西方書，後覽《朱子大全集》，乃專治洛閩之學。[二]少孤，及長，春秋家祭，哀慕泣下。[三]乾隆三十四年，成進士，授考功司主事，持大體，不阿附上官。衙中會食，必四五簋，循觀獨懷餅食之。同僚哂其儉，曰："性能粗糲，非矯强也。"一同年友爲外官，遺之金不受，曰："忝居此職，不敢受，且不可以貧累君也。"未幾引疾歸，卒於家。[四]

〔箋證〕

[一]《儒行述》："閻懷庭，名循觀，山東昌樂人。性穎敏，讀書過目不忘。年十八，舉于鄉。"

《（嘉慶）昌樂縣志》卷二十《閻循觀傳》："循觀字懷庭，號伊蒿，廷僖之子。（中略）自幼才質異人，讀書歲餘，即通三經，文成章，莫不奇之。年十七，補諸生，十八登賢書。"

[二]《儒行述》："其學初好佛氏，既讀宋儒書，乃一奉程朱爲宗。省身克己，惟日不足。治經不立一家，而要本于自得。"

阮元《儒林傳稿》："其學奉程朱爲宗，省身克己，刻苦自立，而諄諄致戒於近名，於河津之派爲近。"

案《西澗草堂集》卷一《文士詆程朱論》一篇最足彰顯閻氏宗尚程朱之取向，且見與同時樸學家法立異對峙之姿，文曰："予觀近代文士以著述自命者，往往附會經義以立言，然於程朱之學，則或者尋瑩索疵，而深寓其不好之意，予惑焉。夫程朱之言即六經也，學者苟近思而求之，則有以見其理之一而本末之無殊致矣。（中略）嗚呼，六經、程朱之所傳者，非字義故實而已也。其道在於君臣父子之經，修身治人之理，人道之所以經緯、天地之所以貞固、鬼神之所以昭明者，皆在焉。（中略）其所據以攻程朱之說，又多程朱所辨而廢之者，而非其博聞之有不及也。然且呶呶焉不知止，多見其鬼瑣陋劣而不智也。"

[三]《儒行述》："少而孤，及長，每承祭，哀慕累日。其父母墓卑濕，值霖霖，衆水交匯。每當夏秋交，天將雨，輒不食，繞墓哭，以是致羸疾。議從墓旁濬河洩其流，數年而事不集，久之卒遷葬焉。"

《（嘉慶）昌樂縣志·閻循觀傳》："六歲而孤，十一歲喪母。（中略）

阡地近洿下，值雨水齧塚，循觀以爲大戚。凡陰雨日，輒號泣不食，繞墓走，百計思濬洩不可得，後乃決計改葬。"

［四］《儒行述》："乾隆三十四年，成進士，授考功主事。當官議事，務持大體，黜功罪，意所不可，持之甚力。公署會食，率用四五簋，先生獨自買麳餅食之。一同年友爲外官，遺之金，不受，曰：'忝居議吏之地，何敢辱君惠，且不可以貧故累君也。'居二年，引疾告歸。歸一月而卒，年四十五。"

案《西澗草堂集》卷二《與朱竹坪書》稱"足下忘其名位而加禮於貧賤之下士，枉駕三顧，復託故人達意，（中略）而惜乎施之非其人也"云云，與此相類，可藉以覘閻氏不受餽贈之志。朱稷（一七一四—一七八六），字竹坪，號此筠，山東單縣人，乾隆十六年進士，官給事中。有《菊雨山房詩集》。

〔集評〕

彭紹升《二林居集》卷十《閻懷庭墓表》："懷庭天性沈毅，內行醇篤，模範遺經，動中禮法，齊、魯間言道學者，多推首懷庭。其在官直心而行，有不可撓之力。同官者輒指目之，而懷庭涼涼然亦不自得也。"

《（嘉慶）昌樂縣志·閻循觀傳》："天性過人，學行醇正，自海岱名流以及當代縉紳，莫不目爲真儒，思一見以請益。（中略）鄉人私諡孝簡先生。"

〔補述〕

《儒行述》："有《西澗文集》及《尚書春秋說》行乎世。"
《儒林傳稿》："著《困勉齋私記》《西澗文集》及《尚書春秋說》。"
《國朝先正事略》："著《困勉齋私記》《西澗文集》《尚書讀記》《毛詩讀記》《春秋一得》《名人小傳》行於世。"

循觀之友有韓夢周者，字公復，濰縣人，乾隆二十二年進士。[一]其學以存養、省察、致知三者爲入德之資，躬行士也。[二]後爲來安縣，有政聲，長洲彭進士紹升稱其治來如元魯山。[三]

〔箋證〕

〔一〕《清國史·儒林傳》："韓夢周，字公復，乾隆丁丑進士，知來安縣，刻意濂、洛、關、閩諸儒之書，著《理堂文集》。"

韓起穀、韓起牧合撰《先府君理堂公行述》："其爲學，潛心宋儒之說，詳辨力行，間爲文辭，期以明道而已。昌樂閻懷庭先生素治濂、洛、關、閩學，府君與之友，遂訂兄弟交。"

案理堂爲韓夢周之號。丁錫田《韓理堂先生年譜》乾隆八年條："延昌樂閻怡堂先生於家，與閻懷庭從之學。"此二人訂交之年也。李元度《國朝先正事略》卷三一《閻懷庭先生事略》："程符山在濰縣西南，先生與韓先生公復居山中，師其邑人滕先生綱，同學相善也。綱字建三，歲貢生，隱居窮經，不稱人過失。雖貧甚，一錢之餽，苟無處，莫能強之受。（中略）旁縣好學者多從之游。先生與公復論學，皆宗程朱，斥陽明。"

〔二〕案彭紹升《二林居集》卷三《與韓公復》："承諭存養、省察、致知三者交資，其說至當，顧願有進者。古之聖賢，因病立方，隨時補救，雖千途萬轍，然其要歸一而已矣。天命之性，人所同具，不學而能，不慮而知。所爲學與慮者，不過去其所本無，還其所固有而已。格物致知，要于切己處用力，則知乃真知，物非外物，意誠心正，一以貫之矣。（中略）兄謂學未有不以知爲先，固也。知豈可外求乎？聞見之知，德性之知，二者之辨甚微，學往往依託附會，認賊爲子，非誠于爲己者，未有能斬然無惑于其際也。（中略）紛紜同異之說，且可一切置之，否則析理益精，去道轉遠。近世講學諸老，可爲明鑒，區區所不敢出也。"

唐鑒《國朝學案小識》卷五《濰縣韓先生》："篤守程朱，檢身不及，愈勘愈密，愈擴愈充。（中略）蓋先生尊崇正學，統歸程朱，言知言行，不稍假借，故於往來手札，或是或非，或規或勸，總之不離辨陸王、宗洛閩爲大要。"

〔三〕《（道光）來安縣志·韓理堂先生傳》："韓夢周，（中略）（乾隆）三十一年任。（中略）在任五年，實惠及民，民愛樂之。（中略）三十五年庚寅，（中略）坐夢周罪，偕諸捕蝗不力者揭參。"

案記文"來安縣""治來如元魯山"，"來"皆誤作"萊"，今予改正。《國朝先正事略》記夢周政事最爲嚴整簡明，文曰："知來安縣，始至，懲蠹役，斥淫祠，勸農功，訓民節儉，逐點商之以窳物罔民者。歲饑當賑，大吏謂可已，日一申狀，卒得請。剏江清書院已，又立恤孤院。地故産椿榭，以爲薪，先生止之曰：'是宜蠶。'手訂育蠶及種樹法，募沂充工師教其民，民用以饒。嘗欲開黑水河，以利圩田，事成當爲百世利，會鄉試，奉檄爲同考官，而縣有蝗災，監司遂以捕蝗不力罷之。"

彭紹升《與汪大紳》（《二林居集》卷三）："頃得公復書，其論文字原流得失，深得六經之旨，不惑于近似之説。其在來安政事，略具于《與閆懷庭書》，讀之，令人欣暢無已，如親見陽亢宗、元魯山，與之俯印揖讓也。吾兄得此賢主人，真不枉斯行矣。"

案乾隆三十三年，汪縉以韓夢周之延聘，主來安建陽書院講席，此書當即作於是年，見附記《汪愛廬師》箋證［一一］。彭紹升同時有《送大紳之來安主建陽書院》詩相贈。汪縉《汪子文録》卷四《贈韓公復叙》："公復宰來安，護惜窮民，軫念孤寒之士，其建事立名，皆有教養實意行其間。公事暇，喜治經術，其爲學慕悦朱子，（中略）予遊來安，日見其吏治文學，皆有儒者風，知其盛推朱子，非徒談説而已。然公復每自言寡過之難，省身克己之未能，嘗若有愧於中者。"

〔補述〕

陳用光《韓理堂先生墓表》："先生之取友，在山左則與法鏡野坤宏、閆懷庭循觀友善，在四方則與彭尺木紹升、魯山木仕驥友善。（中略）魯、彭二先生皆兼采陸王之説，尺木乃浸淫於釋氏，先生則確守程朱，所自得尤邃。其見於用，庶幾清獻之爲靈壽矣。"

《（民國）濰縣志稿》卷二九《韓夢周傳》："交游中與山陽任瑗最契，於彭紹升、汪縉、羅有高皆謂其學陸王而卒歸於佛。又不喜戴震《孟子字義疏證》，謂程朱以理爲我所本有，學以復之，戴氏以理爲我所本無，但資之於學，即此觀之，孰爲得失，不待繁證深辨也。"

案"任瑗"本訛作"任瓊"，徑改。任瑗（一六九四——一七七五），字恕庵，號東澗，江蘇山陽（今淮安）人。有經濟之才，學宗程朱。

丁錫田《韓理堂先生年譜》嘉慶三年條："先生邃於理學，其實用見諸一方，所著書皆發明經傳，有益學術治道之言。（中略）所著有《日記》八卷、《詩集》四卷、《文集》十卷、《制藝》四卷、《養蠶成法》一卷、《陰符經解》一卷行於世，《學庸會講錄》二卷、《周易》《春秋隨筆注解》各一卷、《近思錄注解》若干卷、《論文雜著》一卷、《制藝餘集》

一卷、《課幼文》一卷藏於家。"

案道光四年濰縣陳官俊刻《理堂集》廿四卷，收入《理堂文集》十卷《外集》一卷、《理堂詩集》四卷、《理堂日記》八卷《附錄》一卷。檢《（民國）濰縣志稿》，夢周另有《易解》、《中庸解》、《大學解》、《近思錄述義》、《圩田圖三記》一卷、《理堂外集》四卷、《文法摘鈔》一卷、《山木集尺牘》八卷、《理堂藏書目》一卷。

乾嘉爲樸學鼎熾之時，然山左理學亦盛於斯時，以至後世有以"山左學派"相指稱者（參見徐珂《清稗類鈔·性理類》）。阮元《儒林傳稿》云："時濰縣劉以貴、梁鴻翥、膠州法坤宏、安邱張貞、益都李文藻、濰縣韓夢周，皆以學行聞。"錢林《文獻徵存錄》卷三《劉源淥傳》："後數十年，昌樂有周士宏，濰縣有姜國霖、劉以貴、韓夢周，德州有孫于篔、梁鴻翥，膠州有法坤宏，益都有李文藻，同縣有張貞，猶能守（劉）源淥之學。"（《清史稿》卷四百八十《儒林傳》同）李元度《國朝先正事略》卷二九《劉崑石先生事略》曰："繼先生而起者，有濰縣姜雲一、膠州法鏡野等，皆以學行聞。（中略）又有濰縣劉君以貴、德州梁君鴻翥、安邱張君貞、益都李君文藻、壽光王君允中，彬彬乎稱盛焉。"案李文藻、梁鴻翥學行卓舉，《儒林傳》置二家於此，本非視以理學中人，李元度祖述其說，亦無違其意。至《文獻徵存錄》則錯謬生焉。梁鴻翥學遵考據途轍，雖諸經訓釋偶涉宋、明義理家數，然究竟不入道學之域；法坤宏學尚陽明，更不可稱其"能守源淥之學"，此錢林不明宋學家法之失也。茲略述諸人行實於後。

張貞（一六三六——一七一二），字起元，號杞園，山東安邱人。受知於施閏章、周亮工，清廷屢徵不赴。天性至孝，博聞多識，淵雅好古，有《杞紀》二十二卷、《杞園集》行世。劉以貴（生卒年不詳），字滄嵐，康熙二十七年進士，任廣西蒼梧縣知縣，革除陋習，創立茶山書院，以《詩》《書》為教。致仕歸里，杜門著書，有《古本周易》十六卷《析疑》二十卷、《初學正鵠》、《正命錄》、《萊州名賢志》、《藜乘集》三卷。李文藻事詳附記《羅有高》箋證［五］。梁鴻翥（一七一九——一七七七），字志南，德州人。窮經好古，有《周易觀運》《書經續解》《春秋辨義》《春秋義類》《儀禮提綱》《周官辨義》《禮記辨義》《詩經辨義》，計百卷。從李文藻、周永年游，文藻一見奇之，爲之延譽，遂知名於世。終於優貢，卒年五十九。《儒林傳稿》不著梁氏籍貫，固易生歧解。法坤宏

姜國霖

（一六九九——一七八五），字鏡野，膠州人。乾隆六年舉人，官大理評事。學宗陽明，以不自欺為本。有《春秋取義測》《綱目要略》《墨水傳經錄》《法氏詩聞》《介亭詩徽錄》等。王允中，字精一，號金巖，壽光人，乾隆六年舉人，質直篤行，日讀書講學，以《近思錄》爲標的，有《河圖》《洛書》《先天》《後天》四《解》，疾革以屬閻循觀。

孫景烈

　　孫景烈，字孟揚，號酉峰，武功人。[一]早歲舉於鄉，爲商州教官，勤於課士，不受諸生一錢。[二]雍正年間，巡撫蒲阪崔公以賢良方正薦，授六品銜。[三]乾隆庚午，陳文恭公撫陝，奉旨舉經明行修之儒，將以景烈名入告。先是，四年己未成進士，明年授檢討，以言事忤旨放歸。景烈深自韜晦，乃以賦性拘墟、學術膚淺固辭。[四]
　　主講關中書院、蘭山書院，教生徒以克己復禮。[五]居平雖盛暑必肅衣冠。韓城王文端公爲入室弟子，嘗語人曰："先生冬不爐，夏不扇，如邵康節，學行如薛文清。"[六]又曰："先生歸籍三十年，雖不廢講學，獨絶聲氣之交，爲關中學者宗，有自來矣。"[七]

〔箋證〕

[一] 張洲《徵仕郎翰林院檢討孫先生景烈行狀》（《碑傳集》卷四九，下稱《行狀》）："先生姓孫氏，諱景烈，字孟揚，一字競若，別號酉峰，學者稱酉峰先生。世爲武功邰封里人。"
　　李元春《檢討孫酉峰先生墓表》（《桐閣先生文鈔》卷十，下稱《墓表》）："以少讀書酉麓山房，故遠近稱酉峰先生。"
　　案記文"孟揚"二字原闕，諸本皆同。檢《行狀》、《墓表》、《關學續編》卷二《酉峰孫先生》及《清史列傳》卷六七《孫景烈傳》、《清儒學案》卷二百六《孫先生景烈》等並稱孫氏字孟揚，據以補入。《行狀》又述孫氏家世曰："高祖諱繼元，有隱德。曾祖諱國良，爲縣學生，早卒。曾祖妣李氏，矢節撫遺孤，極歷艱辛。祖諱起相，祖妣張氏。考樸齋公，諱鎮，例贈徵仕郎翰林院檢討。妣劉氏，例封太孺人。有四子，先生其長也。（中略）生康熙四十五年八月十二日，卒乾隆四十七年九月二十一日，春秋七十有七。（中略）友愛諸昆季，授以經術，皆能卒業，故仲弟景昌中辛酉副榜，季弟景熙廩膳於學，以次貢成均，叔弟景勳習家人業，未學，教《通鑑綱目》，對客輒能舉其一人一事始末。"

［二］《墓表》："年十八，入邑庠，旋食廩餼。雍正十三年乙卯，中式本省鄉試第二名舉人。乾隆丁巳會試，取明通榜第一，授商州學正。（中略）在商州學，革去一切陋規，倡復社學，修鄉賢名宦祠，爲諸生闡發經義，究義利之辨，不率教者嚴加戒飭。"

《行狀》："先生爲商州學正，廉以持己，勤以教士。月課弟子員，無故不至者，必加懲儆，至者具飲食以待，爲講明義理，訓誡開示之。商州人士競相勸勉，興於學，皆以爲耳目所聞見，數十年廣文官無有如孫先生者，人人稱頌之，至今不忘。"

案孫景烈獲授商州學正，實在下文"巡撫蒲阪崔公以賢良方正薦，授六品銜"之後，記文敘事，先後顛倒矣。參見箋證［三］。

［三］《行狀》："應雍正十三年乙卯陝西布政司試，同考官得先生文，嗟嘆異之，稱爲解元，呈金壇于公辰。（中略）乾隆元年，詔所在大吏舉孝廉方正之士，授令長官。蒲坂崔公紀撫陝右軍，於是舉先生以應。"

案孫景烈被薦，事在乾隆初年，鄭堂稱以"雍正年間"，蓋涉上文而誤也。《行狀》更云："先生以未舉進士，不欲赴，是時已由恩科明通榜選商州學正，辭於公曰：'願爲學正官。'公曰：'令長例不得應會試，從子所志，爲學正可矣。'因爲奏請，以六品冠帶爲學正官。"

［四］《行狀》："相國陳文恭公以副都御使巡撫關中，聘主書院講席，（中略）文恭公以經明行修薦於朝，先生辭之甚力。後以不合例爲部議所格，然識者謂公所舉爲得人。（中略）先生研窮《性理》《近思錄》諸書，而於館課體特疏，散館後益又疏。明年值御試，不應格，以原官休致歸家。"

案記文"乾隆庚午"當乾隆十五年。陳宏謀事見前敘箋證［一五］。"四年"本誤作"二年"，《行狀》云："是歲爲乾隆四年己未會試期，先生成進士。（中略）改庶吉士，散館，授檢討。"或鄭堂一時失檢，據以改正。

《墓表》："己未會試成進士，選庶吉士，散館，授檢討，直武英殿兼經史館校對，未幾致仕歸。"

案《清高宗純皇帝實錄》卷一九〇乾隆八年條、《清儒學案》並以應試不中爲孫氏休致之因，然《國朝先正事略》《清史列傳》《清史稿》諸傳皆從鄭堂説，竊謂得之。

[五]《墓表》："未幾致仕歸，乃與學者日講性命之學。凡三主關中書院，一主蘭山書院，一主鄠縣明道書院，家居授徒又三十餘年。（中略）主講關中書院，則陳文恭公延之，蘭山書院則尹文端公延之。"

《行狀》："相國陳文恭公以副都御史巡撫關中，聘主書院講席，值文端公亦以尚書、右都御史總督軍務，官公以洗馬提督學政，皆來陝西，明德碩儒，翕然聚會，相與詳説，發明爲學之指，由是關中人士益競相勸勉，興於學，即如其在商州而教澤宏遠矣。（中略）先生爲學，以求仁爲要領，以主敬爲工夫，以《小學》一書爲入德之基，期爲切實近裏，深惡標榜習氣。（中略）在關中書院，師道自爲，嚴而有法，誨人汲汲孜孜，即於經義中講求實用，合經義治事爲一。其後主蘭山書院亦如之。先後執經者無慮數十百人，膺科名，歷仕中外，類能有所設施以自表見，未仕者亦俱務爲醇謹，不爲非義之行。故一時海内之士，無不知有酉峰先生者，匪第關中人士已也。"

案尹繼善（一六九五——一七七一），章佳氏，字元長，號望山，滿洲鑲黃旗人。雍正元年進士，歷任雲貴、川陝總督，官至文華殿大學士，謚文端，有《尹文端公詩集》十卷。與陳宏謀齊名，同爲清代中期理學名臣。事具袁枚《小倉山房文集》卷三《文華殿大學士尹文端公繼善神道碑》，《清史列傳》《清史稿》有傳。官獻瑶，字瑜卿，號石溪，福建安溪人，乾隆四年進士，歷官廣西、陝甘學政，遷司經局洗馬。有《讀易偶記》三卷、《尚書偶記》三卷、《讀詩偶記》二卷、《周官偶記》二卷、《儀禮讀》三卷、《春秋傳習録》五卷、《孝經刊誤》一卷、《石溪文集》十六卷《詩集》二卷。《清史列傳》《清史稿》有傳。

孫景烈自乾隆八年回籍，始講學於西安關中書院。十年三月，與陳宏謀會講，"語涉嫌疑，即日辭歸"（《復崔虞村先生書》）。又兩年，陝西巡撫徐杞聘景烈再主關中書院，而明年徐氏回京，陳宏謀接任，孫氏因以再次辭歸。未幾，陳氏函邀景烈重掌關中書院，二人冰釋舊嫌，直至二十二年，景烈始因病而去。又孫景烈講學蘭山書院，亦因陳宏謀之延聘，事在乾隆二十年，後"值榕門先生前輩調撫湖南"，而孫氏亦以老母年高，"擬於臘之六日啓程歸籍，明年不能再赴蘭山講席"（《與陳榕門先生論黃石齋九種經傳書》《與陳榕門先生書乙亥》），其主講蘭山，前後爲時僅約半年。

　　[六]《關學續編》:"督學楊梅似(中略)頻就函丈質業,夏日見之,至不敢搖扇。"

　　《墓表》:"弟子講程朱之學者,王零川外,復多名臣,韓城王文端相國其首也。"

　　案《清史列傳》本傳同。《關學續編》卷二《酉峰孫先生》:"成就關中人士甚重,各以其才,嘗曰'吾門治古文之學者有韓城某某,雒南某某,治義理之學者則有臨潼某某'云。"同卷《零川王先生》:"先生名巡泰,字岱宗,居臨潼之零口鎮,故自號曰零川。(中略)酉峰稱其門治古文之學者,則指韓城王文端、雒南薛內翰退思諸人,稱爲義理之學者,則惟指先生一人。"王杰事詳前叙箋證[一五]。檢阮元《王文端公年譜》,王杰入讀關中書院在乾隆十二年,時王傑年二十三歲,次年孫景烈因陳宏謀聘,主講關中書院,授以程朱之學及詩古文,備加獎掖。

　　[七]《墓表》:"既獲大科,復毅然棄詞垣歸,杜門不仕,終其身出處不苟固如此。(中略)自致仕,學日益粹,名亦日益高。"

　　《行狀》:"撫軍鎮洋畢公、學使海甯徐公過武功,必造廬相見,論說良久乃罷。凡係朝官好爲學問、窮道理、出使秦、蜀者,經其地,無論識面與否,莫不造廬請謁,敬禮有加。"

　　案孫景烈《滋樹堂文集·復崔虞村先生書》:"景烈自回籍後,以舌耕爲業,與作諸生時無異也。"孫氏歸陝講學而聲名日隆,《關學續編》有謂:"督學楊梅似謂關中一時人才濟濟,尤以先生爲當世無雙。"參見箋證[五]。

〔集評〕

　　《行狀》:"少時重義氣,慕古俠士風,後乃潛心理學。其經濟才猷,剛方節概,略見於其爲學正時,惜未究其用,然於講習傳授間,曲成造就,則其所以及人者,甯有既乎?"

　　《墓表》:"酉峰先生恪守朱子,雖博覽群籍,畢生以《四書》爲主,即以朱子《集注》爲主,諸經子史,悉薈萃印證,於此講之亦體之,持身用世,皆有本末。其識精養粹言事,一準以理,而於物無競,蓋真得朱子之傳,並無門戶之見者。"

　　《關學續編》:"其說之洞澈多如此。爲制藝,似西江而精密,則自成一子；爲古文，似廬陵有逸氣。"

《清史稿》卷四八〇《儒林傳》："關學初以馬嗣煜嗣馮從吾，而（白）奐彩、（党）湛、（王）化泰皆有名於時。武功馮雲程、康賜呂、張承烈，同州李士濱、張珥，朝邑王建常、關獨可，咸寧羅魁，韓城程良受，蒲城甯維垣，邠州王吉相，淳化宋振麟，皆篤志勵學，得知行合一之旨。至乾隆間，武功孫景烈亦能接關中學者之傳。"

〔補述〕

《行狀》："所著有《四書講義》《關中書院課解》《蘭山書院課解》《酉麓山房存稿》《滋樹堂存稿》《可園草》《邠封聞見錄》《邠陽縣志》《鄠縣志》若干種。"

案 "滋樹堂存稿" 本作 "兹樹堂存稿"，據今本書題改。

《墓表》："先生著述多有，《關中書院講義課解》《蘭山書院講義課解》《明道書院講義》《可園草拾遺》《酉麓山房存稿》《滋樹堂存稿》《易經管窺》《詩經講義》《性理講義》《評點康對山〈武功志〉》《對山集選》《邠陽縣志》《鄠縣志》《王渼陂族譜》《鰲封聞見錄》《古鰲文選》《關中文粹》《菜根園慎言錄》，一生精力，畢萃《四書講義》中。"

《關學續編》："著有蘭山、明道、關中諸書院《講義課解》，《康對山〈武功志〉注》，《刪定對山集》，《邠陽縣志》。"

孫景烈

記者曰：自孫奇逢以下諸君皆北方之學者也。[一]北人質直好義，身體力行，南人習尚浮誇，好騰口説，其蔽流於釋、老，甚至援儒入佛，較之陸、王之説，變本加厲矣。[二]北學以百泉、二曲爲宗，其議論不主一家，期於自得，無一語墮入禪窟。[三]即二曲雖提倡良知，然不專於心學，所以不爲禪言，不爲禪行也。刁、王諸子亦皆敬守洛、閩之教者，豈非篤信志道之士哉！[四]

〔箋證〕

[一] 案鄭堂依學者籍貫判分南北。卷上孫奇逢等十三人（計所附之人）皆籍屬北方，若更爲甄別，則河北二人（孫奇逢、刁包），陝西四人（李中孚、王心敬、李因篤、孫景烈），山東五人（孫若群、劉源淥、姜國霖、閻循觀、韓夢周），河南二人（張沐、竇克勤）。

[二] 顧炎武《日知錄》卷十三"南北學者之病"條："飽食終日，無所用心，難矣哉！今日北方之學者是也。群居終日，言不及義，好行小慧，難矣哉！今日南方之學者是也。"

案學分南北，其説盛於六朝。《世説新語·文學第四》："褚季野語孫安國云：'北人學問，淵綜廣博。'孫答曰：'南人學問，清通簡要。'支道林聞之，曰：'（中略）北人看書，如顯處視月；南人學問，如牖中窺日。'"《北史·儒林傳序》論南北朝經學之異趣："大抵南北所爲章句，好尚互有不同。江左《周易》則王輔嗣，《尚書》則孔安國，《左傳》則杜元凱。河洛《左傳》則服子慎，《尚書》《周易》則鄭康成。《詩》則並主於毛公，《禮》則同遵於鄭氏。南人約簡，得其英華；北學深蕪，窮其枝葉。"（《隋書·儒林傳》同）至禪宗、道家宗判南北，事所昭著者也。降至清朝，則談藝家尤嗜以"南北"立説，駸駸乎演爲"時代語境"矣。如董其昌《容臺別集》卷四："禪家有南、北二宗，唐時始分。畫之南北二宗，亦唐時分也，但其人非南北耳。北宗則李思訓父子著色山水，流傳而爲宋之趙幹、趙伯駒、伯驌以至馬、夏輩。南宗則王摩詰始用渲淡，一變鉤斫之法，其傳爲張璪、荆、關、董巨、郭忠恕、米家父子以至元之四大家。亦如六祖之後有馬駒、雲門、臨濟兒孫之盛，而北宗微矣。"厲鶚《樊榭山房文集》卷四《張今涪紅螺詞序》："嘗以詞譬諸畫，畫家以南宗勝北宗。稼軒、後村諸人，詞之北宗；清真、白石諸人，詞之南宗也。"張祥河《關隴輿中偶憶編》："嘗與錢梅溪（泳）論書，畫派分南、北宗，書家亦分南北。如顏柳一派，類推至於吾家文敏（張照），是爲北宗；褚、虞一派，類推至於香光，是爲南宗。"

  理學家編撰學案，素有以地稱學、自相標榜之習，朱子《伊洛淵源録》，其始作俑者也。清人考鏡源流，張舉脈絡，如夏峰弟子魏一鼇撰《北學編》、湯斌撰《洛學編》，關陝學人編纂《關學續編》，亦有以地域指稱學風之意寄焉。鄭堂南北學風之説，亦有取於此歟？至其抑南揚北之論，或亦針對桐城派之語，説參引論。

  ［三］案孫奇逢、李顒論學宗旨，參見本卷《孫奇逢》箋證［一〇］、《李中孚》箋證［三］［四］。

  ［四］案"王"當謂王心敬，其學出二曲，本陽明良知之説，兼取程朱，所云"敬守洛、閩之教"，立説不謹矣。參見本卷《王心敬》（附見《李中孚》）箋證［三］。

卷　下

劉 汋 附惲日初

　　劉汋，字伯繩，山陰縣人，忠介公宗周之子也。[一]忠介家居講學，弟子中有未達者，問於汋，答問如流無滯義，共相敬服。及忠介聞國變，絶食死，唐、魯二王皆遣使致祭，蔭以官，辭曰："敢因父死以爲利？"[二]既葬，杜門不出，絶人事。副使王爾禄，故忠介門生，以白鏹三百兩請刊忠介遺書，不受。語來伻曰："幸爲我辭，出處殊途，毋苦相强。"[三]

　　忠介欲著《禮經考次》一書，屬汋撰成。處小樓中，日夕編纂。以《夏小正》爲首篇而附《月令》，帝王所以治曆明時也；次《丹書》而附《王制》，正己以正朝廷百官萬民也。於是原禮之所由起而次《禮運》焉，推禮之行於事而次《禮器》焉，驗樂之所以成而次《樂記》焉。然後述孔子之言，次《哀公問》，次《燕居》《閒居》《坊記》《表記》；設爲祀典，次以《祭法》《祭義》《祭統》《大傳》；施於喪葬，次以《喪大記》《喪服小記》《雜記》，申以《曾子問》《檀弓》《奔喪》《問喪》，終之以《間傳》《三年問》《喪服四制》，而喪禮無遺矣。君子常服深衣，雅歌投壺，不可不講也，則次以《深衣》《投壺》；男女冠笄婚姻所有事，則次以《冠義》《昏義》而《鄉飲酒義》《射義》《燕義》《聘義》。合三十篇，謂之《禮經》。別分《曲禮》《少儀》《内則》《玉藻》《文王世子》《學記》七篇，謂之《曲禮》。垂老未卒業，其子茂林始克成之。[四]著書之暇，談論惟史孝咸、惲仲升數人而已。或勸之舉講會，不應。戒其子曰："若等當常記憶大父遺言，守《人譜》以終身，足矣。"[五]《人譜》，忠介所著書也。[六]病時所臥榻，乃假之祁氏者，强起易之，曰："豈可終於假人之榻耶？"門弟子私謚曰貞孝先生。[七]

〔箋證〕

〔一〕黃宗羲《劉伯繩先生墓誌銘》(《南雷文案》卷六，下稱《墓誌銘》)："先生諱汋，姓劉氏，伯繩其字。(中略) 念臺先生諱宗周，先生之父也。年十餘歲，鉤黨禍起，避地武林僧舍。晝則隨衆傭作，夜分帷燈，禪板聲寂，發而讀書。侍子劉子處官舍中，門庭落然，不聞人聲。脫粟寒漿，僮僕逃逸，先生方擁卷危坐自若也。用功過苦，遂至徹夜不能交睫，如是者數年。"

邵廷采《貞孝先生傳》(《思復堂文集》卷二)："父左都御史忠正公宗周，發慎獨誠意之學，歷仕神、光、熹、懷、赧五朝，犯顏極諫，卒死殉國，海內稱之曰蕺山劉子。先生幼習父訓，以不苟取與進退爲家法，出則載書隨轝，入則奉益視膳。(中略) 魏忠賢之禍，流傳有詔逮公，時先生年十四。塾師將挾之他避，堅不可，遂從公入雲門。"

案劉宗周(一五七八——一六四五)，初名憲章，以字行。又字起東，號念臺，浙江山陰人。萬曆二十九年進士，歷仕禮部主事、順天府尹、吏部侍郎、左都御史。居官以清介剛正著稱，以直言忤上，屢起屢廢。嘗講學於山陰蕺山，從遊者不下數百人，稱之蕺山先生。蓋晚明學人開宗立派，無能出其右者。南明弘光元年，清軍入浙，宗周絕食殉節，年六十八。門人私諡正義，至乾隆四十一年，清廷賜諡曰忠介。著書數百卷，殁後賴其子汋、門人董瑒、惲日初等彙編成帙。生平學行詳具黃宗羲《子劉子行狀》、劉汋《劉子年譜》及《明儒學案》。

《明儒學案》卷六二《蕺山學案》："先生之學，以慎獨爲宗，儒者人人言慎獨，唯先生始得其真。盈天地間皆氣也，其在人心，一氣之流行，誠通誠復，自然分爲喜怒哀樂，仁義禮智之名，因此而起者也。不待安排品節，自能不過其則，即中和也。此生而有之，人人如是，所以謂之性善，即不無過不及之差，而性體原自周流，不害其爲中和之德。學者但證得性體分明，而以時保之，即是慎矣。慎之工夫，只在主宰上。覺有主，是曰意。離意根一步，便是妄，便非獨矣。故愈收斂，是愈推致。然主宰亦非有一處停頓，即在此流行之中，故曰'逝者如斯夫，不舍晝夜'。蓋離氣無所爲理，離心無所爲性。佛者之言曰：'有物先天地，無形本寂寥，能爲萬象主，不逐四時凋。'此是其真贓實犯。奈何儒者亦曰'理生氣'，所謂毫釐之辨，竟亦安在？而徒以自私自利，不可以治天下國家，棄而君臣父子，强生分別，其不爲佛者之所笑乎？先生大指如是。"又《南雷文定後集》卷一《先師蕺山先生文集序》："先師之學在愼獨。從來以愼獨爲宗旨者多矣，或識認本體而墮於恍惚，或依傍獨知而力於動念，唯先師體當喜怒哀樂一氣之通，復不假品節限制，而中和之德，自然流行於日用動静之間，獨體如是。猶天以一氣進退，平分四時，温凉寒燠，不爽其則。一歲如此，萬古如此，即有愆陽伏陰，釀爲災祥之數，而終不易造化之大常。愼者，愼此而已。故其爲説，不能不與儒先牴牾。"

[二]《墓誌銘》："當子劉子講學之時，吾越之承風接響者，以想象爲本體，權謀爲作用。子劉子之言，格於浸淫之僻説而不相下。先生憂之，曰：'此禪門種草，寧可移植吾室乎！'於是推擇王業洵、王毓蓍及予等十數人者，進之爲弟子。諸弟子進而受子劉子之教，有未達者，退而私於先生，未嘗不冰釋也。（中略）當是時，問學者雲擁其門，雖所得各有淺深，而山陰愼獨宗旨暴白於天下，不爲越中之舊説所亂者，先生有摧陷廓清之功焉。（中略）二十年以來，一輩學人，悉皆凋謝，子劉子宗旨雖若滅若没，先生之墨守，未嘗不爲田單之即墨也。"

《貞孝先生傳》："公講學證人，來者日衆。首令先生開誘，然後延問，同門引爲老友。德清許元溥敬庵，孚遠子也，遺書稱儒佛爲一。先生闢之，言：'儒佛之異不在於用，而在於體。愼獨而中和位育，豈彼佛者所有。'其能篤守父師之説如此。公官左都，以救姜埰、熊開元得罪，舉朝震栗。先生易僮衣，徒入朝堂側聽，具載其語，歸作《壬午召封記》。李自成陷京師，公詣會城，責巡撫黄鳴俊勤王，遣先生歸，募兵於越。既從公入南都，見弘光政亂，力贊公歸里。我朝招下浙東，公不食，先生但伏庭下悲泣。唐藩、魯藩皆遣使祭贈公，蔭先生官，先生辭蔭曰：'敢因父死爲利。'浙東敗，逃剡溪萬山中。欲走閩，奸人將難先生，乃不得已歸。哭公瘞所，以不得比祝開美、王元趾從地下爲愧。"

案《劉子全書》卷廿七《殉難詩三首》之二《示汋兒》："子職未伸，君恩未報。當死而死，死有餘悼。"題下蕺山自注："弘光乙酉六月，聘使過越，絶粒中作。"

[三]《墓誌銘》："子劉子野死，先生捐委故業，踐荆棘於群虎之中，孤露萬山，歲餘復返。塞門掃軌，鄰右莫窺其面。（中略）監司郡縣，慕其操行，下車通謁，先生了不容接，錮疾報聞。與王爾錄天錫遊息共學，天錫爲海道，欲申把臂，先生引范史雲、周小泉之事以拒之，天錫欷息

而去。"

《貞孝先生傳》："既葬，遂杜門絕人事。監司王庭璧、知縣顧予咸來設奠，副使王爾禄、同知吳勉並公門生，赴哭，俱弗見。爾禄贈金三百，辭曰'梓遺文'，固辭弗受。及去官，造門言別，卒不内，曰：'幸爲我辭大夫。若違先訓，墮初志，何益萬分。出處殊致，無苦相强。'爾禄泣下，曰：'鳳翔千仞，非三代以下人物，真我師嗣子也。'"

檢王慈《冰槎集題中人物考略》："王爾禄，字天錫，號念尼。保定人。《海東逸史·沈崇掄傳》稱黃陂王爾禄云云。明季舊臣。據《鄞志·周志畏傳》注，崇禎癸未進士。國朝順治六年，任海道副使。迄癸巳，數年間，除害賑饑，禮士卹民，立倉置田。仕終刑部左侍郎，崇祀名宦祠。著有《麻姑洞主人詩文集》《懷社同聲集》《不二真詮》《明州賑饑紀事》《救荒卹貧録》。又輯刻《保陽張氏殉難録》《聞子鑑湖七觀》，見《四明談助》。"案《清世祖章皇帝實録》卷四四："（順治六年）五月二十四日壬午，升湖北提學道僉事王爾禄爲浙江按察使司副使、寧總兵備道。"

《晚晴簃詩匯》卷十七選伯繩《山齋自警》一首，附録於此，因見其遯世自修之志。詩云："迷鳥不擇林，渴馬不擇泉。恒情此汲汲，志士獨未然。盜泉豈偏濁，惡木非不繁。君子惡其名，豈爲乾餱愆。箕陰遯許由，夷叔卧西山。雖然跡艱苦，素志不可遷。人誰無此志，我獨被牽纏。老大嗟何及，誡之貴當年。"

[四]《劉子全書》卷廿一《禮經考次序》（己卯十月）："秦火之餘，六經半出灰燼，而三《禮》之殘缺尤甚。《周禮》《儀禮》，古今異宜，並置不講。至二戴所傳諸記，本不出自一人，真贋混雜，種種錯簡，尤難位置。後人以《小戴》文頗近古，獨立學宫，傳之至今，然欲遂廢《大戴》而不録，亦非通論也。《夏小正》《丹書》，蔚然彝鼎，實三《禮》之冠冕。《曾子十篇》，所謂'參也，竟以魯得之，端在於斯'，槩而與諸篇同擲，可惜也。宋儒朱子慨然悼三《禮》之淪亡，無以見先王治天下之大經大法，乃始表章《周禮》爲周公身致太平之具。已而又輯《儀禮》，欲以《戴記》爲之傳而合之，以通行於世，顧猶苦於二書之時有異同，其論莫歸於一。需至晚年，始有《儀禮經傳通解》之編，與原旨不無少異，而讀者終不無牽合附會之疑。於是元儒吳草廬氏復葺爲《三禮考注》及《禮記纂言》等書。（中略）卒無補於朱子之萬一。（中略）宗周早年發憤讀書，嘗次第六經之業，至《戴禮》輒不能章句，因而有慨於朱子之說，妄事編

劉汋

摩，旋亦罷廢。（中略）今年夏，抱疴家園，會門人餘杭鮑濱以讀《禮》之暇，顧余問學，偶出《通解》《考注》等書以質異同，而余乃恍然有會於心。因取二戴，與濱重加考訂，往復數四已，乃喟然而嘆曰：'禮在是矣，禮在是矣！'《儀禮》者，周公所以佐周禮、致太平之書，而《禮記》者，孔子所以學周禮及夏、殷之禮，進退古今、垂憲萬世之書也。（中略）惜也微言大義，薄蝕於記者之口。既盡取孔子之言而私之，又時時假托孔子以見暇，至或淪而爲黃老，降而爲雜伯，而雅言之教，竟不傳於後世矣。幸而有《家語》一書，頗存源委。以參戴氏之說，真如珠玉之混泥沙，而文繡之錯以麻枲敗絮也。宗周因稍稍取而詮次之，合《大》《小戴》，錄爲一十四卷，卷若干篇。每篇表章孔氏之言，錄爲正經；而其後乃附以記者之說，各從其類，先後次第，頗存條貫。又於其間，錯者正之，訛者衍之，間有缺者，以《家語》補之。昔也戴氏一家言，今盡取而還之孔子，進而與《易》《詩》《書》《春秋》並垂不朽，其在斯乎。因尊之曰《禮經》，而僭附其義曰《考次》云。"

案朱彝尊《經義考》卷一三四著錄劉宗周《儀禮經傳考次》，稱以未見。卷一四五："蕺山先生《禮記考次》，有《正集》，有《分集》，起草於崇禎己卯夏。後先生殉節，其子汋伯繩抱其遺書，手自編校，秘不示客。近先生之孫茂林子本取草稿討論之，刪其衍者，補其闕者，正其錯出者，定《正集》爲十四卷。《夏小正》附以《月令》第一，其次《丹書》附以《王制》，又次《禮運》《禮器》，又次《樂記》，又次《哀公問》《仲尼燕居》《孔子閒居》，又次《坊記》《表記》，又次《祭法》《祭義》，又次《祭統》《大傳》，又次《喪大記》《喪服小記》，又次《雜記》，又次《曾子問》《檀弓》，又次《奔喪》《問喪》《間傳》《三年問》《喪服四制》，又次《深衣》《投壺》《冠義》《昏義》，又次《鄉飲酒義》《射義》《燕義》《聘義》。分集四卷，首《曲禮》上下篇，次《少儀》《內則》，又次《玉藻》，而以《文王世子》《學記》終焉。可謂善記先生之志矣。惟是先生《自序》稱'《大戴記·曾子十篇》，所謂參也以魯得之，端在於斯'。又世儒廢《大戴記》不錄，先生謂非通論。竊疑《曾子十篇》之書，似當悉爲編入者也。"又《兩浙著述考》曰："此書有宗周《自序》，《靜志居詩話》謂係其子伯繩（名汋）所編，有云：'伯繩循過庭之訓，鍵戶蕺山之麓，息交絕遊，手輯《念臺先生遺書》，成《禮經考次》一編。首《夏小正》而附《月令》，次《丹書》而附《王制》，更原禮之所

· 139 ·

由起而次《禮運》，推禮之行而次《禮器》，驗樂之成而次《樂記》，然後述孔子之言而次《哀公問》以下，合三十篇。蓋皆本念臺先生之意，終身從事此書。既而伯繩逝，其子茂林始克成之。"

劉汋《劉子年譜》（《劉子全書》附錄）崇禎十二年己卯"冬十二月，定《經籍考》"條："先生初年疑《禮記》厖雜，即有刪定之志，而不得其說。是時，取《二戴》詮次之，始知記中夫子之言皆《家語》文，又有夫子對當時君臣語，戴氏去其問答，私爲己有，悉改正如舊。合《大》《小戴》爲一十四卷，每篇表孔子之言爲正記，附以記者之説，各從其類，錯者正之，訛者衍之，間有缺者，以《家語》補之。另立《樂記》，補六經之缺。又節《曲禮》入《少儀》，同《文王世子》合之《大學》，爲《古學記》。取《曾子十篇》配《四書》，別錄《丹書》《投壺》《奔喪》，爲《尚書儀禮逸經》。削者數篇，各編輯成書。已而以朱子《儀禮經傳》之說爲是，罷去前編，復舉古人經籍，訂定目錄。"

《清史列傳》卷六六《劉汋傳》："初，宗周欲著《禮經考次》一書，屬汋撰成。汋日夕編纂，（中略）垂老未卒業，其子茂林始克成之。凡《正集》十四卷《分集》四卷。茂林字子本，幼侍宗周，聞慎獨之旨。既長，移居證人書院，靜驗獨體，闡用絕學。與外父黃宗羲復興證人社，講學不輟。晚歲詣益純。著《吾屯子微言》內外六十四篇，分上下十二卷，內篇以闡天人性命、陰陽理氣、修己立誠之道，外篇以道綱常倫紀、禮樂刑政、致君澤民之務。又著《九經翼原》一書。茂林孝友性成，兢兢自守，惟期克揚先業云。"

［五］《貞孝先生傳》："其坐臥蕺山一小樓，竟二十年。故人自史子虛、張奠夫、惲仲升數輩外，希復接面。嘗寄榻古小學，有縉紳徵集多士，要先生復舉講會，遂屏跡不至。於康熙三年卒，年五十二。卒之夕，出篋中稿屬諸子曰：'大父文，千古聖學所寄，勿漫示人，俟可梓行世。曩遺命葬下蔣，水土淺薄，有力可擇高阜改葬。都御史贈蔭，前堅辭不獲，則三世木主遺像，並當題易，國恩不可忘也。若等第遵《人譜》，記憶大父絕粒，無應舉，無就吏，安貧讀書，教養子孫。'又曰：'生平操厲，唯恐隳喪名節，今畢矣。殯用孝服，祭素食，以志吾終天痛。葬大父墓道，使魂魄長依附。'"

案徐鼒《小腆紀傳》卷五八《逸民傳》："同邑（山陰）張應鼇，字奠夫，亦宗周弟子，服勤最久。宗周官南都時，邸舍蕭然，應鼇獨侍側。

嘗作《中興金鑑》，欲上之，不果。丙戌後，講學山中，久之卒。"史孝咸自有傳，憚仲升詳後。

[六]劉宗周《人譜自序》："友人有示袁了凡先生《功過格》者，予讀而疑之。了凡自言嘗授旨雲谷老人，及其一生轉移果報，皆取之《功過》，鑿鑿不爽，信有之乎？予竊以爲病于道也。（中略）了凡學儒者也，而篤信因果，輒以身示法，亦不必實有是事。傳染至今日，遂爲度世津梁，則所關于道術晦明之故，有非淺鮮者。余因之有感，特本證人之意，著《人極圖説》，以示學者。繼以六事工課，而《記過格》終焉。言過不言功，以遠利也。題之曰《人譜》，以爲譜人者，莫近于是。學者誠知人之所以爲人，而于道亦思過半矣，將馴是而至于聖人之域，功崇業廣，又何疑乎？"

案劉汋附識云："按《人譜》作于甲戌，重訂于丁丑，而是編則乙酉五月之絶筆也。一句一字，皆經再三參訂而成。向吳巒稺初刻于吳，鮑長孺再刻于杭，俱舊本也。"《四庫全書總目》："《人譜》一卷，《人譜類記》二卷，明劉宗周撰。明之末年，人人講學，日久論定，真儒不過數人，宗周其一也。其學以慎獨爲宗，闡姚江之緒論，而加以謹嚴切實。是書乃其主蕺山書院時所述以授生徒者。《人譜》一卷，首列《人極圖説》，次《記過格》，次《改過説》。《人譜類記》二卷，曰《體獨篇》，曰《知幾篇》，曰《定命篇》，曰《凝道篇》，曰《攷疑篇》，曰《作聖篇》，皆集古人嘉言善行，分類録之，以爲楷模。每篇前有總記，後列條目，間附以論斷。主於啓迪幼學，故詞多平實淺顯，兼爲下愚勸戒。故或參以福善禍謠之説，然偶一及之，與袁、黃立命之學，終不同也。"

[七]《貞孝先生傳》："證人社友徐君嘗捐建書院，資約以時酬。會徐死，先生垂歿，趣長子茂林訪徐後人還之。徐後人無所得，以歸其壻，曰：'爲我告徐君冢，故友某償夙負矣。'避地剡溪，奉公文像，託友人周敬可。敬可盛以布囊，置牀頭，有警即負之登絶巔。如是一年，無片紙失。歸而家破，養之没齒。卧榻故假祁氏，病篤，命起扶易，曰：'豈可終于祁氏之榻。'其矜細行皆類此。同門私諡之貞孝。"

案劉汋有《遯齋稿》，見黃虞稷《千頃堂書目》。《（乾隆）紹興府志》卷五三《劉汋傳》："手輯《蕺山遺書》數百卷、《年譜》二卷，輯《儀禮經傳考次》五十三卷、《春秋集傳》十二卷、《史漢合鈔》十二卷、《歷代文選》十四卷、《文集》二卷。卒後，友私諡曰貞孝先生。"

惲仲升，號遜庵，壽平之父。[一]黄宗羲以仲升爲蕺山門下第一人。[二]其事蹟莫詳，或曰：魯王監國時，授職爲監司，兵敗後薙髮於靈隱寺，久之，攜子歸毗陵，反初服云。[三]

〔箋證〕

[一] 惲敬《遜庵先生家傳》（《大雲山房文稿初集》卷三）："先生諱日初，字仲升，號遜庵。祖紹芳，福建布政司左參議。父應侯，國子監生。先生由武進縣學生入國子監，中崇禎六年副榜貢生，遂久留京師。十六年，應詔上《備邊五策》，不報。先生知時事不可爲，乃歸。攜書三千卷，隱天台山中三年，而兩京亡。（中略）卒年七十八，康熙十七年也。"

案《備邊五策》，湯修業《惲遜庵先生家傳》（《賴古堂文集》卷二，下稱湯《傳》）作"《守禦十策》"。日初三子，長子楨，殁於兵；次子桓，戰亂中不知所蹤；幼子格。

惲敬《南田先生家傳》（《大雲山房文稿初集》卷三）："先生諱格，字壽平，後以字行，改字正叔。少居城東，號東園草衣生。遷白雲渡，號白雲外史。既老，號南田老人。（中略）先生以父兄忠于明，不應舉，惟攻古文詞。其于畫，天性也。（中略）兼用徐熙、黃筌法作花鳥，自爲題識書之，世稱'南田三絶'。（中略）先生家甚貧，風雨常閉門餓，以畫爲生，然非其人不與也。卒年五十四。"

案上海博物館藏《南田詩稿册》唐肩宇跋："憶童年隨先君子謁遜庵惲先生，正叔侍側。時正叔名格，字惟大。（中略）更字正叔，款書'壽平簡劀'，原名格，取'天壽平格'義也。"張庚《國朝畫徵錄》："及武進惲壽平出，凡寫生家俱卻步矣。近世無論江南、江北，莫不家南田而户正叔，遂有常州派之目。"

[二] 黄宗羲《南雷文案》卷一《惲仲昇文集序》："武進惲仲昇，同門友也。壬午，見之於京師。甲申，見之于武林。通朗静默，固知蕺山之學者未之或先也。而年來方袍圓頂，叢林急欲得之，以張皇其教，人皆目之爲禪學。余不見二十年，未嘗不以仲昇去吾門牆而爲斯人之歸也。今年渡江弔劉伯繩，余與之劇談晝夜，盡出其著撰，格物之解，多先儒所未發。蓋仲昇之學，務得于己，不求合於人。故其言與先儒或同或異，不以庸妄者之是非爲是非也。余謂之曰：'子之學，非禪學也。此世之中而有吾兩人相合，可無自傷其孤另矣。'"

劉汋

《南雷文定五集》卷一《答惲仲昇論劉子節要書》："《劉子節要》成，老兄即命弟爲之增删，此時草草，不能贊一辭。今已刻成，老兄又寓書曰：'老師之學，同門中惟吾兄能言之。或作序，或書後，《節要》中有可商榷處，更希一一指示。'以弟之固陋，而老兄鄭重下問如此，則其大同無我可知，弟敢不盡一得之愚乎？夫先師宗旨，在於慎獨，其慎獨之功，全在意爲心之主宰一語，此先師一生辛苦體驗而得之者。（中略）原老兄之心，總礙於《論語》毋意之一言，以從事於意，終不可以爲宗旨。故於先生言宗旨者，一概删去以救之。弟則以爲不然。（中略）今先師手筆粹然無疑，而老兄於删節接續之際，往往以己言代之，庸詎知不以先師之語，遷就老兄之意乎？（中略）嗟乎，陽明身後，學其學者徧天下；先師夢奠以來，未及三十年，知其學者不過一二人，則所藉以爲存亡者，惟此《遺書》耳。使此書而復失其宗旨，則老兄所謂明季大儒惟有高、劉二先生者，將何所是寄乎？（中略）先師門下，使老兄而稍有不合，則無復望矣。"

案惲日初"倣《近思録》例"，編訂《劉子節要》十四卷，自稱"仍高忠憲公節要朱子意也"，見《劉子節要序》（《惲氏家乘》卷廿一《著述》）。近人錢穆《讀劉蕺山集》（《中國學術思想史論叢》七）："（梨洲）推尊蕺山不爲不至，然實於蕺山論學之糾矯王學以欲上反之於濂、洛、關、閩之精神，則埋没而未彰。其同門惲日初，並以高、劉兩人爲正學，而梨洲力辨之，必謂高忠憲未脱禪門路徑，蕺山則醇乎其醇。然蕺山固極推景逸，此兩人同爲當時學風有自王反朱之傾向中之特出人物，（中略）必於高、劉兩人分高下，似不如惲日初之轉得師門宗旨。"

[三]《遜庵先生家傳》："唐王聿鍵入福州自立，而魯王以海亦稱監國于紹興。吏部侍郎姜垓薦先生知兵，魯王遣使聘先生，先生意以監國爲不然，固辭不起。大清兵下浙，避走福州。福州破，走廣州。廣州復破，爲浮圖，名明曇。已復至建寧之建陽。是時，大兵席卷浙、閩、粤三省，唐王與弟聿□被執死，魯王亦敗走海外，（中略）而明遺臣民擁殘旅偪疆走拒，遥奉永明王由榔。金壇人王祈聚衆入建寧，屬縣多響應。于是，建陽士民數百人噪于先生之門，固請。先生不得已，至建寧見王祈，非初志也。（中略）建寧遂破，王祈力戰死，先生收散卒，走廣信，尋入封禁山中，糧乏，勢益弱，（中略）遂散衆獨行，歸常州。"

《南田先生家傳》："（壽平）年十三，隨父遜庵先生依王祈于建寧。

陳錦破建寧，被略。錦無子，其妻子之。後從錦遊杭之靈隱寺，遇遜庵于塗。遜庵因與寺主諦暉謀，俟錦妻入寺，紿言此子宜出家，不然且死。錦妻留之寺中，泣而去，先生始得歸。"

湯《傳》："先生歸後，杜門著書，兼以課子爲務。人有以制藝請業者，亦欣然就之，而課子獨舍是，具有深意。（中略）及門林立如、董琪、陶自悦、楊宗發、楊昌言、龔士薦、蔣金式最知名。説者謂先生抱負不凡，及門罕能領受，而得其緒餘，亦各所成就矣。所著有《中庸問答》《論語解見》《則堂語錄》《不遠堂詩文集》若干卷，藏於家。《易》學尤精。（中略）卒年七十八，康熙十七年戊午也。"

〔集評〕

湯《傳》："論學重知行並進，以格物爲先，而防檢精密，大旨不離慎獨。與劉孝子汋刪定念臺諸遺書，復編粹言曰《劉子節要》。時念臺弟子實繁有徒，而浚恒求深，流弊不少。惟先生踐履篤實，出處皎然。與錢塘沈蘭先甸華、西安葉静遠敦艮、桐鄉張考夫履祥，並稱劉氏功臣云。"

惲鶴生《見則堂語錄序》（《惲氏家乘》卷廿二《著述》）："先曾叔祖遜庵先生少以文章雄復社，爲楊維斗、錢吉士諸先輩所推重，後及蕺山劉念臺之門，故其學以《人譜》爲準，而尤長於經濟，而生於末造，慨然思任天下事。掌銓衡者以人材特薦，而大廈已傾，崎嶇嶺嶠之間，綢繆經畫，萬死一生，未嘗旦夕忘故國故君之感，氣節品概，尤重於當時。"

韓孔當

韓孔當，字仁父，沈求如之弟子。[一]其學以名教經世，嚴於儒佛之辨。[二]家貧，未嘗向人稱貸。每言立身須自節用始，出陸梭山《居家制用》一編示學徒。[三]與人講學，反復開導。人有過，於講學時以危言動之，而不明言其過，聞者內愧沾汗也。[四]疾亟，謂弟子曰："吾於文成宗旨，覺有新得，然檢點於心，終無受用。小子識之。"味其言，則知其學不尊文成而尊朱子矣。[五]

〔箋證〕

[一] 董瑒《韓布衣傳》(《姚江書院志略》卷下)："韓布衣名孔當，字仁甫，餘姚人，學者稱遺韓先生，沈聘君國模弟子。少攻舉業，已而棄去，研窮性理。"

邵廷采《姚江書院傳》(《思復堂文集》卷一)："遺韓韓先生諱孔當，字仁父，餘姚人，沈求如先生弟子。"

案"遺韓"本作"韓遺"，據徐景范《祭遺韓韓先生文》(《姚江書院志略》卷下，下稱《祭文》)改。《祭文》曰："至文成揭良知以示天下一畫以來，未傳之旨，照然如日麗中天。嗣是，言學者必歸姚江，而一時曰仁、緒山兩先生得其真傳。又數十年，而沈（國模）、管（宗聖）、史（孝咸）先生繼之，吾師又傳之。凡文成之所欲發與三先生所未發者，無不抉其奧而集其成。嗚呼，文成之緒，至吾師而不絕矣。"

沈國模、史孝咸俱有傳。阮元《儒林集傳錄存》："沈、史歿，書院輟講十年，縣人韓孔當繼之。"李元度《國朝先正事略》卷二八本此記曰："自省、史歿後，書院輟垂十年，而縣人韓仁父繼之。仁父名當，求如弟子也。"而訛"沈"為"省"，"孔當"又脫作"當"。《清史稿》卷二六七更襲《事略》之訛奪，亦作"韓當"。又韓氏康熙八年主姚江書院，

《清史列傳》作"九年"，未知所據。

[二]《韓布衣傳》："其學以致知爲宗，而主之以立志，守之以篤信，以時見己過爲功，正己物，正心境，兩融爲候。（中略）又曰：'聖人與佛氏異，大端只在君父分上。孔子討亂賊，孟氏距楊、墨，其事同於《春秋》之義者，必不惑而逃禪。'又曰：'佛氏意主了生死，陽明夫子所謂自私自利也。聖人天地萬物，本吾一體，立人達人，即在己立己達內。橫渠張子講求經界法制，粲然畢具。謂如有用我，舉而措之。陳海桑謂錢谷、甲兵、禮樂、刑政、度數之詳，皆所當講，陽明夫子在當時稱爲有用之學。學者宜時時以擔當世道爲念。'"

《姚江書院傳》："其學以致知爲宗，求友改過爲輔，久之自得，兀然忘言。（中略）持論較師說亦頗闊，恪遵濂洛，兼綜群儒，以名教經世。（中略）早歲學於禪，知禪之害，曰：'佛氏與聖人異，大端在君父上。'又曰：'佛氏意主了生死，陽明子所謂自私自利也。聖人天地萬物一體，學者無自狹小。'"

彭紹升《儒行述》："爲學兼綜諸儒，以名教經世，兢兢儒佛之辨。"

案《祭文》述韓孔當爲學指要云："師少時，即篤志聖學，視名利猶敝履。於書無不覽，而詭乎道者，輒棄去不復閱。精求性理，潛思默識，備萬物於我，會六經於心。其教人也，以致知爲宗，立志爲的，篤信爲要，時見己過爲功，於事無心，於心無事，正己物正爲極則。至晚而學益力，詣益化，從游者日益衆。手輯《學統錄》以正傳也，《定志篇》以醒心也，《惜陰課》以合天也，《學會約》以明道也，《志行集》以見內聖外王，不離乎學，庶物以學明人倫，以學察仁義，以學行也。"

《姚江書院傳》又云："沈、史兩先生沒，諸高第弟子張客卿、蘇玄度、邵以貫等相繼逝，姚江書院中微，而釋氏臨濟宗大盛。高明者輒往濟宗門下，爭詈道學，而仇視儒者。同人或不能自守，議論往往出入釋氏，惟韓布衣孔當、邵文學元長，屹然爲儒宗主。囂競潛息，遂復書院之舊。布衣沒，（邵）公承之。"邵元長（一六〇三——一六七四），字長儒，與韓孔當同籍而同出沈國模門下。言行簡徑無枝蔓，意象豁然。值臨濟宗大盛之日，邵氏聲言"先儒之學，爲此鬼怪輩害事"，與孔當力持儒學，闢佛說，爲陽明後學之勁足。事具《姚江書院傳》。

[三]《韓布衣傳》："布衣家積貧，敝衣饘粥，終身不改，無向人稱貸事。痛近世遇吉凶事，不遵古禮，延僧道，盛宴會鼓樂，風俗既敝，財

力亦空，曰：'吾輩志聖人之學，須從立身處家始。不節用，便妄求，取與進退，不擇而圖，何處尚有學問？'故終身無違，從不處不去中勘入。因出陸梭山《居家四則》，命各書一通，曰：'能念傚此，亦自足用，不必出見紛華而悅。'一日，語門人曰：'君子憂道不憂貧，觀汝神氣，一腔子全是憂貧，如何擔當得此事？要知聖賢涉獵事物，經營世務，止知有此事。'又曰：'憂愁不可有，規劃不可無。吾嘗避兵山中，糧匱，貰麥田數畝布之，明春藉以足食。且如古人量入爲出，有多少裁度在，即貧者不以中懷、不假功力即學也。'"

《姚江書院傳》："（康熙）十年卒，年七十三。"

案《姚江書院傳》同。陸九韶（一一二八——一二〇五），字子美，號梭山，南宋撫州金溪（今江西）人，與弟九齡、九淵合稱"三陸"。《宋史》卷四三四本傳："其家累世義居，一人最長者爲家長，一家之事聽命焉。歲遷子弟分任家事，凡田疇、租稅、出內、庖爨、賓客之事，各有主者。九韶以訓戒之辭爲韻語，晨興，家長率衆子弟謁先祠畢，擊鼓詠其辭，使列聽之。（中略）九韶所著《梭山文集》《家制》《州郡圖》。"《家制》一書，即記文所謂"《居家制用》一編"，而《姚江書院傳》所謂"陸梭山《居家四則》"者。《宋元學案》卷五七《梭山復齋學案》王梓材案語云："梭山之學，以切於日用者爲要。《象山年譜》稱《梭山日記》曰：'中有《居家正本》及《制用》各二篇，可以得其要矣。'"《正本篇》論子弟教育，《制用篇》論家庭用度。陳宏謀《訓俗遺規》卷一收錄陸氏《居家正本制用篇》，謂："梭山先生論居家而先之以正本。其言正本也，以孝悌忠信、讀書明理爲要，而以時俗名利之積習爲戒，其警世也良切。至於制用之道，不過費以耗財，亦不因貧而廢禮。隨時撙節，稱家有無，尤理之不可易也。"

[四]《韓布衣傳》："初，姚江書院之會，布衣與邵元長、邵以貫，以會侶頗雜，至期不赴。史隱君孝咸再主院事，特爲招之。聘君、隱君卒，院事虛十年，而布衣弟子日進向之，從講學。院中者謂：'布衣故得二君傳，而白首一節，此所謂遺韓也。'於是，請主院事。布衣別有城隅之會，從者嘗十六七人，元長左右之。每月朔至院，而望日至城隅。布衣醇而樸，矜氣者謂無奇，而邑之秀傑者轉慕之。或家世未嘗至院，及素不解學者，爭造焉。一日，主會講，有粗掇禪語以抗者，於廣座中幾同呵罵，布衣漠然受之，色無變。已而抗論者悔，謝過，仍漠然。會者曰：

'此遺韓先生，豈今人可及哉？'（中略）又作《求友說》，援上蔡'透得名利關，是小歇腳處'，及敬軒舉孟子告景春大丈夫之說，使人有壁立萬仞氣象，如濯江漢而暴秋陽。每謂：'學者大患，在終日講貫而志仍不立，究竟成一好名之士，於是真正學問，全然不得力。其次意見長傲，氣質難融。又或喜靜厭紛，視倫物應酬都成隔膜，未識所學何事。至於臨財之際，昧義隱忍，進身之途，隨俗狂奔。每有良朋，互相蒙恕，言之可勝痛哭。而愛惡攻取一路，則上自古人，下至同室，晤對二三人，動輒橫胸，堅不可破，何時見浩然天地氣象？'於是訂定院約六章，首定志，次攝謙，次敦倫，次明取予進退，而終之以宏識量。合天載之無聲無臭，爲下學上達之歸極。論者謂布衣教法之備，爲人之誠，雖前賢無以加焉。"

案羅大經《鶴林玉露》卷二"能言鸚鵡"條："上蔡先生云：'透得名利關，方是小歇處。今之士大夫何足道，真能言之鸚鵡也。'"謝良佐（一〇五〇——一一〇三），字顯道，上蔡人（今屬河南）。元豐八年進士，因忤徽宗罷歸。師從程頤。有《論語說》《上蔡語錄》。事具《宋史》本傳。《宋元學案》卷二四《上蔡學案》黃宗羲案語："上蔡在程門中英果明決。其論仁以覺、以生意，論誠以實理，論敬以常惺惺，論窮理以求是，皆其所獨得，以發明師説者也。"更謂"程門高弟，予竊以上蔡爲第一"。薛瑄《讀書錄》卷六："孟子之言，光明俊偉，如答景春大丈夫章，讀之再三，直使人有壁立萬仞氣象，如濯江漢而暴秋陽也，快哉快哉。"瑄字德溫，號敬軒，諡文清，河津（今山西）人。永樂十九年進士，居官剛正，後棄官回籍，講學河汾，從遊者極衆。學宗程朱，尤重躬行實踐，修己教人，以復性爲主。有《讀書錄》《續錄》《薛文清集》。《明史》有傳。

[五]《祭文》："嗚呼，夫子之學，直契文成者也。（中略）未幾而夫子且示疾矣，就而問焉，則曰：'吾於文成要旨，夢醒忽有新得。'（中略）既而問焉，則曰：'須察識擴充此心，簡點形跡，終無受用。'講學如故也。既而又問焉，則曰：'吾力竭矣，然造次顛沛，必於是也，可生可死，而此志不奪。堯舜有天下，不與胸中還著得些子否？'講學復如故也。終而問焉，則曰：'吾氣竭矣，此知不昧，匹夫致中和，斯天地位，萬物育，學者當具體用，無自狹小爲也。'"

參見箋證[二]引《姚江書院傳》文。《清史稿》本傳："味其言，則知其學守仁之外，亦近朱子矣。"蓋秉筆者已疑鄭堂"知其學不尊文成

韓孔當

而尊朱子矣"一語而有以繩之矣。《姚江書院傳》又曰："門人最著者，同里徐景范文亦，有學識，純潛和正，光采動人。康熙丙午舉於鄉，都門士大夫爭欲屈致，與交輒謝弗往。文亦既没，姚江人士風靡，雖先賢餘教猶存，興起者少矣。"案《（光緒）餘姚縣志》卷廿三《徐景范傳》："徐景范，字文亦，號正庵。康熙五年舉人，官中書。少受業於韓孔當，穎悟過人，孔當方之徐愛。（中略）在都中，與陸隴其、李光地講學，紹述陽明之旨。嘗曰：'今人以文章爲謀利祿地，小小進取便盈滿，小小屈抑便隕穫，所謂讀書明道者何在！'後卒於京邸。著有《四勿徵録》八卷、《學問偶存》四卷、《五經疑》二卷、《紀史》八卷、《正庵詩藁》四卷藏於家。"

邵曾可

邵曾可，字子唯，與韓孔當同時，皆餘姚人也。爲人以孝弟爲本。[一]少愛書畫，一日讀《孟子》"伯夷，聖之清者也"句，忽有悟，悉棄去，壹志於學。時初立姚江書院，里人多笑之，曾可曰："不如是，虛度此生！"遂往聽講。[二]主講者爲史孝咸，曾可師事之。其初以主敬爲宗，自見孝咸之後，專守良知。嘗曰："於今乃知知之不可以已。日月有明，容光必照，不爾，日用跬步，鮮不貿貿者矣。"[三]孝咸病，晨走十餘里，叩牀下省疾，不食而反。如是月餘，亦病，同儕共推爲篤省之士焉。[四]

〔箋證〕

[一] 邵廷采《姚江書院傳》（《思復堂文集》卷一）："王父魯公先生諱曾可，字子唯。在娠七月而孤，終身孺慕，有曾子養志之節。迨除母喪，没齒素食，饗殯纊具，而惠于三黨。師友宗之，賢者交之，貧者里之，昏喪無告者，無不假也，不責其償。下至傭夫莊户，並感其義。（中略）順治十六年十一月卒，年五十一。"

[二]《姚江書院傳》："少時頗愛書畫，一日讀《孟子》'伯夷，聖之清'語，即涣然釋去，篤向聖學。時書院初立，姚中有道學之目，家人咸以爲癡，先生厲色曰：'不如是，便虛此生。'徑往從之。月旦院會請業者，各持成見，殆同紛訟。先生獨正襟斂容，如不能言，退而書所答問，近思精擇，期於動息有合。諸先生喟然曰：'今英才滿前，如魯公之孝友端厚，五倫無闕者，未見其多比也。'於是皆愧服焉。"

案"伯夷，聖之清者也"，語出《孟子·萬章下》。趙岐注："孟子反覆差伯夷、伊尹、柳下惠之德，以爲足以配於聖人，故數章陳之。（中略）頑貪之夫，更思廉潔，懦弱之人，更思有立義之志也。"

[三]《姚江書院傳》："初年，功專主敬，後乃深詣致知，曰：'吾今而知知之不可以已，如日月有明，容光必照。不爾，日用跬步，俱貿貿。'盈科後行，思以魯得之，故自號魯公，曰：'成吾學者，魯也。'教二子讀儒書，近高賢，持身渾樸，莫漫馳思經濟。冢孫幼授陽明《客座私祝》、康節詩句、朱子《家禮》，語之以必爲聖人。道行於家，交遊信之。"又云："多貯明儒書，敬軒（薛瑄）、康齋（吳與弼）、白沙（陳獻章）、陽明以下，曰仁（徐愛）、緒山（錢德洪）、東郭（鄒守益）、南野（歐陽德），坐卧北樓，手鉤玄要。常爲後生開説，提撕本原。及院會，請益教言，稽古質疑等，蠹餘隻字，力關師傳，無或謬缺。"

阮元《儒林集傳錄存》："有邵曾可者，師事（史）孝咸，爲學專提致知。"

[四]《姚江書院傳》："事拙修先生，無方就養，旦走十餘里，叩牀下省疾，不食而返。如是月餘，亦因病。同門躬行充實，以先生爲首。至於身没之後，雖平時訛譏者，轉深懿好，服其純誠，到今懷思。"又謂："先生居平，不見喜怒之色，不服閽，不登危，稱道不亂，好禮不變。善善惡惡，同其清汙。門無雜賓，鄉黨儀式。與遺韓先生交篤，勤受規諍。"

案邵貞顯《藏書引》（《姚江書院志略》卷下）："戊戌仲冬望後七日，先君子疾革，出一卷授貞顯曰：'此姚江書院跡也，余平生致力在此，由諸先生之語行，以見諸先生之心與學，亦在此，小子識之。能不忘諸先生者，是不忘我矣。且親師取友之道，立身經世之方，胥於是乎具，即以是當魯公氏之家法可也。'貞顯泣跪床下拜受。是夕，先君子卒。（中略）自束髮入書院讀書，親受諸先生攜示，而于沈、史兩先生蒙澤尤深。見其教思淵遠，規局恢宏，直欲起濂、洛而追洙、泗，乃高蹤嘉遯，則在金（履祥）、許（謙）之間。夫死生出處，固學問所自徵，非可離而二者。方己酉之夏，蕺山劉子殉於郡中，而沈、史兩先生則以其可以不死之身，綿聖學於不墜，各行其是，不必相襲。故先君嘗曰：'今之陽明，昔之明道也，而明道無陽明之事功。今之蕺山，昔之晦庵也，而晦庵無蕺山節義，則遭遇之殊耳。'論者以先君之言爲不阿。"

邵貞顯（一六二六—一六七○），字立夫，號鶴間，自少肄業姚江書院。明亡，棄舉業，以詩文自遣。事具張五皋《邵立夫先生配陳氏章氏墓志銘》（《思復堂文集》附錄）。

〔補述〕

《國史館邵廷采傳》："邵廷采，浙江餘姚人。餘姚自明王守仁講'致良知'之學，弟子甚衆。江西、泰州、龍谿並述學案，頗異師說。而餘姚傳其學者，有徐愛、聞人詮、胡瀚、錢德洪，德洪傳沈國模，國模傳韓孔當、邵曾可，曾可傳其子貞顯，貞顯生廷采。廷采爲諸生，與徐景范皆從孔當受業。又問學於黃宗羲。初讀《傳習錄》，無所得，既讀劉宗周《人譜》，曰：'吾知王氏學所始事矣。'蠡縣李塨貽廷采書，論明儒異同，兼問所學。廷采答曰：'致良知者，主誠意，陽明而後，願學蕺山。'孝感熊賜履以闢王學爲己任，廷采曰：'是不足辨，顧在力行耳。'又私念師友淵源及身而絕，思託著述以自見。以爲陽明扶世翼教，作《王子傳》；蕺山功主慎獨，忠清節義，作《劉子傳》；王學盛行，務使合乎準則，作《王門弟子傳》；金鉉、祁彪佳、張兆鰲、黃宗羲等，能確守師說，作《劉門弟子傳》；又作《宋明遺民所知傳》《姚江書院傳》《倪文正》《施忠愍》諸傳，凡數十篇。康熙五十年卒，年六十四。弟子刻其文爲《思復堂集》。"

李元度《國朝先正事略》卷二十八："廷采，字允斯，又字念魯，學者稱念魯先生。九歲讀史，即操槧爲徐達、常遇春傳，有法。祖自外歸，（中略）爲具衣冠送之姚江書院。是時求如先生年八十矣，歲必一再至書院，爲諸生設講。念魯立階下聽久之，（中略）求如歎曰：'孺子知良知矣，能敬以恕，吾何加焉。'自是，從韓先生孔當受業。'（中略）年二十，爲縣學生，恥爲應舉之文。入則讀古書，出則古衣冠行市中，未嘗旁視。居喪不作佛事，營窀穸，必誠必信，一慟盡哀。當是時，書院諸先生相次殂，念魯抱遺書于荒江斥海之濱，守其師說不變。然貧無以自存，走嘉興，課童子自給。（中略）會邑人修復姚江書院，用禮幣致之。（中略）然俗士輒貌敬之而迂先生，莫肯傳其學。既倦遊，無所遇，私念師友淵源，思及身而斬也，乃思託著述以自見。"

張舜徽《清人文集別錄》卷三："廷采之學，主於經世。世徒以理學目之，末矣。（中略）廷采之學，所以不顯於世，亦全祖望、邵晉涵諸家未加表章之過也。祖望於廷采爲鄉後進，讀《思復堂文》，未能窺其深處而排詆之。亦以其性好譏彈，故不免吹毛求疵。晉涵爲廷采族孫，早年不知廷采學行之卓，晚遇章學誠，聞其極口稱道，乃歸取是集反覆讀之，而心大服。亦徒歎其文辭之高而已，未能辨其學術之淺深也。"

· 152 ·

張履祥

張履祥，字考父，桐鄉人，明季諸生。幼孤貧，不能就外塾，其母授以《四子書》。[一]及長，從劉忠介公遊。嘗書所得呈質，忠介可之。[二]明亡，教授里中。[三]著《經正錄》，自叙云：

> 天之恒道，民實秉之，存亡顯晦而治亂以分，由古道今，百世無忒也。故綱常者，經世之本，父子君臣之道得而國治，猶恒星不惎而五氣順布，四時序行也。邪慝生於心，則禍亂中於世，殆非朝夕之故矣。極陰生陽，無往不復，有開必先，非學不爲功。竊取《反經》之義，輯舊聞，舉其要以端其本云云。[四]

居鄉躬耕，習於農事，著《補農書》。以爲學者舍稼穡別無治生之道，能稼穡，則無求於人而廉恥立；知稼穡之艱難，則不敢妄取於人而禮讓興。廉恥立，禮讓興，而世道可以復古矣。[五]又著有《楊園備忘錄》。[六]其學以鹿洞爲宗，蓋蕺山見姚江末學流於禪言禪行，作《人譜》以正其失，履祥傳其學，故所著之書切於日用。[七]是時，主講者多不務己，徒騁口辯，深疾其所爲。不敢抗顏爲師，來學者一以友道處之。[八]履祥頗能詩，秀水朱彝尊稱其詩無頭巾氣云。[九]

〔箋證〕

[一]雷鋐《張先生履祥傳》（《經笥堂文鈔》卷下，下稱雷《傳》）："先生諱履祥，字考夫，居桐鄉之楊園，故學者稱楊園先生。以萬曆三十九年生，天啓五年入邑庠。（中略）九歲喪父，擗踊祖括如成人。十八歲，喪王父；二十一歲，喪母，治喪一遵文公《家禮》。家故貧，以授徒爲業，

躬自力農桑。與其兄同居，至老無閒言。（中略）年六十四卒，是爲康熙十三年。"

檢姚夏《張楊園先生年譜》萬曆三十九年條："父諱明俊，字九芝，增廣生。"又四十五年"九芝公命名曰履祥"條引楊園《先世遺事》所載其父語："吾名是兒，（中略）亦欲其異日學金仁山先生也。"案元儒金履祥號仁山。楊園別號"念芝"，見陳梓《張楊園先生小傳》（《國朝耆獻類徵初編》卷三九六，下稱陳《傳》）。

吳德旋《張楊園先生傳》（《國朝耆獻類徵初編》卷三九六）："父曰明俊，明萬曆中副貢生。先生九歲喪父，母沈夫人教之。天啓五年，先生年十五，補縣學附生。崇禎七年，館同邑顏士鳳家。時東南社事方興，各立門户，遠近紛如。士鳳與先生嚴相約，毋濫赴。但與里中數子邱衡輩相砥文行，曰存知社。十五年，先生年三十二，見黄子石齋於武林，石齋以近名爲戒，先生謹誌之。"

案桐鄉顏統（一六〇八——一六四三），字士鳳，讀書強記，性嚴恪重諾。楊園目爲直諒之友，兄事之，其師從蕺山，不與社會，皆從顏氏説也。顏氏身後，楊園經濟其喪，輯藏其遺文。子鼎受從楊園遊。黄道周（一五八五——一六四六），字幼平，號石齋，福建漳浦人。天啓進士，仕至南明禮部尚書、武英殿大學士。居官嚴毅，不諧流俗。明亡，抗清被俘，不屈遇害，諡忠烈。潛心經學，尤深於《易》，兼工書畫。文章風節，並爲世所矚。有《黄漳浦全集》。

［二］雷《傳》："崇禎甲申春，至蕺山，師事念臺劉公。夏，聞京師三月十九日之變，縞素不食，攜書籃步歸楊園，時先生年三十有四矣。（中略）自少用心於《小學》、《近思錄》、經史諸書，往見念臺，自謂有所得。念臺大節彪炳，其學於程朱有出入，先生初宗之，既而恪守程朱。輯《劉子粹言》，於師門有補救之力。念臺之子伯繩纂輯先人遺書，亦多折衷於先生。時黄太冲方以紹述蕺山鼓動天下，先生曰：'此名士，非儒者也。先生隱約闇修，不標門户，嗚呼，其所見者遠矣。'"

案近人鄧之誠叙楊園、太冲學尚異致之事云："黄宗羲撰《明儒學案》，多奉王説。吕留良憤而與争，因迎履祥至家，刊行朱子遺書、《語類》，以抗宗羲。一時學者，頗右張、吕。暨留良身後獲罪，不至波及履祥，猶有公論。"（《清詩紀事初編》卷二《張履祥》）陳梓《張楊園先生小傳》謂楊園"嘗讀《小學》《近思錄》，忽有得，作《願學記》。遂東渡拜劉念臺先生門下，有《甲申春冬二問目》"。詳《楊園先生全集》卷二六。楊園又嘗採擇劉宗周著述，作《劉子粹言》，事見吳德旋《張楊園先生傳》。

邵懿辰《張楊園先生傳》（《半巖廬遺集》）："少讀陽明、龍溪之書，則慨然有志於學。先是，東林甚熾，高、顧諸公，各標宗旨，名觝排王氏，實出入於良知之説。其後念臺劉公設教山陰，以慎獨主靜爲宗。先生聞而往師之。年三十餘，屏居教授。益刻勤於學，夜不就枕者十餘年。既而悟師説之非，乃力闢王氏，壹心於程朱。（中略）先生少壯有大志，晚乃避世畏聲利若浼。所教授皆童蒙，以舉業請質者，輒謝弗納。其韜匿如此。"

案楊園自述早年爲學次第，及從遊蕺山門下，具見其《上山陰劉念臺先生書》（《全集》卷二）："祥幼罹孤寒，不知學問之道。（中略）既而得《龍谿先生集》與朱文公《近思錄》而讀之，始知聖賢之果有可爲。由是習見習聞及身之所行，日有愧悔，所謂天誘其衷，不自終於陷溺也。己卯之秋，忽有悟於志氣之義，以爲志帥氣則爲君子，氣勝志則爲小人。繇是日用之間，每求志之所以帥氣者。至庚辰，於陽明先生所言良知體之較切，氣旋覺有退聽處。又一年，偶有見於人品之有君子小人，與治術之有王霸，其辨只在誠僞，而於孟子所謂怵惕惻隱爲誠，内交要譽惡聲爲僞。以是自省自考，唯恐其入於僞而不進於誠也。壬午，讀《濂溪集》，則求所謂主靜之説，得之白沙之言'動亦靜，靜亦靜，無將迎，無內外心'，知其然，然亦未能親切也。今歲春，得見夫子，不以祥之不肖，不足以辱至教，反覆啓誨，誠哉天地父母之心，惟恐一物之不得其生成，一子之弗克肯構也。且於祥所出以質之夫子者，多見許可，益勉以弗生退阻，臨行，諄諄復以'體認動而無靜，靜而無靜'爲言。退而思之，渙若發蒙，於前所謂志帥、致知、立誠、主靜種種功夫，一旦會歸於一，真有怡然理順之樂。"

又楊園《備忘一》（《全集》卷三九）："人不可無直諒之友。（中略）癸巳，韞斯以予《初學備忘》質之哀仲，哀仲曰：'山陰不脱姚江習氣，吾是以不敬山陰。考夫看來不脱山陰習氣。'韞斯述其言告予。予答之曰：'吾於先生之學，未能得其萬一，況敢言脱乎？'然未嘗不服哀仲之知言。"陸隴其《松陽抄存》："余於壬子五月，始會於郡城旅舍。諄諄以學術人心爲言，有曰：'考夫雖師念臺，而不盡從其學。考夫之於念臺也，猶朱子之於籍溪、屏山、白水乎，非延平之比也。'一時之言，皆有關係，余所深佩服者。"

［三］案《備忘四》（《全集》卷四二）："今世貧士衆矣，皆將不免饑寒，宜以教學爲先務。蓋亦士之恒業也。凡人只有養德、養身二事，教課則開卷有益，可以養德；通功易事，可以養身。兩益均有，舍此不事，則無恒業，何以養其身？無以養其身，不免以口腹之害爲心害，便將敗德。但此際須本忠恕之道，不可失其本心。"楊園自歎平生"不得力學者三故，幼失先人，一也；生於窮鄉，二也；長困衣食，三也"（《全集》卷三《答吳仲木八》）。國變之後，尤以處館授徒爲稻粱謀，蓋於此實有"欲罷不能之恨也"（《全集》卷六）。故《答陸孝垂十》曰："處館一事，最是不易，弟今衰暮，計此幾及四十年，越見其難也。然不爲此，實無事可作。蓋人各有恒業，此猶士業之可恒者。"

［四］汪家禧《墓表》（《國朝耆獻類徵初編》卷三九六）："最著者爲《經正錄》，以爲聖人之於天道，庸言之信，庸行之謹，盡之矣。綱常者，經世之本，父子君臣之道，得而國治，而非學不爲功。"

案《反經》，唐趙蕤所撰《長短經》之別名。《四庫全書總目》稱："是書皆談王伯經權之要，成於開元四年。（中略）劉向序《戰國策》，稱或題曰'長短'。此書辨析事勢，其源蓋出於縱橫家，故以'長短'爲名。雖因時制變，不免爲事功之學，而大旨主於實用，非策士詭譎之謀，其言故不悖於儒者。"該書卷三《反經第十三》云："理國之要，以仁義賞罰，此其大略也。然而用失其宜，反以爲害。故著《反經》一章以明之也。"其旨於闡述"制度者，代非無也，在用之而已"，"用得其道則天下理，用失其道而天下亂"。張栻《論語解》卷一曰："夫將以正人心，則異端之攻，亦有不得而已者，然君子貴於反經而已矣。"晚明士人議政論史，多承其說。

乾隆辛酉，海昌祝洤編就《楊園先生全集》，列《經正錄》居第一，曰："《經正錄》者，先生經世之大方也，於此可見脩道之權衡，禮教之次第焉，故以冠全書。"其書四篇，楊園並於篇題下標注撰述意旨。曰《朱子訓學齋規第一》，"此小學之事，蒙養以正，作聖旨基，故居首"。曰《朱子白鹿洞學規第二》，"此大學之事，由小學而大學，不躐等也。師舍是無以教，弟子舍是無以學，二者所以修身也"。曰《司馬溫公居家雜儀第三》，"此齊家之事，君子修其身，則言有物，行有恒，故雜儀次之"。

曰《朱子增損呂氏鄉約第四》，"此御邦家之事，修身齊家，而後可以化民成俗，治平之業，則舉而措之耳。故次之以鄉約終焉"。

［五］《墓表》："又為《補農書》，以為學者舍稼穡別無治生之道，能稼穡，則無求於人而廉恥立；知稼穡之艱難，則不敢妄取於人而禮讓興。廉恥立，禮讓興，而世道可以復古矣。嗚呼，何其言之深切著明歟！"

《清史列傳》卷六六《張履祥傳》："歲耕田數十畝，草履箬笠，提筐佐饁，嘗曰：'許魯齋言學者以治生為急，愚謂治生當以稼穡為先。能稼穡，則無求於人而廉恥立；知稼穡艱難，則不敢妄取於人而禮讓興。廉恥立，禮讓興，世道可復古矣。'又嘗言嘉郡水利不講，時被旱潦，其要在濬吳淞江。其後嘉善柯聳建議濬之，本履祥説也。"

案楊園語見《初學備忘》上。《四庫全書總目》卷一〇二"《沈氏農書》"提要："案此編為桐鄉張履祥所刊，稱漣川沈氏撰，不知沈氏為誰也。其書成於崇禎末，履祥以其有益於農事，因重為校定。具列藝穀、栽桑、育蠶、畜牧諸法，而首以月令以辨趨事赴功之宜。沈氏為湖州人，故所述皆吳中土宜，與陳旉、王禎諸本互有出入。近時朱坤已刻入《楊園全書》中，而曹溶《學海類編》亦備載之云。"陳克鑒《補農書引》（同治十年江蘇書局刻《全集》本《補農書》卷首）："《農書》之補，何為而作也？昔吳康齋先生講濂、洛、關、閩之學，而隱於農，率弟子以躬耕，先生慕而效之。讀書館課之餘，凡田家纖緒之務無不習其事，而能言其理。諄諄以耕讀二字教後人者，於《初學備忘》《訓子語》中載之備矣。而田里樹畜之法，則取沈氏《農書》為本，更致詳於末務，所謂'廊廟山林俱有事'也。或者目為長沮、桀溺之流，豈知先生者哉。"

楊園自述措意農事，《全集》卷三《答吳仲木十六》曰："年來學稼穡，蓋志在徙業也。天時連旱，為力益艱，去年之病，半亦由此。耕事又將廢矣，不耕而食，何以不至饑渴害心。舍簞食豆羹，何以不至於為陳仲子。以今之世，志古之人，誠不知所以處此也。"卷四《與嚴潁生二》："以今之時，賦斂日煩，民生日蹙，稼穡維寶之意，固不可忘。"又《備忘四》（《全集》卷四二）："吾與人言，所以亟亟以農桑稼穡為主，蓋惟衣食可以無求于人，然後人心可正，教化可行。世人不察，反以小人之事見譏，可歎也！"然則所謂"學者舍稼穡別無治生之道"，似又不盡然，箋證［三］引錄《備忘四》可相參證，蓋楊園素持"治生"以"行道""修德"之旨，故極倡耕讀之教，而力闢"謀道不謀食"之見。故申述元儒許衡（魯齋）"學者以治生爲急"一語，稱"貧士無田，不仕無祿，復欲諱言治生，以爲謀道是必蚓而後充其操者也，否則必以和尚之托鉢爲義，坐關爲修道也，亦可謂踵末俗之敝風，習而不察者矣。"（《全集》卷三九《備忘一》）

［六］《楊園先生備忘自序》："惺堂史先生有云：'金陵再造之地。'蓋先生官金陵，得賢士大夫講學，自是厥德益新，故爲此言也。予顛躓之餘，已無復有生之志矣。何子商隱以其叔父之命，延予館遺安堂，課其稚子，始至爲辭，以弔故友袁仲而云：行躅濯於海濱，私心所期，將欲力圖自新，等之復生云爾。何圖命之不淑，竟拂初懷。簡冊既疎，論言亦寡，雖良友日親，歲月淹久，撫躬念省，悲恨何如！又念人生苦短，生死誼隆，堪此虛擲，外負知己，內負寸心。因出前後所書□戒遺忘者，錄正商隱，存爲歿齒之後，永鑒厥愆焉。"

案何汝霖，字商隱，一字雲耜，浙江海鹽人。隱居紫雲村，稱紫雲先生。續學篤行，與楊園論學往復，志同道合，相交十七年。

［七］《墓表》："既長，有志於聖道。從蕺山劉子游，已而篤志程朱之書，雖於蕺山亦不盡從。其學不務口說，不以師道自居。嘗曰：'東南壇坫，西北干戈，其爲亂一也。'故其著書惟以敦本切於日用爲務。"

陳《傳》："歸而肆力於程朱之書，真知力踐。覺《人譜》獨體猶染陽明，然以師故不敢言。澉湖何商隱先生延之家塾，出《傳習錄》請評，以維斯道，以覺來學。先生不敢任也。既乃慨然謂狂瀾既倒，墮緒茫茫，望古作規，津梁萬物。東林諸公，氣節偉然，而學術未純。堂皇埃蕪，太學不廣，生心害政，厥由傳習。於是毅然秉筆，條分縷析，洞揭陽儒陰釋之隱，以爲炯鑒。蓋自此書出，而《閑辟》《通辨》《困知》，皆所謂擇焉而不精者矣。（中略）嘗云：'三代以上，折衷於孔孟，三代以下，折衷於程朱。'於朱子《綱目》《文集》《語類》，晨夕不釋手，訂其疑而闡其微。旁及《讀書》《居業》《童蒙訓》《魯齋集》，俱爲評本。（中略）門人姚璉輯《文集》及《訓子語》《備忘》《初學備忘》《言行見聞錄》《近鑑》《農書》，共三十餘卷，後學范鯤刻之海昌，因不戒於火，天下惜之。"

案《人譜》，見本卷《劉汋傳》箋證［六］。楊園著述，吳德旋《張楊園先生傳》有謂："所著書曰《經正錄》、曰《願學記》、曰《問目》、曰《備忘錄》、曰《詩》、曰《書》、曰《初學備忘》、曰《學規》、曰《訓子語》、曰《答問》、曰《門人所記》、曰《言行見聞錄》、曰《近古錄》、曰《近鑑》、曰《喪祭雜説》、曰《農書》，凡十有六種。先生之學，以程子、朱子爲宗，而尤嚴於陽儒陰釋之辨。與先生學相似者，爲太倉陸桴亭先生。後先生而興起者，平湖陸清獻公也。"《清儒學案》卷五《楊園學案》："楊園自言爲學次第，初自陽明入，後乃專宗程朱。游蕺山之門，著籍爲弟子，而宗尚實不同，故有粹言之輯，然推崇蘼間，言必稱先師。與語水交密，而闇然不與同聲氣。三魚近在鄉里，並未謀面。特立獨行，明粹誠篤，有序有物，其言殆兼之。（中略）門人請業，必令讀《小學》《近思錄》及《顔氏家訓》。又令各書《白鹿洞規》揭於座右，並與講《吕氏鄉約》。所著《願學記》有云：'祖述孔孟，憲章程朱。'《初學備忘》有云：'志存《西銘》，行準《中庸》。'乃自道其爲學之宗旨也。亦重研求經濟，每令門人讀《唐陸宣公》《宋李忠定公奏議》。（中略）先生踐履篤實，學術純正，大要以爲仁爲本，以修己爲務，而以中庸爲歸。"

案楊園尊程朱、闢陸王之見，畢見《與何商隱》一書（《全集·書》卷二），《備忘錄》亦曰："朱子精微，象山簡率，薛、胡謹嚴，陳、王放曠。今人多好象山，不樂朱子，於近代人物，尊陳、王，絀薛、胡，固因人情便簡率而苦精詳，樂放曠而畏謹嚴，亦緣百餘年來承陽明習氣，程朱之書不行於世，而王、陸則家有其書，士人挾册，便已淪浹其耳目，師友之論，復錮其心思，遂以先入之言爲主。雖使間讀程朱，亦只本王陸之意，指摘其短長而已，誰復能虛心篤志，求所謂窮理以致其知，踐履以敏其行者。此種習尚不能丕變，竊憂生心害事之禍未有艾也。"又曰："姚江'良知'二字，特其借用名目，其意只欲佐成直捷徑情之説耳。因孟子有'不學而能，不慮而知'之語，故借之作證，實未嘗服膺孟子也。"

［八］雷《傳》："先生同志友，始則顔士鳳，繼則凌渝安、何商隱，晚則張佩蒽。珮蒽執弟子禮，先生曰：'某自授徒外，未嘗敢以講學爲人師也。'"

《墓表》："自頃復社諸人主張東林之餘論，好標榜以爲名高，其一二號爲清流者，又多不能自檢約。或酣放於文酒講習之會，於道德之風遠焉，而一時創爲朋黨之説，遂以儒爲詬病。（中略）東南復社諸人所萃也，先生之生其地同其時，又同而能自拔於流俗。其反身密踐，期自得之學，實足興起在後之人。"

陳《傳》："吴江張嘉玲棄諸生，從先生游，資獨敏，故所造彌粹。諸弟子或質魯不善學，或藉以干禄，或襲爲口耳標榜，皆弗逮也。先生自甲申後，益杜門寡交，惟苕上淩子渝安、沈子石長及（何）商隱，道義切磋，終身無間。"

案淩克貞，字渝安，烏程人。沈磊，字石長，歸安人。時嘉、湖之間，以楊園、何汝霖、淩克貞、沈磊爲四先生。皆隱而不仕，以教授爲生，而以學行卓異聞。《清儒學案》云："楊園懲講學標榜之風，深自謙抑，請業奉教者不絶於門，受贄著籍，寥寥無幾。"而吴江張嘉玲其一也。張氏，諸生，篤學性剛，早卒，諡安孝。同門又有吴江姚瑚、姚璉兄弟，清苦嚴毅，楊園遺集，賴其纂輯。石門姚夏，字大也，自幼受業，楊園歿，創撰《年譜》。另有秀水俞周煒恭藻、海鹽吴曰夔汝典，及顏統三子鼎受、鼎孚、鼎爵，並遊楊園之門。鼎受字孝嘉，諸生，通經而侍母至孝，《楊園集》中有與論學十二則。

［九］朱彝尊《静志居詩話》："考夫撰有《楊園備忘録》，其講學一以鹿洞爲師，仁宅義根，言規行矩。間作韻語，不沿安樂窩頭巾氣。"

〔集評〕

雷鋐《張楊園先生全集序》（《經笥堂文鈔》卷下）："先生在前明，爲薛、胡之後勁，在我朝，爲（陸）清獻之前矛。蓋先生少嗜姚江，中師蕺山，卒歸於洛閩。其爲學切實爲己，庸言庸行，愾愾不息，而欲然不以師道自居。間論史及時務，皆關係社稷蒼生之計，而退然不爲出位之謀。嗚呼，學術之雜，至明季極矣，東林而後，夏峰、二曲尚多騎牆，先生獨粹然一出於正。且身處草野，日抱釐憂，荒江寂寞，惴惴念亂其心，固未嘗一日忘天下也。"

陳梓《張楊園先生小傳》："唯先生純粹如敬軒，而窮研洞悉，謹飭如敬齋，而規模宏遠。存養深，不涉於澄心；省察密，不淪於獨體。志存《西銘》，而辨嚴兼愛；行準《中庸》，而惡深鄉愿。障姚江之瀾，直窮其窟；啓清獻之學，道得其傳。嗚呼，如先生者，真朱子後之一人已。（中略）先生詩非所長，古文得八家神髓，然教學者唯以嚴立藩籬、深造堂奥爲則。"

《四庫全書總目》："履祥初講蕺山慎獨之學，晚乃專意於程朱，立身端直，鄉黨稱之。其書多儒家之言，而《近古録》《見聞録》等率傳記之流，《農書》又農家之流，言非一致，難以槩目曰儒家，故著録於雜家類焉。"

方東樹《重編張楊園先生年譜序》："近代真儒，惟陸清獻公與張楊園先生為得洛閩正傳。（中略）顧清獻宦成而功顯，名德加於海內。先生行誼著述，前輩論說雖備，而終不著，則以其跡既隱，而其書又不克盛行於世，學者罕見故也。"

唐鑒《國朝學案小識》："楊園窮理居敬，宗法考亭，知行並進，內外夾持，無一念非學問，無一事非學問。蓋所謂言有教，動有則，晝有為，宵有得，瞬有存，息有養者是也。"

邵懿辰《張楊園先生傳》："操行粹然。於交友盡規，延掖後進，殫心與力。"

徐世昌《晚晴簃詩匯·詩話》："存詩一卷，音旨和雅，亦見寄託。"

鄧之誠《清詩紀事初編》："不尚辭辨，不務講學，不作腐語，親切平近，粹然儒者。"

張舜徽《清人文集別錄》："踐履篤實，不欲以空言著書。在清初諸儒中，最為醇樸正大。至於處境艱困，志行卓絕，闇然自修，持論通達，又非自來言義理者所能逮也。（中略）履祥不言經學，而於經學為最深；不事注述，而闡發群經大義皆得其要。且能引歸身受，見諸躬行，此其所以卓也。"

朱用純

朱用純，字致一，崑山人。[一]父集璜，貢生，大兵下江南，城破，不屈死，用純痛其親之死，取王哀攀柏事，自號柏廬。[二]其學以主敬爲程。[三]長洲徐枋厲以書問學，答曰：

竊觀吾兄酬應人倫，微喜諧謔，雖無損大節，要非君子所宜爲。何者？《書》云"德盛不狎侮"，身狎侮，其職不修；心狎侮，其體不立。孔子曰"修己以敬"，己非外人物而爲孤子之己，修亦非外人物而爲偏寂之修，故一修己而人安百姓安矣。若視他人一分可忽，便是自己一分學力未到。蓋聖賢實見人之與我，此心同，此理同，吾無可驕於彼，彼無可爲吾所忽者。夫婦之愚不肖，可以與知能，及其至也，雖聖人亦有所不知不能，夫又何可忽乎哉！夫又何可忽乎哉！狎侮之心畢竟起於忽人，忽人之心畢竟起於不自修，未見自修之至而猶恐忽人者也。此溫恭克讓所以爲堯之德，溫恭允塞所以爲舜之德也。

枋又言先須發悟，而後可以言學。用純曰：

聖賢之道，不離乎事事物物，即事事物物而道在，即事事物物而學在。苟欲先得乎道而後言學，則離事與物而二之，亦析學與道而二之矣。朱子曰："人須是博學、審問、慎思、明辨、篤行，然後可到易簡地位。若先以易簡存心，便入異端。"惟即事物而達簡易之理，故應天下之事，接天下之物，不覺其煩難。若舍事物而求簡易，則雖應一事，接一物，便覺煩難，不勝分錯。聖賢之學，無過一敬，敬猶長堤巨防，滴水不漏。敬之至也，一敬而天下之理得，天下之能事畢，變通鼓舞，盡利盡神、希聖希天之學，俱在於是。[四]

朱用純

用純居平，晨起謁家祠，誦《孝經》。置義田，贍宗族，友愛諸弟，白首無間。[五]康熙十八年，詔舉博學鴻儒，有將以用純薦者，力卻之。有司舉鄉飲大賓，亦弗應。[六]其教生徒，先授以《近思錄》，次以《四子書》。每歲孟春，率生徒行釋奠先師禮，將事後，講書一章，以誠意啓沃人心。又恐學者空言無實，作《輟講語》，反躬自責。言多深切，鄉里重其學行。[七]世傳《家訓》，乃用純之文，世人不知，誤爲文公所作。[八]卒年七十二。卒之前三日，設先人位，拜于中堂，起顧弟子曰："學問在性命，事業在忠孝，勉之！"[九]著有《愧訥集》《大學中庸講義》行於世。[一〇]無子，以弟之子導誠嗣。[一一]徐枋字昭法，《明史》有傳。[一二]

〔箋證〕

[一]楊無咎《朱柏廬先生傳》（下稱楊《傳》）："柏廬先生姓朱氏，名用純，字致一。（中略）朱氏之先，自亳徙睢陽，唐孝友先生名仁軌。在宋避靖康之亂，以六歲童子附柁渡江，遂爲吳郡崑山始遷之祖者，秘閣公名子榮也。九世孫希周謚恭靖，爲明名臣，官至宮保、南冢宰；弟希曾仕江右寧州判官，是爲君之高祖。生唐府審理公景昇，景昇生家佐，家佐生集璜，即節孝先生也。（中略）有四子，君其長也。嗜學篤行，才德酷類其父。"

彭定求《朱柏廬先生墓誌銘》（《南畇文稿》卷七，下稱《墓誌銘》）："吾吳崑山有隱君子柏廬朱先生，勵志節，精理學，遠近人士，沐教澤而服行誼者，五十年無聞言。（中略）始於志節，成于理學，竊以爲在漢、宋諸儒間，無疑也。（中略）先生諱用純，字致一，系出唐孝友先生諱仁軌，後自亳遷睢，宋直閣諱子榮始來居崑山，明翰林待制公諱逢吉、御史公諱文、冢宰恭靖公諱希周皆其後。秘閣公十二傳至節孝先生。"

[二]朱用純《朱布衣傳》："十九遭先孝節大故，奉遺命棄儒冠，（中略）不能效王裒廬墓攀柏，而時時輒灑其淚，故自號曰柏廬。"

《墓誌銘》："先生尊君節孝先生，經明行修，鄉推祭酒，乙酉殉難最烈。先生方補郡諸生，茹哀飲痛，遂謝舉業，作《朱布衣傳》以見志。竊自比王裒廬墓攀柏之義，號曰柏廬。家貧遭難，授徒贍母。（中略）節孝先生諱集璜，崇禎乙亥拔貢士，城潰，不屈死。（中略）先生舅氏圭犀陶公琰，與節孝先生同時殉難者也。"

楊《傳》："崇禎癸未，年十七，補博士弟子員。甫二載而遘節孝公之變。君晝夜慟哭，痛不欲生。時其弟用白、用皞俱幼，用商遺腹未生，君以孑身肩重任，義不敢以從死。上奉母陶孺人，下撫弟妹，播遷流離，備極艱苦。迨兵戈既定，始得返其舊廬，而家徒壁立，卒能善事慈闈，先意承志，以得其心，迄其終，二十年未嘗一日貽之憂也。教養諸弟，俱不失爲賢者。"

案朱子素《嘉定縣乙酉紀事》弘光元年七月初六日條："是日北兵破崑山，副總兵王佐才、參將陳宏勳及貢士朱集璜、文學陶瑛等死之，北兵屠其城。"計六奇《明季南略》卷四"崑山朱集璜赴水"條："朱集璜，字以發，崑山貢士，故恭靖公孫。（中略）邑中談經濟推朱，（中略）乙酉閏六月，崑山士民起義兵，（中略）抗禦若干日，集璜協守甚力。七月初五日甲寅，清兵至城下。初六乙卯，砲擊西城，城潰而入。集璜被執，大罵不屈，見殺。"又引《啓禎實錄》："朱集璜掌東南門鑰鑰，啓門以出，莫禁也，而集璜竟赴水死。後十日，家人始獲屍于薦嚴寺後之河，同殯于陶氏（琰）之廬。集璜子用純，變後絕制舉，讀史，工詩詞。"計氏案語略云："他書載集璜見殺，（中略）兹雖並錄，要以皇士之言爲實。"朱集璜事詳徐枋《居易堂集》卷十二《朱先生傳》。

又案《三國志》卷十一《魏書·王脩傳》裴注引王隱《晉書》："（脩）子裒，字偉元。少立操尚，非禮不動。（中略）痛父不以命終，絕世不仕。立屋墓側，以教授爲務。旦夕常至墓前拜，輒悲號斷絕。墓前有一柏樹，裒常所攀援，涕泣所著，樹色與凡樹不同。"

［三］《墓誌銘》："潛心聖學，由《四子》、六經及濂、洛、關、閩之書，晝夜探索，融會窾綮，謂學必以程朱爲宗，知行並進無捷，得無虛襲，務在身踐於倫常事物間，纖悉必求盡善。"

《儒行述》："其學確守程朱，知行竝進，而一以主敬爲程。"

案《朱布衣傳》："年少多難，頗逃於詩酒文翰，旋覺習也非學，去聖域甚遠，於是雅志爲己，欲紹前脩。"同參箋證［四］所錄答徐枋書。

［四］徐枋《居易堂集》卷二《與朱致一書》略謂："弟有心學問，而苦無師傅就。吾一二心折之友又未能日聚一堂，切磋勘驗。窮年累歲，弔影面牆，靜中固未敢一刻放吾心，而無如未得把柄。故乍開乍塞，旋悔旋復，一日之中，輪迴升降，不知其幾。且結習既深，塵根難泯，故既知

之而復入之，既悔之而復犯之。嗟乎，阿難所云'安得有如來惠我三昧耶'？言念及此，不但通身汗下，當亦自爲拊心而悼也，如何如何。至於弟於五日之間，細窺吾兄精神收斂，工夫縝密，全於起居、語默、飲食、動靜時體認，幾至一毫不漏，弟實爲心折。此實近來學道者所絕無也。近來學道之人，或竟以道自任，然夷考其實，大有敗闕處，不特燕居獨處，時時露布，即稠人廣衆中，亦或自不能檢點已爲，明眼所烺破者不少。故弟心折於兄，以爲此寔當今學道者所絕無也，但願吾兄以此縝密工夫，直下鉗錘於弟，使弟知所依歸，知所循繹，則是吾兄之大有造於我也。"

案徐枋事跡見箋證［一二］。記文稱枋主"先須發悟，而後可以言學"之意，未知所據。鄭堂前後再引用純文字，俱見枋書篇末附綴用純回函，中多論學精語而不見於記文者，茲特補錄於後："今人有以程子主敬之學爲執著而不圓通者，又有以爲未足盡聖人之學者。弟獨以爲敬即天行之健，天一息不健，則四時不行；一端不健，則萬物不生。《易》於《乾》言'健'不言'敬'，於《坤》言'順'即言'敬'。聖人法天之健，故六經、《四子》，皆言敬也。堯舜加之以惟精惟一，而敬尤著。不敬則襮何繇精，不敬則輟何繇一？自是以後，歷聖羣賢，未有外敬以爲學。（中略）但敬有自然者，有強勉者。不思而得，不勉而中，從容中道，自然之敬也；非禮勿視，非禮勿聽，非禮勿言，非禮勿動，強勉之敬也。吾輩能於一念之發、一物之應，實下強勉之功，自然漸進有得。（中略）視聽言動，或從內出，或從外來，未有不聽命於心者；聽命于心，而以吾之神明才力可否，行止其間，未有可行而不行、可止而不止，止其所不可止、行其所不可行者也。但此際幾微之辨，最宜體勘可否，或出於太虛，或出於偏著，此人心道心之殊，誠僞之判，而王霸之所由分也。要之吾心若能時時警覺，則虛與偏著亦自有不容掩昧者。（中略）若謂學無把柄者，但深探六經、《四子》之書，而把柄在焉。吾兄之所以憂無把柄者，亦坐既知復蹈、旋悔旋犯故耳，則弟所謂聖賢之學無過一敬者，正乃把柄之所在也。以敬而學，學安得不博；以敬而問，問安得不審；以敬而行，行安得不篤；以敬而與人接物，與人接物安得不盡其道？"

［五］《墓誌銘》："居恒罕與人事，惟關係祖宗族姓，必竭蹷經理，不少退避。上世祖墓，祭規淪替，重置祭田。富豪謀侵陽山墓地，重賂彌縫，先生率族力爭，遲久得斷理如法，心力幾瘁。修葺先祠，身肩勞費不

恤也。又念子姪貧乏，私伐冢樹，設田贍族，俾無侵損。友愛諸弟尤深。於仲叔之歿，經紀喪葬，存撫諸孤。與季弟垂白聚首，事必相咨。訓子弟循分讀書，切以攀援倖進爲戒。（中略）節孝先生曾手書《孝經》以授，曰：'天地之廣大，性命之精微，其理皆具於此。'先生識之不敢忘。每日晨興盥漱，拜謁家祠，即莊誦《孝經》。且廣書善本，勸勉來學，門弟子因鐫諸石。"

［六］《墓誌銘》："當路諸公折節慕先生者衆，先生僻居委巷，布袍幅巾，裹足不出。自束脩外，絶不泛受人惠，屢空晏如。歲己未，將以博學宏詞薦先生，固辭乃止。邑宰欲舉鄉飲，式廬之禮，並堅謝不應。縉紳納交致敬，亦不輕爲報謁。蓋其束躬韜晦，不求人知，固從學問鞭辟近裹，得來初非好爲迂僻、鄰于矯激者比。"

《儒行述》："康熙十八年，或欲以博學鴻儒薦，固辭乃免。其後有司欲舉爲鄉飲賓，亦弗應。"

案《蘇州府志·朱用純傳》與《墓志銘》所云"遂謝舉業，作《朱布衣傳》以見志"異辭，細繹其文，"然讀書不能措諸實踐，求道不能得其閫奧，輒懷濟世而先不能自善乃身，特以資本忠信，硜硜焉恥作僞一生，操行如是而已。無可傳，慮交遊有言之溢美者，故自傳"。實有悲憤不屑之意味存焉，竊以《府志》近是焉。又李元度《國朝先正事略》卷二九《朱柏廬先生事略》云："康熙十七年，或欲以鴻博薦，固辭乃免。"則繫年誤矣。

［七］《墓誌銘》："門弟子來學者，必諄諄授以《小學》《近思錄》，爲入門法程，迎機而導，積誠意以感動之。舉業外，另設講約，闡發書義，商榷經史，仿佛《白鹿洞規》。又於每歲孟春，率諸同人行釋菜先師禮畢，亦講《四書》一章。進止肅恭，興起者衆。然先生恐學者未能真寔切磨，整襟斂容，以身爲鵠。嘗有《輟講語》，示之警省，其略曰：'《中庸》成己成物，只一誠字統括，寔寔做得聖賢學問，不偷一分，寔寔盡得聖賢道理，不欠一分，方始是誠，始是成己成物。余今自反，果能如是。否而欲妄居皋比，多見其不知量也。（中略）直以聖賢之心爲心，聖賢之事爲事，把此日用常行，一一正其本位，更從上面探討精彩，以此進道不難。諸君各具一本來面目，各具一全副精神，猛力向前，將世道人倫、士品學術一擔挑去，某亦願拜下風，何必區區之言之聽哉！'（中略）燕閒無惰容，言動有常度，中懷耿介，不可少干以私。而溫然有道，氣象使人如坐春風中。鄉里曲直爭

衡者，必就之折衷，得一言乃解。其律己嚴，接物恕。"

［八］案《治家格言》，世稱《朱子家訓》。闡發修身齊家之道，導人持家勤儉，處世淡泊，流傳至廣。全篇凡五百二十二字，幅不甚長，而行文整練，音調和諧，至以童蒙書籍教授。尹會一《健餘文集》卷三《朱子家訓演證序》："《朱子家訓》不見於《文集》，世儒類多疑之。然其理徹乎上下，守之可以寡過，推之可以善俗，顧力行何如耳，多辨亦奚以爲？"頗足代表一時意見。陳宏謀編《養正遺規》，厠《朱子治家格言》於《朱子讀書法》與《吕近溪小兒語》之間，並於題下注云："夫古人治家之言頗不少，獨取乎是者，其言質，愚智胥能通曉，其事邇貴賤盡可遵行。故雖《朱子文集》所不載，以其鋟版流傳之既久也，錄之。"疑鄭堂所稱"世人不知，誤爲文公所作"者，有指於陳宏謀也。宏謀事見卷上前叙箋證［一五］。又案同光時嘉興金兆榮吳瀾編刻《朱柏廬先生編年毋欺錄》，所附《朱柏廬先生著述目》，《治家格言》條下有金氏注曰："篇幅無多，家弦户誦，昔人誤爲新安朱子所作，嗣又群信爲先生作也。惟讀先生已、未刻各書，皆不選入。且先生之文，詞旨渾厚，即用規誡語，不肯字字顯露。瀾竊有疑，然謁先生祠，見廖養泉太守撰聯云：'講學法程朱，欲訥《毋欺》，義理直同性命；治家承孝節，困心衡慮，格言悉準人情。'似已確有所考。且瀾涖此四年，習俗相沿，知之已稔，'先生作，挽回世道'之語，皆人情對病之藥也。世之群信爲先生作也，可無疑矣。"

［九］《墓誌銘》："病將革，猶命子弟曰：'爲我設祖先位，具清酌，扶我起拜，以致全歸之意。'卒强起如言。越三日乃殁，時爲康熙三十七年四月初七日，距生于前明天啓七年四月十五日，得年七十有二。（中略）復語門弟子在側者曰：'學問在性命，事業在忠孝，言盡此矣！'嗚呼，先生一生存順殁寧，易簀瞭然，豈非志節、理學合而爲一者哉！"

案《儒行述》誤其卒年爲康熙二十七年，《國朝先正事略》、《清史列傳》卷六六《朱用純傳》皆襲其誤。楊《傳》又云："諡爲孝定先生矣。（中略）居平效法古人，尚友前哲，自濂、洛、關、閩以來，若薛、胡、羅、魏諸公，皆其所私淑者。同時所交遺老逸民最善者，爲昭陽李清、同郡李模、金俊明、徐開任、葛雲芝，而徐枋爲中表兄弟，其誼尤篤。晚年更善楊无咎，考道論文，稱莫逆焉。"

［一〇］《儒行述》："有《愧訥集》及《大學中庸講義》行于世。"

《墓誌銘》："所著諸書，精力最注者，《刪補蔡虛齋先生易經蒙引》，闡明《易》理特精。又自作《四書講義》，皆先儒所未發。臨歿時，以二書屬嗣君曰：'謹藏諸笥，吾將以此見先人於地下。'（中略）他若《無欺》《困衡》等《錄》，皆平日省克工夫，至嚴至密；其詩文翰墨，流衍散佚，先生謂非儒者要義，每過而不留也。"

案《朱柏廬先生著述目》所列計有《四書講義》、《刪補蔡虛齋易經蒙引》十二卷、《春秋五傳酌解》、《毋欺錄》、《遷改錄》、《困衡錄》、《多敗集》、《媿訥集》十二卷及《治家格言》凡九種。

[一一]《墓誌銘》："子一，導誠，邑庠生，娶葛氏。孫男二，直曲、直衡。孫女四。"

案諸傳皆不及柏廬後學，惟《清史列傳》謂"同里弟子王喆生能得其傳"，茲據所述，略撮叙其生平於後。王喆生，字醇叔，江蘇崑山人，康熙二十一年進士，未數年即乞養歸。初師從用純，後遊彭定求門下，其學宗程朱而排陸王，敦行義理，與同志結會講學，行靜坐之法以自驗。著有《七規》一卷、《懿言日錄》四卷、《素嚴文稿》二十六卷。

[一二] 案徐枋（一六二二——一六九四）傳載《明史》卷二百六十七《徐汧傳》後，同見《清史稿》卷五百一。枋字昭法，號俟齋，江蘇吳縣人。明崇禎十五年舉人，受業於朱集璜。明亡，父汧以身殉國，枋自此隱居不出，以鬻畫終其生。著述如《通鑒紀事類聚》《廿一史文彙》《讀史稗語》《管見》等，俱自述於《與葛瑞五書》中（《居易堂集》卷二）。朱集璜殉難後，徐枋為之立傳，稱"長子用純尤賢，其學行一如先生，與余善"云（《居易堂集》卷十二）。舊題"鎖綠山人撰"《明亡述略》卷二："當是時，三楚、吳越耆舊多立名義，以文術相高，而宣城沈壽民眉生躬耕窮鄉，吳中徐枋昭發、楊無咎震伯、朱用純致一，稱三高士，雖賢士大夫，不得一見其面。"李瑤《繹史摭遺》卷十四（《小腆紀傳》卷第五十八同）："徐枋，（中略）海內三高士之一也。初丁國難，避地汾湖，（中略）及定卜上沙，築澗上草堂，遂老焉。枋痛父死節，故不入城；及老澗上，並不入市。長年禁足，以書畫自給，非力不食。雖達官貴人訪之，每逾垣避去；凡有所遺，悉屏卻。是時以湯撫軍斌之賢，欲致一絲一粟，輒不可；既而屏騎徒步叩門者再，卒不見。平居往來者，惟世好數人，如萊陽姜實節、宣城沈壽名、崑山朱用純、同里楊無咎、其門弟子吳江潘耒及南嶽和尚洪儲也。（中略）年七十有三卒。"

沈　昀

沈昀，初名蘭先，更名昀，字朗思，仁和人。[一]前明諸生，劉忠介之弟子也。明亡，教授里中。[二]嘗絕糧，采階前馬藍草爲食。客有饋米者，不受，客固請，昀固辭，推讓良久，昀饑且憊，遂僕於地，客乃駭走。既而蘇，徐起笑曰："其意可感，然適以困老人耳。"[三]

忠介卒後，傳其學者互相争辯，曰："道在躬行，徒以口舌争，非先所望於吾曹也。"[四]以喪禮久廢，輯《士喪禮説》，授弟子陸寅。[五]疾亟，人問曰："此時何似？"曰："知誠敬而已。"没後，貧無以斂，友人應撝謙經紀其喪，爲之涕泣不食。或問之，曰："吾不敢輕受賻以辱先生。"撝謙之徒姚敬恒趨而前曰："如敬恒者，可以斂沈先生乎？"曰："子之篤行，乃沈先生所許也，可矣。"敬恒乃斂而葬焉。[六]

〔箋證〕

[一] 全祖望《沈甸華先生墓碣銘》（《鮚埼亭集》卷十三，《國朝耆獻類徵初編》卷三九九引作"沈先生昀墓碣銘"，下稱《墓碣銘》）："沈先生諱蘭先，字甸華。其後更名昀，字朗思。浙之仁和人也。曾祖某，祖某，父某，世爲學官弟子。"

案《清史列傳》卷六六本傳："父之龍，以學行著聞。"昀弟蘭或，字方稷。諸生。少有文才，見賞於陳子龍，精研《易》理，與兄同事講學，從游者衆，有聞於時。應撝謙《傳》（《國朝耆獻類徵初編》卷三九九）作"蘭成"，或以"或""成"形近而訛，兹據《杭州府志》。

[二]《墓碣銘》："年十六，受知於提學黎元寬。時蕺山劉忠正公講

學越中，先生渡江往聽講。向來杭士有讀書社、小築社、登樓社，皆以詞章之業爲尚，先生亦與焉。至是，始爲正學，而應先生潛齋和之。甲申之變，年二十七，即棄諸生。（中略）授徒自給。（中略）聞四方之士有賢者，即書其姓氏，置夾袋中，冀得一見之，然不肯妄交。"

應撝謙《傳》："年十六入郡庠，喜交游，好古學，有聲於時。未壯，棄舉業，思以善養易祿養，乃與弟蘭成及同志講習道學。室無容榻，桁無懸衣，披帙覽書，凝坐終日，雖原憲之安貧不是過也。以貧故，父博山公與朗思皆教授於外。其在家，兄弟怡怡親，庭動循法度，不妄言笑。（中略）尤篤於友朋，許與氣類，口不臧否人物。於四方名士，暫交即如故知，以是遠邇咸樂交焉。有子二人，毅中、純中。其誨子止令下學，弗令干祿，雖極困躓不變。"

案《清史列傳》即參合全、應兩傳成文。黎元寬，字左嚴，號博庵，江西南昌人。崇禎元年進士，嘗任浙江提學副使，以忤溫體仁罷歸。入清不仕，隱居鄉間，以講學終。工詩文，善書法，有《進賢堂藁》。

文士結社，爲晚明一大風氣，而東南尤蔚。杭州結社始乎小築社，《（嘉慶）餘杭縣志·嚴武順傳》記嚴氏兄弟三人調御（印持）、武順（訒公）、敕（無敕）結小築社有云："兄弟自相師友，力追正始，擇人士，訂業小築山居，武林社事之盛，實自此始。"同里張初秀、江道闇又有讀書社之創立，未幾與小築社合而爲一，共入復社。而陸圻更繼讀書社創立登樓社（參箋證［五］）。朱彝尊《靜志居詩話》卷二一："杭州先有讀書社，倡自聞孝廉子將、張文學天生、馮公子千秋暨餘杭三嚴，後乃入復社，而登樓社又繼之。文必六朝，詩必三唐，彬彬盛矣。"茲錄郭紹虞《明代文人結社年表》（《照隅室古典文學論集（上編）》）三社史事繫年於後。萬曆三十七年（一六〇九）："嚴調御、武順、敕兄弟三人，與聞啓祥等於其小築山房結小築社，當起於是年左右。"天啓七年（一六二七）："聞啓祥、嚴調御諸人之小築社，至天啓末，改爲讀書社。社址在杭州慶春門城隅報國院。"崇禎十年（一六三七）："聞啓祥、嚴調御卒，讀書社似爲嚴渡主持，讀書社之改爲登樓社，殆在崇禎十年至十五年之間。"三社集會，大抵遵文人本色，詩酒吟唱，考訂文辭，間事說禪，論政蓋其餘緒耳，其習流於頹敗，與同時浙東諸社勇毅慷慨之氣象，大不相類。時黃宗羲身與三社，雖稱讀書社"多通經學古之士"，然"經生之學，不過訓故，熟爛口角，聖經賢史，古今治亂，邪正之大端，漫不省爲何物"（《南雷文定四集》卷三《高古處府君墓表》），甚至徑謂"武林之讀書社，徒爲釋氏所網羅"（《南雷文定後集》卷三《陳夔獻墓誌銘》），斥責之意溢然。參見近人朱倓《明季杭州讀書社考》及謝國楨《明清之際黨社運動考》。沈昀早年既預三社，蓋其學宗程朱之前，或亦有染於詞章、釋氏之學耳。

[三]《墓碣銘》："於取與尤介，授徒自給，三旬九食，以爲常。每連日絶糧粒，采階前馬蘭草食之。有聞者饋米數斗，先生不受。其人固請，則固辭。時先生餓甚，宛轉辭謝，益困，遂仆於地，其人皇駭而去。先生良久始甦，笑曰：'其意可感，然適以困老子耳。'嘗展戢山墓，徒步來往西陵。自是里中子弟習知先生清節。嘗有好事者求爲繼粟繼肉之舉，而莫敢前，以先生必不受也。潛齋歎曰：'生平於辭受一節，自謂不苟，然以視沈先生，猶媿之。'"

[四]《墓碣銘》："戢山身後，弟子争其宗旨，各有煩言。先生曰：'道在躬行，但滕口説，非師門所望於吾曹也。'"又謂："其學以誠敬爲本，刻苦清厲，以自守推而至於事物之繁、天地古今之變，則以適於世用者爲主。其言無一不切於人心，力排佛老，曰：'其精者傍吾儒，其異者不可一日容也。'"

應撝謙《傳》："其學一以考亭爲歸，不雜以金溪、姚江之指，不爲二氏學。初或辟而闢之，晚節見習之者多，亦不與較辨也。（中略）於書籍讐校必精，考訂必確。讀書務恭敬，每開卷時，必捧匜沃盥者再三，几筵稍弗潔不敢置也。批閱忘寢與食，窮日夜不倦。"

案《清史列傳》同。

[五]《墓碣銘》："以末世喪禮不講，重輯《士喪禮説》，薈萃先儒之言，定其可行者授弟子陸寅。又葺《四子略》《五子要言》《家法論》《升降編》《言行録》《居求編》，疏通簡要，不涉殘明講學習氣。"

案《清史列傳》《清儒學案》俱同。陸寅，字冠周，浙江仁和人。父圻，字麗京，工詩，與陳子龍、張溥爲登樓社，世有"西陵體"之目。事具全祖望《鮚埼亭集》卷二六《陸麗京先生事略》。康熙初莊廷鑨《明史》案起，寅與父兄牽涉其中，同時繫獄，僅得生還。後圻遠遊不歸，寅奉病母以居，母卒後，萬里尋父，終無所獲。朱彝尊《零丁詩》，爲寅作也。康熙二十七年成進士，未幾咯血卒。有《玉照堂集》。

[六]《墓碣銘》："疾革，門人問曰：'夫子今日之事如何？'先生曰：

'心中並無一物，惟知誠敬而已。'夜半卒，年六十三。無以爲斂。潛齋經濟其喪，不知所出，涕泣不食。或問之，曰：'吾不敢輕受賻襚，以玷先生也。'潛齋之徒姚生敬恒趨前問曰：'如某可以斂先生乎？'潛齋曰：'子篤行，乃沈先生夙所許，殆可也。'于是姚生遂斂先生而葬之于湖上之某原。子二，毅中、純中，皆承家學。惟先生與潛齋皆以淳心篤行，師表人倫，乃其風節尤爲殊絶。顧世或有知潛齋者，而先生沈冥更甚。百年以來，求其遺書，竟不可得。"

應撝謙《傳》："以（毅中、純中）二人乏養，薄遊南粵及維揚而歸。其遊維揚也，遂以病。易簀之夕，門人姚宏仁問曰：'此時先生誠敬之功，當無稍間。'君曰：'唯唯。'至夜半而卒，意以母在堂、不克終養爲恨也。"

案姚宏任，字敬恒，一字思誠，浙江錢塘人。少孤，以賈販養母，母知而愠，遂棄一心向學。遊應撝謙門下，日誦《大學》一過。服膺師說，言行必法之。謹於躬行，泊然自晦。有《庸言錄》行世（據《文獻徵存錄》卷一）。撝謙素不輕受人饋，獨於敬恒所奉，不之讓也。卒後，敬恒執喪，一依古師弟子禮。晚歲以非罪陷於獄，使者閱囚，聞其誦讀《大學》，而案上盡置程朱諸子書，與語驚異，即日釋去。卒以貧病而終。曾作閩中之游，總督姚啓聖禮聘幕府。黃宗炎以《獨行傳》中人物相許。傳文"門人姚宏仁問曰"云云，"門人"之稱，就應氏一己而言，《清史列傳》作"門人問曰"，歧誤生矣。

〔集評〕

毛奇齡《西河集》卷六十六《五賢崇祀鄉賢祠記》："武林有五賢，皆明季隱君子也。（中略）其人尚氣節，以東漢諸儒爲宗；而其爲文則精深奧博，破陋學之藩，而一歸於古。（中略）驟丁國變，五賢皆盛年而遺落世事，闔土室以儉德避難，間有寄于釋，屛于山林，託跡于交游之幕，以爲生者。（中略）向使五先生者，不即遭世變不處，出而用于世，不祀于社，當必祀于廟，享于大烝，必不止于是。（中略）五賢者，汪渢、陳廷會、柴紹炳、沈昀、孫治人也。"

全祖望《墓碣銘》："三年食薇，餓死不悔。彼儈之米，揮之户外。蕺山高弟，心傳罔媿。千秋宰木，庇兹書帶。"

唐鑑《國朝學案小識》卷十一《仁和沈先生》："先生諱昀，受學於蕺山先生，而以程朱爲宗，主敬立誠，端本績學。"

李元度《國朝先正事略》："粹然儒者之言。"

〔補述〕

應撝謙《傳》："究濂洛之蘊，有《宋五子要言》《四先生輯略》。又以經術諸儒，各持其說，淆然聚訟，於是博考同異，著《四書宗法》《七經平論》，未就。博山公之喪，訂《士喪禮》。（中略）爲文一宗兩漢，而以韓、歐矩矱行之。子姪爲文，或多蹈偶儷，則不喜，必苦禁之。尤長於史筆，所輯有《古今升降編》。於聲譜韻學，考覈尤詳，吐屬必本正音。大抵以《正韻》及孫愐《唐韻》爲主，而又博採諸義，正二書之誤，所著有《古韻》《同文韻》二書。又採古今行事可爲鑒者，著《名臣言行錄》《居求編》若干卷。於近世憲章人物尤所留意，惜未有成書。於詩則言情寫事，獨出體裁，歸乎大雅，以氣骨爲本，不爲形似之言、規摹之格，所選有《古今詩最》《今詩紀》。暇則考較醫術，尚未成也。（中略）雖朗思與余交不爲不深，而所著書各不及相示，入覽不過數卷，《行狀》所載書，多未識也。朗思卒後，其子穆如遠出，遂扃而藏之於家。以朗思精誠所託，知必傳無疑。但生前既不獲公之於世，而既没之後，爲之友者，尚不得受而讀之，非貧賤之爲累也夫！"

《清史列傳》："昀著有《宋五子要言》《四先生輯略》《四書宗法》《七經評論》《名臣言行錄》《居求編》等書，以貧，累無副本。撝謙所見不過數卷，後全祖望求其遺書，竟不可得。昀居父喪時，訂《士喪禮》，薈萃先儒之言，定其可行者，以授門人錢塘陸寅。"

謝文洊

　　謝文洊，字秋水，南豐人，明季諸生。時天下大亂，慨然有出世志。[一]入廣昌香山，爲浮屠氏之學，好大慧和尚書，學佛益力。[二]後得余姚、龍溪書讀之，大悔前此之非，遂偕友生講於新城之神童峰。[三]有王聖瑞者力攻陽明，與之辯論累日，不能勝，退而爲之心動。又讀羅整庵《困知記》，遂專力程朱。闢程山學舍，顏其堂曰尊洛。[四]著《大學中庸切己錄》。以爲爲學之要，"畏天命"一言盡之矣。聖人一生，戰兢惕厲，曰"顧諟天之明命"，曰"上帝臨汝，無貳爾心"，曰"昊天曰明，及爾出王，昊天曰旦，及爾游衍"，無非畏天命之心法。學者注目而視惟此，傾耳而聽惟此，稍有一念之私，急須痛悔刻責，速自洗滌，無犯帝天之怒。工夫既久，人欲淨盡，上下同流，樂天境地可得而臻也。[五]

　　時寧都易堂九子、星子髻山七子以文章氣節名。髻山宋之盛過訪文洊，見其學行醇粹，遂約易堂魏禧、彭任會講程山，咸推文洊篤恭行、識道本。[六]康熙二十年得疾，自爲墓誌卒。[七]

〔箋證〕

　　[一]《謝秋水墓誌銘》（《謝程山集》附錄謝氏自爲墓志銘，下稱《墓誌銘》）："謝秋水，名文洊，號約齋，晚又號顧菴。世爲南豐縣大井里人。幼椎樸，讀書性魯鈍。歲丙子，年二十一，充弟子員。壬午，遂不與科試。因閱邸報，中原寇氛猖獗，亂未知所極，遂有出世之志。蔬食，閱釋典，與禪僧往來。"

　　[二]《墓誌銘》："甲申國變，棄諸生。乙酉，益王起兵建昌，人民奔竄，父振南公以病終，倉卒殯葬，未盡禮，爲終天之恨。甲辰，林確齋

爲卜兆，改葬於廣昌香山堂。自乙酉後，連年轉徙不休，壬辰始奉母歸縣。學禪之志益堅，最嗜《大慧杲集》，參叩頗審。一日午坐榻上，靜久，忽然如鳥飛出籠，在太虛中，屋舍身軀俱空，移時自失，不復有求，再見不可得。然自是神氣清灑，異於常日。"

案《儒行述》、《清国史·文苑傳》卷一下《謝文洊傳》記事同。大慧和尚即宋臨濟宗禪僧大慧宗杲（一〇八九——一一六三）。張浚《大慧普覺禪師塔銘》（《徑山志》卷六）："隆興元年八月十日，大慧禪師宗杲示寂于徑山明月堂，皇帝聞之，（中略）賜謚普覺。師諱宗杲，宣州寧國人，姓奚氏。年十七，爲浮圖，不欲居鄉里，從經論師，即出行四方。始從曹洞諸老宿游，既得其説，歎曰：'是果佛祖意耶？'去之，謁準湛堂。（中略）于時賢士大夫往往争與之游，（中略）會女真之變，其酋欲取禪僧十輩，師在選中，已而得免，蓋若有相之者。渡江而南，圓悟方主雲居席，命師居第一座，爲衆授道，譽望蔚然。已而去，入雲居山，居古雲門，學者雲集。復避亂，走湖南，轉江右，入閩，築菴長樂洋嶼。（中略）道法之盛，冠于一時。（中略）屏居衡州凡十年，徙梅州。（中略）居（徑山）明月堂以終。"瞿汝稷《指月錄》卷三一曰："師宣城奚氏子，（中略）哲宗元祐四年己巳十一月十日巳時誕師，白光透室，舉邑稱異。年十六出家，十七落髮，即喜宗門中事。遍閱諸家語錄，尤喜雲門睦州語。嘗疑五家宗派，元初只是一個達摩，甚處有許多門庭。性俊逸不羈，十九游方。"事詳釋祖詠《大慧普覺禪師年譜》。

檢謝鳴謙《程山謝明學先生年譜》（下稱《年譜》）崇禎九年條："是年，太學公築學舍於廣昌縣香山，愛其形勢，自號香山居士，命諸子敬業其間。"自此，文洊隨父寓居香山凡八年，畢其力於佛學。謝氏《日錄》有論禪宗頓悟一節，可與本節所引《墓志》印證，文曰："禪家頓悟，將從前黏縛處忽爾空卻，若再生一遭。然當其參究時，是用何等苦力，方有此一日。今我習氣種種，無由脱去，日用之中，須要與彼參究時一般誠切，覺隱微稍動，即與斬截。不可稍爲因循，聽其自然消隙。即今便要斬然一變，與從前是兩截人物，方是猛烈丈夫手段。不然，只若存若亡而已，恐終身坐在蕉穢窠中，不更羞苦，可哀也哉！"

［三］《墓誌銘》："既讀《王龍溪集》，嗜之，以爲吾儒之學，與釋氏無別。因龍溪知有陽明，遂求得其集讀之，又謂龍溪雖超妙，不如陽明可以持循。乃日夕與諸友講論陽明之學。"

《年譜》順治四年條："讀《陽明集》，深悔從前之謬。是冬，乃會同志（中略）講論良知之學。"

案《儒行述》、《清國史·文苑傳》："既讀龍溪王氏書，復讀陽明書，遂與友講陽明之學。年四十，會講於新城之神童峰。"揆諸《年譜》，神童峰講會在順治六年，是歲文洊年三十有二，《清國史·文苑傳》"年四十"說誤。

[四]《墓誌銘》："館新城，遇一友，精於羅整菴先生《困知記》，力闢陽明之學，與爭辨者累日。求得《困知記》，反覆終卷，竟不相入。置之笥中，一日復虛心靜讀，始豁然，從此日析禪學之弊。壬寅，合同志與易堂諸友建程山學舍，日課講習，知交漸廣，鄰邑以次從遊者衆。"

檢《年譜》順治六年條："春三月，（中略）大會於新城縣神童峰，新城王聖瑞入會。聖瑞精於羅整菴《困知記》，力闢陽明，與先生爭辨屢日。"十一年條："始館程山，顏其堂曰尊洛，自署曰約齋。"《清國史·文苑傳》："有王聖瑞者，力攻陽明。文洊與爭辨累日，爲所動。取羅整菴《困知記》讀之，始一意程朱。闢程山學舍於城西，名其堂曰尊雒。"案羅欽順（一四六五——一五四七），字允升，號整菴，江西泰和人。明弘治六年進士，官至南京吏部尚書，諡文莊。事具《明史》卷二八二。整菴早年篤信佛學，其後棄而歸儒。論學宗朱而不盡從朱，於陸王則多有排擊，張岱《石匱論贊》稱"羅文壯故是輔朱說者也，然亦不得說壞象山"。有《困知記》《整菴存稿》。《明史》有傳。

彭士望《程山學社碑記》（《國朝耆獻類徵初編》卷四百）："晚乃得程山居之，與其徒封濬、黃熙、甘京諸子篤躬行，修古禮，晝所爲，宵必書之，考業記過，會朔望面相質訂。一二老友，時過從辨析疑義。諸子中或顯達，崇聞望，出入循循，里中人不問而知爲程山弟子。程山居城西，偏石圓砥，可坐數百許人，在孤獨及彈琴馬退石之左。林塘幽關，修竹翳如，三楹館室亭榭凡數處。濬、京與師嘗授徒其內。"

案《清史列傳》卷六六《謝文洊傳》同。謝文洊《己亥與甘京書》（《謝程山集》附錄甘京《親炙錄》）曰："近始看得羅整菴不苟，先儒所不到處，整菴爲發明之，殊快人。於此始惕然理之難明，從前粗躁，實追悔不及也。"甘京，字健齋，與謝氏同里，亦諸生。慷慨負氣，好學而善詩文，生平傾慕陳龍川，講求致用之學。後師從文洊，史稱其"立身砥行，溫潤栗理"。有《通鑒類事鈔》一百二十卷、《軸園稿》十卷、《不焚草》二卷、《無名高氏傳》一卷。同邑封濬、黃熙、曾日都、危龍光、湯其仁與京同出文洊門下，時號"程山六君子"。魏禧品目六子有曰："程山之門，濬爲最長，其德宇尤大，醇篤行，有道君子也。日都毅而介；其仁和而有守；京與龍光，坦中而好義；熙虛己而摯。此五君子者，性情行己不同，而孝友於家，廉於財，不苟且於言行，學古賢者之學，而缺然以爲若將弗及，則無不同。"

[五]《墓誌銘》："著《講義》數十篇，一宗程朱。著《大學中庸切己錄》，凡八九稿始定，竊欲折衷先儒，期足以啓發來學。訂《程山十則》。其日所體認者，爲《日錄》二卷。乙巳，髻山宋公之盛來訪，約易堂魏子禧同聚十日，刻有《程山問答》。"

案《年譜》康熙元年條："冬十月，作《三畏章講義》於香山。"《清史列傳》："所著有《大學中庸切己錄》二卷，首以《君子有三畏講義》一篇，發明張子主敬之旨。以爲爲學之要，'畏天命'一言盡之矣。聖人一生，戰兢惕厲，無非畏天命之心法。學者常當提持此語，注目而視唯此，傾耳而聽唯此，稍有一念之私，急須當下提醒痛責，速自洗滌，以無犯帝天之怒。工夫既久，樂天境地可得而臻也。"今傳《學庸切己錄》，收錄《程山講義》《程山十則》《大學切己錄》《中庸切己錄》及《事天謨》五種。其書既出謝氏自著，而易堂、髻山諸子復加評定，程山門人更事參訂。又卷首冠徐乾學康熙戊辰序、于建邦序，曾經張伯行等校訂，足見其書爲時人所推重。謝氏論敬，《日錄》有曰："畢竟是'敬'字平正。王門弟子流爲無忌憚，還是當日忽略此字。此是千古學術命脈所關，雖有極精微之見，如不用敬，總有弊端在後。"又案謝氏著述，《切己錄》二卷、《程山講義》三卷、《日錄》四卷以外，尚有《讀易緒言》二卷、《義正編》一卷、《程山文集》十八卷。又編著《初學先言》二卷、《程門主敬錄》一卷、《風雅倫音》二卷、《左傳濟變錄》二卷、《大臣法則》八卷、《程山十則》（附《西銘解》）、《兵法類案》十三卷。其餘刪訂《大學稽中傳》一卷、《七克易》二卷。謝氏卒後，門人甘京彙編其遺著，名曰"《程山遺書》"，計六十卷。

[六]《墓誌銘》："易堂諸友每過程山信宿，與洊爲骨肉交。諸友節行文章爲海內所宗，洊不自量，亦欲學其詩文，才短終不能就，而己學亦遂旁洩，不得深造矣。（中略）乙卯，南豐遭土寇破城，程山遂成丘墟，諸友播越各鄉，聚業無所，學廢不講，而洊與諸友漸有頹落之虞。居艮籌

八載，家貧日甚，賴諸友稍得活。"

　　案《年譜》系謝氏與髻山、易堂講論程山於康熙二年，並云："星子髻山宋未有之盛來訪，兩山以書論學有年，至是各質所懷。論程子識仁、儒禪差別、程朱學脈及無善宗旨有弊，俱契合。時魏冰叔館新城，走百二十里赴會，聽者甚重。髻山歸，歎曰：'不到程山，幾乎枉過一生矣！'"

　　彭氏《碑記》："吾易堂諸子，每過必出所撰著，述近日行事，講貫連日夜，互爲規益。星渚宋未有曾一至，居旬日，歎爲生平僅事。四方遠近之游而過之者，殆無不知程山有謝子之學。"

　　案《儒行述》同。江西寧都人魏兆鳳於明亡之後，削髮隱居於其鄉翠微峰，名其居室曰易堂。兆鳳三子，魏禧與兄際瑞、弟禮及同邑李騰蛟、丘維屏、彭任、曾燦並南昌彭士望、林時益，以詩文相切劘，兼究易理，號曰易堂九子。九子皆能詩文，而魏禧（一六二四——一六八一）最具盛譽。禧字冰叔，號裕齋，因居室名勺庭，學者稱勺庭先生。早年爲諸生，明亡棄舉業，入清不仕，以授徒自奉。康熙時以博學宏詞薦，稱病堅辭。爲文不拘成法，獨抒胸臆，而以剛健雄奇見稱。文名與侯方域、汪琬齊肩。有《魏叔子文集》。禧兄際瑞（一六二○——一六七七），初名祥，字善伯，號伯子。性敏強記，學主經世。好《莊子》《史記》，篤治古文。有《魏伯子文集》。魏禮（一六二八——一六九三），字和公，號季子、吾廬。刻苦自勵，性喜交友，明亡，遊歷南北，足跡遍海內，與二兄並稱"寧都三魏"。有《魏季子文集》。《清儒學案》卷二二《寧都三魏學案》："易堂諸子與程山、髻山相爲應和，皆明遺民也，而易堂聲氣特盛。三魏競爽，叔子爲之魁，氣節文章，志在經世，視謝、宋諸人之潛修稍殊焉。"

　　茲並略述易堂餘子事跡。李騰蛟（一六○九——一六六八），字力負，號咸齋。在九子中年最長，諸人皆兄事之。性醇厚，尤精易理。有《半廬稿》《周易賸言》。丘維屏（一六一四——一六七九），字邦士，號慢廡。性恬淡高雅，晚究心《易》理、曆數及西洋算學。有《丘邦士文集》《周義選參》。彭任（一六二四——一六八八），字遜士，號中叔。好學重義，安貧樂道。學兼經史，雅善詩文，更及丹青、醫術。有《周易解說》四卷、《禮記類編》十卷、《理學弗指錄》十卷、《草堂文集》一卷。《清史列傳》卷六六本傳："嘗訪其友謝文洊、甘京於程山。魏禧約集同志彭士望等九人講學易堂，任其一也。任務爲有用之學。論朱陸異同，謂學者之病，不在辨之不晰，而在於行之不篤，持論頗平。"曾燦（一六二五——一六八九），字青藜，號止山。明末矢志抗清，後削髮爲僧，足跡遍及東南。以詩文稱，終客死京師。有《六松草堂文集》。彭士望（一六一〇——一六八三），字躬庵，一字樹廬，號晦農，江西南昌人。幼而穎異，爲諸生。思有建樹於時，嘗仕南明，抗清兵，卒無成功。晚年與三魏隱居講學。有《恥躬堂集》《樹廬文鈔》。林時益（一六一八——一六七八），字確齋。原名朱議霶，明宗室。明亡，更易姓名，寄籍寧都，晚更入佛門。詩文有聲於時，有《冠石詩集》《確齋文集》。

又宋之盛（一六一二——一六六八），字未有，江西星子人。居匡山白石村，人稱以白石先生。崇禎十二年舉人，入清隱居不出。結廬髻山，與同邑查轍、吳一聖、余晫、查世球、夏偉及弟子周祥發講學其中，時稱"髻山七隱"。其學以明道爲宗，識仁爲要，於佛道之學，亦頗能甄辨。康熙七年卒。有《求仁編》《丙午山間語錄》《程山問辨》《髻山語錄》等。諸人《清史列傳》《清史稿》俱有傳。

[七]《墓誌銘》："辛酉八月，虛勞病作。冬，移家入城。知不可起。自悼身世淪落，鬱鬱懷抱，即酷好山水，大有五嶽之興，亦復因循不決，賫恨以没。生平慕道，而不能入聖賢之域，又無善行可爲世法，聊自紀大慨，以存天地間一物之跡而已。"

《墓表》："先生生以萬曆丙辰秋八月癸亥，卒以康熙壬戌夏五月丁卯，年六十有七，其弟子私謚曰明學，世稱明學先生。"

〔集評〕

甘京《謝明學夫子私謚議》（《謝程山集》附錄）："吾師程山謝先生生于僻壤，早厭舉業，參究佛書有所得。賴天誘其衷，返悟聖學，一宗程朱。三十餘年，潛心肆力，體認則極其深沈，踐履則極其篤實，辨異端則毫釐畢析，關俗學則源流一清。其爲己與誨人也，以天命爲宗旨，以誠爲本，以識仁爲體，以切己爲要，以主敬爲功，以易爲至精，以正蒙爲至奥，以經世爲用，以守約顧諟爲會歸，以二程子上承濂溪而下啟關、閩爲法式。將終，自作墓志，述其生平爲學之序，欿然自以爲不足，而於儒學之淵源，實足以明孔孟、程朱之學，較然而無疑，乃以身居窮約不能表見於當世，而僅傳習於及門。諸弟子等心悦誠服，不敢阿私所好，議私謚曰明學。"

劉琅《祭南豐謝明學先生文》（《謝程山集》附錄）："自陽明氏殁，聖人之道雜而無歸，天下之學者不拘守夫傳注辭章，則趨于空寂元微，（中略）狂僻中于人心，而風俗爲之大頽，凌夷至於今日也。嗟乎，豈非學術之不明之所致哉！惟先生生于道喪人遼之候，獨聞風而慕之，乃能卓然遠紹，毅然自持，凡天下之囂囂於鵝湖、考亭、龍谿、緒山而靡決者，一衷於六經、《四子》，而無所偏倚，於是久斁之旨復伸，而後學始知所憑依。"

文行遠《祭南豐謝明學先生文》（《謝程山集》附錄）："吾鄉寥寥，獨有髻山宋先生耳。越十年而程山夫子之名始著，未幾而髻山頽矣。夫子孑然以聖學爲己任，而嚴辨似是之非，識仁者其體乎，切己者其要乎。兢兢以畏天命爲學，而致知主敬之功，歷顛沛造次，力底於誠。精焉醇焉，而無纖毫駁雜之憾。江西理學之宗，舍程山其誰與歸？愓菴湯先生爲我言曰：'程山之學，晚乃識之佳。疇昔早從之遊，則焚棄筆硯，立學而甘心焉，一朱紫何足捨哉！'"

鄒方鍔《謝明學先生墓表》（《謝程山集》附錄）："其少時刻意學問，歷二十年，凡三變，迺一以朱程爲宗。時髻山宋之盛之氣節、寧都魏禧之經術文章、程山謝文洊之理學，並有聞於世，稱'江右三山'。而先生則本之躬行而有獲者，發明宋五子之書，傳示後世，其於學尤遠且大。（中略）先生築室程山，搆講堂曰尊洛，與諸弟子講學其中。而程山之學，衣被遠近，於今不衰，其有功五子而爲人心世道之繫屬者，夫豈尠哉！"

王行恭《建程山饗祠序》："程山之學在濂洛關閩，著説在《學》《庸》，握要於切己近裏，不欲剽竊虛浮者望其肩背，而節義、經濟、文章渾然於肆應之中，此程山之獨以理勝。"

《清儒學案》卷十八《程山學案》："清初，西江言理學者有程山、髻山、易堂諸子。秋水初學佛，去而就陽明，復返於程朱。白石刻《傳習録》，而質言其爲禪。"

應撝謙

應撝謙，字嗣寅，仁和人。[一]早歲能文章，尚氣節，[二]與虞畯民、張伏生、蔣與恒諸子結社講學。因東林之後，幾、復二社以詩文制藝號召南北知名之士，非顧、高二君之志也，於是絕聲氣之交，獨究性命之旨，故名其社爲獮社。[三]康熙十八年，以博學鴻儒徵，稱疾不行。大吏促之，輿牀詣有司驗疾，乃得免。[四]海寧知縣許某請主書院，兩造其廬，不見，既而曰："是非君子之道也。"乃棹小舟往謁。令大喜，曰："先生其許我耶？"逡巡對曰："令君學道，但從事於愛人足矣。彼滕口說者，客氣耳。"令默然。既出即行，弟子曰："令君必來，去何急也？"笑曰："令君好事，必有所贈，拒之則益其愠，受之則非心所安也。"遂解維疾去。[五]同里姜圖南爲巡鹺御史，歸贈撝謙金，弗受。一日遇諸涂，方盛暑，撝謙衣木棉衫，圖南歸，遺以葛二端，且曰："此非盜蹠物也。"撝謙卻之，曰："吾昨偶中寒，絺衣故在篋也。"[六]

其治經以實踐爲主。[七]坐臥小樓中，一几一榻，書籍之外，別無長物。終日端坐，無疾言遽色，[八]遠近從學者甚衆。[九]里中一惡少年使酒好鬭，忽求聽講，許之，聽講三日，甚拘苦，遂去，使酒如故。一日持刀欲殺人，勢洶洶莫能沮，忽見撝謙來，遽失色，刀墮於地。撝謙以好語撫之曰："一朝之忿，何至於此？"少年俯首謝過去，自後與人爭，傍觀者不能勸解，紿之曰"應先生來矣"，即遁走。[一〇]所著書甚多，[一一]以朱子爲宗，[一二]陽明之說，亦不致辯也。[一三]

〔箋證〕

[一] 全祖望《應潛齋先生神道碑》(《鮚埼亭集》卷十二，下稱《神

道碑》）："應先生之没六十年，遺書堙没，門徒凋落且盡，同里後進莫有知其言行之詳者。（中略）應先生諱撝謙，字嗣寅，學者稱爲潛齋先生，杭之仁和縣人也。（中略）自以故國諸生，絶志進取，（中略）康熙二十六年病革，（中略）春秋六十有九。"

案《儒林傳稿·應撝謙傳》稱撝謙"浙江錢塘人"，與《神道碑》所記有異。仁和、錢塘舊時同爲杭州附郭縣，錢林《文獻徵存録》卷一《應撝謙》稱撝謙"崇禎甲申後，棄諸生，不復出。居威乙巷，家至貧乏"，考《杭州府志》，威乙巷在仁和縣，當以全祖望《神道碑》説爲是。

［二］應撝謙《無悶先生傳》："先生學不適時，（中略）爲文章不詭合，自怡悦而已。密友多窮交，經年不見，與日見無異。"

陸隴其《祭應潛齋先生文》（《三魚堂文集》卷十二）："先生唐之許由、晉之陶潛，高風峻節，可與比肩。然許則高矣峻矣，而文采無聞；陶則文采表見於後世矣，而沉於麴蘖，不可以訓，是皆千古遺憾也。先生閎覽博物，澹泊寧静，許之所無，先生有之，陶之所有，先生無之，卓然獨立，高視古今，豈非宇宙正氣所鍾哉！"

［三］《神道碑》："偕其同志之士曰虞畯民、曰張伏生、曰蔣與恒爲狷社，取有所不爲也。其時大江以南，社事極盛，杭人所謂讀書社、小築社、登樓社者，不過以文詞相雄長，先生於其中稍後出，而狷社之所相淬厲者乃别有在。"

案《清儒學案》卷二《潛齋學案》"狷社之所相淬厲者乃别有在"作"狷社之所相淬厲乃在志行"。

［四］《神道碑》："戊午，閣學合肥李公天馥、同里項公景襄以大科薦，先生輿牀以告有司曰：'撝謙非敢卻聘，實病不能行耳。'俄而范公承謨繼至，又欲薦之，先生遂稱廢疾。蓋其和平養晦，深懼夫所謂名高者。"

案戊午當康熙十七年，記稱"十八年"者非也。《儒林傳稿》又云："客有勸者曰：'昔太山孫明復嘗因石介等請以成丞相之賢，何果於卻薦哉！'撝謙曰：'我不能以我之不可學明復之可。'乃免徵。"

［五］《神道碑》："海寧令許西山請主講席，造廬者再，不見，致書者再，不赴。既而思曰：'是非君子中庸之道也。'扁舟至其縣報謁，許令大喜曰：'應先生其許我乎？'先生逡巡對曰：'使君學道，但從事於愛人足矣。彼口説者，適所以長客氣也。'許令嘿然不怡。既出，先生解維疾行，弟子問曰：'使君已戒車騎，且即至，何恝也？'先生笑曰：'使君好

事，吾雖不就講席，彼必有束帛之將，拒之則益其慍，受之則非心所安也。行矣，莫更濡遲也。'"

案唐鑒《國朝學案小識》卷八《安陽許先生》："先生諱三禮，字酉山，歷官兵部侍郎。（中略）明季宗良知家每本心而不本天，先生知之，揭出一天字，而實之以仁孝。（中略）惟先生講學，動曰從某處悟出，從某書悟出，與格致誠正真實功夫異矣。"

［六］《神道碑》："同里姜御史圖南以視齲歸，於故舊皆有饋，嘗再致先生，不受。一日遇於塗中，方盛暑，先生衣木棉之衣，蕉萃踟蹰，御史歸，以越葛二端投之，曰：'雅知先生不肯受人一絲，然此區區者聊以消暑，且非自盜跖來也，幸無拒焉。'先生謝曰：'吾尚有絺綌在笥，昨偶感寒，欲其鬱蒸耳。感君意良厚，然實不需也。'竟還之。"

［七］《神道碑》："於遺經皆實踐而力行之，不以剿說。"

《儒行述》："居常考索遺經，以反躬實踐為學。"

《儒林傳稿》："殫心理學，以躬行實踐為主，不喜陸王家言。"

［八］《神道碑》："一筵一席，罔不整肅。其倦而休，則端坐瞑目；其寐而起，則遊息徐行，終日無疾言遽色。所居□足蔽風雨，箪瓢累空，恬如也。"

《儒行述》："坐臥小樓，一筵一席，罔不整肅。其倦而休，輒端坐瞑目；起則徐徐而行，終日無疾言，無遽色。"

［九］《神道碑》："先生弟子甚多，因以樓上樓下為差，如馬融例。（中略）先生之門人曰凌嘉印文衡、曰沈士則志可，皆能傳其學。"

案《儒行述》《儒林傳稿》並同。錢林《文獻徵存錄》又曰："撝謙以儒術教授里中，諸生嘗有百數，舉止文雅，見者不問而知為應先生弟子。"

［一〇］《神道碑》："里中一少年使酒，忽扣門來求聽講，同門欲謝之，先生獨許之，曰：'來者不拒，去者不追，是孟子之教也。'其人聽三日，不勝拘苦，不復至，使酒如故。一日，其人醉，持刀欲擊人於道上，洶洶莫能阻者，忽有人曰'應先生來'，其人頓失魄，投刀垂手，汗出浹背。先生至前，撫之曰：'一朝之忿，何至於此？曷歸乎？'其人俛首謝過而去。"

［一一］《神道碑》："歎曰：'今日唯正人心而維世教，庶不負所生耳。'乃益盡力於著書。（中略）所著書二十有八種，其大者《周易集解》

《詩傳翼》《書傳拾遺》《春秋傳考》《禮樂彙編》《古樂書》《論孟拾遺》《學庸本義》《孝經辨定》《性理大中》《幼學蒙養編》《朱子集要》《教養全録》《潛齋集》，共如干卷，其《無悶先生傳》則自述也。（趙）一清將次第抄而傳之。"

《儒林傳稿》："撝謙於《易》《書》《詩》《禮》《樂》《春秋》《孝經》《四書》各有著説。又撰《教養全書》四十一卷，分選舉、學校、治官、田賦、水利、國計、漕運、治河、師役、鹽法十考，略仿《文獻通考》之例，而於明代事實尤詳，其不載律算者，以徐光啓已有成書，不載輿地者，以顧炎武、顧祖禹方事纂輯也。又有《性理大中》二十八卷。"

案《清儒學案》所述尤詳明，文曰："先生撰《性理大中》，首道統，次儒紀，列濂溪、明道、伊川、延平、考亭、魯齋、敬軒諸儒，終以陽明，而辨其十失，次論學，次論治，凡二十八卷。撰《教養全書》，（中略）凡三十四卷。他所撰述，有《今文孝經辨定》一卷、《編注古本大學》一卷、《中庸本義》一卷、《語孟朱注大全拾遺》二十一卷、《周易應氏集解》十七卷、《易學圖説》一卷，《書經蔡注拾遺》《詩傳翼》皆無卷數，《禮樂彙編》六十三卷、《春秋集解》十二卷、《古樂書》二十四卷、《校定文公家禮》四卷、《家塾祀規》一卷、《考亭集要》二十卷、《兩漢言行録》十六卷、《洪範圖説》一卷、《周官聯事》二卷、《禮器圖説》一卷、《經韻簡》一卷、《三家釋要》三卷、《莊子雅言》二卷、《訓子約語》《養蒙文樂志章》各一卷、《潛齋文集》五十卷。陸稼書取《性理大中》紀陽明一卷，別爲《王學考》，序而傳之。"

［一二］《應潛齋先生集》卷七《再與秦開地書》："弟自幼服膺朱子。"

《無悶先生傳》："先生學不適時，不好禪，不喜陸王家言。"

案陸隴其《三魚堂文集》卷八《王學考序》稱："潛齋論性、論太極，頗與程朱牴牾，余不敢從。然其教人用功，必以窮理格物爲本，謹守朱子家法，故其言多可羽翼經傳。"故全祖望《神道碑》有謂："先生之深造自得，固非隨聲附和者。世但知先生不喜陸王之學，而不知其與朱學亦不盡同，如論《易》，則謂孔子得《易》之《乾》，老子得《易》之《坤》，雖未必然，然別自有名理可思，善學者當能知之。"《清儒學案》所謂"潛齋宗程朱而譏切陽明，然於考亭亦屢見諍義，雖不滿陽明，而許爲救時之藥，是固所謂深造自得，不隨聲附和者"，實承兩家之説。

[一三] 案陸隴其《王學考序》："自陽明之學行，天下迷惑溺沒於其中者百五十餘年，近歲以來，好學深思之士乃敢昌言排之，然以其功業赫赫，於人之耳目間者疑信且半。錢塘應潛齋獨一言以斷之曰：'陽明之功，譎而不正，詭遇獲禽耳。'又推其本而論之曰：'陽明自少馳馬試劍，獨學無師，而始堅於自用，則又直窮其病根。'陽明復起，不能不服斯言。（中略）其論次陽明言行凡一卷，附於其所輯《性理大中》內。余以爲此當自爲一書，不當附性理，故特表而出之，而名之曰《王學考》。欲知學術異同之所由來者，其必有取於此也夫？"據此，應氏於陽明學行，本有詮次述論，何嘗如鄭堂所謂"陽明之説，亦不致辯也"？率爾操筆，想當然耳。錢塘秦雲爽，字開地，號定叟，爲揚謙學友，因疑王陽明《朱子晚年定論》而撰《紫陽大指》八卷，調停程朱、陸王之辨。揚謙既爲之序，然"辭不别白，仍有未盡"，更有《與秦開地論紫陽大指書》《再與秦開地書》（《應潛齋先生集》卷七）相諍，以爲"夫陽明不特疑朱子爲'影響'，且詆朱子爲'神姦'，見之手筆，有不可以調停者"，斷斷置辯，於陽明之説鞭辟甚深，文繁不復具引，拈此一例，更爲申證耳。

〔集評〕

沈近思《沈先生士則傳》（《碑傳集》卷一二八）："昔應潛齋先生講學於錢塘，遊其門者多至數百人，四方之士莫不景仰恐後。數十年來，流風遺韻，不絶如綫。以余所見，應門高第，篤信師説，孜孜不倦以終其身者，維翁文衡與同宗志可先生爲最。"

吳日慎

吳日慎，字徽仲，歙縣諸生。[一]篤行好學，尤致力於宋五子書。以誠敬爲宗，故自號敬菴。[二]遊梁谿，時主東林書院者爲高世泰，字彙旃，忠憲公之從子也，恪守家法。[三]春秋釋奠畢，升堂即席，以次開講，威儀肅然，莫不斂容欽聽。慎與施璜、無錫張夏同受業焉。[四]後歸歙，會講紫陽、還古兩書院，四方來學者甚衆。老於家。[五]著有《周易粹言》、《大學》《中庸章句翼》，行於世。[六]

〔箋證〕

[一]施則曾《吳徽仲先生傳》（《東林書院志》卷十二，下稱施《傳》）："吳徽仲先生諱日慎，號敬菴，徽州歙縣人也。"

彭紹升《儒行述》："吳徽仲，名慎，江南歙縣諸生也。"

案"吳日慎"，記文本從《儒行述》作"吳慎"。檢吳氏《周易本義爻徵》卷首冠撰者康熙甲子年自序，落款云"新安吳日慎序"，自以施《傳》爲是。餘如熊賜履《高彙旃先生傳》、《（道光）徽州府志》、《清史列傳》、《清史稿》本傳等皆作"吳日慎"。若錢林《文獻徵存錄》、李元度《國朝先正事略》等則並襲彭、江之舛誤。

[二]施《傳》："生而穎異，少好學，未弱冠補弟子員。始而從事舉子業，江左文壇名望素著。繼而潛心理學。家貧甚，壺隱金閶。（中略）從東林諸君子後，虛心請益，研求下學上達之旨。析疑問難，時出讜論，載之《紫陽通志》。（中略）而喫緊則主敬以立其本，窮理以致其知，反躬以踐其實。究其得力處，尤在一'敬'字，因自號敬菴。學者宗之，群稱爲敬菴先生。蓋先生天資高邁，於書無所不讀，而其尋繹把玩，終身不厭倦者，則惟《小學》、《近思錄》、《四書》、六經及濂、洛、關、閩諸書。"

案《清史列傳》卷六六《吳日慎傳》更述其學云："嘗作《性情說》，

謂‘孟子道性善，當時有異論，蓋未嘗爲氣質之説以通之。然推孟子口之於味之類而曰性也，又曰動心忍性，則亦就形氣嗜欲而言；又犬之性不若牛之性，牛之性不若人之性，亦謂氣稟之殊。是孟子雖未言氣質，而其意已躍如言外也。性囿於氣質，發而爲情，不能盡善。欲理性情，非治心不可；欲治心，非敬義不可。蓋中和者，性情之德，敬者所以中，義者所以和。中庸之戒懼，敬也；慎獨，義也。敬義者，所以變化氣質、克己復禮之道也。’又以金谿之徒援儒入釋，非痛切明辨，無以盡絕根株，悉袪障蔽，因著《就正錄》《敬庵存稿》諸編。"吳曾淳《周易本義爻徵跋》謂"高叔祖徽仲先生所著《周易爻徵》及《就正齋語錄》未梓，身後遺稿散失，徧索不得"云云，蓋《就正錄》者，《就正齋語錄》也。

[三] 施《傳》："聞梁谿有高彙旃先生，能繼顧、高諸先生主壇講學於東林書院，四方來歸，因往遊焉。"

案《無錫金匱縣志》卷六《學校志》："東林書院亦名龜山書院，在城東隅。宋楊文靖時講學於此，後即其地爲書院，而建道南祠以祀之。元至正間，廢爲僧廬。明邵寶欲興復未果。萬曆三十二年，顧憲成及弟允成始構成之。憲成殁，高攀龍、葉茂才相繼主其事。榜其門曰東林書院，門之前建坊曰洛閩中樞，其陰曰觀海東游。入門曰麗澤堂，更入爲講堂，曰依庸。後有門，顏曰燕居。其內有堂，曰中和，奉先師木主。東西兩樓藏祭器、經籍，別建道南祠於書院之東。（中略）當憲成、攀龍講學時，歲兩大會，月一小會，各三日，悉仿白鹿洞規。遠近名賢，同聲相應，天下學者，咸以東林爲歸。天啓五年，鈎黨禍作，詔毀天下書院，而東林實居其首。（中略）崇禎初，有詔脩復。（中略）國朝順治十一年，知府檄除東林地稅，攀龍從子世泰作燕居廟，如舊制，並建再得草廬。又於依庸堂右構三公祠以祀。（中略）康熙中，巡撫湯斌親詣會講。尚書熊賜履、巡撫宋犖、學使許汝霖倡捐繕治，（中略）悉復舊觀。"

許獻《重修東林書院記》卷二："按東林落成於萬曆甲辰（一六〇四）之秋，十月，遍啓諸同人，始以月之九日、十日、十一日大會東林講堂，涇陽爰作會約，以諗同志。而景逸先生爲之序，首列孔、顏、曾、思、孟，明統宗也；次《白鹿洞學規》，定法程也，申之以飭四要，辨二惑，崇九益，屏九損，衛道救時，周詳懇到，其間闡提性善之旨，以闢陽明子天泉證道之失，尤見一時障川回瀾之力。是時海內論學諸賢，各有宗旨，亦每有會約，而莫如此約之醇正的實者。"

又錢林《文獻徵存錄》卷四："高世泰，字彙旃。少摳衣於從叔攀龍，耳受書策。世泰學甚該究，嘗著《五朝三楚文獻錄》，學者重之。晚葺道南祠、麗澤堂，以梁谿爲講習地。祁州刁包聞聲謁之，兩人非同門學也，而更相切磋，學者以爲美談，由是'南梁北祁'之號起焉。平湖陸隴其、儀封張伯行，皆與世泰友善。若孝感熊賜履，則世泰之徒所成就者也。汪學聖講學於歙，發揮聖道，頗雜玄言，既一至梁谿，憫然自病。學聖里人，汪知默、陳二典、胡胐、汪佑、吳（日）慎、朱宏、施璜等，先於紫陽書院爲文友之會，講論閩學，又因學聖至梁谿問奉，書稱弟子，乃更定《紫陽通志錄》四卷。"案此本熊賜履《高彙旃先生傳》，而精簡過之，故取此不取彼也。《三楚文獻錄》《紫陽通志》外，世泰所著又有《中庸問答》《高忠憲公年譜》《東林書院續志》《高子節要》等。

[四] 秦松齡《張菰川先生傳》（《東林書院志》卷十二）："春秋釋菜畢，入講堂與吳徽仲、汪默菴、施虹玉諸君子次第講學。"

案《儒行述》同。施璜、張夏別有傳。汪燨事見本卷《張夏》箋證[四]。

[五] 施《傳》："後返故園，益向學紫陽、還古兩書院中，會講不輟。時則有胡匏廬、汪惕若、汪默菴、施虹玉諸先生共相討論，悉守《白鹿洞學規》。（中略）迄今紫陽、還古之間，學者蔚起，知所指歸者，先生汲引之力居多。（中略）歲癸巳，後學同人公舉先生主崇祀東林書院道南祠，配宋儒楊文靖公龜山先生，永饗祀典云。"

案《（道光）徽州府志》卷三之一《營建志·學校》"紫陽書院"條："紫陽書院肇自元至元二十四年丁亥，邑人知本州事汪元圭創置文廟側，同邑助其役，復捐田爲養士資。上之省，乞以文公書院爲名，符下，名曰晦菴書院。（中略）明嘉靖九年庚寅，知縣曾忭毀，縣治後保安山之保安寺爲書院，易晦菴之名曰紫陽，祀朱子，而以蔡元定、黃榦配。（中略）迨張居正柄政，拆毀書院，乃以會田寄之儒學。萬曆四十三年乙卯，知縣馮時來復建書院，祀三賢。（中略）自是講學日益盛，而大要以余少原懋衡、汪登原應蛟兩先生爲皋比主。天啓六年丙寅，魏忠賢用事，其黨張訥疏言天下書院最盛者，無過東林、江右、關中、徽州，指鄒元標、馮從吾、孫慎行及余少原爲大頭目，謂其南北主盟，互相雄長。於是少原先生與孫、馮諸公同日削奪，（中略）書院之名但稱三賢祠而已。鼎革以來，書院賢祠燬於兵燹，三賢木主寄栖瑞雲樓。康熙三十六年丁丑，知縣張綏重建，尋圮。""還古書院"條："還古書院在古城萬安山。明萬曆壬辰，知縣祝世禄、邑人鄒庶倡建，爲講學之所。天啓間，魏忠賢鏟天下書院，還古已毁三之一。崇禎改元，奉旨准復。（中略）國朝順治間，邑人給事中趙吉士倡修。康熙三十一年，邑紳汪晋徵倡議祀朱子於歸仁堂。三十九年，邑人趙景從捐修。"

《府志》卷十一《吴日慎傳》又謂："儀封張伯行撫吴，嘗衪日慎主於東林書院。吴日驄，歙縣諸生。嘗從日慎學《易》。日慎撰《本義翼》，日驄本其大旨，别加採摭，爲《讀易輯要》十二卷，未刊而卒。"

[六] 施《傳》："著有《周易粹言》《大學章句翼》《中庸章句翼》，已行於世。餘若《周易翼》《四書翼》《周子太極圖翼》《西銘翼》三十餘種，因貧不能刻，尚藏於家。"

案《清史列傳》稱："著書三十餘種，《易》學尤深。有《周易本義翼》《周易集粹》《爻徵》數十卷。《爻徵》取史以證象，尤曉然於貞勝之旨，《御纂周易折中》曾取其書數十則。"《（道光）徽州府志・吴日慎傳》："自十五迄八十，深潛《易》學，無須臾不在爻畫間。於是有《周易本義翼》《周易愚案》《周易集粹》《爻徵》各如干卷。《爻徵》者，取史以證象，尤曉於貞勝之旨。安溪李文貞公見其《周易愚案》，采數十則《御纂周易折衷》中，附明儒後。"又云："按日慎《示子文》內，所著又有《參倚録》《大學中庸章句翼》《太極圖說翼》《中庸問辨》《周易指掌》《爻義指掌》《圖書贊注》《筮儀辨》《玲原聲律測》《觀省録》《春秋約義》《深衣制翼》《詩類觀要》《詩叶定音》《四子詩牘》《通書類編》《感興詩》《翼性理吟編》《釋鬼神說攷》《聖學約指攷》《下學要語》《異學辨》《就正録》《膚言問答》《講義》《贅言》等書。"

[集評]

張伯行曰："（吴）日慎晰理精解，密不泥於俗而能救俗之蔽。"（《清史列傳》卷六六引）

施《傳》："大中丞考陽張公，當今理學宗主也，平日所衷心折服者，惟先生偕汪默菴、施虹玉兩先生。著述且有'殘編斷簡，不可輕置'之語。嗚呼，觀張公所折服於先生如此，則先生之所以爲學，槩可知矣。"

路德《周易本義爻徵序》（道光甲午）："先生爲吴蔗鄉師高叔祖，嘗講《易》石林，著有《易義集粹》及《周易本義翼》，海內學者，仰爲山斗。"

施 璜

施璜，字虹玉，休寧人。[一]初爲舉業，詣府應試，入紫陽書院聽講，瞿然曰："學者當如是矣。"遂棄舉業，發憤志於道。[二]自梁谿歸，紫陽、還古兩處會講首推璜。璜先期齋戒，至開講日，肅衣冠升座，以誠感人。教學者以九容養外、九思養內，以造於自得。學者翕然宗之。[三]在東林時，將歸，與世泰約某年某月日來赴講會，及期，世泰設榻以待。或曰："千里之期，能必信乎？"曰："施生，篤行君子也，必如約。如失信不至，吾不復相天下士矣。"言未終，而璜挈其子至矣。[四]著有《思誠錄》、《小學》《近思錄發明》等書。[五]

〔箋證〕

[一]秦源寬《施虹玉先生傳》（《東林書院志》卷十二，下稱秦《傳》）："先生諱璜，字虹玉，號誠齋，徽州休寧人也。幼凝重，寡言笑，塾師即心異之。年舞勺，即已通《孝經》《小學》《四子書》。"

[二]秦《傳》："稍長，事制舉業，應試過郡，見紫陽書院中有講學者，先生諦聽身心性命之緒論，遂恍若有所得，喟然曰：'學者當如是矣，舉業非吾事也。'遂絕意仕進，發憤潛修，卒以理學著稱云。"

案吳德旋《聞見錄》稱璜："少好學，既長，聞四方有名賢，輒徒步千里往從之游，相與考論同異。過梁溪，訪高彙旃於東林講席；過宛溪，與施尚白詰對累日夜；應聘金陵，與孝感熊文端公論學尤相契。"

[三]秦《傳》："其講學也，在新安紫陽、還古兩書院，每月會講，皆首推先生主講席。先生必先期齋戒，肅衣冠，斂容止，危坐正論，儼然以一身當嚴師益友。而於先儒語錄尤多所發明，能使聽者亹亹忘倦，以故

四方學者，翕然宗之。（中略）其立法引掖後進也，九容以養其外，九思以養其內，九德以要其誠，而所尤諄切者，惟以修身立誠，深相策勵。學者佩服景行，一如在新安時。"

案《儒行述》同。《清史列傳》卷六六《施璜傳》："先後主講垂四十餘年。康熙三十二年，聖祖賜'學達性天'額於紫陽書院，璜因輯《書院志》十卷。"案紫陽、還古書院，見卷下《吳日慎》箋證［五］。施璜講學育人之詳，《（道光）徽州府志》卷十一《施璜傳》引《婺源縣志》略謂："虹玉，號誠齋，其祖由詩春遷居休寧黎陽。嘗歸婺省墓，謁紫陽、雲峰諸先賢祠。至清華，鄉人士多從講學。有《清華講塾序》，勖以朱子之學。雲邱滕尚信，字敦五，宋溪齋之裔也。初惑於仙釋，既大悔悟，聞誠齋講學紫陽，重跰就正，義利之幾，朱陸之辨，析入毫芒。教人一遵《白鹿洞學規》。其卒也，誠齋為誌其墓。李應乾，字御六，甲椿人。庠生。師事誠齋。精析疑難，著有《四禮合參》。潘繼高，字駿孫。邑學生。外史華子。早受庭訓，即知聖學在主敬，致力莫外於知行。嘗以所著《學庸講義》質於誠齋，誠齋稱其發明聖功，皆本諸躬行心得。繼高事親色養，終喪三年，絶御酒肉。著《四書講義》《尚書薪傳》《近思續錄》《書顏子好學論後》《奢羅念菴戒懼問政學合一》《字學辨似》《藝游詩薰》，俱根極理致。潘繼善，字取大，雍正丙午副貢。少聰穎，長師誠齋，於程朱之傳獨有心得。（中略）洪朝陽，字丹采，車田人。邑庠生。誠齋來謁朱子闕里，朝陽執贄請業。誠齋授以《聖學要規》《思誠錄》，益肆力儒先之書。工書及詩古文辭，著有《梧崗詩集》《文鈔》若干卷。又讀安定胡天瑞《筆叢》一書，摘其辨《丹鉛錄》之有關於朱子者，曰《筆叢摘要》。"施璜《塾講規約》，計有九條，曰尚道德、定宗派、持敬、繹註、力行、習六藝、育英才、務謙虛、防間斷。序言有謂："爲朋友講習知準，其進益豈淺鮮哉。故今與同人，共商至要講約九條，以明聯會講學之意。會日講其所習，散會習其所講，責善取善，又各盡朋友之道，而一無所苟，斯可謂之真有志向學者矣。其嚴始進、慎晚節諸約，悉遵紫陽舊規。"

又案熊賜履《高彙旃先生傳》："新安汪知默、陳二典、胡鼎、汪佑、吳日慎、朱宏、施璜輩，講朱子之學於紫陽書院，因汪學聖遊先生門，相次問學，於是更定《紫陽通志錄》以廣薪傳。"是施璜講學紫陽書院事，不待"自梁谿歸"而後始有之也。鄭堂纂述《宋記》，簡而不周，此又一例證。

［四］秦《傳》："其來遊錫山也，以康熙壬子歲。時鄉先生前楚學憲彙旃高公，以忠憲公猶子主持東林書院。先生負笈遊學，歷吳越，遡梁溪，登東林講堂，慨然有吾道復興之志。以彙旃先生實得忠憲公家學淵源，遂執贄，行師事禮。高公固雅重先生，每會輒推爲祭酒，先生亦直任不辭。（中略）抑又聞之東林故老云：先生始來會講也，臨別時與高公約以某年月日，必赴講。及期，高公設榻以待。或謂公曰：'遙隔千餘里，安能必施君之果如約耶？'公曰：'不然，施生篤行君子也。如失期不來者，吾不復交天下士矣。'言未竟，先生果攜其子，擔囊而至。論者謂非高公不能信先生，非先生不能取信於高公。以此兩賢之至今傳爲講堂佳話。"

案康熙壬子歲，當康熙十一年（一六七二）。高世泰於崇禎十五年任湖南學使，故秦《傳》稱之"前楚學憲"。

［五］秦《傳》："所著有《思誠錄》，每日以存何念、接何人、行何事、讀何書、吐何語五者自勘，座右大書'毋自誣誣人，毋自欺欺人'以示警。更有《小學發明》《五子近思錄發明》兩書，皆行世最著者。先生功在理學五十餘年而歿，歿後十餘年，諸同人公舉祀先生於東林道南祠，先生之學益以大顯。"

案檢《江南通志》卷一九四《藝文志》著錄施璜《桂留堂集》。《清史列傳》稱璜："與熊賜履論學尤相契，賜履稱其《易說》《西銘問答》《太極圖注翼》有功經傳。"又曰："其學以復性爲宗旨，主敬爲工夫。自爲日記，立存心、行事、讀書、接人、吐論五目，注其旁曰：'無錄，怠也；錄善掩不善，欺也。怠則恥，欺則甚恥。'每日從朝至暮，以所行所得注於其下，題曰《思誠錄》，如是者亦四十餘年。又以文成之道不熄，朱子之道不著，講論之餘，悉力排擊。論者謂其崇尚正學，與汪佑同。他著有《誠齋問答》《性理發明》《易書詩四書釋注》《五經臆說》《訂學庸或問》《辨學彙言》《四禮要規》《新安塾講錄》《紫陽通志續錄》，其《五子近思錄發明》《小學發明》二書，尤爲海內傳誦。"

施璜《五子近思錄發明序》（康熙乙酉）略曰："孔子之道，自孟子後失傳者，一千四百餘年，至周子、二程子、張子而始著，至朱子而始大著。夫既集周、程、張四先生之言爲階梯，若不得朱子精粹切要之言合觀之，則學者終有所闕憾。故星溪汪子將瓊山先生所著《朱子學的》，與梁溪先生所著《朱子節要》合編之，以續於周、程、張之後。近思於是爲完善,而階梯之說亦於是爲詳備矣。但《近思錄》在昔,有平巖葉氏《集解》闡發四先生之精蘊,昭然如日星。今五子合編,尚少注解,故璜與同志講習五子於紫陽、還古兩書院者有年,遂自忘其固陋,略有發明。於葉注之精者,而益求其精;其未及注者,則蒐輯而補之。又嘗讀薛子《讀書錄》、胡子《居業錄》、羅子《困知記》與《高子遺書》,喜其皆由《近思》以升入《四書》、五經之堂室者,先後一揆,若合符節。迨讀北平孫氏《學約續編》,亦謂薛、胡、羅、高四先生羽翼周、程、張、朱五先生者也。於是彙萃其精要者。以附於各卷之末,蓋即以四先生之言,發明五先生之旨,而意益親切,語更詳備焉。"

〔集評〕

秦《傳》:"其爲人以古道自處,而一生得力,尤在'誠信'兩字。每謂吾儒以誠守身,以信應物,自然內外交修,而學始立。其爲學以宋儒程朱爲的,兼于濂溪、橫渠及明河津、餘干、泰和諸子之善,無不日夜精研,晰其同異,辨其源流,而得其指歸所在。(中略)嗟乎,重然諾,矜期許,此風今已渺然矣。必誠必信如先生者,真古人哉,真古人哉!"

陸隴其《三魚堂賸言》卷八:"施璜所著《思誠錄》訓蒙諸條,其論甚正。"

張伯行:"(施)璜見道卓,行道勇,衛道力,不愧爲紫陽嫡系。"(《清史列傳》卷六六引)

唐鑒《國朝學案小識》:"新安施先生,諱璜,字虹玉,以會友輔仁、明道立德爲宗主,(中略)其嚴始進,慎晚節,一遵紫陽舊規,崇尚正學,與汪先生(燧)同其功焉。"

〔補述〕

《四庫全書總目》卷一八〇"《誠齋文集》二卷附《西銘問答》一卷"提要:"是編乃所著雜文,皆講學之語,排斥陸、王,不遺餘力。末附《西銘問答》,別爲一卷。蓋自馬端臨《文獻通考》,《西銘注》已別著錄,故璜亦不編入《文集》中,見鄭重之意云。"

《清儒學案》卷十四《施先生璜》:"歿後,東林學者以誠齋與吳敬庵、汪默庵三人並附祀道南祠。"

張　夏

張夏，字秋紹，隱於菰川，孝友力行。[一]初受業於馬文肅之門，後入東林書院。[二]其學先經後史，博覽强記，而歸本修齊。[三]高世泰殁後，主東林講席。[四]湯文正爲江蘇巡撫，至書院與夏講學，韙其説，邀至蘇州學宮講《孝經》《小學》。[五]退而著《孝經解義》《小學淪注》。又考先儒書，著《洛閩源流録》。[六]卒年八十餘。[七]

〔箋證〕

[一] 秦松齡《張菰川先生傳》（《東林書院志》卷十二，下稱秦《傳》）：〝先生諱夏，字秋紹，常之無錫人也。隱居菰川之上，因自號菰川。少有至性，篤孝友力學。〞

案《清史稿》卷二六七《張夏傳》〝秋紹〞作〝秋韶〞。

[二] 秦《傳》：〝馬文肅公見而器之，遂爲入室弟子焉。〞

錢林《文獻徵存録》卷四：〝初從馬世奇受經，又與其鄉人吴（日）慎從東林高世泰學。積十餘年，夏遂入世泰之室。〞

案《清史列傳》卷六六《張夏傳》同。馬世奇，字君常，號素修，無錫人。崇禎四年（一六三一）進士，官至左庶子。崇禎十七年，李自成破京師，自縊而死。南明贈禮部右侍郎，謚曰文忠，後清廷改謚文肅。世奇自幼穎異苦學，居官以廉幹清正稱，尤好推引後進。後舉家殉國，與華允誠、龔廷祥並稱〝錫山三忠〞。所著有《書經直解》《忠鏡録》《淡寧居文集》《詩集》，輯《宋元文選》《明詩選》等。《明季北略》《明史》皆有傳。

[三] 秦《傳》：〝有文名。郡守山左宋公會五邑士子於龍城書院，拔置第一。屢試白下，數奇不售，乃棄舉子業，潛心理學。學以朱子爲宗。（中略）按先生平日束躬勵行，重規疊矩，篤守居敬窮理之學，不爲他歧

所淆亂。讀書靜坐，老而不衰。接引後學，先經後史，條理秩如。於經尤精《易》《詩》《春秋》。（中略）於《十七史》俱精熟，而諸家記載，亦博覽強記。凡先代典章沿革，前賢軼事，家世譜牒，歷歷道之，如貫珠，如指掌。（中略）嘗書座右云：'治此心，須是刮垢磨光，潔潔凈凈；生斯世，要如臨深履薄，戰戰兢兢。'又云：'思狂思狷思中行，最怕落地他鄉。願一徑戒色、戒鬭、戒苟得，常防過此物欲三關。'此可以知先生梗概矣。"

案《無錫金匱縣志》卷廿一《張夏傳》亦謂："講學東林者，以夏爲大師。性彊記多識，邑中舊聞軼事，故家譜牒，瞭如指掌。"

［四］秦《傳》："自高忠憲、周蓼洲諸公並罹黨禍，人人目東林爲畏途，而先生信道愈篤，守道愈嚴。洎乎昭代定鼎後，學憲高彙旃先生暨家弱水先生始議修復東林學舍。四方之士來遊者雲集響應。春秋釋菜畢，入講堂與吳徽仲、汪默菴、施虹玉諸君子次第講學，往往推先生倡首。先生升堂即席，容止肅穆，衣冠儼然，每豎一議，必原本六經，參以心得，往復回環，極盡理趣。（中略）蓋東林自彙旃高先生即世，三十餘年，講席不盡廢者，以先生爲魯靈光也。"

案《清史列傳》《清儒學案》並同。高攀龍事見卷上《刁包》箋證［八］。周順昌（一五八四——一六二六），字景文，號蓼洲，蘇州吳縣人。萬曆四十一年進士，官至文選員外郎。爲魏忠賢黨迫害，冤死獄中。崇禎初年得昭雪，諡忠介。有《燼餘集》三卷。汪燨，字文儀，號默庵，亦歙縣人。篤於躬行，其學一以洛閩爲宗，尤深於《易》，所著《讀易質疑》二十卷，見重於時。吳日慎、施璜別有傳，此不贅。《國朝先正事略》卷二八《高彙旃先生事略》附《吳（日）慎事略》："徽仲與其州人施虹玉、無錫張秋紹等，同受業高彙旃先生。"

［五］秦《傳》："湯潛菴撫吳，至東林會講，與先生上下議論，輒首領之，因延至吳郡學宮，講《孝經》《小學》，一時環橋觀聽者，無不人人感動。玉峰趙公繼之，復設講座，以禮請，折節致敬，僉謂東林有人。"

案湯斌事見卷上《孫奇逢》箋證［八］。趙士麟（一六二九——一六九九），字麟伯，號玉峰，雲南河陽人（今澄江市）。康熙三年（一六六四）進士，歷官四方，所至皆有善政，爲時所譽，官至吏部侍郎。學宗程朱，老而彌篤。學者稱啓南先生，謂南學由其啓之。有《讀書堂集》。《清史列傳》《清史稿》有傳。康熙二十五年巡撫江蘇，次年調歸京師。

[六] 秦《傳》：“自湯中丞延講《孝經》，旋有《孝經解義》，其説一遵先儒，而旁通曲暢，使讀者悠然有會。於訓詁之外，《小學》則有《瀹注》，後生群誦習焉。（中略）近修通省郡邑三志，莫不受成焉。尤究心先儒遺書，於宋、元、明諸賢，靡不考其師承，採其要旨，著《洛閩源流録》，有功聖學甚大。（中略）著述甚富，不能盡刻。其《五經四書述朱解》《孝經問業》《小學瀹注》《洛閩源流録》悉行於世云。”

案《清史列傳》本傳：“著《洛閩源流録》十九卷，取有明一代講學之儒，分别其門户大旨，闡洛、閩之緒，而力闢新會、姚江之説。然於陸氏之派，亦節取所長。又以東林之學始宋楊時，因重輯《楊文靖年譜》二卷。又著《錫山宦賢考略》三卷。”《清通志·藝文略》同。《無錫金匱縣志》本傳：“著《孝經衍義補》《雒閩源流録》，於《易》《書》《詩》《春秋》皆有解義。”

《洛閩源流録·凡例》：“今夏竊不自量，私纂故明一代諸儒學行梗概，溯統程朱，故題曰《雒閩源流録》，蓋爲程朱後人作也。”《自序》（康熙壬戌）有云：“嗚呼，世之儒者，迚迚陽儒陰釋，以進釋退儒，始而薄程朱，繼而卑孔孟，繇是道術凌雜，世教日衰。然則何以正之？亦正之以儒而已。孔孟其儒之始祖乎？程朱其儒之大宗乎？是故欲正之以孔孟，不若正之以程朱；欲正之以程朱，不若即正之以學程朱之真儒。（中略）大抵宋儒之道，多阻抑於小人，害尚淺，故其名先晦後顯；明儒之道，先掩蝕於新學，害尤深，故其實雖存若亡。學者居今日而尚論前人，或聞其名，未覯其實；或習其言，未考其行。苟無記録，何以詳驗本末始終，而知其爲足以砥衰還盛也乎？況邪慝流殃，設吾黨不早論定，得無有紊亂先型，以迷惑後生者乎？此雒閩源流一《録》，夏之所以不得已而作也。”黄聲諧《序》：“網羅一代，研討十年，著《雒閩源流録》十七卷。其書上稽洪、建，下訖啓、禎，别派分門，不差毫髮，將以扶王道，正人倫，翼聖真，解愚惑，用意良至，誠今日不可少之書也。”

檢《楝亭書目》卷一著録《洛閩源流録》云：“本朝錫山張夏纂。十八卷，一函四册。”今案《洛閩源流録》實十七卷，《補編》二卷。卷十八張夏康熙壬辰自題曰：“是録以康熙壬戌刻於京江館次，深自病其掛漏。（中略）余見聞之所及，何忍輕棄？且其言其行，有關吾道，可無表章乎？（中略）題曰《補編》，分爲二卷云云。”《楝亭書目》所謂“十八卷”者，當係誤題。

［七］秦《傳》："卒年八十有六。"
案《清儒學案》同。

〔集評〕

彭瓏《雒閩源流錄序》："惟我秋紹先生，學有本原，接武東林，久以明道爲己任。蒐輯雖詳而必歸之一；辨論甚簡而已極其精。論學以踐履爲驗，故名節、政治與議論俱存；論人以篤實爲根，故高曠、圓通與虛寂並黜。誠可爲先儒之集成，後學之宗主矣。"

秦《傳》："殘編蠹簡，痞寐訪求，手跋親抄，率多秘本，邑中藏書家不逮也。爲文淵博詳贍，成一家言。爲詩真率可喜，不假粉澤。四方請乞者踵至，倚侍立應，未嘗厭倦。"

唐鑒《國朝學案小識》卷四《無錫張先生》："先生辨論儒宗，毫釐剖晰而存錄之，中不參一絲客氣。"

彭　瓏

　　彭瓏，字雲客，號一庵，蘇州衛籍。[一]早歲補庠生，有文名。順治初，結慎交社，始則宋實穎弟兄三人及尤侗、汪琬、吳敬生七人而已，後遠近聞風，入社者不可勝紀。[二]年近四十，貢入成均。廷試，以知縣用，不就。順治十四年，順天鄉試舉人。十六年，成進士，選惠州長寧縣。縣城在山中，僅五里，前假令貪而酷，民甚苦。瓏至，去苛政，與民休息。自書楹柱云："厥田下下，惟願減賦輕徭，汔五都之小息；自我居居，庶幾飲冰茹蘗，偕百姓以長寧。"數月後，訟簡民安，訟庭稀鞭撲聲。以廉直忤知府，又與前假令有隙，乃合謀誣陷，遂罷官歸。[三]

　　初，瓏好佛，又喜道家言，至六十餘，得梁谿高、顧二家書讀之，始潛心儒術，一以主敬律身。嘗謂其子定求曰："吾始泛濫涉獵，好語渾同，所謂騎牆耳，寧有當乎！學至窮神達化，而終歸於一矩，故知居敬窮理之功不可須臾懈也，尚何敢曠逸之耽、馳騖之役乎？"於是悉屏平生所玩物，署所居曰志矩齋，端坐其中，陳《四子書》、五經及宋儒諸書，尋繹點注，夜以繼日。自稱信好老人。集諸生課八股文，引而進之於道，弟子著錄者百有餘人。或曰："公何自苦？"曰："吾不忍使後生之無聞也。"[四]湯文正知瓏學，嘗稱之聖祖前，文正卒，瓏爲之出涕，曰："不復見正人矣。"吳民立文正祠，歲時伏臘，必至其祠，瞻拜盡禮。[五]卒年七十又七，弟子私諡曰仁簡先生。

〔箋證〕

［一］彭定求《敕封國子監司業顯考一菴府君事狀》(《南畇文稿》卷

彭　瓏

十，下稱《事狀》）："府君諱瓏，字雲客，號一菴。先世江西清江人，始祖自洪武初從征至蘇。五傳耆儒鄉飲賓、南廂府君諱時，爲府君高祖。嘉靖辛酉舉人、梧山府君諱天秩，爲府君曾祖。萬曆丙辰進士、祀鄉賢蓼蔚府君諱汝諧，爲府君祖。生三子，長爲大父敬輿府君諱德先，貢士，贈文林郎。大母蔡太孺人生二子，長爲世父文學清傳公，府君其次也。府君生而端重穎異，蓼蔚府君猶及見而鍾愛之。大父風規峻整，庭訓甚嚴。"

案彭紹升《二林居集》卷二三《彭氏家傳》據其先人所輯《蘇州彭氏世譜》，在明初有彭學一者，籍江西清江縣，是爲蘇州彭氏始祖。當元末亂世，學一練鄉兵以自衛，後歸明，改隸蘇州衛，故記文有"蘇州衛籍"之説。學一卒而無子，以其甥楊氏繼籍，是以彭紹升謂其先源出楊氏。彭氏世代習武，自第五世始棄武修文，而彭昉於正德中進士第，知公安縣，是爲彭氏讀書入仕之始。詩書而外，復以德行傳家。第六世天秩，嘉靖舉人；天秩次子汝諧，萬曆進士；汝諧子德先，即彭瓏之父"敬輿公"也。德先爲經世學，屢試不第，曾入祁彪佳幕，入清即不復出仕。晚究心佛法，康熙四年卒。羅有高《尊聞居士集》卷六《奉政大夫翰林院侍講光禄大夫吏部右侍郎加一級彭公行狀》（下稱《行狀》）同。

[二]《事狀》："府君成童時，爲文輒驚儕輩。年十六，補郡學弟子員。性喜讀先儒語録，方言矩步，一切嗜好，泊然無與。既娶我母施安人，常獨居小園，竟月罕歸。爲文沉深浩博，經史諸子，殫精研練。同學相聚，威儀整肅，筆墨無聲，畏服如嚴師。（中略）兵戈既定，家產蕩析，府君勉循舉子業。故相國宋文恪公、孝廉疇三公延府君同硯席。吴門向有文會，府君秉性直諒過人，盡言無隱，間因事感觸，慨然謂同人曰：'朋友居人倫之一，吾輩負荷名教，奈何汎汎徵逐？'遂訂同學數人，名曰慎交，四方名彦，聞風響應。府君絶不爲馳騖聲名計，而一時異同之見，噴有煩言，府君處之坦如也。"

《彭氏家傳》："早歲補諸生，爲文才過人。順治初，與諸名士爲社曰慎交會者，爲宋既庭、右之、疇三、吴敬生、尤展成、汪苕文與公凡七人，已而遠近多歸焉。"

案吴翌鳳《燈窗叢録》卷一："國初社事猶盛，吴中則有慎交社，彭瓏雲客、宋德宜右之、宋德宏疇三、尤侗展成主之，七郡之士從焉。嘉興則有十郡大社，連舟數百艘，集於南湖。太倉吴偉業、長洲宋德宜、實穎，吴縣沈世英、彭瓏、尤侗，華亭徐致遠，吴江計東，武進黄永、鄒祇

· 199 ·

謨、無錫顧宸、崑山徐乾學、嘉興朱茂暉、彝尊、嘉善曹爾堪、德清章金牧、金範、杭州陸圻、蕭山毛奇齡、山陰駱復旦、會稽姜承烈、徐允定等皆赴。自此已後，風流銷歇矣。"王家禎《研堂見聞雜錄》謂："慎交爲三宋所主：德宜右之、德宏疇三、實穎既庭。"

案宋德宜（一六二七——一六八七），字右之，號蓼天。順治十二年進士，官至兵部、吏部尚書，文華殿大學士，居官端重，卒謚文恪。德宜與兄德宸、弟德宏并著文名。宋德宏（一六三〇——一六六三），字疇三，順治八年舉人，文采斐然，名躁一時。宋實穎（一六二一——一七〇五），字既庭，號湘尹，與德宏同舉順治八年順天鄉試，爲右之、疇三宗兄，嘗官揚州興化縣教諭，以孝行文學稱名。尤侗（一六一八——一七〇四），字同人，改字展成，號悔庵、艮齋。少補諸生，以詩文享譽於明、清之交。康熙十七年，舉博學鴻詞科，授翰林院檢討，與修《明史》，所撰志傳多至三百餘篇。有《西堂集》《鶴栖堂集》。汪琬（一六二四——一六九一），字苕文，號鈍庵。順治十二年進士，官刑部郎中，因病乞歸。康熙十八年，再舉博學鴻詞科，授編修，與修《明史》。以古文詞雄，法律謹嚴，巋然攬其魁柄，與魏禧、侯方域齊名。有《鈍翁類稿》《堯峰文鈔》。吳愉（一六二〇——一六八一），字敬生，號青尹。與彭瓏誼屬姻親。文章品行爲士林推重，而因頓頓場屋，終以歲貢，官溧水縣訓導。性端愨，謹言行，講學里中，授徒數十輩。卒後，門人私諡曰端仁先生。諸人皆籍長洲。事具《清史列傳》《清史稿》。

[三]《事狀》："辛卯首拔貢，入成均。輦下公卿，爭相推重。司成黃岡曹公方以性命之學倡教六館，一見府君，水乳交合，曰：'此載道器也。'乙未廷試第一，授知縣。閱卷諸公謂府君曰：'仍當爲兩闈先聲，無遽小試。'因歸里省覲。丁酉舉京兆第二，出孝感湯公門。是科風波叵測，至府君特交口信服。蓋困棘闈凡八試，年已四十有五矣。戊戌，下第歸，遭我母施安人變。己亥，再行會試。海寧楊公擬以府君卷冠，一經力薦，不果。（中略）戊申，（中略）改授廣東長寧知縣。寧爲廣屬小邑，邑僅五里，在荒山窮谷中。府君涖任，傷心民瘼，又當郡倅韓某署任朘削之後，革火耗，恤里，排斥衙役，息詞訟，興文教。嘗題署壁曰：'何陋且安兹土，俗固窮，聊獲古人心。'又曰：'厥田下下，唯願減賦輕徭，汔五都之小息；自我居居，庶幾飲冰茹蘗，偕百姓以長寧。'期月間，鞭樸幾於不事，士民翕然愛戴，鄰邑民謠有'獨見長寧戴二天'之語。己酉年，

充本省鄉試同考官，閱麟經，得士盧澐等四名。（中略）府君素無宦情，冀邀一命，即遂初衣。自問硜硜之守，豈忍剝民脂膏謟事上官，而郡守朱某貪黷甚。府君既不滿其欲，署篆韓倅，其私人也，交盤積欠，勒令賠認，更重拂其意，銜怨刺骨。又寧邑户口寥寥，派拆監引甚多，不堪追比，府君俯從民請，招商平賣幫貼，銷引諸費。而商倚藩勢爲虐，憤不能分外取贏，遂合韓倅造謗。會朱守正嗛府君，乃乘總督入境，朦混具揭。寧邑士民攀號慟哭，裹糧訟冤。巡撫劉公惻然曰：'長寧固無一事，亟當昭雪其誣。'以總督在任，未免迴護，乃援因公詿誤，敕前免議。結案，府君飄然歸來，已棄一官如敝屣矣。"

《彭氏家傳》："公年近四十，始貢入國學司業。曹先生本榮方以正學倡導六館，見公喜曰：'此載道器也。'廷試，授知縣，不就。順治十四年，舉順天第二。十六年，成進士。康熙初，就吏部選，出知廣東長寧縣。縣居山谷間，僅五里。前假令曝而貪，民苦甚。公至縱解苛政，與民休息。書其柱曰：'厥田下下，唯願減賦輕徭，汔五都之小息；自我居居，庶幾飲冰茹蘗，偕百姓以長寧。'數月間，訟庭稀鞭樸聲，鄰邑聞而頌之。廉直不爲太守所容，而前假令又與公有隙，與太守合謀誣公，遂罷官歸。"

案《清史稿》卷四八〇《曹本榮傳》："曹本榮，字木欣，黃岡人。順治六年進士，改翰林院庶吉士。布袍蔬食，以清節自勵。（中略）敕本榮同傅以漸撰《易經通注》九卷，熔鑄衆説，詞理簡明，爲説經之圭臬。本榮又著《五大儒語》《周張精義》《王羅擇編》諸書。（中略）康熙四年，以病請回籍，卒於揚州。本榮之學，從陽明致知之説，故論次五大儒，以程、朱、薛與陸、王並行。既告歸，宦橐蕭然，晏如也。疾革，門生計東在側，猶教以窮理盡性之學。卒之日，容城孫奇逢痛惜之。""木欣"本作"欣木"，據計東《改亭文集》卷十六《清故中憲大夫内國史院侍讀學士曹公行狀》改。

[四]《彭氏家傳》："初，公所與交知名士，後多以文章顯。公年既壯，自晦反本守約，要于自得。間與宗門諸老宿參究向上事，頗復兼治道家言。年六十餘，得梁谿高、顧二子書，服之，始一以主敬爲學。署所居曰志矩齋。進南昀公而詔之曰：'吾始也泛濫涉獵，好語渾同，所謂騎牆耳，寧有當乎。聖學至窮神達化，而終歸于一矩，故知居敬窮理之功，不可以須臾懈也，尚何敢曠逸之訧、馳騖之役乎？'于是悉屏平生所玩物，平旦盥洗，謁影堂，退端坐讀書。陳《四書》、五經及諸先儒語録，尋繹

· 201 ·

點注，夜以繼日。自偶信好老人。集諸生爲會，課其制藝而引之于道，從游者常三百許人。或曰：'公老人，何自苦？'公曰：'吾不忍後生之無聞也。'"

案《事狀》同。彭瓏自號信好老人，蓋取義《論語・述而篇》："述而不作，信而好古，竊比我於老彭。"瓏自述其學，見其爲張夏《雒閩源流錄》所撰序，有云："予弱冠即喜觀雒、閩諸書，然未定所宗。中更爲陸、楊、陳、王諸說所淆亂，故歷壯強以至艾者，浸淫老、釋，沉溺文詞，與流俗人無異。近始返我彜好，專主紫陽，寔緣幸獲《高子遺書》，沉潛紬繹，復綜考幾亭、少墟、涇陽、整菴諸先生辨論，鑿鑿然別黑白而定一尊。（中略）兀兀窮年，嘿無著述，行與草木同腐。環顧門弟子，大都以舉業爲重，尚未見有尋原返本，以先聖絕學析疑問難，推後大傳者，此予所以私憂也。"

《（同治）蘇州府志》卷二三七《藝文志二》著錄彭瓏著述三種，曰《孝經纂注》一卷、《抽簪雜詠》一卷、《山居抱子詩》。

［五］《事狀》："潛菴湯公撫吳，見府君足跡罕入公府，常屏騶從過訪。陛見日，上詢吳中縉紳，公奏及府君居鄉杜門，授徒講學，爲時矜式。府君聞之，轉增悚惕。及湯公歿，哭之慟，自是意興蕭索，（中略）今歲元旦，往拜文廟，詣湯公祠。（中略）府君生於前明萬曆癸丑九月二十五日，卒於皇清康熙己巳正月十一日，享年七十有七。"

《彭氏家傳》："湯文正故知公，嘗偶之聖祖前。文正卒，公哭之。歲時一至其祠，輒歎曰：'吾不復見正人矣。'"

案羅有高《行狀》："湯公嘗與長寧君論學相契，重後陛見，聖祖詢江南賢搢紳，湯公以長寧君對。"彭紹升《二林居集》卷一三《故中憲大夫工部尚書湯文正公事狀》："曾大夫侍講公嘗侍公几席，平生奉公爲師法，輯公遺書，板行南方。"吳民感懷湯斌，彭定求《湯公祠碑記》（《湯文正公年譜》附錄）謂："自公之薨，以迄于今，凡我鄉人，歲時走謁祠下者，焚香雪涕，必曰：'吾儕薄祜弗得，久被公之政教，而沐浴膏澤於無窮。'"

子定求，字勤止，康熙十二年舉人，十五年會試、廷對皆第一，官至國子監司業。[一]定求孫啓豐，字翰文，雍正四年舉人，明年會試、殿試亦皆第一，官至吏部右侍郎。[二]彭氏在明時，仕不過七品，自瓏以後，一門鼎貴，爲三吳望族。瓏治家整肅，至今子弟恪守庭

· 202 ·

訓，不踰規矩，有萬石之遺風。江南世禄之家鮮克由禮，當以彭氏爲矜式焉。[三]

〔箋證〕

[一]《彭氏家傳》：＂南畇公定求，字勤止。康熙十二年舉于鄉，十五年，會試及廷對皆第一，官修撰。公性修潔，恬于榮利，又耿直自遂，處公卿大夫間弗善也。居三年，乞假歸。時一庵公方家居講學，公跪而請曰：'兒願得閉門讀書，如童子入塾時，庶幾稍補前過乎。'于是齋居静思，研極性命。久之，遂慨然以道自任。既入京補職，尋擢司業，設教條，釐正文體，絶情託，諸堂肅然。以八旗子弟卿大夫之材所自出，宜豫教，乃集《孝經》古義，訓其旁，譯以國書，頒示官學教習，以訓于官學生。二十七年，擢侍講，復乞歸，未至家而一庵公卒。三十二年，復入京補職，居一年，與同列不相中，復乞歸，遂不復出。公爲學，初好宋《五子近思録》。已而徧讀先儒遺書，取其尤要者集之，名曰《儒門法語》。又以生平服教最切者，尤在有明七子，作《高望吟七章》以見志。七子者，白沙陳子、陽明王子、東廓鄒子、念庵羅子、梁谿高子、念臺劉子、榕壇黄子也。（中略）時有作書極詆陽明者，公見而恫之，以爲'陽明先生爲學本末，樹獻反正之勤甚明白，今據宵小一時悖誕，蕪薉實録，立浮議，訕名賢，是非之心果安在邪？夫謂陽明倡爲良知之説，病其爲禪，則良知兩言出于孟子，將并孟子病之乎？且其論朱子之學陋彌甚，以爲偏於窮理者，則瀉之以主敬，偏于主敬者，則補之以窮理，吾不知其所居何敬，而所窮者何理也。'又謂：'明之亡，不亡于朋黨，不亡于寇盜，而亡于學術，意以此歸獄陽明。嗟夫，誠使明季臣工以致良知之説互相警覺，互相提撕，則必不敢招權納賄，則必不敢防賢虐忠，則必不敢縱盜戕民。識者方恨陽明之道不行，不圖誣之者顛倒黑白，逞戈矛，弄簧鼓，至于斯極也。'著《陽明釋毁録》。又以'入德之方，莫先主静，大本立而後達道行。濂谿之藴發于延平，默坐澂心，乃其要領，東林《復七》，其遺矩也。而昧者非之杜方便之門，長汗漫之習，豈不謬哉！'作《密證録》。或有言主敬工夫須變化者，公立論破之。（中略）又以寡過之方，莫備于《易》，喜伊川《易傳》，兼采瞿唐來氏説，旁通諸家，纂《周易集注》。四十四年，聖祖南巡，以大吏偁公學行，首賜御書名，開局揚州，與諸詞臣共校《全唐詩》。（中略）平生以獨善爲恥，扶植善類，獎厲名節，不遺幽隱。

修學宮，復先賢祠宇。（中略）五十七年，自爲墓志。（中略）明年四月，偶患腹疾，翼日焚香啜茗而逝，年七十有五。"

案《四庫全書總目》卷一八三《南畇文集》提要："案定求之學出於湯斌，斌之學出於孫奇逢，奇逢之學出於鹿善繼，善繼之學則宗王守仁《傳習錄》。故自奇逢以下，皆根柢於姚江，而能參酌朱、陸之間，各擇其善，不規規於門户之異同。定求是集，於文章之有關於學術者，尤所留意，而持論則兼采二家，無所偏倚云。"案《清儒學案》卷四二《南畇學案》："南畇之學，出於梁豀高氏，左袒姚江，《釋毀》《密證》二錄，標明宗旨。傳至尺木與大紳、臺山，昌言内典，更非陽儒陰釋者比。風氣自此而開，可以觀學術之變。然尺木考求文獻，大紳兼談經世，臺山篤志訓詁，皆非專溺寂滅者。（中略）又著有《小學纂注》《孝經纂注》《明賢蒙正錄》及《南畇文集》《詩鈔》各若干卷。"彭紹升、汪縉、羅有高俱有專傳，見《附記》。鄧之誠《清詩紀事初編》卷三說同，更稱定求"文多說理之作，雖乏勁健，而辭旨和厚。詩摹范、陸"。

又定求子正乾，啓豐之父，《長洲縣志》卷廿五略謂："彭正乾，字存誠，定求子。徇徇自下，絶去貴介，習獨處一室，校輯先儒諸書。屢試省闈不售，人爲扼腕，正乾怡怡自得。居父喪，哀毀幾滅性，既葬，猶泣慕不止。教子孫當首立本行，次求學術。本行端，學術醇，則獨善兼善，隨窮達而施之。吴中人士奉爲格言。（中略）以子啓豐貴，贈刑部侍郎。"

[二] 王芑孫《兵部尚書彭公啓豐神道碑銘》（《惕甫未定稿》卷八，同見《碑傳集》卷三五）："公諱啓豐，字翰文，（中略）康熙中，蘇州之彭遂稱天下。公年十六補諸生。雍正五年，繼侍講公中會試第一，廷對復第一，朝野夸榮，公怡然若未始有者。（中略）今上嘉公有文，擢公侍講，累遷左僉都御史，提督浙江學政，積三遷至刑部侍郎，領學政如故。旋丁父憂，（中略）二十八年，以公爲兵部尚書，充經筵講官。（中略）先後立朝垂四十年，國家有試士之典，未嘗不在列文學之任，當時莫比。其卒也，年八十四。公少及事侍講公，受儒家言，孝友祥順。既貴，謙謙有子弟之容。其官大抵以謹慎見稱，不好激言畸行，而亦介然，時有所不可爲。（中略）詩古文集二十餘卷，具有家法，其碑版文尤推重於世。公既老壽，家居十餘年，掌紫陽書院，興起後進，如其爲學政、主考官時不懈。"

案彭啓豐有《芝庭文稿》八卷，詩稿十四卷。彭氏一門，多以舉業繁盛見稱於清人筆記稗史，如王士禎《池北偶談》卷三"長洲彭氏二及第"

條："長洲彭氏定求，丙辰狀元。寧求，壬戌探花。同曾祖兄弟。"錢泳《履園叢話》卷十三科第："吳中會、狀連元者凡六人，（中略）惟彭氏一家，祖孫會、狀。"余金《熙朝新語》卷二："長洲彭定求，康熙丙辰會狀。弟寧求，康熙壬戌探花。孫啟豐，雍正丁未會狀。弟兄鼎甲並祖孫會狀，爲吳中盛事。"戴璐《藤陰雜記》卷一："祖孫會狀：康熙丙辰彭定求，雍正丁未彭啟豐。亦無繼者。"朱彭壽《舊典備征》卷四"科名佳話"："兄弟祖孫鼎甲：江蘇長洲彭定求康熙丙辰狀元、從弟寧求康熙壬戌探花、孫啟豐雍正丁未狀元。"福格《聽雨叢談》卷九："探花彭寧求與丙辰狀元彭定求兄弟，實爲國家祥瑞，非僅科名之光也。"案彭寧求，字文洽，號瞻庭。性醇孝，恬淡寡慾。勤苦力學，工書，兼善古文辭。康熙二十一年以第三人進士及第，授翰林院編修，補太子中允，年五十，卒於官。有《歷代山澤征稅紀》一卷。《清史列傳》《清史稿》俱有傳。

[三]《彭氏家傳》："彭氏在有明時，舉甲乙科者才兩三人，仕不過七品。一庵公以子貴，始封儒林郎、翰林院修撰，晉封承德郎、國子監司業。至乾隆十六年，我尚書公方督學浙江，會遇覃恩，追榮三世，自一庵公至惕齋公，皆贈光祿大夫、吏部右侍郎、加一級，（中略）國恩稠疊，于斯爲盛，畜極而亨，固其宜也。"

案近人劉咸炘論彭氏家學語極精確，並附於此。氏撰《長洲彭氏家學考序》曰："朱陸、儒釋之爭久矣，至明而不得不趨於合，不唯兼取禪宗，抑且通於道教，吾常作《三進篇》論之。明以來異軍突起者多，其最著者則長洲彭氏家學，成于南畇先生定求，沿明道、象山之主靜，承荆川、念庵之養生，旁涉橫浦、慈湖之宗門，遠繼長史、貞白之《真誥》。至其曾孫尺木居士紹升，則經歷儒道而終歸於佛，其謂合朱、陸，流爲鄉愿，人咸知之，而糅合釋、道，傳授鸞書，則諱而不詳。"

高　愈

高愈，字紫超，無錫人，忠憲公之兄孫也。[一]十歲讀忠憲遺書，即有向學之志。後補弟子員，不事帖括，日誦經史。[二]謹言行，嚴取捨。嘗曰："士求自立，須自不忘溝壑始。"[三]事親孝。父晉侯嗜酒，每食必具酒肉，出就人飲，必遣僮往候，己立道左，俟父出，趨而扶掖歸。先後居父母喪，不內寢，不飲酒食肉。有兩兄皆沒，撫其子女，爲之昏嫁。[四]家有田數十頃，性好施予，所入錢穀，隨手輒盡。晚年坐是大困，嘗啜粥七日，尚挈子登城遠眺，可謂貧而樂矣。[五]

張清恪撫吳日，檄有司延主東林講席，以癘疾辭。有司饋以椴皮，不受。[六]平居和易近人，以異語道子弟，不加訶斥。終日靜坐，不欠伸，當暑不裸跣，與人食，不越簋下箸。里人有忿爭者，至愈前，輒慚愧而去。時縣中講學者，好以道學相攻擊，獨於愈皆曰"君子人也"。[七]著有《周禮》《朱子小學注》。乾隆中，督學尹會一以《小學注》頒行於學官，使諸生習之。[八]

〔箋證〕

[一]顧棟高《高紫超先生傳》（《東林書院志》卷十二，下稱高《傳》）："先生姓高氏，諱愈，字紫超，忠憲公諱攀龍之兄孫也。"

案記文"紫超"本作"紫芝"，諸本皆同。高愈字紫超，顧《傳》而外，如《儒行述》《文獻徵存錄》《國朝先正事略》及《清史列傳》《清史稿》等皆無異，今據諸傳改。高攀龍見卷上《刁包》箋證[八]。顧棟高（一六七九——一七五九），字震滄，一字復初，號左畬，江蘇無錫人。康熙六十年（一七二一）進士，由內閣中書罷職還籍。清高宗南巡，召見行在，授國子監祭酒銜。畢生精力萃集經學，《清儒學案》曰："乾隆中薦舉經學，爲一時曠典，被擢者皆宋學也。其中震滄規模較大，最孚時論。"又稱其"學出於紫超高氏，治經於《春秋》最深"。著有《尚書質疑》二卷、《毛詩類釋》二十一卷《續編》三卷、《毛詩訂詁》三十卷、《大儒粹語》二十八卷、《司馬文公年譜》十卷、《萬卷樓文稿》十二卷等，《春秋大事表》五十卷尤具盛名，書中多採高氏經説，師承之跡，昭昭可見。

［二］顧《傳》："先生資稟異凡，兒五歲，聞兩兄讀書聲，即牽衣請入塾，授書便成誦。十歲讀忠憲遺書，慨然有志於聖賢之道。年及壯，補弟子員，旋食餼，試輒壓其曹。而先生居恒絕不作帖括文字，日從事聖賢遺經及程、朱性理諸書。五十外，足不踏省門，闇然以明經老。邑中士大夫至不敢以字稱，咸稱之曰先生云。"

《儒行述》："既壯，補諸生。平居不事帖括，日誦遺經及先儒語錄。"

案錢林《文獻徵存錄》亦稱高愈"博涉先儒語錄，標其區界，總其歸塗"，是其讀書自不限於記文之"經史"，乃鄭堂竟視"程、朱性理諸書""先儒語錄"等若無物，固囿於門户之見，有意爲之耳。

［三］顧《傳》："先生爲學不尚議論，惟致力于謹言慎行，飭躬踐履。間嘗舉孟子'志士不忘在溝壑'爲訓，謂貧士自立，必從此始。故其生平，自少至老，守此不易。"

案《孟子·滕文公下》："志士不忘在溝壑，勇士不忘喪其元。"趙岐注："志士，守義者也。君子固窮，故常念死無棺椁，没溝壑而不恨也。勇士，義勇者也。元，首也。以義則喪首不顧也。"

［四］顧《傳》："先生父晉侯公性素豪，豪于飲。先生事之委曲承順，食必具酒肉。及與人飲，先生遣僮使往候，已則屏伏路側，俟與主人拱揖别，則趨迎扶攜以歸，數十年不易。母殁，泣血三年，不飲酒、食肉、内寢。逮晉侯公年八十九以終，先生年五十餘矣，執禮一如喪母時。先生兩兄皆早逝，伯兄子宕而邈，遠出數年不還。先生裹糧走數百里訪得之。天寒雨雪，兄子單衣慄甚，出衣履服之，載以歸。方謀爲授室，忽又出，求之不獲。先生乃析産爲三，授仲兄子，令主其祀；嫁伯兄女；撫仲兄二子如子。婚娶之費，一皆出先生。時先生饘粥，田不逾數十畝，藉脯修以養，恒日闕無儲，先生夷然不以屑意也。"

案《儒行述》同。

［五］顧《傳》："歲己未旱，庚申大水，水流室中一尺餘。先生姊妹

攜男女來就食，先生皮版爲高閣，令諸人坐其上，雜豆爲飯，共食之，歡然而樂。（中略）先生既不問家有無，所得輒緣手盡，晚年困益甚。嘗茹粥七日，先生方挈其子登城眺望，若有所得。親故有遇者，見先生貌益充。嗚呼，先生之所養可知已。"

　　[六] 顧《傳》："儀封張大中丞撫吳，檄無錫縣延先生主東林講會。先生方病瘍，不時往。邑令饋以參餌，謝不受。"

　　案張伯行事見卷上前叙箋證 [一五]。"椵皮" 實即 "參餌" 一類，案《説文》段注："《釋木》曰：欓椵。《本草》陶隱居説：高麗人作《人參讚》曰：'三椏五葉，背陽向陰。欲來求我，椵樹相尋。'椵樹，葉似桐，甚大，陰廣。《圖經》亦言人參春生苗，多於深山背陰。近根漆下潤溼處。"《無錫金匱縣志》卷廿一《高愈傳》又云："受知於學使高裔，歲科試皆第一。時山西姜橚主文幕，於江南之士，獨賞愈與桐城苞。及己卯，橚來典試，苞以第一領鄉薦，而愈已不與試，橚歎息而已。巡撫湯斌舊識愈，雅重之，屬縣官致意再三，卒不往謁。"吴德旋《聞見録》同。

　　[七] 顧《傳》："先生教人，不爲嚴厲，務以身化，雖子弟未嘗見其有疾言遽色。人有忿爭者，至先生前，自慙汗愧屈，而先生與語，若唯恐傷之。某嘗從先生遊，見先生講説經義，娓娓忘倦。至食時，則爲置食，間雜以酒殽，雖盡歡，未嘗有譁笑聲。終日不欠伸跂倚，即當空乏時，清坐相對，和氣溢眉宇，退而猶有餘味也。（中略）邑人有以道學相笑侮者，至先生獨無訛訾，咸呼曰'君子君子'云。（中略）完養極密，盛暑不裸體跣足，與人食不越簋下箸。終日晏坐一室。"

　　案顧棟高《春秋大事表·自序》有云："年十八，受業紫超高先生。（中略）高先生獨出心裁，批郤導窾，要皆能操戈入室，洞徹閫奥，視宋儒之尋枝沿葉、拘牽細碎者，蓋不啻什伯遠矣。"

　　[八] 顧《傳》："于經書無所不窺，尤深于《春秋》《周禮》《儀禮》。《周禮》稿凡數十易，今有《周禮注》及《小學纂注》《字母》諸書藏于家。"

　　《儒行述》："嘗注《周禮》及《朱子小學》，乾隆中，督學尹公以《小學》取士，頒行其書。"

　　案錢林《文獻徵存録》稱 "其《小學注》六卷，今黌舍弟子誦之"。唐鑑《國朝學案小識》："嘗撰《朱子小學注》，又著《周易偶存》《春秋經傳日鈔》《春秋類》《春秋疑義》《周禮疏義》《儀禮喪服或問》。"李元度《國朝先正事略》卷二八同。《清儒學案》卷十四《梁溪二高學案》："生平單精經術,爲《周禮解》,凡數十易稿。與華霞峰論《春秋》:'聖人據事直書而義自見',爲辨正諸家之失。顧祭酒棟高從受學,説《春秋》往往宗之。著有《周禮集解》二十四卷,《小學集注》六卷,《老子道德經解》《薛胡羅三先生要語》各若干卷。"

又案尹會一(一六九一——一七四八),字元孚,號健餘,直隸博野人。雍正二年(一七二四)進士,乾隆十一年(一七四六),督江蘇學政。學宗程朱,重躬行而輕虛理,於顔、李之學尤致傾慕。尹氏《健餘先生文集》卷二《重訂小學纂注序》略云:"乾隆十有一年三月四日,皇上特允禮官定議,命直省學臣覆試童生,務視其《小學》論,貫通題旨、切實發揮者方准入學,不則八股雖佳,仍予斥落。并飭各府州縣覆試時,一體懍遵,著爲功令,典至重也。是年十月,使者適奉簡命,視學江蘇,欽承帝訓,殷殷以培植人才爲先務。夫養正之功,莫重《小學》,乃科試各郡諸童作論,率多含糊,則曩者約法猶未明也。爰飭師儒嚴立課程,及時誦習,擇坊刻善本以爲指南。惟梁溪高氏《纂注》,條理秩然,最得朱子編輯本意。因取其書,重訂付梓,庶可以知所從事矣。"

〔集評〕

顧棟高《高紫超先生傳》:"先生和易中有嚴介,信道甚篤,家不用祈禳,治喪不作浮屠佛事。一子痘,瀕于危,家人咸請禱于神,卒不往,竟亦無恙。"

《清儒學案》:"紫超逸情孤詣,避遠聲華,篤志研經,不專談性理,實開震滄顧氏、味經秦氏之先焉。"

顧　　培

顧培，字昀滋，無錫人。少多病，其母憂之，命棄舉子業，事胎息導引之術，行之有效。後從宜興湯之錡問學，幡然改曰："道在人倫庶物而已，甚矣哉，吾向者之自私也！"之錡歿，有弟子金敞傳其學，培築共學山居以延敞，晨夕講貫。[一]守高忠憲靜坐之說，於默識未發之中，悟性善之旨。[二]四方來學者甚衆。春秋大會於山居，行忠憲《復七規》，有請益者，教以默識大原，實體倫物，七日後，釋奠先師，習禮歌詩，歲以爲常。[三]張清恪公詣東林講學，疑靜坐非入德之方，培暢忠憲之旨，往復千言，清恪不能難也。[四]

〔箋證〕

[一] 傅秦瀛《傳》（《國朝耆獻類徵初編》卷三九九，下稱傅《傳》）："與族弟鼇，同受業於宜興湯之錡，有志聖賢之學。時武進金敞長之錡三歲，而師事之。之錡卒，培與敞築室於錫山之麓，曰共學山居，以招四方學者。（中略）鼇，字雋生，年二十六，始志於學。習靜三十年，用力勇猛，徹夜無倦容。（中略）易簀時，猶延族兄培至榻前，講學不輟。"

《儒行述》："少善病，母憂其不壽，命棄舉子業，習長生家言，事導引，頗得其術。年二十五，從宜興湯之錡問學，幡然悔曰：'道在人倫庶物而已，乃吾向者之自私也，甚哉！'之錡歿，有弟子曰金敞，昀滋築共學山居以延敞。"

案《無錫金匱縣志》卷六《學校志》："共學山居在錫山東麓，康熙三十年，邑人顧培及武進金敞築，以爲講學之所，而設主以祀宜興湯之錡。春秋兩會學者，其規制條約悉仿東林。楊銘敦亦嘗從敞游，培晚年以山居屬銘敦。其後顧與楊迭主祀事。咸豐初歸楊氏。今廢。"湯之錡

顧 培

（一六二一——一六八二），字世調，宜興人。安貧力學，無書不讀。篤信周濂溪主靜之說，講學則一遵高攀龍遺規，於陽明之學及朱、陸異同，並置不辨，以爲："顧吾力行何如耳，多辨論何益！"明亡即不事舉業，以布衣終其身。有《偶然云集》。《清史列傳》《清史稿》有傳。《清儒學案》卷十四曰："（之錡）得高忠憲《復七規》，曰：'此其入德之門乎！'仿其說爲春秋兩會，聞風者數百里來就學焉。（中略）及門金敞、顧培輩，建書院於惠山之麓，奉其主祀之。（中略）敞字廓明，靖江人。少負氣節，爲任俠。已而至宜興，問道於世調，與顧培築共學山居於錫山。"檢高攀龍《高子遺書》卷三《復七規》："'復七'者，取《大易》'七日來復'之義。凡應物稍疲，即當靜定七日以濟之，所以修養氣體，精明志意，使原本不匱者也。"

[二] 傅《傳》："其學以靜爲本，而以九容九思爲入道之要。"

《儒行述》："遵高子靜坐法，以整齊嚴肅爲入德之方，默識未發之中，久之，遂篤信性善之旨，**動靜語默，無非學矣**。"

案錢林《文獻徵存錄》卷四同。案"九容"語出《禮記·玉藻》："足容重，手容恭，目容端，口容止，聲容靜，頭容直，氣容肅，立容德，色容莊，坐如尸。"鄭注："足容重，舉欲遲也。手容恭，高且正也。目容端，不睇視也。口容止，不妄動也。聲容靜，不噦欬也。頭容直，不傾顧也。氣容肅，似不息也。立容德，如有予也。色容莊，勃如戰色。坐如尸，尸居神位，敬慎也。"《朱子語類》卷八七："即此便是涵養本原。這裏不是存養，更於甚處存養？""九思"語出《論語·季氏》："子曰：'君子有九思：視思明，聽思聰，色思溫，貌思恭，言思忠，事思敬，疑思問，忿思難，見得思義。'"

高攀龍《高子遺書》卷三《靜坐說》："靜坐之法，浣醒此心，卓然常明，志無所適而已。"又謂："靜坐之法，不用一毫安排，只平平常常，默然靜去。此平常二字，不可容易看過，即性體也。以其清淨，不容一物，故謂之平常。（中略）只體認本性，原來本色還他湛然而已。大抵著一毫意不得，著一毫見不得，才添一念，便失本色。由靜而動，亦只平平常常，湛然動去靜時，與動時一色，動時與靜時一色。所以一色者，只是一個平常也，故曰'無動無靜'。學者不過借靜坐中認此無動無靜之體。云'爾靜中得力，方是動中真得力。動中得力，方是靜中真得力'。所謂敬者，此也；所謂仁者，此也；所謂誠者，此也。是復性之道也。"同卷

· 211 ·

《書静坐説後》更補前説："萬曆癸丑秋，静坐武林弢光山中，作《静坐説》。越二年，觀之説，殆未備也。夫静坐之法，入門者藉以涵養，初學者藉以入門。彼夫初入之心，妄念膠結，何從而見平常之體乎？平常則散漫去矣，故必收斂身心，以主於一。一即平常之體也，主則有意存焉。此意亦非著意，蓋心中無事之謂。一著意，則非一也。不著意而謂之意者，但從衣冠瞻視間整齊嚴肅，則心自一，漸久漸熟，漸平常矣。故主一者，學之成始成終者也。乙卯孟冬志。"

[三]傅《傳》："每春秋兩會，遵高攀龍《復七規》，遠方至者常不下百餘人。（中略）敞卒，培與鼇主其事，家故豐裕，後日益貧，至晚年，日闕無儲，而接引學者，諄諄不倦。年七十九卒。（中略）（鼇）與培共主講席也，學者恒樂培之和易，而苦鼇之嚴毅。"

案記文"行忠憲《復七規》"本誤作"復行忠憲《七規》"，據傅《傳》改。《復七規》已見箋證[一]。

[四]《儒行述》："張清恪撫吳時，詣東林講學，頗疑静坐之説，昫滋往復千言，暢高子之旨。其言甚辨，清恪不能難也。"

案《文獻徵存錄》同。華希閔《張孝先生傳》（《東林書院志》卷十二）："張清恪公（中略）旋移撫江蘇，首葺東林書院，躬詣講學，剖論朱陸異同，娓娓不倦。"張師栻、張師載撰《張清恪公年譜》上卷康熙四十九年"三月，至無錫，講學東林書院"條云："書院舊爲楊龜山倡道之所，而有明顧、高兩先生所脩復以接引後學者也。公至，瞻拜遺主，招耆儒高愈、錢仲選、顧培、顧鼇等講學其中，闔邑人士多所興起。"張伯行疑静坐之説，見於所撰《困學錄》，其説曰："伊川先生每見學者静坐，便歎其善學。予謂静坐而思念俱冥者，此坐忘也；静坐而思念紛擾者，此坐馳也，皆不得謂之善學也。須是静坐時有存誠主敬之功方可。《中庸》曰：'戒慎乎其所不睹，恐懼乎其所不聞。'存養其要矣。"蓋筆下雖謂伊川，心中實有別指。高愈別有傳。錢仲選，字禹田，無錫人。少以孝行聞。性崖岸高峻，嚴於取與，家居淡泊，窮研經義。張伯行巡撫江蘇，檄縣令延錢氏主東林講會，以《有子孝弟章》爲題，一座傾聽。卒年九十一歲。

又《無錫金匱縣志》卷廿一《顧培傳》云："年七十九卒。"

顧　培

〔集評〕

　　錢林《文獻徵存録》："明末講學門户甚盛，東林高、顧子弟入國朝後，頗傳其家學。"

　　李元度《國朝先正事略》卷二八："東林爲高忠憲、顧端文兩公講學地，得諸君子恪守遺規，其緒言益不泯於世。"

錢　民

錢民，字子仁，嘉定人。[一]早孤，年十三，棄書學賈。性拘謹，言動以禮。數爲鄉里所侮，慨然曰："世多妄人，求其不妄者，惟聖人乎？"聞青浦有孔子衣冠墓，齋戒往祭，願爲聖人之徒。其夕夢一偉丈夫告之曰："道之不明，由後儒之説亂之也，子欲爲學，屏去漢以後書其可矣。"[二]既歸，始取《四子書》讀之。題所居曰存養，反觀克己，日有啓發。[三]陸清獻公知嘉定，從之講學。又五年，清獻在籍，往平湖見之。清獻與之語，多不合，怪問其所由。曰："公從朱子入，民從孔子入耳。"[四]

嘗與友人書曰：

先聖之學，貴乎本末兼盡，始終有序。《大學》所謂"知本"者，作聖之基也；"誠正"者，作聖之功也。《中庸》所謂"尊德性"，先也，本也；"道問學"，後也，末也。"即物窮理"，其病在於無本；"六經注我"，其誤在於無末。《論語》曰"君子務本，本立而道生"，朱子以爲"學者不可厭末求本"，教人但學其末，是所謂"其本亂"矣。本亂而求末之治，豈可得乎！此未合乎《大學》也。《孟子》曰"堯舜之治不徧物"，《中庸》曰"雖聖人亦有所不知焉"，朱子教初學者，即責以"知盡而後意可誠"。又云："格物者，窮事事物物之理；致知者，知事事物物之理。"如此則意之惑亂滋甚，又安可得而誠乎！且堯舜之知，不能徧物，況初學乎？此未合乎《孟子》也。[五]

又言：

今之學者不知追求孔孟之實，而紛紛焉爭朱陸之異同，是

謂舍己田而芸人之田，終亦必亡而已矣。[六]

民之説，以經注經，頗得經旨。"即物窮理，其病在於無本；六經注我，其誤在於無末"二語，可謂破的之論，辯朱陸之異同者何嘗見及此哉！[七]

〔箋證〕

[一]錢大昕《錢處士行狀》（《潛研堂集》卷五十，下稱《行狀》）："處士姓錢氏，諱民，字子仁，一字生翁。嘉定縣外岡里人。（中略）初名樞，字子辰。夢許魯齋教以民名，覺而思曰：'聖人之於民，亦類也。'遂易今名。（中略）處士之歿已七十餘年，子孫無能讀書者，遺文雖存，吾恐後人用覆醬瓿也，因叙次其行如右，後之人可以識其志焉。曾祖諱某，祖諱某，父諱源，娶衛氏。"

案《儒行述》謂："子仁卒於康熙中，其遺言罕有聞者，後七十餘年，族子大昕爲之狀，搢紳間始有傳其學者焉。"《（光緒）嘉定縣志》卷十九《錢民傳》："康熙丙寅卒，年三十七。"

[二]《行狀》："早孤，十三棄書學賈，數爲鄉里所侮。乃歎曰：'世多妄人，求其不妄者，聖賢而已。'（中略）慨然有學聖之志。聞青浦有孔子衣冠墓，擇日齋戒往謁，願爲聖人之徒。是夜，夢有告己者曰：'謝絶漢以後諸儒論説，乃可爲學。'"

案"謝絶漢以後諸儒論説，乃可爲學"，《儒行述》作"子欲爲學，屏去漢以後書其可"，記文本此。

[三]《行狀》："自是始讀《四書》正文，年已三十矣。題其所居之室曰存養廬，廬日靜坐其中，所學日進。"

案"所學日進"，《儒行述》作"反觀默識，日有省發"，記文本此。

[四]《行狀》："平湖陸清獻公宰吾邑，以正學自任，處士嘗與之論學。又五年，自謂學已成，復往平湖質之陸公。公與之言，多不合，怪而詢之，則曰：'公從文公入，某從尼父入耳。'"

案錢、陸交游不見《陸清獻先生年譜》。錢林《文獻徵存録》："平湖陸隴其知嘉定縣，民從論學，語多不合。又五年，復往平湖，以所學質，隴其怪之。"陸、錢論學，前同後異，若錢林所述，則誤解《行狀》矣。

又案段玉裁《戴東原先生年譜》雍正十年條記東原十歲時詰問塾師，以有宋之朱子不足以知兩千年前之孔子，實爲戴氏論學去程朱而溯源六經之徵兆。今更繹之，蓋論衡學術，捨宋、明而歸溯周、漢，本爲有明正德、嘉靖以降一大思潮。歸有光"含茹洛閩之學，而追溯其原本"，每以"古聖賢之蘊奧，未必久晦于漢唐而乍辟于有宋"，而時人"多紛紛然異說者，皆起於講道也"（參見《震川先生集》卷九《送何氏二子序》，《牧齋有學集》卷十六《新刻震川先生文集序》）。錢謙益《與卓去病論經學書》（《牧齋初學集》卷七九）："六經之學，淵源於兩漢，大備于唐宋之初，其固而失通，繁而寡要，誠亦有之，然其訓故皆原本先民，而微言大義去聖賢之門猶未遠也。學者治經，必以漢人爲宗主。漢不足，求之于唐；唐不足，求之于宋；唐宋皆不足，然後求之近代，庶幾聖賢之門仍可窺，儒之鈐鍵可得。"尤稱曉澈之論。東吳惠氏紅豆山房楹聯"六經尊服、鄭，百行法程、朱"之見，亦屬沿流揚波。然清人於此每每恍若無覩，王昶《春融堂集》卷五五《惠定宇先生墓誌銘》稱惠棟"生數千載後，耽思旁訊，探古訓不傳之秘，以求聖賢之微言大義。流風所煽，海內之士，無不重通經，通經無不知信古，而其端自先生發之"，已足爲證。即鄭堂亦以"有明一代，囿於性理，汩於制義，無一人知讀古經注疏者"，自視其學直接周、孔，超軼前代，惜乎不知實源出於彼，亦可哂矣。

[五] 案此節與《行狀》所引述者稍有出入，"作聖之基也"，《行狀》作"知所作聖之基也"；"作聖之功也"，《行狀》作"爲其作聖之功也"。"六經注我"，原作"六經為吾注腳"。正文信據《儒行述》之刪易，於錢竹汀本意頗有未恰。又錢民於朱子格物窮理之教，猶有說焉，茲節錄《行狀》於後："程子曰：'不必盡格天下之物。'又云：'存心一草木器用之間，此是何學問？所謂如此而望有得，如炊沙而欲其成飯也。'文公則曰：'上而無極、太極，下而一草一木一昆蟲之微，亦各有理。一書未讀，則闕了一書道理；一事不窮，則闕了一事道理；一物不格，則闕了一物道理。須著逐一件與他理會過。'愚意無極、太極是天人合一之學，學至有成，亦可自得。初學者學之，雖非先務，無傷也。草木昆蟲事物之衆，人無百年壽算，何能一一盡之。孟子以治天下不可耕且爲，文公亦以大臣不當親細務，奈何志在學聖，而反務盡一草一木一昆蟲之微哉！此未合於二程也。"就此論觀之，錢民於朱陸之辨，實有左袒陸氏之意。故《文獻徵存錄》云："然說者終以其近陸，失之於放恣，不宗之也。"《清史列傳》卷六六本傳稱"說者終以其近陸，不甚宗之"，即做乎此。

[六]《行狀》："今之學者不知追求孔孟之實，而只辨朱陸之所以異，

非聖學本務，去道甚遠。所以近世學文公者，止得整庵之學而已矣；學象山者，止得陽明之學而已矣。在朱、陸當日，雖有不同，亦不相闢，如明儒之甚也。學聖而相闢，是務聖學必亡矣。"

案記文此語亦本《儒行述》之刪節。錢民論學，於朱陸之辨雖有尊陸抑朱之嫌，然於程朱一派，亦不事排擊。反以兩家之爭衡爲無謂之舉，此與鄭堂持論頗見一致。

［七］《行狀》："蓋處士之學，得於静坐。謂後儒多未合先聖之旨，故直追孔孟，自闢門户。又以意更定《四書》次序，其言洸洋自恣，或不免果於自信之失。雖然，以處士之志而得聖人以爲之師，亦幾於嘐嘐之狂士矣。"

案記文"民之説"，原作"培之説"，諸本皆同，明係訛字，緣涉前傳《顧培》而誤，徑予改正。又《（光緒）嘉定縣志》卷廿六《藝文志三》著録錢民"《論學書》二十四卷"。

勞 史

　　勞史，字麟書，餘姚人。世爲農。[一]少就塾讀書，長而力耕以養父母，夜則披卷莊誦。[二]讀朱子《大學》《中庸序》，慨然以道自任。又讀《近思錄》數過，起立設香案稽首曰："吾師在是矣。"史以爲："天之命我者，若君之詔臣、父之詔子，一廢職即膺嚴譴，一墜家業即窮無所歸，可不慎哉！"[三]引接後學，委曲盡誠，傭工下隸，皆引之向道，曰："盡汝分所當爲，務實作去，終身不懈，即是賢人，勿自棄也。"聞者莫不憬然。其德化於鄉里，商賈不鬻僞物。有爭鬭者多攜酒登堂，求辨曲直，史巽語解紛，無不帖服。即夗兒牧豎亦服其教，不事戲弄。一鄉之中，有洙泗之風焉。[四]

　　弟子桑調元自錢塘來謁，論學數日，臨行送之，曰："我壽不過三年，恐不復相見矣。"後三年九月，語弟子汪鑒曰："今月某日，吾其逝乎！"遂徧詣親友家飯，與老者言所以教，與少者言所以學，令家人治木，飭喪事。死之前一夕，趣具湯沐，至期而歿。[五]著有《餘山遺書》，調元所刻也。[六]

　　鑒，餘姚人。父死於雲南，鑒護喪歸，至漢川，遇大風，舟且覆，抱棺大哭，誓以身殉，忽風回，得泊沙渚，衆呼爲孝子。爲人尚氣節，史戒之曰："英氣，客氣也，其以問學融化之。"史之歿也，鑒實左右焉。[七]

〔箋證〕

　[一] 桑調元《餘山先生行狀》（《餘山先生遺書》附錄，同見《碑傳集》卷一二八，下稱《行狀》）："先生姓勞，諱史，字麟書，學者稱餘山先生，餘姚人。世居海濱之勞家埭。曾祖見山公，諱伯龍；祖起虞公，諱

儀鳳；父元贊公，諱弘毅，俱耕讀不仕。母陳孺人。"

　　[二]《行狀》："先生生而端凝，不與群兒伍。容貌魁碩，秀眉廣顙，光氣煜然照人。既就傅讀經書，塾師刪其注，以己意默誦，遇難字，翻字書切究。家貧歲儉，早出家塾，躬耕養二親，盡誠奉事，至壽終，群稱篤行。居常夕荷鋤歸，輒展卷，至夜分不倦。或誚其'將應舉耶'，元贊公曰：'讀書窮理自正務，詎必科名！'嘗就塾倚户外，竊聽聞説經義，至'克治身心，敦飭倫常'語，竦然動容。及參論行文佻巧法，俾曲就題目，頭屢掉去。塾師偵知之，召問故，曰：'文以發揮聖賢之理，此恐本意無之。且當年創始作經義，不應有此繩尺。'群瞠顧嗟異。"

　　[三]《行狀》："年十七，反復朱子《大學》《中庸序》，嘆人心之波流，傷異端之簧鼓，慨然立志爲真儒，以斯道爲己任。一意發必勘辨，公私舉動，纖悉必求納乎禮。奮勇力行，若致命赴敵場。人有以道學目笑之者，愀然曰：'顧不能力進乎是，爲深恥耳。'聞有朱子《近思錄》，往縣中坊鋪購求不得，適有人自紹興郡城歸，攜是書畀之，喜劇。讀數番，懷立起，起設香案，北面稽拜曰：'吾師在是矣！'握管斷句讀，覿其手澤，勁若鋼鐵。内求諸心，森竦自責，顧天命之性，若君之詔臣，父之付子，兢兢惟恐隕越，一廢職即膺嚴譴，不可逭，一墜家業即窮無所歸。"

　　案唐鑒《國朝學案小識》卷一四《邵念魯先生》："竊考餘姚支派，由錢德洪傳沈國模、管宗聖、史孝咸，再傳爲韓孔當、邵曾可、勞麟書。"《清儒學案》卷四六《餘山學案》有謂："餘山自奮隴畝之中，名立而教成，剛毅篤實，君子人也。生陽明之鄉，而不附和良知，在清初浙東諸儒中獨立一幟。"兹以勞史所持説相印證。《餘山先生遺書》卷七《辯王門宗旨之非》："昔陽明以無善無惡爲心之體，從此句錯起，直錯到底。蓋心之體爲性，即仁義禮智是也，今以仁義禮智之性具於心者，謂之無善無惡，斷斷不可。如以仁義禮智未發之際，隱而難見，因謂之無善無惡，請問此仁義禮智到發見時，豈鑿空生出四端乎？吾知人身上舍未發時無以見仁義禮智之性矣，然謂隱而難見者，亦就陽明自不能見而言之耳。在知性之君子，於心體無不昭然可見。（中略）豈如陽明因性之無可見，謂之無善無惡乎？（中略）惟朱子灼見心之體，直指之曰'一理'，下箇'一'字，下箇'理'字，甚有端的，把'渾然'二字還他著落。學者讀書，要句句而琢之，字字而訂之，而理可得。豈如異學之昏昏昧昧，窈窈冥冥，竟將渾然一理四字合看作一團黑暗，没分曉之光景乎？"同卷《論陽明尊

· 219 ·

經閣記》："陽明《尊經閣記》中所嫌者，'其應乎感也'以上少未發一層。今愚以此意妄補之曰：其于未發也，則有仁、有義、有禮、有智，下纔續之以'其應乎感也'，如此更覺周密。其于致知格物之意，終有未解，每與朱夫子相牴牾，其病原在竟指聖人之教，偏在于行耳。"

［四］《行狀》："教子弟，謂文可不攻，書不可一日釋。勤把耒，暇讀書，不妄言動，農而士矣。洞徹古之學者，一生祇此修已治人兩端。不論窮達，俱有當盡之心，當爲之事。（中略）款接後學，和顏悦色，委曲盡誠，開導見未達，必旁喻曲證，相説以解乃已。故進叩者望見生嚴憚，就聆談論，仍樂其藹藹可親，不忍去。（中略）雖傭工下隸，俱引之向道，以謂'盡汝當爲職分，務寔做去，終身不懈，即是聖人。僕身雖賤，而道彌尊，纓佩人或操行穢瑣，即不汝若遠甚，毋自菲薄。'販夫貿□，邇近里居，不忍著僞。笯童牧豎，折棄繳機罕，非食用常物，不加掩取。鄰族一時風尚，婦人以艷妝炫服爲惡，即童娃出汲，亦目不斜視。近斥鹵郊峒，人有相雀角，懦者力不勝，拉就質先生，輒自屈服，願殺鵝置酒求免。殺鵝置酒，姚俗也。或強梁聘利，辨徑同詣先生所，一見羞赧，囁嚅不出聲。先生因機婉導，歸諸正，輸心聽受。（中略）嗚呼，先生一布衣，無絲毫勢力，憑藉以道德光明至誠感人，信從者衆。"

［五］《行狀》："先生以調元爲可教，府君即命受業于門。進拜留語三日夜，聞所未聞，快然開明，怵然憬悚，教以'立志大，存心細，誠聰明，慎勿誤用'，調元已十五歲矣。（中略）又明年三謁先生，命多留數日，講解疑義，訓飭諄復，臨別直送至埭口，云：'吾壽不過三年，汝恐不得繼相見，故爲此言。'先生曰：'修短有定數，去來有常理。汝慮家事，纏牽未得脱身，然終望汝重來相晤。'灑涕而別。嗣連歲先君客遊，艱家計，且多故，侍慈闈，不忍暫離。癸巳新正，先生完長子婚，傳家事。元宵招門人汪鑒聚處須友齋，語'是月吾將去'。鑒大驚，見先生體甚康，稔先生不妄語，即日自寓舍移侍函丈。（中略）至是惻惻侍先生起居。先生方徧從親友家飯，與老者言，言教弟子，與幼者言，言孝弟于父兄，與衆言，言忠信慈祥，有來候者，亦款洽盡歡。至二十三日，令治木。（中略）飭諸事，從《家禮》行。（中略）二十九日，日高舂，趣具湯沐浴，更衣移牀，至正寢，炳燭宴坐，（中略）號呼逝矣。實康熙癸巳年正月三十日也，距生於順治乙未九月初四日午時，得壽五十有九。"

案桑調元（一六九五——一七七一），字伊佐，號弢甫，錢塘（今杭州

· 220 ·

人。雍正十年賜進士出身，官工部主事，引疾歸。少負異才，下筆千言。迭主大梁、道山、濂溪、灤源諸書院。在灤源書院時，與時任山東按察使沈廷芳共編刻《餘山遺書》。學宗程朱，著《論語說》二卷以闡《集注》未盡之義，另有《躬行實踐錄》十五卷、《弢甫集》八十四卷。傳見《清史列傳》卷六十七。沈廷芳（一七〇二—一七七二），字畹叔，一字荻林，號椒園，仁和人。乾隆元年，舉博學宏詞科，所至皆著政績。官河南時，結識桑氏，時桑調元適主大梁書院，獲讀勞史遺書而慕之。後遷山東按察使，建朱子祠於灤源書院，以張履祥、陸稼書及勞史從祀，並協調元編刻《餘山遺書》而爲之序，以餘山私淑弟子自謂。晚年相繼任教鰲峰、端溪、敬敷等書院，乾隆三十七年卒。所著有《續經義考》四十卷、《鑑古錄》十六卷、《理學淵源》十卷、《古文指授》四卷、《隱拙齋詩集》三十卷《文集》二十卷。事詳汪中《大清誥授通議大夫山東提刑按察使司按察使原品致仕恩加一級沈公行狀》，《清史列傳》《清史稿》有傳。

[六]《行狀》："對鑒曰：'調元何不來也！調元何不來也！吾遺稿可付之。'（中略）《遺書》間莫辨草稿字畫，所言《大易》橫、圓二圖義，媿未能測識，不敢妄補綴。中年苦縛塵縲，心麤眼翳，至歸老匡居，靜翫微言，始編成卷帙。書有《格物錄》，有《大學中庸廣義》，有《邇言》及辨論雜文，今總標爲《餘山先生遺書》，刻之以傳世行遠。"

案沈廷芳《餘山遺書序》："姚江勞餘山夫子，倡道海濱，貫通《大易》。所言三極大中之道，一本諸橫、圓二圖，推闡明曉，發曩哲所未發。言太極陰陽互根，混闢渻爲萬象，元元本本，變化無方，具能指其從出之源，歸宿之墟，見者驚爲望洋，（中略）《太玄》《潛虛》，類多磽确，經世尚有未醇，誤以霸爲貞元正氣流行，謂二程所當匡正，誠醇乎其醇，所謂奇而法也。懇惻引人以躬行身作之則，而必自格物入。"

案《餘山先生遺書》十卷附錄一卷。卷一《河圖洛書圓圖合說》，卷二《原性前論》《後論》《參兩理數》《圓圖餘說》，卷三至卷八收錄雜文雜說，其中卷三、卷四以易理推闡世間萬物，以至於性理、鬼神，卷五說性命，卷六論經書書義（《學》《庸》《論語》及《禮記》），卷七、卷八泛論學術，卷九、卷十《邇言》，係勞氏語錄，計二百八十八條。附錄桑調元《餘山先生行狀》一卷。《四庫全書總目》僅就其推闡易理一事評曰："是書謂易之爲道，細無不該，遠無不屆，故多本易理以推人物之性。其說亦或偶似近理，然（中略）恐不能一一準數而生也。"

［七］《行狀》："汪鑒者，父薄宦滇南卒，萬里扶柩歸，至漢川，幾覆舟，號哭，志與俱沈，忽飄風薄沙岸得免。衆呼汪孝子者也。性尚氣節，返姚從學久。先生謂：'英氣即客氣，必陶鑄歸寧靜，始可凝道。'至是惻惻侍先生起居。（中略）親舊俱散，獨二子與鑒侍側。"

案汪鑒亦籍餘姚，號梅津。性瀟灑詼諧，嗜酒善詩。歿後，桑調元編次其詩爲《津夫詩鈔》二卷，津夫其字也。桑氏《序》云："同門友汪君津夫，少豪邁。隨父薄宦滇南，宅憂，萬里扶柩歸，至漢江，值風濤，舟將覆，號慟，志與俱沈，忽反風閣沙上。世稱汪孝子。歸里，受業於餘山先師之門。多才藝，詩及萬首。予撫其百之一，俾覯者知其人之大略云。"《（光緒）餘姚縣志》卷廿三《汪鑒傳》引陳梓《四然道人小傳》："鑒從勞史遊，悟道得四語云：'自然者道，當然者理，必然者勢，偶然者數。'因自號四然道人。"

勞史二子，長廷栻，次廷模，皆醇謹之士，而不克傳其家學。勞氏門人又有仁和盧存心，初名琨，字玉巖。善屬詩文，與桑調元以道義相切劘。子文弨爲乾嘉名儒，事見《漢學師承記》卷六，然其學已爲漢不爲宋矣。

· 222 ·

朱澤澐

朱湘陶，名澤澐，寶應人。[一]早年力學，得程氏《分年日程》，即次讀之，閱數年而略徧。更涉獵天文、輿地諸書，窮竟原委。[二]久之，始志於道。[三]讀《朱子語録》有得。[四]嘗言：世之名朱學者，其居敬也，徒矜持於言貌，而所爲不覩不聞者離矣；其窮理也，徒汎濫於名物，而所爲無方無體者昧矣。於是有舍德性而言問學，以爲朱學固如是者，不知從來道問學莫如朱子，尊德性亦莫如朱子。觀朱子中和之説，其於《中庸》之旨深乎！故知居敬窮理只是一事，窮即窮其所存之心，存即存其所窮之理，初非有二也。[五]

雍正六年，詔公卿各舉所知。澤澐同邑之劉師恕爲直隸總督，知澤澐之學行，欲薦於朝，作書與其弟，使先爲道意，弗應。[六]晚年得脾疾，然猶五更起，觀書至夜分不倦。[七]疾甚，吟康節詩曰："任經生死心無異，雖隔江湖路不迷。"命家人治後事，别親友，卒。[八]

〔箋證〕

[一] 王箴傳《止泉先生朱公行狀》（《朱止泉先生文集》附録，下稱《行狀》）："先生諱澤澐，字湘陶，别號止泉，姓朱氏，揚州寶應人。（中略）曾祖諱爾遠，邑諸生，封中書舍人。祖諱克簡，順治丁亥進士，仕雲南道御史。父諱約，康熙壬子副榜，仕晋州牧。先生晋州公之次子也。（中略）先生配李孺人，六合少司寇諱敬孫女，增廣生恩廕七品京職諱之寶女。（中略）子一人，光進。女一人，適箴傳。孫男□□，女一人，俱幼。"

案朱輅《朱止泉先生年譜》（下稱《年譜》）："先生生於康熙丙午三

月十日巳時，卒於雍正壬子六月十九日辰時，享年六十七歲。"

［二］沈錫鼎《止泉朱先生傳》（《東林書院志》，下稱沈《傳》）："生而端愨，爲兒童，不好嬉戲。初得程畏齋《讀書分年日程》，喜甚，即尋其次序，刻苦誦習。嘗講求經世之學，凡天文躔度、山川形勢，以及水利、河渠、農田、社倉、學校諸法，考核精詳，皆可見諸實用。"

《行狀》："嘗侍父晉州公山左費縣署中，費有故家高某，藏書極多，先生盡借觀之。《二十一史》依次畢，其於兩漢、三國、唐、宋、五代中賢人君子，嘉言懿行，與經制典則之要，皆手錄之，積久成累帙。嘗究心天文之學，聞海陵泗源陳公厚耀精天文，往請問焉，得渾天圖以歸。自制之，中夜起觀推測，盡識其故。又聚歷代輿圖，考知寰宇分合，按之禹貢九州，凡險夷因革要害之處，罔不了如指掌。至於黃河之自源達流而入於海，歷代遷徙與或潰或塞之利弊，又其精詳無遺者也。"

考朱澤澐購得《讀書分年日程》，並據以課程讀書，事在康熙三十一年，時澤澐年二十七歲，《年譜》該年云："先生於書肆購得程畏齋《讀書分年日程》，即依所立次序，《小學》之後，次《大學》《論》《孟》《中庸》并《章句集注》《學庸或問》，次《孝經》，次《易》《書》《詩》《禮》《春秋》。閱史兼溫公《通鑑》、朱子《綱目》《紀事本末》，《文獻通考》《大學衍義》《衍義補》等書，次第研究。先生生平讀書規模，寔本於此也。"案程端禮（一二七一——一三四五），字敬叔，一字敬禮，號畏齋，元慶元（今浙江鄞縣）人，有《畏齋集》。傳見《元史》卷一百九十。程氏師承史蒙卿，治學服膺朱子，秉朱子"爲學之道，莫先於窮理；窮理之要，必在於讀書；讀書之法，莫貴於循序而致精"之教（《朱子文集》卷十四《甲寅行宮便殿奏劄二》），仿《朱子讀書法》作《程氏家塾讀書分年日程》三卷《綱領》一卷，每爲初學者引爲讀書啓蒙之津逮。其自序《日程》之旨曰："今士之讀經，雖知主朱子説，不知讀之固自有法也。讀之無法，故猶不免以語言文字求之，而爲程試資也。昔胡文定公於程學盛行之時，有不絶如線之歎。竊恐此歎將復見今日也。余不自揆，用敢輯爲《讀書分年日程》，與朋友共讀，以救斯弊。蓋一本輔漢卿所粹《朱子讀書法》修之，而先儒之論有裨於此者，亦間取一二焉。嗟夫！欲經之無不治，理之無不明，治道之無不通，制度之無不考，古今之無不知，文詞之無不達，得諸身心者，無不可推而爲天下國家用。竊意守是，庶乎本末不遺，而工夫有序，已得不忘而未能日增，玩索精熟而心與理相浹，静存動察而身與道爲一，德形於言辭而可法可傳於後，較其所就，豈世俗偏長一曲之學所可同日語哉。"

[三] 沈《傳》："是時，先生專務該博，多識强記，於道學源流，尚未得其要領。每念朱子之學，上紹孔、孟、周、程，後儒或議爲猹外，因專心於《文集》《語類》，潛思力究，至忘寢食。及讀《中和舊説序》《與湖南諸公》《答張敬夫》諸書，始知朱子先從發處察識。自己丑之悟，深透未發之旨，涵養功夫，日益精密。其先後次第，昭然可考。先生遂守定斯旨，反身體驗。其始用功也，動静之交，不無起伏轉换。及其久也，融會貫通，寔有見於静則昭昭不昧，天理混淪之源，於此而存；動則井井有條，天理脈絡之分，於此而發。一動一静，體用雖殊，而體常涵用，用不離體。静固凝然，動亦凝然。凡經書子史所爲妙道精義活潑洋溢者，皆有統攝。而其得力，則從主敬窮理，克己集義，操存省察，遞進遞深，備歷艱辛，而後臻於此也。先生學深養邃，辨析象山、陽明與朱子異同之旨，粒剖珠分。"

案朱澤澐《朱子聖學考略序》："余少不敏，年既壯，方讀《朱子全書》。"《朱止泉先生文集》卷七《讀朱子語録一百十七卷文集五十七卷（戊戌）》："予固宗朱子者，自寅卯時略見門徑。"同卷《讀朱子答黄直卿書太極仁説諸篇》："自寅卯以來，稍知門路，識得義理大概規模於自己方寸中，只要此心天理一直做去，不用轉换之勞，而或斷或續、或明或暗、或强或弱之故，時在幾微眇忽之間，疏密閒忙之際，其不能自作主宰處，有不敢强言無滲漏者。反復以思，終夜不寐，由於書我不能合一，心性不能真切，知處不透徹，行處不堅牢，以至於此。安望此心天理呈露，大作主宰，絶無間斷恍惚之弊乎？掩卷沉吟，心口相質，啓我者惟朱子，成我者亦惟朱子。"

又案《年譜》康熙二十八年條："先生一日侍祖侍御公側，見架上《性理大全》，取而讀之，此先生入正學之始基。心悦神怡，於是始知有道學之目。此先生學道之端倪也。"康熙三十年條："（澤澐）奮志舉業，然朝夕之暇，心所嚮往，則在《性理》一書。靖江朱慎人先生輯《家範略》一册，凡修身齊家之要，諄切詳明，兼述先儒嘉言懿行，以爲修齊之本，與性理相通貫，先生每翻閲不輟。"康熙四十四年條又云："先生四十以前，專務該博，經籍史傳，多識强記，將爲用世之學。至於道學源流，一滚讀去，是非異同，未加剖析。此前數十年之梗概也。"

[四]《朱止泉先生文集》卷八《選讀朱子文目錄序》："朱子之學，注釋經書、《文集》、《語類》諸編，自宋末、元、明至今凡五百餘年，傳留人間，如日月經天，江河行地，海内學者，無論智愚，皆知其爲孔、孟、周、程之正脈，而無有異説也。（中略）夫《文》《語》二書凡二百五十一卷，有此有彼無者，有彼有此無者，有此詳彼略者，有此略彼詳者。（中略）澐愚不肖，中歲方知講讀，（中略）既編《聖學考略》，歷叙《始終編》《誨人編》，以見教道之法。又選《文集》《語類》自補，《小學》以至造極，其卷有九，不敢云有得於朱子之學，然按其收斂身心、體驗道理先後淺深曲折次第之故，亦略有當讀之者。"

同卷《選讀朱子語錄目錄序》："或問於余曰：'《朱子語類》已有成書，持守知行，分載明白，子之是選也何爲乎？'予曰：'子洪先生分類最確，無庸擬議。予之分九條者，固以便於誦讀體驗，而亦有説焉。朱子之學，原是尊道齊頭用功，雖有道問學多了之語，實從德性上著力，且明以訓詁詞章無益於性情之病，深戒學者。後儒吴草廬輩遂從而分之，以尊德性屬陸氏，以道問學屬朱子，歷今五百餘年，未有定論。正、嘉間，陽明倡爲格物狥外之説以議朱子，使後世之宗其説者皆執此言，紛紛立論，遂使朱子平生尊德性最切要、最精透之旨，皆置而不省。爲吾徒者，雖謹以朱子爲宗，而於此等切要精透處，亦不加力發明，闡揚其藴，且以心學爲諱，是無異於藉寇兵而賫盜糧也。（中略）但切要精透語散見於各卷者甚多，（中略）後人值妄説猖狂之餘，若不彙聚發明，拈出此義，力爲説破，以明當日指本體親切做工夫深意，則爲彼妄説者，只以講解常語視之，而爲吾徒者，又不知從此等切要精透語，循其方，遵其旨，就自己身心實下奉持德性工夫，則朱子誨人收斂藏密之教，依舊埋没於紙上，而不深入於人心，大可痛惜，莫此爲甚。有志朱子聖學之正脈者，安得不起而任其責哉？（中略）於是不揣愚昧，擅爲闡明，選《文集》數百篇，略叙此義，尚有未盡。繼乃依九條之式，採《語類》各卷切要精透之語，附於《文集》之後，而此義亦大顯明矣。'"

案高斌《止泉先生贊》（《年譜》附録）："考亭《語録》，深契潛孚。"

[五]《朱止泉先生文集》卷七《朱子未發涵養辨》："要其（朱子）用功，一遵程子'涵養須用敬，進學在致知'之説，即尊德性而道問學之旨也。"

案止泉雖高倡朱子之學，且以之自任，然其論朱子涵養功夫，以主靜爲歸，實近陸王之説。王懋竑《重答朱湘陶書》(《白田草堂存稿》)稱止泉治朱子學之偏有云："自以爲宗朱子之學，反墮入陸王窠窟中，而不自知，其不爲陸王所笑者幾希。"朱彬《游道堂集》卷二《與葉子雲書》亦謂："吾宗止泉先生，洎同時王予中（懋竑）太史表章朱子之功，不遺餘力，而止泉翁仍以主靜爲歸。"近人劉師培《朱澤澐傳》(《左盦外集》卷十八)所論尤暢達："自周子始標主靜之説，洛學、閩學皆從之，由是以靜制動，飾孟子不動心之説，以標無思無慮掌故宗。以靜爲本體，以動爲役物，以動心與放心并論，故陽明提倡良知，亦以扞格外物爲格物。夫所以扞格外物者，即慮外物之足動己心耳。此仍沿主靜之舊説者也。若白沙諸儒，又以勿忘勿助爲本。然東林學術，亦守陽明之説而飾以朱子之書，厥後顧、高遺胤世傳，其説遂蔓延。淮南止泉先生，殆亦治東林之學者與？觀先生之學，首從主靜入門，繼言動靜互相循環，復捨主靜，崇主敬。其學術遷變略與紫陽相符。惟紫陽首崇問學，而先生則頗尚空言。揆其派別，近陸遠朱。乃所著諸書，又深闢陸王之學。夫先生謂敬貫動靜，其説即出於陽明。陽明之言曰'敬畏之存，無間於動靜'，非其證歟？故知先生之學，非盡導源於紫陽，然辨析理欲，頗多心理之精言，則又後儒所奉爲標準者也。"

［六］沈《傳》："晚年杜門韜晦，不求人知，賢士大夫，多慕仰之。同里艾堂劉公師恕總督直隸時，奉詔各舉所知一人，擬疏薦先生，先生堅卧不起。"

案《年譜》雍正六年條："是年秋，世宗憲皇帝詔內外臣工各舉所知，隨書以進。時艾堂劉公總督直隸，具書幣令其弟造廬請焉。其書略曰：'先生讀書講道，爲明體達用之學，久爲鄉人所矜式。弟宦游在外二十餘年，常恨不得一睹芝宇，側聆緒論，然企慕之情，實深饑渴。每聞子弟親友稱述明德，未嘗不在光風霽月中也。方今聖天子宵旰憂勤，欲爲天下得人，命內外臣工各舉所知。弟幸與先生同里閈，得仰高風，若見明珠而不採，竊以空入寶山爲愧。在先生抱濂洛之學，際唐虞之世，而不一行其義，亦恐非古聖賢康濟蒼生之意。今特令舍弟敦請，祈先生體聖主求賢若渴之盛心，立即束裝就道，先過保陽，以便具文送部引見爲禱。外具微物，少佐車馬之費，并希莞存。'先生即日璧禮幣，作書肯辭，乃免。"

檢《朱止泉先生文集》卷四載朱澤澐《答劉艾堂侍郎（戊申十二

月）》略謂："知聖天子宵旰憂勤，旁求俊乂，特諭臣工各舉一人，真千載不易覯之時，宜博詢碩德，遴選名儒，以副大典。若澐者迂拙菲材，何能堪此？乃蒙採擇，欲列薦章，感激之深，實增慚愧。澐向學甚遲，即痛自刻勵，究於明體達用、修己治人之道茫無所見，不過講求夫聖經賢傳之旨，黽勉於謹身寡過之途，時時兢惕，以終餘生，間以此意與二三學者共之，志願如斯，豈有他望？若古名臣循吏之治績，雖略考究，然反之於心，未能深信，施之於事，未歷礪磨，豈容欺罔輕應世務？是以撫衷決斷，不敢應老先生之聘，而甘於閉戶以守迂拙也。況澐年已六十有三，寒暑易侵，病症屢見。（中略）似此衰老羸憊之軀，而效奔奏馳驅之事，筋骸不勝，顛躓奚疑？且患耳聾已經二載，（中略）仰祈明照，俯察鄙懷。"

［七］《行狀》："先生自辛亥春有脾疾，飲食減損，骨象清癯，日未明輒起，溫習經書如初。有勸先生宜少輟者，先生曰：'吾之讀書，適意怡情，無勞於心，猶飲食之不能離也。'持守之功益加強固。（中略）至冬，飲食更減，瘖瘂益清。每日三鼓寢，五鼓即起。天明後，盥沐觀書，竟日不息。"

［八］《行狀》："壬子六月，骨愈瘦，神愈旺。每日讀易，日昃後，坐小院納涼，手持邵子《擊壤集》，吟哦往復，充然自得。（中略）十七日清晨，箴傳至榻前，先生曰：'死生一致。'因吟邵子詩云：'任經生死心無異，雖隔江湖路不迷。''生固在天地間，死亦在天地間，無有兩般。'"

案"任經生死心無異，雖隔江湖路不迷"句出邵雍《首尾吟》，見《伊川擊壤集》卷二十。止泉好邵雍詩，可參《朱止泉先生文集》卷一《讀邵子詩》兩首。

《年譜》雍正十年條："六月（中略）十八日，病甚，友朋、門人問疾，先生曰：'相別不遠，年來所商，亦詳且盡，但願努力。'十九日質明，手自診脈，命家人備喪具，謂伯兄潛安公曰：'長兄年高，望加珍重，誨子侄輩向學是第一要務。'囑子光進以守身力學，且曰：'居喪之禮，以哀戚爲本，又必整齊嚴肅。浮屠異教，以及鄉俗喪事之背禮者，俱宜屏絕。'語畢，恬然而逝。"

案《行狀》又記止泉臨終語云："吾之學遠不逮古人，然朱子一脈微有窺焉。所遺文藁，吾生平心力在此，汝與吾子收拾存之，是所望也。"《四庫全書總目》卷一八二《止泉文集》提要："此集乃其子光進所編，凡詩一卷、語錄一卷、書牘四卷、雜著二卷，大抵亦皆講學之語，蓋其生平惟以崇奉朱子爲事也。"《文集》八卷而外，《行狀》更述朱氏著述曰："平生誦讀經書有所得，隨筆記之，皆切於身心者若干卷，曰《學旨》。《朱子文集》《大全》，潛心熟玩，考證朱子之學，其早年、中年、晚年所以屢造益深，疑而悟，悟而精進之故，先後次第，昭然可據，遂輯《朱子聖學考略》一編，積十年而始成，如《朱子誨人編》《三學辨》《先儒闢佛考》《陽明晚年定論辨》凡若干卷，皆窮理精微之蘊也。其論治道，謂養民必在守令，養士必重儒官，而總率之，則在監司，輯前代循良治績曰《吏治集》，蒐輯前代教學善政曰《師表集覽》，輯大臣撫綏之善道曰《保□集覽》，皆有以見先生之志焉。"

〔**集評**〕

劉師恕《朱止泉先生文集序》："吾邑朱止泉先生，卓然奮起於孤陋之鄉，無所師承。始探先聖遺經，得其大段規模，而博觀於歷代諸儒之說，不能無疑焉。後乃專用力於朱子之書，如《四書章句集注》《或問》《易本義》《啓蒙》《詩集傳》《儀禮經傳通解》《太極圖》《通書》《西銘解》《小學》《近思錄》《文集》《語類》等凡數百卷，一字一句，無不精心研窮，反身體認，積有歲年，然後喟然歎曰：'尊德性者莫若朱子，道問學者亦莫若朱子。'故其爲學，先之以主敬涵養，使吾所得於天地之心以爲心者，堅定充長以爲酬酢，萬變之主而其戒慎恐懼之□、深潛純一之味，蓋無時而不存焉。而格物窮理，則博極群書，抉經籍之蘊奧，考史傳之得失，自五常、五事、五倫、六官以及天地之大、鬼神之幽、鳥獸草木之繁，無不參稽詳究，有以見夫天理之本然，而統攝於一性之内。其未發也，湛然虛明，而萬理之得於問學者，凝然以聚；其已發也，各順其則，而妙用之裕於德性者，沛然以達。其尊其道，原非二事；一動一靜，亦豈兩截。先生之學所可蠡測者，大概如此。"

尹會一《朱止泉先生年譜序》："寶應朱止泉先生，宗朱子之學者也。（中略）其先事該博，繼入聖道，驗諸身心，證諸友朋，銖積寸累，遞進益深，至於老而不懈，其諸豪傑之士無所待而興者歟。至其推崇朱子，指斥近似，最爲有功。既辨陸王於前，而於同時錫山、關中兩講壇，往復辨難，俱有深心。"

向　瑃

向瑃，字荆山，山陰人。少攻八股文，年二十餘，居母喪，始閱性理書。一日讀《孟子》"人之所以異於禽獸者幾希"，瞿然曰："吾其遂爲禽獸乎！"切己改過，心不寧者數月。[一]時有王行九者，文成之裔也，開講良知之學，瑃往請業，聆其言，心有所得，以書問難，往復者再，遂致力於王氏之學。[二]爲輔仁會，赴會十有餘人，每月朔一舉，威儀進止，咸中規矩，里人目以爲癡。瑃作《癡人傳》，其文以游戲出之，非居敬之道，兹不録。[三]瑃爲王學有年，後讀程朱書，心竊疑之。偶於書肆中得《高忠憲公年譜》讀之，遂盡棄其學而學焉。謹守雒閩諸書，與其徒辯析異同，著《志學録》，明其學一本程朱，不雜以異説。嘗言"事事反躬，刻刻畏天。一刻不畏天，便是罪過；一事不反躬，便涉怨尤"。故其平日，雖小過亦自責甚嚴，日之所爲，夜必告天。[四]

其弟子有黄艮輔、程登泰。艮輔，字序言，亦始宗王學，後歸程朱，能文章。登泰，字魯望，侍父病，勞瘁得咯血疾，人稱爲孝子。疾劇，尚讀書不輟，人止之，曰："死，命也。以學死，不愈於徒死乎？"二人皆山陰人也。[五]

〔箋證〕

[一]《儒行述》："向荆山，名瑃，浙江山陰人。少攻舉子業，年二十餘，居母喪，始觀性理書。一日讀《孟子》云'人之所以異于禽獸者幾希'，瞿然曰：'吾其遂甘爲禽獸乎！'切己悔過，心不寧者數月。"

案唐鑒《國朝學案小識》卷九："山陰向先生諱瑃，字荆山，號惕齋。幼敏悟，一日讀《孟子》，至'人之所以異於禽獸者幾希'，猛省曰：'存此則爲君子，去此不將爲禽獸乎！'遂怒然恥爲凡民。"《清史列傳》卷六七本傳："五歲，母口授《四子書》，即了大義。及居母喪，哀毁逾禮。事父以孝聞。"

[二]《儒行述》："王行九者，王文成公裔也，開講致良知之學，荊山往而請業，聞其言，輒心開，去而以書往復者數四，益自信，遂奮力于學。"

[三]《儒行述》："聚里中十餘人，爲輔仁會，每月朔一舉，威儀進止，咸有法度。居久之，里人皆以癡目之。荊山聞而笑曰：'其然乎？其然乎？'作《癡人傳》，辭曰：'浙江之濱有人焉，問其姓氏不荅，觀其行，大類癡者，人遂共以癡呼之。其平居也，首不脱冠，身不去衣；立未嘗跛，坐未嘗箕。行無緩急，翼如其趣；自手至足，繩尺是拘。當世所尚，曰唯灑脱，視此所爲，癡復何説？每直無事，危坐終日；或誦《詩》《書》，或玩《周易》。思而未得，如負重疾；迨乎既得，不勝悦懌。忽憂忽喜，循環莫息；在傍觀者，莫測其由。指之爲癡，更復何尤？及與物接，互相談論。或雄其辯，動人聽聞；或俯其首，寂無所云。言或非禮，拒而弗荅；道或不同，厲聲正色。時尚圓巧，彼獨方拙；癡之一言，非此安設？情之所發，多與世忤；人之所爭，彼乃弗顧；人之所欣，彼或加怒；是非當前，一衷以理。毀譽及躬，弗悲以喜；見義勇爲，奮不自止。聲色貨利，脱然如洗；與物無競，與世無争。苟非癡人，復誰其能？生質之陋，幾于下愚；人皆了了，彼則若迷。妄效聖賢，望焉以趨；堯舜之中，孔顏之樂。《太極》圓圖，先天心學，汲汲孜孜，窮探力索。上希鄒魯，下師濂雒。言偶古昔，動法先王；惡聞人過，樂道人長。凡此所爲，癡人肺腑；烏呼天地，有此癡氣。聚而成人，爲世所異；自古及今，繩繩相繼。後有來者，幸無自棄。'"

案《清史列傳》本傳："聞郡城陽明後裔王行九講良知之學，即糾同人爲輔仁會，沈酣其説者六七年，人目爲癡，因著《癡人傳》以自況。"

[四]《儒行述》："荊山服膺王學者且六七年，已讀程朱書，忽自疑。偶于肆中得《高忠憲公年譜》讀之，遂舍其所學，一以程朱爲宗。確守《小學》《近思錄》《章句集注》諸書。與其學者辨析異同，反覆不倦。其自省亦日密，嘗言：'事事反躬，刻刻畏天。一刻不畏天，便是辜過；一事不反躬，便涉怨尤。'故其平居，雖小過失，刻責甚至。日之所爲，夜必告天。家貧，或終日不舉火，而手不釋書。著《志學錄》，明其所得于

程朱者。雍正九年卒。"

　　案《學案小識》曰："先從陽明族裔王行九講良知。後得《高忠憲公年譜》、薛文清《讀書録》，反覆玩味，內以體諸身心，外以驗諸事物，乃漸覺良知之説未當，而居敬窮理之確不可易也。自是動静語默，一以程朱爲師。書其所見，名《志學録》；録其續者，名《志學後録》。"《清史列傳》同。李元度《國朝先正事略》卷三一《向荆山先生事略》："著《志學録》《四書記疑》，明其所得於程朱者。雍正九年卒，年五十。"又《（乾隆）紹興府志》卷五三《向璿傳》："人善雖小必揚，侍親族有恩誼，與人交真意盎然。（中略）手不釋卷，間有所作，有自得之趣。晚歲涵養益深，氣宇和平。"高攀龍事見卷上《刁包》箋證［八］，薛瑄事見本卷《韓孔當》箋證［四］。

　　［五］《儒行述》："門人黃序言、程魯望傳其學。序言名艮輔，魯望名登泰，與荆山同鄉里，聞其論學有省，遂受業焉。始宗王學，已卒歸于程朱。序言能文章，善闡其師説。魯望以侍父病，得咯血疾，疾亟，讀書不輟。或止之，則曰：'死，命耳。以學死，不愈于徒死乎？'卒時，年二十九。序言後荆山一年卒。"

黃商衡

黃商衡，字景淑，改名商衡，長洲人，黃孝子農之遺孤也。節母金氏課商衡夜讀，常至雞鳴，時流涕述先人志行以勖之。家貧，或勸之使商衡學賈，曰："命當貧，改業能富耶？吾不忍墮先人志也。"[一]商衡承母志，益刻苦於學。夜寢，刻香繫鐵錘，下承銅盤，香盡錘墮，擊盤鏗然作聲，即驚覺起讀。所爲文詞深理奥，因此久困童子試。陳恪勤公知蘇州府，試閱其文，曰："深入顯出，非熟讀宋五子書者不能作此文。"拔置第一。院試不獲雋，年四十餘始補弟子員，遂無意功名。[二]日讀先儒性理書，尤好蕺山《人極圖説》，推衍其義，貫以《論語》《大學》《中庸》及橫渠、朱子之緒，輯爲一書，題曰《困學録》。自命爲又次學人。[三]先是，孝子卒於康熙二十一年。雍正元年，詔訪窮簷苦節，節母年十七而寡，殁於雍正二年，五十餘年矣，例合請旌。時沈公德潛爲諸生，與其友數人請於大吏，具以聞，得邀旌典。至乾隆六年，其父復以孝子旌。[四]謀建孝節坊，擇日奉主入忠孝祠，遽得疾，强起拜送，尋卒。[五]

〔箋證〕

[一] 彭紹升《黃氏家傳》（《二林居集》卷二三）："黃處士師憲，字景淑，後改名商衡，即孝子所遺四歲孤也。"

案錢止庵《吳門補乘·黃商衡傳》同。黃氏世居江蘇長洲，清代分隸元和縣。彭、黃故有通家戚好，而黃氏累世行修，亦足感紹升，故有《黃氏家傳》之撰。考《黃氏家傳》首述黃氏世系，次及商衡父黃農、母金氏生平，然後始及商衡行實。兹節録黃氏世系及商衡父母生平如下，《黃氏家傳》曰："明洪武中始祖斌以武功世襲蘇州衛千户，家焉。曾孫暐，官刑部郎中，有直節，祀于鄉。曋孫省曾，舉萬曆中鄉試，以文章名，已而從王文成公學，世所偁五岳山人者也。五傳至衮，縣學生，有孝行。生二子，長庭，次孝子。""孝子"即商衡父，諱農，字古處，至此黃氏一門居吳已十二世矣。

農侍母至孝，《黃氏家傳》云："孝子年十餘，母吳氏有疾，卧牀三年，孝子奉湯藥唯謹。已而復病利，方大暑，扶掖轉側，手除薉溺，閱數十晝夜不懈。疾亟，孝子當食輒廢箸。母卒，號慟，絶而復蘇。既斂，坐卧不離柩側，獨居時，輒喃喃其母語。夢中時作歡笑聲，既覺，則大哭。如是者逾年。葬而歸，伏地哭，不能起。父方教授于外，遂攜之館中。久之，啓其枕，漬淚若膏。貌瞿然，視初喪不異也。"母殁，事父盡心竭力，一如愛其母。與兄長友愛備至。待人恭謹，性好施予，周難濟貧，亦有稱焉。康熙二十年卒，年僅三十二歲。乾隆五年，江蘇巡撫徐士林上聞其事，次年以孝子旌。事亦見《（乾隆）長洲縣志》卷廿六《孝義傳》。商衡母金氏，年十七適農，居數年而農卒。臨殁，以善事父兄、撫育遺孤相託。葬後，事親養家，一力任之。時商衡年方四歲。課子讀書勤嚴，往往篝燈至雞鳴，常以先人志行相勉勖。而後家雖貧，不使商衡易業。晚年持齋事佛，卒年六十七，時雍正二年也。商衡妻周氏，家饒財，商衡初入贅周家，後不忍其母家居食苦，始攜婦歸。周氏事姑謹，能持家，年七十卒。

[二]《黃氏家傳》："少奉母教，課讀甚嚴，稍長，益自奮。縣（懸）文昌像于壁，夜分少倦，肅衣冠拜，拜已，復讀。寢則刻香，繫鐵錘，下承銅盆，香盡而錘墮擊盆，聲鏗然，輒驚覺，遂起坐達旦。沈思理奧，爲文日深造，然久困童子試。長沙陳恪勤公知蘇州，試第一，院試輒落。年四十餘，始補諸生，不復有進取意。"

案陳鵬年（一六六三——一七二三），字北溟，一字滄州，湖廣湘潭（今湖南）人。康熙三十年進士，以知縣任，康熙四十七年知蘇州府，雍正元年，卒於河道總督任上，謚恪勤。所至政聲斐然，有《道榮堂文集》。事詳彭紹升《二林居集》卷十七《故通議大夫總督河道兵部右侍郎兼都察院右副都御史陳恪勤公事狀》，《清史列傳》《清史稿》有傳。

[三]《黃氏家傳》："唯日陳先儒語録，探討服行，尤好蕺山劉子《人極圖説》。推衍其義，貫以《論語》《大學》《中庸》，下及橫渠、考亭緒言，合爲一書，題曰《困學録》。自命又次學人。"

案《人極圖説》，參見本卷《劉汋》箋證［六］。黄體芳《札蘇州府學》："宋實穎、黄商衡（中略）雖未造微，亦云孤詣。"（《江南徵書札》）

［四］《黄氏家傳》："蓋其志也，常念先世潛德弗耀，每自刻責。母年五十餘，應旌典，而官司文牒往復，費不訾，處士竭所儲以應。垂成，輒中格。雍正元年，有詔徧訪窮簷苦節，處士喜曰：'時不可失也。'時沈公德潛爲諸生，倡其友數人，請于大吏，具以聞，得旌典。至乾隆六年，其父復以孝子旌。"

案《二林居集》卷二四《黄氏兩世像贊并叙》："爲父請旌，罄資力，垂二十年，始克建坊。"《黄氏家傳》有稱"節婦年十七歸于黄，居數年，孝子將終"云云，是金氏年十七適黄農，農之喪，商衡年已四歲，絕非如記文所謂"年十七而寡"者。沈德潛（一六七三——一七六九），字確士，號歸愚，江蘇長洲人。乾隆四年進士，時年已六十七歲，後以詩備受清高宗賞識，官至禮部侍郎。乾隆三十四年卒，年九十七，榮寵逾恒。旋以徐述夔《一柱樓集》詩案，盡奪封贈。沈氏爲清中期詩壇盟主，以格調爲倡，詩論具見所著《説詩晬語》及《歷朝詩别裁集》中。事詳《沈歸愚自訂年譜》，《清史列傳》《清史稿》有傳。《黄氏家傳》所載沈氏倡議請旌之事，《年譜》未載。

［五］《黄氏家傳》："謀合建孝節坊，擇日將奉主入忠孝祠，遽得疾，彊起詣主前拜送，爲坊制以授諸子，尋卒，年六十五。處士有介節，其徒宋敦知剡谿，延之教子，因竝挈子庸以往。值科試，籌鐙閲卷，庸忽見一人排闥入，附耳語，處士搖首拒之，其人色沮去。處士既殁，久之，其子庸始克建孝節坊，即其地爲祠堂，如處士所誡云。"

案《黄氏兩世像贊》："《易》有三極，人道居中。參天兩地，慎獨之功。戴山有作，雒閩是宗，爰譜《人極》，道在反躬。山下出泉，果以養蒙，謹言慎動，自始既終。乃有黄子，異代聞風，疏通攷證，殫竭明聰。矢兹《困學》，厥德唯庸，聿新綽楔，恩貢九重。"

任德成

　　任德成，字象元，吳江府學生。[一]篤於儒行。奉朱子《白鹿洞規》，因集自漢及明先正格言與《洞規》相發明者，合爲一書，名《洞規大義》，以明先後一揆之旨。[二]居鄉，勤施濟，置社倉，創鄉塾。浚萬頃江，達之太湖，里中無水患。有司以聞，賜八品服。年饑，煮粥食餓者，鄉人德之。一夕，步於庭，有偷兒方踰垣下，見德成，驚欲竄走，徐語之曰："子毋恐，得無患餒乎？吾與子米。"手量一斛給之，曰："此危道也，慎勿更爲。"其人叩頭負米去，乃徧告其黨，相戒勿竊任氏。其言頗聞於人，於是同里津津傳述焉，而德成未嘗語人也。[三]雍正初，詔舉賢良方正，鄂文端公爲布政使，欲薦德成，固辭，乃已。乾隆三十七年，年八十九，十月得疾，誡其子曰："勤讀書，勉爲善，守此兩言可矣。"遂吟康節詩云"俯仰天地間，浩然無所愧"，吟罷而逝。[四]後詔採天下遺書，其家以所著書上之四庫館。[五]

〔箋證〕

[一] 彭紹升《恩授修職郎府學生任君墓志銘》（《二林居集》卷十，下稱《墓誌銘》）："君諱任德成，字象元。先世居魯之任城，後遷于蜀。趙宋時，有諱盡言者，通判平江，其子孫始家于吳。又十世，至本朝諱大任者，居平江之桐里，篤于儒行。子夢乾，縣學生，是爲君考。君生時，母朱太孺人夢神人授以蓮實，曰：'此善果也。'已而免身，故命以德成，而字象元焉。君幼而端重，既長，補府諸生。"

　　案《吳江縣續志》卷十六《任德成傳》"桐里"作"同里"，且云："其先有名大訓者，以賢良方正仕至衡州知府。弟曰大任，篤於儒行，載

《清國史·孝子傳》,德成祖也。德成幼而端重,父殁,哀毁,三年不入私室。母病目,舌舐之一年復明。"《清儒學案》卷五三《釣臺學案》:"(德成)祖大任,字鈞衡,有孝行,與徐俟齋爲友,於釣臺先生爲從父,釣臺所從受業者也。"案釣臺爲荆溪任啓運(一六七〇——一七四四)之號,啓運字翼聖,雍正十一年進士,歷侍講學士,至宗人府府丞。學宗朱子,精研三《禮》,嘗充三禮館副總裁官。著述極多,有《周易洗心》九卷、《肆獻祼饋食禮》三卷、《宫室考》十三卷、《四書約指》十九卷、《孝經章句》十卷、《孟子時事考》、《逸書補》、《竹書紀年考》及《清芬樓遺稿》四卷等,《四庫全書總目》稱其"不媿窮經之目,雖專主漢學者不相菲薄"。乾隆九年卒,年七十五。事具任兆麟《有竹居集》卷十《釣臺公家傳》。

[二]《墓誌銘》:"好讀先儒書。奉朱子《白鹿洞規》,檢攝言動,括摩氣習,内養日充。因集自漢迄明先哲格言,與《洞規》相發明者,合爲一書,曰《洞規大義》,以明先後一揆之恉。"

案《四庫全書總目》卷九十八"《讀白鹿洞規大義》五卷"提要:"是書取朱子《白鹿洞規》原文,各分段落,標於每卷之首,而引歷代諸儒名言附於後,凡二百四條。前有《讀白鹿洞規文約》,舉邵、周、程、張、吕、陸諸子之説以冠之,則一篇之綱領也。"又任氏所撰尚有《澹寧文稿》一種,不著卷數,《吴江縣續志》卷三六《藝文志五》著録。

[三]《墓誌銘》:"居鄉,勤于施濟。里置社倉,首捐米百石以倡。創鄉塾以造士。濬萬頃江,達之太湖,有司以聞,賜八品章服。年饑,設粥食餓者,鄉人德之。夕步于庭,一偷兒方逾垣下,見君驚,欲竄,君徐語之曰:'毋恐,子得無患餒乎?吾以粟遺汝。'因手量一斛米與之,戒之曰:'危哉,慎勿更爲也。'其人叩頭謝去,已而徧告其黨,戒勿盜任氏。頗聞於人,人遂藉藉傳之。然君故不以語人也。嘗雇舟詣府治,既行,有求附者,舟人卻之,君曰:'無傷也,内之。'已而至者沓至,載且滿,君至虚所坐,讓之。"

案陳康祺《郎潛紀聞三筆》卷十二"任象元之學行":"學行如君,東京之彦,與南宋之儒與?今日吴中之士習,安得若君輩三五人,不言躬行,而示之標準與?"

[四]《墓誌銘》:"雍正初,詔舉賢良方正,鄂文端公爲布政使,欲以君薦,固謝乃已。應省試,既薦弗售,遂棄科舉。乾隆三十七年,君年

八十九矣。其年十月，得疾，臨終語其子曰：'勤讀書，勉爲善。此兩言者，吾家世守之，汝以此教人可矣。'遂吟邵子詩云：'俯仰天地間，浩然無所愧。'遂瞑。"

案《吴江縣續志·任德成傳》："雍正元年，詔舉孝廉方正，文端公鄂爾泰方爲布政使司，以德成名上之。德成以侍養辭，曰：'正誼明道，儒者分内事，豈假此以市名哉！'"鄂爾泰（一六八〇——一七四五），字毅庵，西林覺羅氏。滿洲鑲藍旗人。幼而敏悟，年二十，舉順天鄉試。雍正元年，任江蘇布政使，頗著政聲。禮致能文之士，録其詩文爲《南邦黎獻集》。累官廣西巡撫、雲貴總督、陝甘總督，自雍正十年授保和殿大學士，久居首輔。乾隆十年病卒，謚曰文端。事詳袁枚《武英殿大學士太傅文端公鄂爾泰行略》（《碑傳集》卷二二）。《清史列傳》《清史稿》有傳。又，邵雍詩"俯仰天地間，浩然無所愧"出《伊川擊壤集》卷十九《病亟吟》。

[五]《墓志銘》："君既殁，會詔求遺書，其家以君所著上之，宣付四庫館。子三人，長思謙，諸生，貢太學。次思和。次思敬，太學生。女子三人，袁桓、周元瑛、金廷勳，其壻也。孫五人，曾孫十一人，元孫一人。"

案《吴江縣續志·任德成傳》："乾隆三十七年卒。會詔求遺書，其孫兆麟以所著上之，宣付四庫館。前知蘇州府鍾光豫循古易名之典，稱爲仁獻先生。"又案魯仕驥《任先生思謙墓表》（《碑傳集》卷一二九）："國朝大儒當湖陸清獻公有再傳弟子任復生先生者，江南吴江人也。（中略）先生諱思謙，字純仁。父諱德成，亦名儒也，尺木曾爲志其墓。（中略）讀《周易》及宋儒書，尤多心悟。（中略）既而奉父命，受業張漢瞻先生。漢瞻先生，清獻公高第弟子也，一見先生，器之。（中略）授以《松陽遺書》，曰：'此程朱正傳也。'先生自是益篤志儒先之學。（中略）所著皆原本儒先，考訂經義，非苟作者。"《清史列傳》卷六八《任兆麟傳》："兆麟原名廷麟，字文田，震澤太學生。嘉慶元年，舉孝廉方正，以侍養辭。（中略）兆麟承家學，博聞敦行。又從長洲褚寅亮、彭紹升游，自經傳子史、音韻古籀及詩古文，皆穎悟解脱，心契其妙。爲王鳴盛、錢大昕所重。金壇段玉裁先與兆麟兄大椿、基振遊，後居蘇州，交兆麟，有三任之目。兆麟雖好古經説，然謂典章名物在考證，論性道則無庸。"

鄧元昌

鄧元昌，字慕濂，贛人也。[一]少爲諸生，有文名。後得宋五子書讀之，曰："今而後，始知爲人之道矣，出入禽門而不知省，哀哉！"遂棄舉子業，致力於學。[二]雩都宋昌圖以通家子往謁，與之講論，大喜曰："吾小友也。"館昌圖於家，晨夕論學，爲日程，言動必記之，互相攻核。[三]有兄瞽而頑，大小事必告而行。後母性暴而刻，每怒，元昌長跪請罪，必釋乃已。後母弟及弟婦，元昌待之甚厚。弟死有子，婦泣請於元昌曰："感伯之德，誓不他適，願苦守撫孤兒。"元昌亦泣拜之。自是不入內處，攜其子寢於中堂，課其子與弟之子，後皆成立。[四]元昌有田在城南，秋成視穫，見貧人子拾秉穗者，招之曰："來，女無然，我教女讀，能背誦者，我與女穀。"群兒争趨之。始教以識字，既使諷章句，又以俚語譬曉之，群兒踊躍受教。卒穫時，群兒號曰："先生將歸矣，奈何？"至有泣者。嗣後視穫，群兒來學以爲常。[五]城南人無少長皆曰"我鄧先生"，見有衣冠問元昌者，則曰"我先生客也"，不敢慢。市井人見元昌來，必起立，俟其去，始就坐。其至誠感人也如此。[六]

〔箋證〕

[一] 羅有高《鄧先生墓表》（《尊聞居士集》卷六，同見《碑傳集》卷一二九，下稱《墓表》）："先生諱元昌，氏曰鄧，字慕濂，不知其先何族之別也。祖父居贛州府城，爲贛人云。"

汪縉《書鄧自軒先生遺集後》（《汪子文錄》卷四）："先生贛州贛縣人，名元昌，字慕濂，自軒其號也。"

案《清史列傳》卷六七《鄧元昌傳》："著有《慕濂遺集》。"

[二]《墓表》:"先生弱冠負志氣,思以文章自名。爲制藝有師法,諸老先生咸遜避以爲能。年十七,得宋五子書讀之,涕泗被面下,曰:'嗟夫,吾乃今日知爲人之道也。出入禽門,忍不自反,何哉?'自是澄心默坐以觀理;飭言動、嚴視聽以劘習;博考圖籍,約之程朱之遺書,以崇其知;端本于閨門,敦行孝弟,勤睦嫻任恤之行以求仁。確然沛然,不沮于俗,不疑于心,憺怕龢平,以此自終。"

《儒行述》:"爲諸生,有文名。年二十五,得宋五子書,讀之,涕泗被面下,曰:'吾乃今日知爲人之道也。出入禽門,往竟不自知,何哉?'遂屏棄制舉業,朔望陳五經及宋儒書拜之。每晨起,跪讀《通書》《太極圖說》《西銘》三四遍,迺起靜坐。"

案《儒行述》傳末注據羅有高《墓表》成文,然所述往往溢出於《墓表》之外,且偶有彼此相左處。如鄧氏讀宋五子書事,《墓表》云其時"年十七",而《儒行述》謂"年二十五",疑別有所據。《國朝先正事略》卷三一《鄧慕濂先生事略》作"年踰冠",《文獻徵存錄》《清史列傳》《清史稿》本傳皆作"年十七",亦各有所從。

[三]《墓表》:"初,雩都宋昌圖以通家子謁先生,先生器之,館之于家。昕夕論學,爲日程,疏記言動相校摘。一日,昌圖讀朱子《大學或問》首章,先生適過窗外駐聽,聽之不覺淚下而拜,感慟不能起,謂昌圖曰:'子勉之,無蹈吾所悔,永爲朱子辠人,偷息天地也。'蓋先生爲學誠切,日見其不足,且又以爲身欲至之,亦願人之同至之也。身即未能至之,而尤願人之先至之,而己得步其後也。故其友教人也摯,無智愚賢否幼耄,苟近之牖之,即惟恐不力。"

案宋昌圖,字道原,諸生。從鄧元昌遊,學尚主敬,言行依禮,終身無倦。有《畏軒集》二卷。羅有高受學於昌圖,因識鄧氏,遂棄舊學而遊其門下。《尊聞居士集》卷二《鄧慕濂先生遺集叙》云:"有高弱冠時,慕馬周、張齊賢之爲人也,伏而治賈太傅、陸宣公之書,旁及兵政、河渠、天官、測量諸雜說,(中略)道原愀然以爲非儒者當務之急也,則述范文正語橫渠張子之語以箴之,且介以謁其父執鄧慕濂先生。先生温温躬躬,未嘗多言說,飲人以和。余既退而嗒然若自喪也。其後再見先生于南昌,先生問新功,無以答,流汗浹面背。(中略)先生每見道原,必詢予學業進退,緣之以憂喜。(中略)先生措辭簡樸,論學者隱微沈痼之病,若定水燭癥,亦似爲予而發者。韻言理致,瑩澈可書而誦也。"又汪縉

《書鄧自軒先生遺集後》："予讀《鄧自軒先生遺集》，開卷見其答宋道原專向敬字著力一書，其於程朱主一之學，蓋有聞者。（中略）吾友羅臺山，嘗私淑先生者，先生之歿，與道原共編其《遺集》。（中略）道原叙其集曰：'先生之所宗仰者，程朱也。'"

［四］《儒行述》："有長兄瞽而頑，大小事必稟而後行。後母性瑣刻，每怒慕濂，慕濂必長跪請罪，必得解乃已。後母弟早夭，弟婦有子，請于慕濂曰：'感伯之德，願留守待兒之有立也。'慕濂泣拜之。自是遂不入處室，挾其子與弟之子寢于堂，課督之。"

［五］《墓表》："有田在城南，先生嘗以秋熟視穫，挾朱子《小學》書坐城隅，見貧人子累累拾秉穗甚衆。先生招之曰：'來，女無然。吾教女讀書，吾自量穀與女歸。'群兒譁，争昵先生。先生始則使識字，既使諷章句，既成以俚語曉譬之。卒穫，群兒嘩，以爲先生且歸也。"

［六］《儒行述》："故城南人無少長智愚，皆曰'我鄧先生'。城南人見有衣冠問鄧先生者，則曰'是我先生客邪'，渴則進飲，飢則進食。市井間見慕濂，必肅立端拱，俟其過，乃敢列坐云。"

案《儒行述》又稱："乾隆三十年卒，年六十餘。"案《墓表》稱鄧氏"以乾隆三十年閏二月四日卒"，不及壽數。《國朝先正事略》："乾隆三十年卒，年六十八。"羅有高《墓表》更有品評，節錄於後："嗚呼，若先生豈非振古豪傑之士與！贛在萬山中，文明所被者微矣。宋周濂溪先生過化贛南，未聞從遊之士有贛人焉。明陽明王先生講學軍門，而雩始有何、黃、袁、管四先生出。至養恩李先生，乃粹然一以朱子爲宗。其後易堂九子，以氣節文章聲海内，而中叔彭先生聲鏗至落穆，守學明禮，與程山謝先生相聲答。近百年來，高風寥邈矣。而先生獨奮發于陳編蠹簡之中，成之以勇邁不回之氣，佐之以堅苦廉毅之操，内外完樸，挺爲偉人。嗚呼，李、彭諸先生如可□也，能無慨然□吾道之有人哉？"

記者曰：劉汋以下，皆南方之學者也。[一]夫道學始於濂溪而盛於洛閩，自龜山辟書院以講學，於是白鹿、鵝湖相繼而起。[二]逮及明時，講席徧天下，而東南尤甚，[三]至本朝，其風衰矣。爰考厥初，其講學皆切於身心性命之旨，自道南、東林以還，但辯論朱、陸、王之異同而已，[四]是爲詞費，是爲近名。即以洛學而論，同時康節別立一幟，然二程不非邵，邵亦不非程也。朱、陸之主敬、主靜及論尊德性、道問學之互異，亦各尊所聞、各行其志而已，初未嘗相爭相競也。惟太極無極之説，遺書往來，辯難不置，[五]此乃教學相長之義，豈務以詞勝者哉！

昔朱、陸會於白鹿，象山講"君子小人喻於義利"章，聽者泣下，朱子深爲嘆服，謂"切中學者隱微深痼之病"。象山云："青田亦無陸子靜，建安亦無朱元晦。"觀二子之言，可見其廓然至公，無一毫私意存乎中矣。[六]陽明之學，不過因陸子之言而發明之，其後爲王學者遂視朱子爲仇讎；朱學之徒又斥陸王爲異端，而攻擊者並文成之事功亦毀之，甚至謂明之亡，不亡於朋黨，不亡於寇盜，而亡於陽明之學術。吁，其言過矣！[七]藩詮次諸君子，於曉曉辯論三家之異同者概無取焉。[八]

〔箋證〕

[一] 案卷下劉汋等二十四人（計所附之人）皆籍屬南方，其中浙江九人（劉汋、韓孔當、邵曾可、張履祥、沈昀、應撝謙、勞史、汪鑒、向璿），江蘇十一人（朱用純、張夏、彭瓏、彭定求、彭啓豐、高愈、顧培、錢民、朱澤澐、黃商衡、任德成），安徽二人（吳[曰]慎、施璜），江西二人（謝文洊、鄧元昌）。然同籍南方、自居理學正統之桐城派，一概摒棄不錄。

[二] 案《宋史》卷三三四《楊時傳》："楊時，字中立，南劍將樂人。幼穎異，能屬文，稍長，潛心經史。熙寧九年，中進士第。時河南程顥與弟頤講孔、孟絕學於熙、豐之際，河、洛之士翕然師之。時調官不赴，以師禮見顥於潁昌，相得甚歡。其歸也，顥目送之曰：'吾道南矣。'（中略）時安於州縣，未嘗求聞達，而德望日重，四方之士不遠千里從之遊，號曰龜山先生。（中略）已而告老，以本官致仕，優遊林泉，以著書

講學爲事。卒年八十三，諡文靖。"案參見箋證［四］。

白鹿洞書院始創於唐，至南宋時，荒廢已久，朱子奏請重建，其意具於《朱子文集》卷一三《辛丑延和奏劄》第七："本洞書院，實唐隱士李渤所居，當時學者多從之遊，遂立黌舍。至五代時，李氏爲建官師，給田贍養，徒衆甚盛。迨至國初，猶數十百人。太平興國中，嘗蒙詔賜九經，而官其洞主，見於會要。而咸平五年，有勑重修，仍塑宣聖及弟子像。又見於陳舜俞所記，簡牘具在，可覆視也。（中略）今乃廢而不舉，（中略）夫先王禮義之宫，與異端老、佛之居，孰正孰邪？三綱五常之教，與無君無父之説，孰利孰害？今老、佛之宫遍滿天下，大郡至踰千計，小邑亦或不下數十，而公私增益，其勢未已。至於學校，則一郡一縣僅一置焉，而附郭之縣或不復有。其盛衰多寡之相絶至於如此，則於邪正利害之際亦已明矣。今有司非徒不能有所正於彼，而反疑臣之請於此，臣不能識其何説也。今幸蒙恩賜對，故敢復以爲請。"又吕祖謙《東萊吕太史文集》卷六《白鹿洞書院記》："淳熙六年，（南康）郡守新安朱侯熹（中略）得白鹿洞書院廢址，（中略）屬軍學教授楊君大法、星子縣令王君仲傑董其事，又以書命某記其成。"《朱子文集》卷一《白鹿洞書院賦》、卷二〇《申修白鹿洞書院狀》、卷八六《白鹿洞成告先聖文》《白鹿洞成告先師文》皆紀其事，所撰《白鹿洞書院揭示》影響尤深遠。

《（乾隆）鉛山縣志》："鵝湖山在縣東北，周迴四十餘里。其影入於縣南西湖。諸峰聯絡，若獅象犀猊，最高者峰頂三峰挺秀。《鄱陽記》云：'山上有湖多生荷，故名荷湖。東晉人龔氏居山蓄鵝，其雙鵝育子數百，羽翮成乃去，更名鵝湖。'唐大曆中大義智孚禪師植錫山中，雙鵝復還。山麓有仁壽院，禪師所建，今名鵝湖寺。"

［三］天啓二年，閹黨張訥疏請禁毀書院，於時書院講學之盛概可徵見。其疏有云："南北距不知幾千里，而興雲吐霧，尺澤可以行天；朝野相望不知幾十輩，而後勁前矛，登高自爲呼應。其人自縉紳外，宗室、武弁、舉監、儒吏、星相、山人、商賈、技藝，以至於亡命罪徒，無所不收。其事則遥制朝權，制肘邊鎮，把持有司，武斷鄉曲，無所不爲。其言凡内而彈章建白，外而舉劾條陳，書揭文移，自機密重情，以及詞訟細事，無所不關説。"（《明熹宗實録》卷六二）

［四］案張夏《宋儒楊文靖公龜山先生年譜序》："（楊時）侍明道先生者五年，侍伊川先生者一十六年，窮經研思，往復辨論，（中略）學成

· 243 ·

乃歸，明道喟然興道南之歎。嗚呼，道南之名所由至今傳也。暨先生五十九歲始寓毘陵，卜築龜巢，有終焉之志，前後共留十有八載。往來梁谿，有講舍在城東弓河之上，號東林，嗚呼，此又東林書院所由昉也。方先生闡揚二程之學，使東南之士駸駸嚮道，弟子日進，頡頏河南，致閩與洛齊稱梁谿。"東林書院，參見本卷《吳日慎》箋證〔三〕。

〔五〕《宋史》卷四三四《陸九淵傳》："至於無極而太極之辨，則貽書往來，論難不置焉。"

案朱、陸論辨無極太極之書，見《象山先生全集》卷二《與朱元晦第一》《第二》《第三書》，《朱子文集》卷三六《寄陸子靜第二》《第五書》。文繁不具稱引。

〔六〕《宋史》卷四三四《陸九淵傳》："初，九淵嘗與朱熹會鵝湖，論辨所學多不合。及熹守南康，九淵訪之，熹與至白鹿洞，九淵爲講'君子小人喻義利'一章，聽者至有泣下。熹以爲切中學者隱微深痼之病。"

案《朱子文集》卷八一《跋金谿主簿白鹿洞書堂講義後》："淳熙辛丑春二月，陸兄子靜來自金陵，（中略）十日丁亥，熹率寮友諸生，與俱至於白鹿書院，請得一言以警學者。子靜既不鄙而惠許之。至其所以發明敷暢，則又懇到明白，而皆有以切中學者隱微深痼之病，蓋聽者莫不悚然動心焉。熹猶懼其久而或忘之也，復請子靜筆之於簡，而受藏之。凡我同志，於此反身而深察之，則庶乎其可不迷於入德之方矣。"同見《象山先生全集》卷三六《年譜》"淳熙八年"條。

《象山先生全集》卷三四《語錄上》："先生與晦翁辯論，或諫其不必辯者。先生曰：'女曾知否？建安亦無朱晦翁，青田亦無陸子靜。'"

〔七〕陸隴其《學術辨上》（《三魚堂文集》卷二）："自宋以來，異端曲學知儒者之尊程朱也，於是又託於程朱，以自行其說。我曰程朱，彼亦曰程朱，學者又莫從而辨其是非。（中略）自陽明王氏倡爲良知之說，以禪之實，而託儒之名，且輯《朱子晚年定論》一書，以明己之學與朱子未嘗異。龍溪、心齋、近溪、海門之徒，從而衍之，王氏之學徧天下，幾以爲聖人復起，而古先聖賢下學上達之遺法滅裂無餘，學術壞而風俗隨之。其弊也，至於蕩軼禮法，蔑視倫常，天下之人恣睢橫肆，不復自安於規矩繩墨之內，而百病交作。於是涇陽、景逸起而救之，痛言王氏之弊，使天下學者復尋程朱之遺規，向之邪說詖行爲之稍變。然至於本源之際，所謂陽尊而陰簒之者，猶未能盡絕之也。治病而不能盡絕其根，則其病有時而復作。故至於啓、禎之際，風俗愈壞，禮義掃地，以至於不可收拾，其所從來非一日矣。故愚以爲明之天下，不亡於寇盜，不亡於朋黨，而亡於學術。學術之壞，所以醸成寇盜朋黨之禍也。"

復舉數例。王夫之《禮記章句》卷三一："姚江王氏始出焉，則以其所得於佛老者，殆攀是篇（《中庸》），以爲證據。其爲妄也，既莫之窮詰，而其失之皎然易見者，則但取經中片句隻字與彼相似者，以爲文過之媒。至於全書之義，詳略相因，巨細畢舉，一以貫而爲天德王道之全者，則茫然置之而不恤。迨其徒二王、錢、羅之流，恬不知恥，而竊佛老之土苴，以相附會，則害愈烈；而人心之壞，世道之否，莫不由之矣。"《張子正蒙注》："王氏之學，一傳而爲王畿，再傳而爲李贄，無忌憚之教立，而廉恥喪，盜賊興，中國淪沒，皆惟息於明倫察物而求逸獲，故君父可以不恤，膚髮可以不顧。陸子靜出而蒙古興，其流禍一也。"陳梓《張楊園先生小傳》："既乃慨然謂（中略）神州陸沉，天地晦盲，生心害政，厥由《傳習》》。"

李因篤《續刻受祺堂文集》卷三《與孫少宰書》："因念王文成絕代偉人，公烈自堪不朽，而以講學之故，違背考亭，致使後人並其生平疑之。"

［八］案"嘵嘵辯論三家之異同者"固夥矣，竊疑鄭堂意下所指，或爲方東樹，蓋仍抱憾於《辨道錄》（《儀衛軒文集》卷一）一篇中所論程朱、陸王及漢學考證三家學術。説參引論。然義例既定，故記文於相關學人議論，不免竄亂史源，以就己意。參見本卷《應撝謙》箋證［十三］。

附　記

沈國模

沈國模，字求如，明季餘姚諸生。爲文成之學。[一]嘗與劉忠介公證人講會，歸而闢姚江書院，與管宗聖、史孝咸、史孝復講明良知之説。[二]與山陰祁忠敏公友善，忠敏以御史按江東，一日杖殺大憝數人，適國模至，欣然述杖殺人事。國模瞠目字祁曰："世培亦曾聞曾子曰'如得其情，則哀矜而勿喜'乎？"後忠敏嘗語人曰："吾慮囚必念求如言，恐倉卒喜怒過差，負此良友也。"[三]崇禎末，屏處石浪。明亡，聞忠介死節，爲位痛哭。順治十三年，死於石浪。[四]

管宗聖，字霞標，餘姚人，崇禎十四年卒。[五]

〔箋證〕

[一]董瑒《沈聘君傳》（《姚江書院志略》卷下）："沈聘君，名國模，字叔則，別號求如。晚居橫溪之石浪山，又號石浪老樵。餘姚諸生。質性朗雋，少工進士業。一日，讀陽明王子《傳習錄》，有曰：'致良知則當下便有實地步可用功。'又曰：'恐學者不肯直下承當耳。'深有會，於是力究其旨，思倡明之。（中略）聘君終身率履仁義，日以孝弟提撕，平易近人，煦以春陽，挹以和風，而爲道之志甚切而專，成物之心甚誠而篤。至於指點當下，原本《傳習》之旨，亦符合證人之疏，要期人以必爲聖人。"

邵廷采《姚江書院傳》（《思復堂文集》卷一）："沈求如先生諱國模，字叔則，餘姚人。憤舉業陷溺天下之人，不知聖學，奮然棄諸生倡明之。"

[二]《沈聘君傳》："至嵊，見周海門先生汝登。海門契之，曰：'吾老矣，郡城陶石梁、劉念臺，今之學者也，其相與發明之。'先是，天啓甲子，劉子學聖人之學，謂'吾越與聞大道，始尹和靖先生'。舊祠古小學，久而荒，請於當事，復新之，未有緒。逾八年，崇禎辛未，郡中祁中

丞彪佳、王文學毓蓍兄弟、山陰徵士王朝式、諸生秦承佑等，啓請劉子與石梁陶先生講學于陶文簡祠。已集陽明書院，間集白馬嚴居，名證人社。時劉子年五十四，聘君年五十七，偕同邑管徵君宗聖、史隱君孝咸、文學孝復與焉。戊寅十一月，劉子《答朝式書》，有'求如之斬截，霞標之篤實，子虛之明快'語。（中略）至己卯，證人之會已九年矣。（中略）聘君謂龍山久不聚，宜以義學爲始基，如古小學意。會城南五里許，曰雙雁里霖間，有沈氏宅，山拱溪環，求售。聘君語宗聖、孝咸曰：'可矣。'於是劉子、陶先生、祁中丞及證人諸子如朝式、承佑、祁駿佳、王谷、錢永錫、邢錫貞、陳樹力贊之，而同邑施忠介邦曜與蘇方伯萬傑及子元璞、鄭文學錫元泪諸子協成之，事在是年之九月。忠介弁其端，聘君爲之序，曰：'古之重其事者必重其地，然欲使其地不朽，必先其事不朽。欲使其事不朽，必先其人不朽。儒宗、儒行久已廢缺，使姚江一燈，炳然千古，豈特斯世斯民之幸，亦前此諸聖諸儒之幸。'其勤勤於人與儒如此。於是，聘君月必如期至，施忠介、孫僉事嘉績及諸子畢集。復置田四十畝。忠介請邑長免其徭役。明年，陶先生已沒。未幾，朝式亦逝。孝咸請冠篇于劉子。劉子曰：'證人初已社，今于古小學尹先生祠後之堂爲證人書院，霖間亦猶此也，盍即以社疏附之？'聘君曰：'然。'遂揭於首，後遂爲姚江書院云。（中略）辛巳，延聘君主院事，三年之間，規模粗具。後一年，（祁）忠介殉，聘君棄章縫，隱石浪。又二年，劉子殉。院屬弟子守之，日就廢，聘君過之，必傷歎。"

《姚江書院傳》："初，入嵊見周海門汝登，既與念臺劉子會講證人社。歸而建義學於半霖。同志者，管先生霞標、史先生拙修、退修兄弟。其學以求仁爲宗，教人當下察取本心，擴充克治。遇有向道者，泥首鼓勵，雖在齠齔，提耳訓告。姚江講學之盛，前稱徐、錢，後稱沈、史焉。"

案《儒行述》、阮元《儒林集傳錄存》、《清史列傳》卷六六《沈國模傳》、《（光緒）餘姚縣志》卷廿三《沈國模傳》並同。案史孝復，與兄孝咸齊名，事見附記《史孝咸》箋證〔一〕。記文脱作"史復"，今據諸傳補。又案邵廷采《思復堂文集》卷一《王門弟子所知傳》："越中之學宗龍溪者，爲周汝登及陶奭齡兄弟。周汝登號海門，嵊縣進士。親贅龍溪，篤信四無之教。其言曰：'子云：我有知乎哉？無知也。移良知而歸之無知，無性善之説遠矣。'（中略）居官廉慎，循績可稱。終户部侍郎。崇禎九年卒。"《（乾隆）紹興府志》卷五二《周汝登傳》："周汝登，嵊人，萬曆五年進士。（中略）累官南京尚寶卿。學合儒釋而會通之。輯《聖學宗傳》，盡採先儒語類禪者以入，蓋萬曆世士大夫講學者多類此。"

徐承禮《小腆紀傳補遺》卷三《沈國模傳》："其學或以爲近禪，而言行敦潔，較然不欺其志，故推醇儒。"檢《入就瑞白禪師語錄》卷上："崇禎元年十一月二十七日，紹興府太史姜箴聖（中略）文學沈求如、管霞標及衆居士等請師繼住雲門顯聖寺。崇禎二年九月初十日，衆請上堂。"《牧雲和尚懶齋別集》中亦有《復姚江沈求如居士》一通。足爲沈氏與沙門交遊稔密、往還稠疊之證。

邵廷采《姚江書院記》（《姚江書院志略》卷上）："正德、嘉靖間，王文成公倡明正學，高達之士，風趨景從，而邑中徐日仁、錢緒山兩先生實羽翼先後。文成沒，弟子所在爲立書院。案陽明書院在宇内者七十二，而浙中居其六。（中略）崇禎中，沈聘君國模、管徵君宗聖、史隱君孝咸、史文學孝復篤志聖學，捐其舉業，從事於此。因雙雁里半霖沈氏宅肇營義學，蒸邑中士有志節者寢食其中，月季小大會，德行、言語、政事、文學、俊彥咸在，目擊心喻，直從文成溯洙、泗，逮濂、洛，朱陸異同並收，期於躬行，有所得力而已。義學之制，前爲堂，奉先師孔子洎四配，後爲樓，奉文成洎同里親炙私淑諸賢。易像爲主，遵祀典也。不徧奉先賢先儒，宗其近黨，塾不敢並文廟也。其諸門廡講舍，一切草創，則時與力有不暇務，作人明道，而不汲汲於觀美粉飾，用俟後之人增長而廣大之。始建歲在己卯，越二十年丁酉重修，乃額名姚江書院云。（中略）四先生沒，繼之者韓氏孔當、邵氏元長、俞氏長民、史氏標、韓氏弟子徐君景范。康熙己酉間，韓氏講學城隅，士風大振，自是少降矣。近年院屋多圮，舊人盡亡，後生希見當年教澤之盛，可歎也。"又云："崇禎末，沈、管、史諸公特起姚江書院，講陽明之學，其人皆能嚴立志節，循理處善，世以輩金（履祥）、許（衡）之於朱，雖未涉崑崙之巔，傾雲漢之波，要亦涉其末流，不至於溺焉者。後之人放尋遺緒，固於此有取爾也。惜其文章語錄，久多埋落。"《（光緒）餘姚縣志》卷十《學校志》："姚江書院在南城東南隅巽水門内。明崇正十二年，縣人沈國模、史孝咸講學於半霖，從學蘇元璞因建義學，祀先賢王文成，旋改爲姚江書院。國朝康熙四十一年，知縣韋鍾藻改建於南城東南巽水門内角聲苑舊址。"

［三］《姚江書院傳》："始，山陰祁忠敏彪佳與先生善。忠敏巡按三吳，一日杖殺巨憝數人，會先生至，欣然以告，先生字告曰：'世培亦聞

曾子云"如得其情，則哀矜勿喜"乎？'後忠敏嘗謂人：'吾每臨讞，必念求如，恐倉卒喜怒過差，慙此友也。'"

案黃宗羲《思舊錄》："祁彪佳，字虎子，山陰人。其爲蘇松巡按，悉取打行火囤之流杖殺之，列郡肅然。南渡，復巡撫蘇松。乙酉，大兵將渡，公出居寓園，夜半自沉于水。"彪佳（一六〇二—一六四五），字弘吉，號世培，自署遠山堂主人。浙江山陰人。天啓二年進士。崇禎間，巡按蘇松，政績粲然。八年，以事辭官。南明弘光時起復，以右僉都御史，再撫江南。清兵南下，自沉殉國。南明諡之忠敏，乾隆中，清廷諡之忠惠。《明史》有傳。又案《論語·子張篇》："曾子曰：'上失其道，民散久矣。如得其情，則哀矜而勿喜。'"

[四]《姚江書院傳》："崇禎末，築室石浪屏居。聞劉子死節，哭之慟。自謂後死，作人明道之意益篤。使門人重繕義學，月旦臨講，曰'陵谷變遷，惟學庶留人心不死。'順治十三年，卒於石浪，年八十二。"

案黃嗣艾《南雷學案》卷六《同調下》"沈求如先生"："兩都云覆，適鄉居。聞忠正公正命，哭之痛。已而益勤講學，砥柱狂流。（中略）永曆十年丙申没，年八十二。"《（光緒）餘姚縣志·沈國模傳》："國模屏居石浪，不交世事，惟教人之意靡倦。卒年八十二。"沈氏卒年八十二，諸傳皆同，獨錢林《文獻徵存錄》作"年八十三"。

[五]董瑒《管聘君傳》（《姚江書院志略》卷下）："管徵君，名宗聖，字允中，別號霞標。故崇祀鄉賢、廣東參政石峰公見曾孫，餘姚諸生。嘗謂'人心不正，弊在學術不明'，欲上續王子良知一脈，與沈聘君國模、史隱君孝咸、文學孝復交相切劘。徵君，孝咸、孝復之女兄夫也。以躬行實踐爲準則，一言一動，周旋合禮，而目中不設雌黃，遠近同志，翕然從風。崇禎辛未，劉子集證人社，徵君與劉子同庚，偕國模、孝咸兄弟與焉。丁丑，祁中丞彪佳薦之於朝，奉旨征辟，不赴。（中略）己卯六月，徵君寓書劉子，問心學，劉子復之曰：'學問說到事心處，亦已至矣。但善言心者，一語可了，不善言心者，累千萬言亦不了。大《易》神無方而易無休，便是聖人分上。'甚是簡談，家風如此。是年九月，與國模、孝咸立義學於霖間，月必如期而集。徵君少工詩文，知書法。（中略）經義推擅場，親其教者多入彀。（中略）辛巳，年六十四，垂革，同學及門至者四十餘人，徵君坐牀上，國模曰：'能不二否？'徵君曰：'吾生平學力正在於斯。'遂逝。（中略）所著有《勉學篇》《募册引》及詩文稿。"

沈國模

案阮元《儒林傳稿》、錢林《文獻徵存録》皆誤"管宗聖"作"曾宗聖"。《沈聘君傳》："吾邑自文成倡學後，再見沈、管兩賢，（中略）公生平所最莫逆管先生、史氏二子外，指不得屈。"

〔集評〕

錢林《文獻徵存録》卷四："餘姚自王守仁始言致良知，同里錢德洪受其學，以授沈國模，沈國模授韓孔當、邵曾可。"

李元度《國朝先正事略》卷二八《沈求如先生事略》："有明餘姚王文成公講良知之學，弟子徧天下。後或不軌師説，爲訛議於世。而同邑傳其學者，推徐日仁愛、錢緒山德洪、胡今山瀚、聞人邦正銓，再傳而得沈先生國模。"

《清史列傳》本傳："性平易近人，雖村叟頑童，能得其意，皆曰：'近從沈先生學，不敢爲惡。'時學其學者不絶也。"

· 253 ·

史孝咸

　　史孝咸，字子虛，餘姚人。國模歿後，繼主姚江書院。[一]嘗曰："良知非致不真。"又曰："空談易，對境難。居處恭，執事敬，與人忠。精察力行之，其庶乎！"[二]家貧，日食一粥，泊如也。其學以覺悟爲宗。[三]崑山葛瑞五參學有得，通書孝咸，復之曰："人生惟此一事，足下既於此有省，良可慶幸。深望百尺竿頭進步，否則藕絲一縷，亦能絆人也。"[四]卒於順治十六年。[五]

〔箋證〕

　　[一] 董瑒《史隱君文學兄弟傳》（《姚江書院志略》卷下）："史隱君名孝咸，字子虛，別號拙修，餘姚人。江西按察僉事元熙，其考也。僉事四子：孝晋、孝蒙、隱君孝咸、文章孝復。隱君，邑諸生。少絶慧，文章日有名。自良知之旨，徒騰口説，偕沈君國模、管徵君宗聖與孝復，討求精要，取以務躬。（中略）自是，聞風者千里遠至。（中略）己卯，姚江書院成。明年，請隱君主院事。（中略）甲申（中略）又四年，復主院中月會。會時，惟以謹言慎行相勉。立《任事規約》，末云：'陵谷容有更改，萬古不磨，惟學問耳。此地學脈所寄，義當存之，留人心於不死，詎可廢之而聽千秋之長夜？'又三年二月，隱君重訂院中會約，會仍以月。"

　　邵廷采《姚江書院傳》（《思復堂文集》卷一）："自陽明倡良知之教，天下學者尊姚江，徐愛首作《傳習錄》，推揚師説。及王畿以心意知物，俱歸無善無惡，錢德洪不然之後，人稱徐、錢爲王門功臣。崇禎中，沈、管、史諸公特起，講學於半霖，時人頗共迂怪。沈先生識行超卓，教人當下識取良知，故議者有禪學之目。及見拙修先生衣冠言動，一準儒者，醕潔之士，徐稍歸之。然劉子稱求如之斬截、霞標之篤實、子虛之明快，一時共相伯仲。沈先生卒，拙修先生主書院。"

案劉宗周稱沈氏斬截、管氏篤實、史氏明快，語出其《致王朝式書》，詳見附記《王朝式》。孝咸弟孝復，與其兄齊名當時。《姚江書院傳》記其事略云："弟孝復，字子復，號退修。志行源密，洒然和樂，人以比南州儒子。劉子舉慎獨誠意之説，謂'意爲心之主宰，即道心惟微，存發一機功夫，專在未發處用致知不？先主誠意必有知非所知之病'。門人葉廷秀、董標等競相質問，退修最先言之。崇禎十七年十一月卒，學者並稱'二史先生'。"董瑒《史隱君文學兄弟傳》又謂："自幼舉止端凝，退然如不勝衣。性沉静，間修密行，不事表暴。好讀書，知人論世，藻識甚精。大義所在，不毫髮假。妙齡能詩，孫少保鑛以忘年接之。篤信致知之學。劉子集證人會，文學與焉。"

[二]《史隱君文學兄弟傳》："每會力疾必赴，謂'講先正之學，宜傳先正之心。良知非致不真，證人改過則聖'。又手書寄勖會中友曰：'但將《論語》"居處恭，執事敬，與人忠"，深佩而力行之，時時如促膝云。'又曰："《與吳楸》云：'海門先生詩一紙，幸與諸友共目之。空談易，對境難，此吾人通病。'輒藉手以致相勉之意。詩云：'古有惜分陰，茲言猶未快。若真精猛人，眨眼不得懈。我輩論交來，冉冉歲月改。此事竟何如，中心難自昧。今既不如初，後去復何待？終身事可憂，念之雙淚灑。'真堪警心。"

案海門爲周汝登號，見《沈國模》箋證[二]。邵氏《姚江書院傳》本此而稍異，其轉述史孝咸語曰："空談易，對境難。但將《論語》'居處恭，執事敬，與人忠'，深佩而力行之。"《儒行述》據此作："空談易，對境難。居處恭，執事敬，與人忠。精察力行之，其庶乎！""居處恭，執事敬，與人忠"語出《論語·子路》，彭紹升走筆脱落出處，鄭堂亦襲之。

[三]《儒行述》："然子虚之學，以悟爲則。"

案《姚江書院傳》："凡從劉學者，多以禪排沈、史，惟劉子亦不釋然也。"然董瑒《史隱君文學兄弟傳》引孝咸語曰："吾輩學宗孔孟，教遵先哲，自有家法，何必借徑於禪？今乃有謂良知爲第二義，且諱言遷善改過者，愚所不解。"是孝咸論學，亦有排佛傾向。其講求良知，頗推鄒守益。董《傳》引孝咸《與邵曾可劄》云："晤會未期，惟冀足下竿頭進步，不以必信必果爲駐足之地，則區區所厚望者耳。《東郭集》壁完良知之學，直截簡易。此公發揮精當，循此求之，便是洙、泗正宗，不必他求也。""東郭"

即"東廓",鄒守益號。案《明儒學案》卷一六《江右王門學案一·文莊鄒東廓先生守益》:"鄒守益,字謙之,號東廓,江西安福人。九歲從父宦於南都,羅文莊欽順見而奇之。正德六年會試第一,廷試第三,授翰林編修。逾年丁憂。宸濠反,從文成建義。(中略)四十一年卒,年七十二。(中略)陽明之没,不失其傳者,不得不以先生爲宗子也。"

《史隱君文學兄弟傳》又記史氏語曰:"維世與衛道,初無二理,不反求諸身,而徒爲之涕泣,亦何益之有哉?"又曰:"只要各各鞭策自己,令人望風興起,以自外門墻爲愧方是。"

[四]《儒行述》:"時崑山葛瑞五參學有得,通書子虛,子虛復之曰:'人生惟此一事,足下既于此地有省,良可慶幸。深望百尺竿頭,再圖進步,否則藕絲一縷,亦能絆人也。'"

案徐枋《居易堂集》卷十二《葛瑞五傳》:"葛瑞五,名芝,本名雲芝,吴郡崑山人也。(中略)十五爲邑諸生。(中略)既遘國變,葛子盡棄其所爲學,而潛心求道,一以姚江爲宗,求所謂致良知者。姚江史子虛、沈求如兩先生者,良知正傳也,葛子渡浙江,入石浪山以訪焉。沈先生則以言授葛子,史先生則復入吴訪葛子。葛子慨然曰:'苟不得,不可以爲人。'於是舉人生可欲可喜之事,痛自隔絶,而惟精求性命之微,食息無間。久之,忽然身心洞豁,而喜可知也,而年未三十也。葛子復叩諸方知識,徵詰往復,無所不至。(中略)於是葛子乃以其所得通書於史先生。史先生復之書曰:'人生惟此一著子,尊兄瞥地証入,良可慶幸。台鼎不足貴,萬鍾千駟弗與易也。雖然,百尺竿頭,猶當進步,否則藕絲一綫,亦能絆人,不可不察也。尊兄直下知歸幸立,造純亦不已之域,方不負爲一大事,出現於世耳。'(中略)葛子籍門胄之高華,早擅文章之譽,有國士之目。晚復以道自貴,誠有所謂不改其樂者。"

[五]《史隱君文學兄弟傳》:"甲申,(中略)隱君歸三溪,至院不數。明年,致書劉子,以扃户抗志爲言。(中略)(順治十六年)六月二十日之戌,呼次子起曾并諸同門曰:'吾七十八浮生,於兹盡矣。良知人所習聞,若程、朱,真是穩實,汝等識之。'垂絶奄奄,笑談如故。"

《姚江書院傳》:"順治十六年卒,年七十八。"又云:"門人稱其博學工文章,要歸於道。潛隱高節,有陶潛、金履祥之風焉。子起曾,字尊聞,能守家學,安貧蹈道。"

王朝式

王朝式，字金如，山陰人，國模之弟子。[一]嘗與證人社，忠介主誠意，朝式守致知，曰："學不從良知入，必有誠非所誠之蔽。"由是會者往往持異同。從忠介學者，多以沈、史爲禪學。[二]忠介嘗致書朝式，其略曰：

> 僕生也晚，不及事前輩老師大儒，幸私淑諸人。於吾鄉得陶先生，學有淵源，充養自得，每與講席，積痼頓開，退而惘然失所懷也。其它若求如之斬截，霞標之篤實，子虛之明快，皆僕自忖以爲不可及者，不問其爲儒與禪也。至足下志願之大、骨力之堅，至之以不止，成就正未可量，亦不暇遽問其爲儒與禪也。然而世人悠悠，若能無疑，曰："諸君子言禪言，行禪行，律禪律，何以道學爲？"諸君子自信愈堅，世人疑之愈甚。今將永拒人於流俗，不得一聞聖人之道，是亦諸君子之過也。傳有之："中道而立，能者從之。"諸君子誠畏天命，憫人窮，有溥濟一世之願，盡一世之人，納之大道，闖陽明之室，接孔孟之傳，則心迹去就之際，宜必有以自處矣。若止就一身衡量，諸君子既已自信矣，亦安往有不可乎？然僕有以知足下之必爲彼而不爲此也。

忠介所稱陶先生，陶奭齡也。朝式得書，亦不辯，亦不悒。[三]

崇禎十年，浙中大饑，朝式入嵊賑粟，全活甚衆。[四]時天下大亂，將走四方，求奇傑之士，謀治安戰守之策，不果行。[五]尋卒，年三十八。朝式卒之年月無可考，大約在順治初也。[六]

〔箋證〕

［一］董瑒《王徵士傳》（《姚江書院志略》卷下）："王徵士，名朝

式，字金如，山陰人。初居邑之昌安街，後奉母司馬氏居四明山。早年嗜學，造周海門先生請益。天啓辛酉，從沈聘君國模遊。乙丑，聘君設教楮木園，徵士與秦承顯從之，各有會。（中略）丙子，劉子應召北上。嗣是，從聘君講學姚邑南郊之尚友堂。己卯，立義學於半霖，後爲姚江書院。時徵士母司馬氏居山中，徵士還以告，司馬喜謂：'若所助幾何？'徵士曰：'無有。'司馬愀然不樂。徵士中夜思家無可助者，惟烏瞻之麓有田三畝許，母生兆在焉，將留此供蒸嘗。今母意如此，助之可也。司馬悅。朝式以烏瞻之麓田三畝許捐助之。"

案姚江書院之創立，參見《沈國模》箋證〔二〕。

〔二〕《王徵士傳》："天啓壬戌，及劉子門。庚午，徵士生母卒，請劉子題其主。（中略）辛未，劉子家居，徵士與祁中丞彪佳、文學王毓蓍、秦承佑等啓請，於上巳主學會，名證人，月之日如之。已復請四日爲證人小會，與及門最親近者細商訂。越中講會之盛自此始。（中略）徵士曰：'致知之外無學。'"

案"天啓"本誤作"崇禎"，崇禎間並無"壬戌"年，兹據《（光緒）餘姚縣志》卷廿四《王朝式傳》改，"天啓壬戌"當天啓二年（一六二二）。董瑒《沈聘君傳》（《姚江書院志略》卷下）、邵廷采《姚江書院傳》（《思復堂文集》卷一）、黃宗羲《子劉子行狀》並及證人書院事，參見《沈國模》箋證〔二〕。記文"以沈、史爲禪學"，説參《沈國模》箋證〔二〕、《史孝咸》箋證〔二〕〔三〕。

祁彪佳《祁忠敏公日記》崇禎八年十二月初四日記頗足窺見王朝式與沈、史輩講學意旨，記曰："即以小舟入城，至九曲，聞講會仍在白馬山，移舟去，諸友畢集。遲午，陶石梁方至。時沈求如以'人須各知痛癢'爲言，王金如因申習知、真知之辨，石梁稱説因果。有陳生者闢其説，求如爲言：'過去、現在、未來，刻刻皆有，何疑於因果？'諸友共飯，石梁別去。沈求如、管霞標、史子虛同至九曲，諸友定七日靜坐之期。予登舟歸。"

劉宗周自陳與王朝式交誼，俱見《劉子全書》卷廿三《祭王生金如文》："始金如甫弱冠而及吾門，矻矻負志不凡。比聞已得所師承，余姑逡巡謝之，而處以朋友之間。自此往還無間，每相見，必以學問相切劘，絕不及流俗一語。至於患難則相恤，德義則相勸，過失則相規者，匪一而足。當是時，宗周以爲求友於天下而不可得也，何意晚得之金如，私心甚喜。金如亦不鄙夷予，而托爲同志者幾二十年。晚而相信益堅，相切劇益摯。如言仕則曰無用，學則曰無聞，至於支離老病有年，亦輒曰尚無進步。傍人見之，疑金如有退心，而余必改容以謝金如，自鞭自策不恕也。然則余之所得於金如者，亦豈其微乎？（中略）余猶憶同社之席，金如偶舉立誠之說及省察克治之說，余心喜而目之曰：'金如自此進矣。'竟以同人意見相左，不竟其說而罷，余即欲效一語於金如不可得，以迄於今，此事遂成空谷。"

[三] 案書見《劉子全書》卷十九《答王金如三朝式。戊寅十一月》。邵廷采《王門弟子所知傳》（《思復堂文集》卷一）："越中之學宗龍溪者，爲周汝登及陶奭齡兄弟。（中略）奭齡字君奭，號石梁，以舉人終肇慶知府。啓、禎之際，與蕺山劉子分席而講。悅禪者皆從陶，然蕺山稱其門人多求自得。石梁作《遷改格》，教人爲善去惡。蕺山更作《人譜》曰：'道不遠人，論本體有善無惡工夫，直有惡無善耳。'于是以念過爲事，其同異如此。"劉宗周與陶奭齡學尚異致，然甚相推重，見《劉子全書》卷十九《答王生士美》。黃宗羲《明儒學案》卷六二《蕺山學案》："始雖與陶石梁同講席，爲證人之會，而學不同。石梁之門人皆學佛，後且流於因果。分會于白馬山，羲嘗聽講。石梁言一名臣轉身爲馬，引其族姑證之，羲甚不然其言。退而與王業洵、王毓蓍推擇一輩時名之士四十餘人，執贄先生門下。此四十餘人者，皆喜闢佛，然而無有根柢，於學問之事，亦浮慕而已，反資學佛者之口實。先生有憂之，兩者交譏，故傳先生之學者，未易一二也。先生之學，以慎獨爲宗，儒者人人言慎獨，唯先生始得其真。"又思舊錄："余邑多逆黨，敗而歸家，其氣勢不少減。邑人從而化之，故于葬地、祠屋，皆出而阻撓。其時吾邑有沈國模、管忠聖、史孝咸，爲密雲悟幗巾弟子，皆以學鳴。每至越中講席，其議論多祖黨逆之人。（蕺山）先生以正色格之。"繼謂："先生與陶石梁講學。石梁之弟子，授受皆禪，且流而爲因果。先生以意非心之所發，則無不起而爭之。"

劉汋《劉子年譜》崇禎壬申條："諸生王朝式、秦弘佑、錢永錫等奉石梁先生爲師模，糾同志數十人，別會白馬嚴居，日求所謂本體而識認之。"劉士林《蕺山先生行實》："諸生王朝式、秦弘佑、錢永錫等數十人自討所見，奉石梁爲師模，別會白馬山房，不受先生裁成云。"

[四]《王徵士傳》："丁丑，嵊饑，穀石千錢，民穴白土濾而食，死者道相望。三月，集證人會，座中言嵊令設法行賑，苦不繼。劉子太息久

之，商之諸生，擬借資廣糶。徵士曰：'嵊民死者存者無一錢，欲以平糶博半菽之飽，何啻索之枯魚之肆？盍如昔年天樂故事，轉相傳募，以佐縣令所不逮。'劉子然之，遂書緣冊勸輸，得銀六百三十兩有奇，米一百七十石有奇。命徵士與宏佑、錢永錫等入嵊，綜賑事。又與嵊諸生募嵊米，得八百九十石，遍走山谷間。度道里遠近，設粥廠一百三十七所，鄉推有心力者董之。給粥月餘，日飼四五萬人。仲夏，麥盡，民復嗷嗷，徵士議行三賑，請再募郡中，人多難之。會中丞請之巡按御史，發贖鍰百金，劉子復命徵士等募之，得銀三千余兩糴穀，凡賑饑民四萬二千餘口。迄於秋成，一邑獲全。"

案《姚江書院傳》："全濟四萬二千一百二十口。"晚明浙東大饑，王朝式宣力其役，汲汲賑濟。《劉子全書》卷廿一《賑嵊緣起（丁丑）》："季春有白馬山房之會，偶及鄰邑嵊災，其民菜色，有不忍言者。蓋自去秋不登，迄於今，死亡離散之狀，日異而月不同，勢岌岌盡矣。一時諸君子相顧嘆息，身罹其痛，而莫為之所。余因商之祁世培先生，請上官暫捐帑金，召商轉糶，庶幾米集而價平，（中略）而社中王金如亟顧余曰：'嵊民死者垂盡矣，幸有存者，手無一錢，而欲以平糶博半菽之飽，真不啻索之枯魚之肆也。請如昔年天樂鄉故事，設廠放粥便。'（中略）嗚呼，口分世業之制壞而議常平，常平不得而議借販，至借販不可得而又議授殕，斯其為救荒之策，亦已愈苦愈下矣。（中略）其條例署之金如，頗悉，不再具。"

祁彪佳《山居拙錄》丁丑（崇禎十年）閏四月初四日："臥方起，王金如偕袁則學來，酌寬徵之呈，予為更定數語。倪鴻寶以昨約至寓，同之晤王太公祖，力言剡中饑荒狀，王公祖為之惻然。遂允寬徵，第須得金錢二三千耳。別出，赴白馬山會，（中略）講罷，王金如商賑事，苦無應者，予再捐十金以為創，且為設募助之策。歸舟作書，以寬徵之意報劉宛谷父母。"祁氏《與劉宛谷父母》（見《林居尺牘》）亦云："敝鄉王金如先生以不忍一念倡率同志，劉念臺先生首肯是舉，遂有王爾吉母舅起而應之。其他措大之斗粟寸鏹，亦各隨心捐助。以此見惻隱之端原有，人心觸之輒動。"又案《祁忠敏公日記》同年五月初二日："午睡，王金如自嵊來，商賑饑事。"次年戊寅十月九日記云："得王金如所刻《賑剡紀》。"

［五］《姚江書院傳》："已，喟然曰：'流寇蔓，必危宗社。吾徒雍容談道，欲以何為？'將走四方，求奇傑以謀時難。"

王朝式

《王徵士傳》："夫自徵士没後二十餘年，而證人、姚江之會皆輟講，舊人佚亡。然浙東子弟，其祖父嘗從劉子、聘君學者，至今言進退之勇、救世之切，尚思徵士。嘗作《建社倉議》，所著有《語錄》《年譜》。（中略）吾晤徵士於蕺山之泠然閣，每對作，頃志節之高邁，隱然在肩宇間，而氣甚靜。"

[六]《王徵士傳》："庚辰，以憂時過傷，病卒，年三十八。其病中語有曰：'吾寧以塊肉活數十萬人性命。'同會者競傳之。"

《姚江書院傳》："（崇禎）十三年卒，年三十八。劉子祭以文，稱其有超世之識，不必印之於古；有過人之才，不必韜之以靜；有隨處傾倒之肝膽，不必出之以養。時謂定論。"

案鄭堂謂朝式卒年無可考，疏於檢索矣。蕺山《祭王生金如文》載《劉子全書》卷廿三，前曾節錄，邵氏所記《祭文》原作："余輒因是以窺金如一種超世之識、過人之才、隨處傾倒之肝膽，有非流輩所敢望其萬一者，古所稱豪傑之士，非耶？而世已有知金如者矣。天假之年，我知其必有用於世。即遺大投艱，無事不辦，而何意其遽止於是乎？乃余所猶憾於金如者，金如有天下之識而不必印之於古，有天下之才而不必韜之以靜，有天下之真肝膽而不必出之以養，如是者，凡以成其爲金如之學而止，即質之金如平日所志，宜亦有未副焉者，金如遂肯中道而止乎？天假之年，我知金如之必有進也，而何意其遽止於是乎！"

薛香聞師

先生諱起鳳，字家三。少孤，依舅氏廣嚴福公。公本滕縣諸生，厭棄世法，出家傅磬山宗，住揚州法雲寺。寺有謝太傅祠，謝氏子孫欲占爲己產，倚勢鳴官，福公見逐，居吳下，隱於卜，得錢，資先生從師讀。福公即吳人所稱不二和尚也。間與先生論出世法，輒解悟，乃大喜曰："末法衆生，不識心原，儒佛互爭，子欲見儒者身説法，要以見性爲宗，誠能見性，何儒佛之有？"先生之學，出入儒佛，所由來矣。[一]先生少爲長洲縣學生，與余古農師、汪孝廉元亮同學。[二]爲古文詩歌，見稱於時。[三]日夕讀書，損一目。高宗南幸紫陽書院，山長以先生名聞於大吏，強先生應召試，呈獻詩，中有"范寧中年眼暗侵"之句，山長令改之，不可。[四]

庚辰，舉於鄉，文名益著，來學者甚衆。[五]嘗誨人曰："作聖之基，當從誠意始。此心本無所染，意不誠則有汙矣。須知此心染汙不得，能識子在川上、舜居深山時氣象，則取之左右逢原矣。"或有問輪回之説者，曰："精氣爲物，游魂爲變，二語盡之矣。"[六]

藩從先生受句讀，方十二齡，即諭以涵養工夫。一日，藩怒叱僕人，先生婉言開導曰："讀書以變化氣質爲先，女如此氣質，尚能讀書乎？況彼亦人子也，爲女役者，逼于饑寒耳，方哀矜之不暇，忍加訶責耶？"後主沂州書院，得疾歸，筮之不吉，書紙尾曰："勿起妄心，勿生妄見，修德懺悔，時哉時哉！"尋卒。[七]先生天性純厚，雖居貧，常周人之急。姊家負人債百金，未卒前數日，出金代償之，人以爲尤難也。[八]

〔箋證〕

[一]彭紹升《薛家三述》（《二林居集》卷廿二）："薛家三，名起

鳳，少孤，依其舅比邱廣嚴福公。福公傅磬山宗，既退揚州法雲寺。居吳門，隱于卜，得錢，資家三從師問學。間與家三論佛法，家三輒領解。福公喜屬家三曰：'末法衆生，不識心原，儒佛互諍，子誠欲見儒者身說法，要以見性爲宗，誠能見性，何儒佛之有？'家三終身誦之。（中略）嘗欲偕一世之人，徹儒佛之樊，游大同之宇，雖終鬱塞以死，而語言文字之存，可考而知也。"

案"家三"，《隨園詩話》、《（道光）蘇州府志》、《國朝先正事略》卷三〇俱作"皆三"。薛起鳳《香聞遺集》有《哭舅氏廣嚴福公》十首，知廣嚴俗名鄧明福，年六十，出家於揚州法雲寺，乾隆三十二年丁亥逝。汪縉《贈薛家三後叙》（《汪子文錄》卷四）："予嘗贈之以文，爲道河汾、金豁、永康、餘姚之學，既喜家三之推服四家也同於予，又言家三於朱子之學，殆有心求異，爲吾黨憂也。及家三還館於里中，其爲學已知尊朱子，窺其求異之心，鮮有存焉者矣。"卷九《薛起鳳羅有高汪縒述》："起鳳好儒釋，談禪尤高，時至縉家談禪。"

［二］《漢學師承記》卷二《余古農先生傳》："先生諱蕭客，字仲林，別字古農，吳縣布衣也。（中略）閉戶肆經史，博覽群書。性癖古籍，聞有異書，必徒步往借。（中略）生平著述甚多，《爾雅釋》《注雅別鈔》，悔其少作，不以示人。《文選音譯》，亦悔少作，然久已刊行，乃別撰《文選雜題》三十卷，又有《選音樓詩拾》若干卷。先生深於《選》學，引名其樓曰'選音'。（中略）惟《古經解鈎沉》已入《四庫》經部。"

同書卷六《汪元亮傳》："汪元亮，字明之，一字竹香，元和人。爲諸生時，有文譽，與同郡余古農師、薛香聞師結詩社於城東，睥睨餘子，不可一世。乾隆壬午，與戴君東原同舉於鄉，相親善，乃究心經義及六書之學。平生論學，則推東原及程君易疇，論詩文則推古農詩。屢上公車不第，以教授生徒自給，從游者多掇科第去，而君以孝廉終，命也夫！"

［三］《薛家三述》："居常好爲詩，思深味隱，耐人尋索。（中略）詩凡若干卷，予既錄而刻之。"

案汪縉《薛起鳳羅有高汪縒述》："起鳳最好詩，讀書能積思深造，邃於詩，善談。（中略）起鳳故自負其詩久之，人莫知也。嘗館於縉外家，頹然矣，遂言曰：'詩也者，賢聖仁人，微渺之所存也。必具豪傑心、豪傑眼、有豪傑志者，而後能通之、能爲之。'（中略）起鳳之爲詩也，字而句，字不安，句不立也。句而章，句不安，章不立也。（中略）詩也者，志也,人人曰志也,起鳳獨能通之、能爲之,其學以是而孤。繘之爲詩,嘗自道曰:'吾詩押韻而已矣。'起鳳曰:'固也,押韻也,萬古雲霄中,押韻而已矣。'"又《汪子文録》卷三《薛家三詩叙》:"家三喜爲詩,其爲詩也,予嘗聞其説矣。(中略)曰:'知聲而不知音者,禽獸是也;知音而不知樂者,衆庶是也。惟君子能知樂,審聲以知音,審音以知樂,審樂以知政,而治道備矣。(中略)書所謂神人以和也,聲音之道,人道之精微也,無聲音,是無人道。然是道也,古以之作樂,今以之賦詩,今之詩,其古之樂乎?故賦詩者,必端其心志之所存,復窮極依永和聲之分刌於幼眇,而後可與言詩,可與爲詩。不然,心志之所弗存,往往有聲無音,欲如古之衆庶,蓋已難之,其何以爲君子?'家三之論詩類如此。(中略)至其詩之成就,多寬裕内好、順成和動之音,然骨法故自深肅,予比諸春秋時賢士大夫往來聘問,威儀言辭,雝容典則,以光邦國文物之盛,猶有先王之餘澤焉,美哉!"同卷《香聞遺集後叙》:"前叙作於乾隆三十二年,家三猶及見其文,至是家三亡矣。(中略)家三之亡,允初既發其所藏稿觀之,復至其家,拾其遺文,合而編之,爲是集焉。"

案劉體信《萇楚齋三筆》卷一"彭祖賢篤於先世友人":"長洲彭尺木進士紹升博學工文,研求理學,復通釋典,世人推爲理學家別派。當時與之最爲莫逆者,爲瑞金羅臺山孝廉有高、吳縣汪大紳茂才繘、族子秋士布衣績、長洲薛家三孝廉起鳳,四家之集,均賴進士編輯刊行。後經粵匪之亂,刊板皆焚毁。光緒初年,進士曾孫芍庭中丞祖賢編刊《長洲彭氏家集》,復因進士平生最契之友,四人遺集陸續付刊。"

《二林居集》卷三《叙文》:"後遇薛子家三,聞其論詩也異之,其言曰:'詩,志之所之也。未有不端其志而能爲詩者,求端其志,莫先于知道矣。孔子讀《詩》三百篇,獨贊《鴟鴞》《烝民》爲知道,然則爲詩者,亦求爲周公、尹吉甫其人而可也。'又言:'古聖賢人尚矣,次焉者,其惟志士乎?志士之詩,吾于近世得二人焉,曰謝翱,曰杜濬。其志潔,其思苦,其音哀,故其爲詩也,非復人人之詩,而必二子者之詩也。'"

案葉德輝《郋園讀書記》卷一二"《香聞遺集》四卷":"香聞持論甚高。然《詩》無達詁,《三百篇》中所録,不止《鴟鴞》《烝民》一體。若謝皋羽、杜茶村,心傷故國黍離,故以苦思發爲哀吟,乃其身世遭逢之所感觸。使不問時代,人人學其爲詩,則是無病呻吟,所謂真性情者安在？吾知其必不然矣。顧集中佳句，（中略）皆非心境空明，不能有此妙語。是知香聞於詩，功頗深，於彼法尤精徹也。"

又今人袁行雲《清人詩集叙録》卷三八"《香聞遺集》四卷"條曰："爲袁枚弟子，《小倉山房詩集序》即出其手。詩取法韋、孟。"

[四] 案蘇州紫陽書院，始建於張伯行巡撫江蘇時。《（同治）蘇州府志》卷二五《學校一》"紫陽書院"條："紫陽書院在府學內尊經閣後，康熙五十二年，巡撫都御史張伯行建，擇所屬高材諸生肄業其中。"《張清恪公年譜》康熙五十二年"建紫陽書院"條下注曰："蘇州向無書院，時來學者，衆公命於滄浪亭讀書，地窄不能容，乃於府學東建紫陽書院，拆吳江淫僧水北菴材木以供用。又藉其田三百餘畝以爲諸生膏火資。"至次年"三月，紫陽書院成"。清高宗凡六下江南，事在乾隆十六年、二十二年、二十七年、三十年、四十五年、四十九年，皆履跡紫陽書院。香聞生於雍正十二年，舉鄉試在乾隆二十五年，記文所述事當在乾隆十六年或二十二年。檢《沈歸愚自訂年譜》乾隆十六年："巡撫王公諱師延予掌紫陽書院。"自此至乾隆二十二年，主紫陽書院講席者皆沈德潛也。

《晉書》卷七五《范甯傳》："初，甯嘗患目痛，就中書侍郎張湛求方，湛因嘲之曰：'古方，宋陽里子少得其術，以授魯東門伯，魯東門伯以授左丘明，遂世世相傳。及漢杜子夏、鄭康成、魏高堂隆、晉左太沖，凡此諸賢，並有目疾，得此方云：用損讀書一，減思慮二，專內視三，簡外觀四，旦晚起五，夜早眠六。凡六物，熬以神火，下以氣簁，蘊於胸中七日，然後納諸方寸。修之一時，近能數其目睫，遠視尺捶之餘。長服不已，動見牆壁之外。非但明目，亦乃延年。'"《普濟本事方》卷五："讀書之苦，傷肝損目，誠然。晉范甯嘗苦目痛，就張湛求方。湛戲之曰（中略）審如是而行之，非可謂之嘲戲，亦奇方也。"

[五]《薛家三述》："家三年二十七舉于鄉，會試輒黜。"

案《（同治）蘇州府志》卷八九《薛起鳳傳》："舉乾隆二十五年鄉試，會試輒黜。"案《隨園詩話》卷五："薛皆三進士，門生甚少。《題桃源圖》云：'桃花不相拒，源路自家尋。'"香聞未曾舉進士第，"門生甚少"則與記文所云"來學者甚衆"方圓不相納也。

[六]《薛家三述》："又言：'《大學》之言誠意也，"一棒一條痕，一摑一掌血"，學者須從此下工夫。其言正心也，"不著一字，盡得風流"，學者須從此識本體。欲識本體，須知渠本來汙染不得。子在川上，舜居深

山，無一豪汙染而已矣。'家三善論説，聞者隨其分量，莫不飽滿。"

案《香聞遺集》卷四所附彭紹升《薛家三述》較《二林居集》爲詳，且謂："其立言之本，常欲偕一世之人，撤儒佛之樊，以游於大同之化。""精氣爲物，游魂爲變"語出《周易·繫辭上》。《香聞遺集》中論學文字絶少，未見以《易》解輪迴之言。羅有高《尊聞居士集》卷二《醉榴軒集叙》有云："色界欲界二天，耽色樂欲樂，亦於一刹那中，具如是無量無量不可説不可説受用愛染諸細妙情，即於一刹那中，具如是無量無量不可説不可説六道四生輪迴根本。《詩》曰：'汎汎楊舟，載沉載浮。'《易》曰：'精氣爲物，游魂爲變。'此之謂也。"豈鄭堂一時失察，因致張冠李戴歟？然香聞與臺山爲學一輒，皆出入於儒釋之間，立説偶同，似亦不足怪焉。

[七]《薛家三述》："患肝疾，頗自抑制，意氣日益減。其將卒之年，疾作，筮之不吉，署紙尾曰：'勿起妄心，勿生妄見，修德懺悔，時哉時哉！'此可以觀其素矣。（中略）主沂州書院者三年，乾隆三十九年九月，自沂州歸，越四旬而卒，年四十一。"

[八]《薛家三述》："天性愷悌，雖居貧，能急人之困。有師周鹿原，老無依，家三資之，入支硎山，卒，爲斂葬焉。其姊家負人百金，將殁前數日，出金爲盡償之，人尤以爲難。"

案彭紹升弱冠時，矜尚氣節，嘗以慷慨濟世之志訴諸香聞，《二林居集》卷九《近取堂記》記香聞答尺木言曰："吾之志異于是。願得負郭田數百畝，與九族共之；以餘財推之于鄉里，仿東林同善會，俾鰥寡孤獨者有養也，其可矣。"彭氏以爲"仁人之心當如是"。《薛起鳳羅有高汪縉述》亦謂："其天性尤慈良。嘗與縉偕於道，遇有乞者，則曰：'君且前行。'前行，起鳳追而及，悦見於面。前行者數矣，起鳳追而及，忽若有愠色，縉曰：'何愠爲？'起鳳但曰：'障障。'縉曰：'乞者乃至不能念一聲佛號邪？'起鳳乞乞者誦一聲佛號，則予一文錢。能誦則大喜悦，見於面矣，乃至有不能誦者，則教之誦，不能則苦教之，終苦不能誦也，大不樂、不悦見於面。烏呼，是所謂賢聖仁人，微渺之所存也邪？"

羅有高

羅有高，字臺山，瑞金人。生而奇偉。年十六，補諸生。明年，寓雩都蕭氏別業，徧讀所藏書，心慕古昔豪傑之士，習技勇，讀兵書，視同舍生蔑如也。[一]久之，人有道雩都宋道原爲宋五子之學，君子也。有高聞而心動，遂往見之，自述其所學，道原不以爲然，有高負氣爭辯。道原曰：

    子少安母躁，吾語子。昔張子見范文正公言兵法，公勿善也，授以《中庸》，足下兵法自問如張子否？即便如張子，亦非儒者所尚，況未必如張子乎？"天生烝民，有物有則。"視聽貌言思，物也；明聰恭從睿，則也。能全是理，而後能有其身；能有其身，而後閨門順叙而家齊。達而行之，若有原之水，有根之木，滂沛條暢，無湮塞夭札之患。及其成也，身亨而道泰，致足樂也。今察足下氣浮而言疾，神明擾攘，常若有營，以此入世，得免刑戮，不累父母兄弟幸矣，尚求有濟於天下乎？

  有高聞言，汗流浹背，舌縮肢攣，無地自容。久之，請曰："何以教我？"曰："子歸而讀先儒書，有餘師。"又出所作《持敬》《主一》二銘示之曰："力爲之！"於是棄所學而學焉，尤喜明道、象山、陽明、念菴之書，旁推曲證，頗多心得。[二]後謁雷寧化，受業門下，每有陳說，雷公曰："子太聰明，如水銀潑地，吾懼其流也。"[三]

  乾隆二十七年，舉優貢生，遂入京師。三十年，應順天鄉試，出彭芝庭先生之門。與彭公子尺木居士友善，屢至吳門，主其家，同修淨業，閉關七旬，讀《首楞嚴》，參究上乘。嘗言："東西二聖人，權實互用，門庭迥別，其歸宿名相，離言思絕，一且不立，二復何有？惟自證者知之，非可以口舌爭也。"[四]性喜出遊，嘗之廣東，客恩平縣李文藻官舍。[五]又見戴東原太史於京師，始撿注疏及《爾雅》《說文解字》諸書爲訓詁之學，有《釋蠹》一篇，文煩不錄。[六]三十七年，會試報罷。後游宜黄，有余子安者，館之石磴山僧舍，日誦《華嚴經》，修念佛三昧。尋至揚州高旻寺，主僧貞公照月門風甚峻，屢呈見解，不許，曰："此是口頭學得，何關本分？"詰以古德機鋒，不能對，乃發憤入禪室，隨衆起倒，晝夜參究。居半年，積疑頓釋，遂辭去。偕同參僧度錢塘，又之寧波，主同年友邵海圖家。度海，上落伽山禮大士。已而至吳下，與尺木居士游太湖、洞庭，樂石公之勝，賃僧舍居之。未幾，又至寧波。[七]有高自謂解脫，然名心不死，又與海圖入京應試，不獲雋，得末疾，復至吳下。疾大劇，踉蹌歸，甫抵家而死。[八]

汪愛廬師讀其《與法鏡野論春秋書》，評曰："上帝臨壇，萬靈拱肅，世尊下降，諸天震動。"尺木居士謂有高"奮乎百世之下，希三代之英，可謂豪傑之士"，又稱其文"華梵交融，奏刀砉然"，傾倒至矣。[九]

昔日與友人程君在仁挑燈道故，程君曰："羅先生可謂天下第一學人。"予曰："爲宋儒之學，不及道原；歸西方之教，不如照月；肆訓詁之學，不如戴太史；文則吾不知也。"[一〇]又曰："其學佛猛勇精進，必往生浄土。"[一一]予曰："人之所以學佛者，爲了生死耳，閉戶參究，回光反照，即可以了矣，何事僕僕道路爲？亦可謂疲於津梁矣。當鍾鳴漏盡之時，尚不知反，幾死道路，危哉！且屢上公車，求一進士而不可得，名利之心甚熾，而能了不染之心耶？清浄世界中一朵蓮花，豈容此凡夫趺坐其上？"在仁又述其在奉化西峰寺事云："一日出白金易泉，金甚夥，縣役疑其爲盜，捕之，手仆三人，餘皆逃去。尋自詣縣，令升堂見之，叱使跪，不應，詰其姓名，不答，羈之告成寺。邵海圖聞其事，白於縣令，釋之。能禦强暴，豈非豪士哉？"[一二]予笑曰："此妄人之所爲也。當縣役捕時，曉之曰'我羅舉人，非盜也'，即不信，同縣役詣縣自述顛末，且可援邵海圖以爲證，其事即解，何必用武耶？其在縣堂時，縣令聞其勇，愈疑其爲盜，所以叱之詰之，何以不答？豈亦將施老拳於縣令耶！幸有海圖在耳，設海圖不知，縣令横虐，竟肆桁楊，因好勇鬭狠，毀

· 268 ·

傷父母遺體，不孝莫大焉。少有知識者尚不爲，而學佛者爲之乎！"[一三]

〔箋證〕

［一］彭紹升《羅臺山述》（《二林居集》卷廿二）："臺山名有高，寧都瑞金人。曾祖萬搏。祖遇封，縣學生。父讓，太學生。臺山少而雋偉。年十六，補諸生。其明年，寓雩都蕭氏別業，徧讀所藏書，因慨然慕古劍俠者流，習技勇，治兵家言，視同學生蔑如也。"

案王昶《春融堂集》卷五八《羅臺山墓志銘》（下稱《墓志銘》）同。惲敬《大雲山房文稿初集》卷三《羅臺山外傳》："父讓，生子三，長有京，次即臺山。年十六補縣學生，三十一充優貢生，三十四順天鄉試中式，四十六卒。"

［二］《羅臺山述》："久之，人有道雩都宋道原之爲人者，治先儒書，謹繩尺，躬孝弟之行，君子人也。臺山聞，心動，欲一見道原。會學使按贛州，臺山偕同舍生以行，試雩都日，度道原必在，往訪，果得之。自陳所學，道原不許，臺山盛氣力辯之。道原曰：'幸少安，爲子剖其理。昔橫渠先生見范文正公，言兵事，公弗善也，授以《中庸》，足下之學，視橫渠何如？吾弗敢知。使如橫渠，固非儒者所尚也，況未必如也？"天生烝民，有物有則。"視聽貌言思，物也；明聰恭從睿，則也。能全是理，而後能有其身；能有其身，而後閨門順叙而家齊。達而行之，若有原之水，有根之木，滂沛條達，無湮塞夭札之患。及其成也，身亨而道泰，故足樂也。今察足下氣浮而言疾，神明擾攘，常若有營，以此游于世，得免刑戮，勿累父母兄弟足矣，尚求有濟於天下乎？'臺山面赤汗沾背，四肢局縮，不自容，請曰：'何以教我？'曰：'子反而求之宋五子，其師也。'嗣後過從甚密。一日，道原屏人，肅衣冠，跪而泣曰：'子蔽錮深矣，誠不忍以子相愛之誠，聽子淪墮也。'臺山亦跪而泣曰：'何以教我？'道原乃出其所作《持敬》《主一》二銘，曰：'勉爲之！'已而道臺山見贛州鄧先生。鄧先生名元昌，篤于儒，道原所師事者也。臺山于是幡然棄所學，徧讀先儒書，尤喜明道、象山、陽明、念菴諸先生之論學也。因諸先生之論，上闚六經、孔孟之文，旁推曲證，多創獲之旨。"

案《墓志銘》同。羅有高自陳其事，見《尊聞居士集》卷二《鄧慕濂先生遺集叙》，詳參卷下《鄧元昌》箋證［三］。

［三］《羅臺山述》：“年二十餘，謁寧化雷公，受業于門，每有陳說，雷公曰：‘子忒殺聰明，然譬諸活水銀，吾懼其流也。’居歲餘而歸。”

案“居歲餘而歸”，《墓誌銘》作“於是歸真守約，務爲實踐”。雷鋐見卷上前敘箋證［一五］。彭紹升《故通奉大夫都察院左副都御史雷公行狀》（《二林居集》卷一八）稱“瑞金羅有高嘗游學公門，服公之教，未嘗去口”。唐鑒《國朝學案小識》卷十一《瑞金羅先生》又云：“寧化陰先生送其歸瑞金，曰：臺山以乾隆丁丑八月來我寧化，受《易》於翠庭雷公之門，間亦嘗過吾廬，往復談論。知其有意於‘求放心’，而又非如陸王二子之所云云也，蓋亦當世有志之士哉。”案陰承方（一七一五——一七九〇），字靜夫，號克齋，福建寧化人。居貧力學，以朱子爲宗，主知行一致，學以濟用，不尚空言。有《喪儀述》二卷、《陰靜夫先生遺文》二卷。《清史列傳》有傳。

［四］《羅臺山述》：“乾隆二十七年，學使謝公察優行，貢太學，遂如京師。予時方侍尚書公于邸舍，一日過編修彭芸春，見臺山試卷，奇之，遂造訪焉。已而文字往來日密。三十年秋，尚書公主順天鄉試，予邀臺山習靜於蘇州會館。榜發，臺山見舉。其年冬，予南還。明年，臺山下第歸。過予家，復與予閉關七旬。靜中瞥然識得學問頭腦，自謂于入手處，沒定不疑矣。（中略）臺山故好讀《楞嚴經》，至是信向益切，遂長齋，徧讀諸《大乘經》及諸經義疏。嘗言：‘東西二聖人，權實互用，門庭迥別，究其歸宿，名相離，言思絕。一且不立，二復何有？唯自證者知之，非可以口舌争也。’故其所論說，華梵交融，奏刀砉然，關節開解，能使塞者通，離者合，若徹屋蔀而闚天日也。”

案《墓誌銘》同。臺山論佛學，每與儒學牽涉，蓋其平素所持“東西二聖人，權實互用”之見若此。如以《楞嚴經》發明孟子“求放心”說：“《楞嚴經》云：‘諸修行人不能得成無上菩提，乃至別成聲聞緣覺及諸外道、諸天魔王及魔眷屬，皆由不知二種根本，錯亂修習。’云何二種？一者無始生死根本，則汝今者與諸衆生用攀緣心爲自性者。二者無始涅槃元清淨體，則汝今者識精元明、能生諸緣緣所遺者。由諸衆生遺此本明，雖終日行而不自覺，枉入諸趣。孟子‘求放心’語，恰好與經互相發明。”（《尊聞居士集》卷四《與大紳論居士傳評語》）又以《詩》《易》說輪迴（同書卷二《醉榴軒集叙》），已引錄於《薛香聞師》箋證［六］。汪縉《汪子文錄》卷三《薛家三詩叙》亦曰：“臺山，志於道者也。（中略）與予語，窮日夕不休，由其言通同孔、佛，無方無體無生之旨，每若鼓宮宮動，鼓商商動，竭世間糸辯，莫或得而離之。其言博大精渺，聞而不惑者少矣。"

［五］《羅臺山述》："三十五年，入京會試。還，舍予家。聞母訃乃行。尋遊廣東，客恩平知縣李素伯所。"

《墓志銘》："尋游廣東，爲恩平縣知縣李君文藻客。李君耽經誼，臺山與之上下議論。"

案羅有高《書益都李靜叔文後》（李文淵《李靜叔遺文》附錄）："余過嶺，訪叔子之兄苣畹於恩平。"《尊聞居士集》卷一《書歷城周君私諡益都李靜叔議後》："（文藻）其人志恢業廣，紹先正遺風，綴緝微緒，使承學者有所統。""苣畹"爲李文藻別號。翁方綱《復初齋文集》卷十四《李南磵墓表》："君諱文藻，字素伯，號南磵，山東益都人。乾隆己卯舉於鄉，庚辰中禮部式，辛巳成進士，知廣東恩平、新安、潮陽縣事。庚寅、辛卯二科分校廣東省試，同知廣西桂林府事，卒於官。君爲吏廉幹，所至有聲，（中略）君爲學無所不賅。"錢大昕《潛研堂文集》卷四十三《李南磵墓誌銘》："南磵天姿俊朗，（中略）好博覽古今，不爲世俗之學。所至必交其賢豪長者。（中略）居家之孝友，當官之廉幹，與友之誠信，固已加人一等，乃其所篤嗜者，文章也。"

李文藻抵任恩平，在乾隆三十五年四月，臺山次年三月入文藻幕，其間嘗代文藻校勘元馬致遠《三事忠告》、張爾岐《蒿庵閒話》、江永《古韻標準》《四聲切韻表》、錢大昕《鳳墅殘帖釋文》及文藻胞弟李文淵《李靜叔遺文》等書。文藻歿後，歷城周永年彙入《貸園叢書初集》。又據《（光緒）益都縣圖志》，時文藻甥畢龍驤相隨嶺南，臺山以小學相授。乾隆四十三年，文藻病逝桂林，臨終以編次文集事託付臺山。《南磵先生易簀記》："文章鈔成清本者有六七冊，但未分類，且可刪者多，非羅臺山定之不可。（中略）聞羅臺山在京大病，如其不死，可用厚聘延請至吾家訓弟子，亦可收拾諸稿。"而次年正月，臺山亦歿，文藻文集遂無人爲之輯合編次。

［六］《羅臺山述》："又自訓故不明，則文字根柢不立，支離杜撰，規矩蕩然，故于《爾雅》《說文》，治之加詳。一字之義，往往引端竟委，反覆數千言。"

《墓志銘》："又於注疏、小學之書，益以博而精。"

案臺山自表其訓詁之學，《汪子文錄》卷九《薛起鳳羅有高汪縫述》記云：“縉問訓詁之學。有高曰：'得之徽州戴先生東原，戴先生謂有高向學而不知其柢。有高心不服，'有高所求者，其柢也，乃謂有高不知其柢，敢問'。戴先生曰：'未得其方，柢哉，柢哉！'有高曰：'敢問其方。'戴先生曰：'天地之間，言而已矣，訓詁其柢也。'有高心益不服，'訓詁之於言，末矣，且言亦末也。先生乃謂之曰柢，敢問'。戴先生曰：'吾是以謂君不知其柢也，吾且爲君釋之。吾與君觀乎天地，凡天地間形形色色，能恢之而彌廣者，能外於言哉？吾與君觀乎古今，聖之盡倫，王之盡制，引之而無窮者，能外於言哉？言，有名有實。訓詁者，名其名，以指其實者也。天地間，凡有是名者，必有是實。聖倫王制，皆效法天地之實而名之。訓詁，名也，所指，實也。三才紐於是，不謂之柢而何哉？故曰天地間，言而已矣，訓詁其柢也。'”

又案“《釋蘽》一篇”不見《尊聞居士集》中。今傳《尊聞居士集》八卷由彭紹升編輯，卷首彭氏題記述曰：“臺山平時所爲文，僅有艸藁，多散佚。每過蘇，予輒從其行篋中出所貯，鈔而存之，而以其詩附。臺山之入山也，予意其不復出，因彙所鈔，擇其完粹者，錄一巨帙，爲叙其卷耑。已而臺山自洞庭至寧波，明年入京，會試報罷，歸過予，出頃所著古文七八首，多傑特之作，其經義十首，生平論學宗恉略具。于是因并入前錄中。又明年，臺山甫至家而歾。予聞訃，即遺書其子之明，索臺山文藁，久之無報書。會青浦王君蘭泉按察江西，王君故與臺山善，予因以此屬之。王君既隸任，遂招之明至官，竝索得臺山全藁。亡何，王君丁母憂，歸過蘇州，以其藁見授，遂續取古文二十餘首、詩三十首，合前之所錄，得八卷。其商量去取，每與汪子大紳共之。繼以同好叙述之篇，別爲附錄。”

[七]《羅臺山述》：“三十七年，復入京會試，攜其幼子之明來，舍之去，其還也，乃攜以歸。居一年，出游至宜黃。有余子安者，館之石聳山僧舍，日誦《華嚴經》，修念佛三昧。尋至揚州高旻寺，主僧昭月貞公門風甚峻，屢呈見解，不許，曰：'此是口頭學得，何關本分？'詰以古德機緣，不能對。臺山憤入禪堂，隨衆起倒，晝夜參究。居半年，積疑頓釋，一切淆譌公案，當下豁然，遂辭去。偕同參二僧，度錢唐，至奉化西峰寺。（中略）寧波邵海圖者，臺山同年友也。（中略）遂客海圖家。明年，度海，上落迦山，禮觀音大士。已而至蘇，與予偕游太湖，之洞庭，

樂石公之勝，賃僧舍而居之。其年冬，海圖迓之還寧波。"

《墓誌銘》："甲申，至揚州，寓高旻寺，時照月貞公主席，機鋒簡捷，能以偏語折服人。臺山晝夜參究，積疑盡豁。居半載，辭去。渡錢塘江，止奉化之西峰寺。（中略）遂登天童，拜密雲圓公像。明年甲午，渡海，禮普陀山。已而至蘇州，偕彭君遊洞庭石公，愛之，僦僧舍以居。"

案李斗《揚州畫舫錄》卷七《城南錄》："（高旻）寺僧照月，守戒律，闡宗風，足不履限，脇不至席。化千人，主席十數年如一日，後示寂於華山律院。同時常州無錫南禪寺僧靜蓀，號雪舟。幼時能詩，（中略）中年遍參知識，主南禪講席。三千戒子，八百付法。著《禪宗心印大悲懺觀注》。時人謂之南靜北照。二僧皆非常人，故能繼臨濟正法眼藏。"

[八]《羅臺山述》："四十二年，偕海圖入京。京中士大夫聞其至，多相從論學。臺山應機析理，發抒心得，聞者莫不暢然。暇輒焚香展經，宴坐終日。明年，會試報罷，得風疾，日消損。海圖為購人蔫治之，疾良已。其秋南歸，道予家，居兩月，疾復發，杖而後行。又明年正月六日，抵家，甫逾旬而卒，年四十六。疾亟，口喃喃偶說道妙。與兄弟訣，以不得終事父為憾。妻子環視，無它言。"

案《墓誌銘》同。汪縉《薛起鳳羅有高汪縒述》："然有高竟窮，不得已，復遠遊，無所遇而歸，且得輭腳病而歸也。歸而道出蘇州，遂跛而訪縉於家，談古文詞及訓詁家言益壯。（中略）有高遂跛而主彭紹升家，紹升窺其橐無有，遂謀之洞庭友人，集白金二百兩，而自佽數十兩，有高遂跛而歸。歸與其家人聚數日，遂卒。"

[九]《羅臺山述》："予友汪大紳，治儒釋兩家言，才辯無礙，見臺山而心折。嘗言作聖工夫，須從'可欲之謂善'一語下手。臺山云：'此是初心所證階級，非工夫也。下手時便須蹋實地，若以生滅心，求不生不滅法，無有是處。孟子言必有事焉而勿正，心勿忘，勿助長也。當下示人不生不滅，本體從此一肩儋起，直造聖域，有何疑哉？'（中略）膠州法鏡野致書及所著文，論《春秋》大旨，且謂南宋諸儒不識時宜，持方枘而內圓鑿乎。臺山復之云（中略）大紳見其書，歎曰：'上帝臨壇，萬靈拱肅，世尊下降，諸天震動。于此文見之矣。'"

彭紹升"華梵交融，奏刀砉然"語已引錄於箋證[四]。《羅臺山述》又云："其志疆，故其所以自任者甚重。其願廣，故其所與人者甚誠。其學無常師，行無塗轍，而一不過乎心之所安，與義之所止。烏呼，奮百世之下，希三代之英，斯可謂豪傑之士矣。"

又《墓誌銘》曰："癸未還，過蘇州，交汪君縉。汪君深於禪悟，解脫無礙。"羅、汪交誼，見諸汪縉《薛起鳳羅有高汪縰述》。法坤宏事跡，參見卷上《姜國霖》箋證。乾隆三十六年冬，臺山自廣東歸贛縣，次年春致書法氏，《尊聞居士集》卷四《與法鏡野先生書》云："去歲莫冬，自粵東旋里。手教下頒，奉讀甓然。四千里外，如侍講席而被春風矣。《春秋取義測》《見事春秋》（中略）二叙，破經師之陋，發先聖賢之蘊。（中略）雖然，本末先後之叙，亦有不可強合者。（中略）南宋諸大儒所爲固，固持堯舜、孔孟之道，于國事倥偬之會者，此《春秋》之大義也。謂別無説，以易之也，道不可二故也。（中略）南宋之君，不能勉強信用，不專諸大儒之説，未嘗一日得施於行事，是以卒成爲南宋也。孟子述唐虞三代于戰國擾攘之時，朱陸陳誠正義利之辯于南北交訌之日，其揆一也。先生《答（閻）懷庭書》謂'南宋儒先，不識時宜'，持方枘而內圓鑿乎。夫所云時宜者，立權度量，攷文章，改正朔，易服色，異器械，殊徽號，得與民變革者也。聖人鼓舞盡神，化裁盡利，既竭聰明焉。至於天之經，地之義，人之行，則無所謂時宜也。南宋諸大儒之所諍論，天經也，地義也，人行也，烏得而不斤斤也？先生其熟思之。"

［一〇］《墓誌銘》："臺山之學，於儒也，宗宋五子書，而群經主注疏，小學主《説文》，《史記》主裴氏、張氏、小司馬氏。皆參稽古訓，句櫛而字比之，歸於一是。於釋也，皈心宗乘，心折《磬山語録》，而禪不掩教，尤以淨土爲歸。外服儒風，內宗梵行，於世出世法非同而同，非別而別，非緣而緣，非相而相，廣大圓滿，默識其所以然，疏通證明，以遏末學之惽咻誹詆。古如梁補闕、白文公、晁文公、蘇文忠、蘇文憲，皆以通內外教典稱，至於覃思搆精神，悟妙賾，蓋未有如臺山者。（中略）臺山爲文章，陋摹擬，絶依傍，旁通曲暢，務抒其所獨契。"

案檢王昶《蒲褐山房詩話》同謂："（臺山）弱冠後，外服儒風，內宗梵行。於釋教，服膺《磬山語録》，兼通天台賢首諸家，尤以淨土爲歸宿。於儒家之教，宗明道、象山，而群經主孔、賈《正義》，小學主《説文》。皆能參稽義訓，句櫛而字比之。"可與《墓誌》參觀。

汪縉稱臺山"於學無弗好也，亦無弗入其質性，尤好俠。遂以俠入禪入儒，故其人之甚有精魄，且能持長齋，能上蒲團，能以禮法自持，嶄嶄其躬，然其俠性自在也"。至其晚年，"爲古文詞及漢人訓詁之志益壯"。

· 274 ·

其訓詁之學受諸戴震，已見箋證［六］。汪氏述文更記臺山古文辭學之淵源曰："縉訪之宿院中，從容問有高古文之學得之何人，有高曰：'得之福建梅崖朱先生，先生故善爲古文詞者也，其文以善讀書爲之柢。其言曰：讀書貴響，貴斷，貴實。句響字響，句斷字斷，句實字實，斯善讀者矣。響矣則沈，斷矣則貫，實矣則空。'縉曰：'何謂也？'有高乃舉'學而時習之'一句作不響、不斷、不實勢讀之，讀已，且言曰：'此而讀之，滑滑耳矣，其能爲古文詞邪？'言已，乃作響勢斷勢讀之，曰：'此而讀之，響以振其魄，響而沈，斯真沈；斷以循其文，斷而貫，斯真貫；實以明其指，實而空，斯真空。能響能沈，能斷能貫，能實能空，其不能爲古文詞乎？'"案朱仕琇（一七一五——七八〇），字斐瞻，號梅崖，福建建寧人。以進士知夏津縣，辭歸，主鰲峰書院講席凡十年。精擅古文辭，初宗韓愈，而後博採諸派，自成一家。福建古文之學，由朱氏創闢。有《梅崖文集》。事具《清史稿·文苑傳》。

彭紹升《二林居集》卷三《叙文》記臺山論文之語曰："其後入京師，遇羅子臺山，質以向時所作，臺山輒曰：'否否。'予怪而請其説。臺山曰：'爲文之道，昔人一言盡之曰文從字順而已矣。有倫之謂從，以言其理察也；有序之謂順，以言其思周也。理察而思周，斯其言足以達天德，陳王道。自六經四子以降，獨有唐韓愈氏、宋曾鞏氏爲能契之，自餘諸家，或疏或駁，或夸且陋，南渡而還，遂無聞焉。子有志于是，亦法韓、曾二氏而可矣，六經四子，其根柢也。'"

章學誠《章氏遺書》卷四《羅有高傳》："君立身行己，純儒也，顧喜爲浮屠學。時京師士大夫講梵學者，有歷城周編修永年，最爲淵奧，於叢林方丈講僧，鮮所許可，獨深契君，謂得之深。君善小學，尤精《説文》。其爲古文辭，清樸健舉，能自道所見。"

［一一］《墓志銘》："臺山素習《楞嚴》，至是遂長齋，徧讀《大乘經》，以求所謂密因了義者。"

案《春融堂集》卷四五《再書楞嚴經後》（乾隆三十六年）："今天下士大夫能深入佛乘者，桐城姚南青範、錢塘張無夜世犖、濟南周永年書昌及余四人，其餘率獵取一二桑門語，以爲詞助，於宗教之流別蓋茫如。"是王述庵於臺山之佛學，未必許可也。

汪縉《薛起鳳羅有高汪縡述》："縉復問有高禪。有高曰：'近已覺凡有趣向，悉邪妄，其唯熏習乎！自知熏習，二年於茲，穢念不起矣。日來雜念，亦漸少矣。'（中略）明晨起，見有高危坐蒲團上，幾若莊生所謂憗然似非人者。縉驚曰：'其千山萬山中老衲也邪？'"

［一二］《羅臺山述》："一日出白金易錢，縣胥疑其盜也，捕之。臺山手仆三人，餘皆逃。尋自詣縣。縣令升堂見之，叱使跪，不應。詰其姓名，不荅。羈之告成寺。寧波邵海圖者，臺山同年友也。聞其事，白于而釋之。"

案《墓志銘》同。案惲敬《羅臺山外傳》："服沙門服，不下髮。（中略）下揚子，度錢塘，過甬東，多託跡佛寺中。奉化快手怪其服，意爲盜，合曹輩數十百人篡臺山，臺山徒手禦之，不可近。因詣縣，趺坐縣庭，與縣官爲禪語，縣官愕不解。同年生主事邵君洪時家居，識臺山，乃釋之。"陳康祺《郎潜紀聞二筆》卷一"羅臺山逃儒入佛"條："康祺少有知識，流覽近今古文家，測其旨趣，頗惜長洲彭紹升二林、瑞金羅有高臺山之學，陽儒陰釋，殊太決其籬樊。稍長，則聞前輩言臺山游奉化雪竇，爲邏者所獲，疑爲盜，賴吾邑邵侍郎洪得脱，吾以爲謝康樂之爲山賊也。頃讀惲子居氏《大雲山房集·臺山外傳》曰（中略）惲氏此文，似臺山之入墨，亦自有托而逃。譬如病榻呻吟，聊自緩其痛苦。"

［一三］案前引宋昌圖語有謂"足下氣浮而言疾，神明擾攘，常若有營，以此入世，得免刑戮，不累父母兄弟幸矣"云云，鄭堂之不屑羅臺山，似亦有取於昌圖言也。葉德輝《書林清話》卷八"明以來刻本之希見"條稱"《宋學源淵記》詆羅有高負氣干訟"，即指此而言。

汪愛廬師

先生諱繒，字大紳，吳縣諸生。少孤，程太孺人撫以成立。[一]幼入塾讀書，性不善記。年十六，試爲文，數百言立就。其文在荆川、百川之間，至於發揮經旨，涵泳道德，唐、方二家所不及也。[二]喜爲詩，以陳子昂、杜少陵爲則，不二師見其《虎邱題壁詩》，詫曰："此白衣大有根器。"後見寒山、拾得詩，喜其字字句句皆從性海流出，於是以詩作佛事，有空山無人、水流花開之妙境，非若王安石之句摹字擬也。[三]尤工古文，人所不能言者能言之，人所不敢言者能言之，人所不能暢者能暢之，人所不能曲者能曲之。其出儒入佛之作，則言思離合，水月圓通，有不可思議者。尺木居士許之曰"噓氣成雲"。王光禄西莊云："讀大紳文，十洲三島，悉在藩溷間矣。"[四]

然而先生之志不在此也，有詩曰："消沈文字海，萬古涕淋浪。"先生之志，蓋在向上一義矣。[五]壯歲讀《陳龍川文集》，慕其爲人，思見用於世。既而讀宋五子書，又讀西來梵筴，始悟其非。[六]謂趙宋以來，儒與佛爭，儒與儒爭，轇葛紛紜，莫能是正。乃統其同異，通其隔閡。[七]仿明趙大洲《二通》之作，著《二録》《三録》以明經世之道。又著《讀四十偈私記》以通出世之法。[八]嘗謂藩曰："吾於儒佛書，有一字一句悟之十餘年始通者。讀《二録》《三録》，當通其可通者，不可強通其不可通者。"尺木居士謂先生之論佛儒"一彼一此，忽予忽奪"，似未深知先生者，先生豈無權量於其間耶？[九]

先生落落寡合，往來最密者，尺木居士一人而已。[一〇]曾主來安建陽書院，以正學教諸生，緣歲饑，輟講歸。[一一]又嘗應浙江寶學使聘，校試文，非所好也，歸而閉戶習靜，不復應科舉。[一二]作《無名先生傳》曰："先生講學，不朱不王；先生著書，不孟不莊；先生吟詩，不宋不唐；先生爲人，不獧不狂；先生處世，不圓不方。"復作歌曰："先生有耳聽清風，先生有眼看明月，先生有身神仙人，先生有家山水窟。先生於事無不有，人欲説之壁掛口。"自述其孤往也如此。[一三]以食廩歲滿，貢太學，未得教官。卒年六十八。卧疾數日，口不及家事，索茗盡兩甌，曰"好好"而逝。[一四]

〔箋證〕

〔一〕彭紹升《汪大紳述》（《二林居集》卷廿二）："大紳名縉，世爲休寧人，祖懋琳始遷于蘇。父元僳，早卒。母程氏，以節婦旌。有二子，大紳其長也。"

案汪縉《汪子文録》（下稱《文録》）卷五《與顧丈禄伯述太孺人節孝書》："太孺人姓程氏，外大夫立先公第五女也。二十二歲嬪先考迪功君，閲七年，二十八歲儳未亡人。（中略）太孺人之賢而早寡也，（中略）育三子一女，恩勤倍至。家事自絲粟以上，皆身親之，不以經縉兄弟心，使縉兄弟得一意於學。（中略）縉則攻舉業，於舉業外，頗喜著述，太孺人不禁也。逮縉屢躓場屋，太孺人亦不以是咎縉。（中略）於縉從之人，察之尤密，見縉兄弟與善士遊則大喜。（中略）吾師歸愚先生咏歌其事，有'教子讀書親正士'之句，蓋實録哉。"《二林居集》卷二四《汪太孺人傳》同。王鳴盛《西莊始存稿》卷三八《程孺人像贊》："洎賦寡鵠，雪慘霜悽。母兼父師，教于勿迷。相彼荻花，畫之在泥；亦有熊膽，丸之用虀。義方之勖，面命耳提，俾是諸孤，古人與稽。大紳吾友，學有端倪，發揮孟、荀，開徑尋蹊。俯視流俗，譬鶴與雞。"

〔二〕《汪大紳述》："少不善記誦。年十六，試爲文，數百言立就。塾師趙君維寧，文有師法，導以先輩程尺。已而疾亟，屬大紳必事其友吳君漢滌，遂延吳君于家。吳君亦喜先輩，好讀書。故大紳之文，得早自拔俗者，兩師之力也。年三十一，補吳學生，遂一意古文。"

案《文録》卷九《吳江兩先生傳》："吳江兩先生，縉之受業師也。（中略）縉初習經義，侍趙先生於家塾。先生爲文，一以何氏《行遠集》爲宗，尤精熟天、崇間文。舉以課縉，曰：'斯道識真者少，其唯何氏乎？汝其盡心焉。'縉爲文，時不循阡陌，先生輒痛繩之，往往增減至百餘字，然無一字苟下也。（中略）吳先生者，先生良友也，謂縉必事吳先生。太孺人聞之，即延吳先生至家。先生爲文，喜康熙朝諸名家，嗜詩史，旁及古人翰墨，而尤精於唐帖。（中略）趙先生諱某，字維寧。吳先生諱某，字漢滌。皆吳江人。"

汪縉《合訂唐諸兩先生時文叙》（《文録》卷二）曰："時文評家推唐先生荆川文者，無慮數十家，惟茅順甫先生得其微。順甫之言曰：'公之到不得處，如兒女話，天機自在。'予爲時文，由唐先生入，然於'兒女話'到不得也，於是歎順甫爲知言。（中略）予於時文，好舉唐先生以教人者，實以先生文，其法既備，其於文之虛實奇正，抑揚抗墜，操縱斂散，無往不得。闔闢自然之理，而機氣神脈，潛轉密運乎其間，誠前明一代文家之樞紐也。"同卷《方先生文録叙》："會心尤遠者，於明則金先生子駿，於國朝方先生百川也。遂置兩家文稿，低首雒誦不輟。（中略）縉亦嘗究心於制科之文，號爲正宗者，獨與唐先生荆川相入，以故予爲文得法於唐先生。然予之樂觀於形神之際者，尤在金先生。予既訂金先生文，因復訂方先生文而叙之。予高方先生文，亦在形神之際。"

案記文以唐荆川、方百川作比，蓋汪縉論衡時文之作，恒以唐順之爲典則，而亦有取於方百川也。唐順之（一五〇七——五六〇），字應德，一字義修，江蘇武進人。嘉靖八年進士。與王慎中、茅坤、歸有光同爲唐宋派鉅子，有《荆川先生文集》。《明史》有傳。方舟（一六六五——七〇一），字百川，號錦帆，安徽桐城人。諸生。方苞之兄。有《方百川稿》。其制藝文最爲時輩推崇，如鄭燮極稱"本朝文章當以方百川制藝爲第一"（《板橋家書·濰縣署中與舍弟第五書》）。生平概見陳鵬年所撰《墓碣》（《道榮堂文集》卷六）。

[三]《汪大紳述》："有廣嚴福公者，三峰耆宿也，見其《虎邱題壁詩》，詫曰：'是白衣大有道根。'里人沙斗初見其《枯題》等作，曰：'此老杜先天詩也。初謂子從老杜出，卻是老杜從子出。'"

案《文録》卷二《十一家詩録叙》："於晉録陶潛詩，於唐録陳子昂、張九齡、李白、杜甫、元結、寒山詩，於明録袁凱、杜濬詩；和陶者，録蘇軾詩，和寒山者，録楚石詩，合之爲十一家。（中略）得《唐詩解》，首取陳子昂《感遇》。觀之，意大動，私自詫曰：'吾不知陳子昂爲何如人，何讀其詩？'若遊清都而攀紫極也，意大好之，遂取其全集觀之。（中略）予慕杜甫詩殊甚，苦不能入。嘗歎曰：'吾觀古今人詩，皆有門可入，即高如陳（子昂）、李（白），吾一蹴入之，獨杜甫詩，無門可入，吾其奈之何！'（中略）予於是研味二先生（杜濬、袁凱）詩爲學杜先導焉。杜甫以前無門可入者爲陶潛、張九齡詩，同時無門可入者爲元結詩、寒山詩，則以無門爲門者也。予於詩嗜好多矣，日爲割棄，割棄至今，有斷然不能割棄者，此十一家也。"彭紹升《汪子詩錄叙》（《汪子詩錄》卷首，《汪子诗錄》下稱《詩錄》）："汪子之詩，時出入于四子（陶淵明、李白、王維、蘇軾），亦兼有他家之勝，至其本色流露，則一以寒山爲宗。夫寒山非詩人也，且又超乎天人之際。汪子之學寒山，固不僅以其詩而已，然而汪子非能絶意于詩人者，以故學寒山而不盡乎寒山也。"

案不二和尚事見本卷《薛起鳳》。《虎邱題壁雜詩八首》載《詩錄》卷一。《四庫全書總目》卷一四九"《寒山子詩集》一卷附《豐干、拾得詩》一卷"提要："案寒山子，貞觀中天臺廣興縣僧，居於寒巖，時還往國清寺。豐干、拾得，則皆國清寺僧也。（中略）《唐書·藝文志》載《寒山詩》入釋家類，作七卷。今本併爲一卷，以拾得、豐干詩别爲一卷附之。（中略）今觀所作，皆信手拈弄，全作禪門偈語，不可復以詩格繩之，而機趣橫溢，多足以資勸戒。"

王安石推崇杜甫，《臨川集》卷八四《杜工部後集序》云："予考古之詩，尤愛杜甫氏作者，其辭所從出，一莫知窮極，而病未能學也。"魏慶之《詩人玉屑》卷十四引《遯齋閑覽》記介甫評老杜"悲歡窮泰，發斂抑揚，疾徐縱橫，無施不可"。其學杜，則偏重句式、技法之摹擬，後世詩話中屢道之。如嚴有翼《藝苑雌黃》："王介甫嘗讀杜詩云：'無人覺往來'，下得'覺'字大好。'暝色赴春愁'，下得'赴'字大好，若下'起'字，此即小兒言語。足見吟詩要一字兩字工也。"張表臣《珊瑚鉤詩話》："王臨川詩云：'細數落花因坐久，緩尋芳草得歸遲。'此與杜詩'見輕吹鳥毳，隨意數花須'命意何異？"俞弁《逸老堂詩話》："老杜《秋興》云：'紅稻啄殘鸚鵡粒，碧梧棲老鳳凰枝'，荆公效其錯綜體，有'操成白雪桑重綠，割盡黃雲稻正青'。"

《晚晴簃詩匯》卷九十七云："愛廬偕彭尺木講學，溝通儒釋。其所著《文錄》《二錄》《三錄》，博大精深，有非尺木所能及者。詩初宗少陵，晚多悟境，又近寒山、拾得。"似頗有取於記文。

［四］彭紹升《汪子文錄叙》（《文錄》卷首）："汪子嘗評予文曰'釀華成蜜'，予則評汪子文曰'嘘氣成雲'。噫！臺山而外，世尚有知汪子如予者邪？"

汪愛廬師

《汪大紳述》："覃思奧賾，游刃百家，積滿而流，沛然無阻。（中略）而嘉定王光禄以爲：'讀大紳文，十州三島，悉在藩溷間矣。'"

案《二林居集》卷三《叙文》："大紳顧好與予論文，予有作，每質之大紳。大紳之論文也，與邵、薛異，曰：'從自己胸中流出，蓋天蓋地去，不如是，不足以爲文。'予心是其言。"

[五]《汪大紳述》："大紳在時，世多以文士目之，跡其自述，亦不過曰因文見道而已。然生平志趣，殆不可測。"

彭紹升《汪子制義叙》（《二林居集》卷六）："而汪子則著書甚具，遠探《易》、老，近闡孟、郇，下逮諸先儒學述異同之恉，旁及孫、吳、商、韓家言，一一啓其關鑰，抉其奧藏。復以其餘力，發爲詩古文詞，而經義之卓立又如此。噫，何其多文也！雖然，汪子則既悔之矣。嘗有詩云'消沈文字海，萬古涕淋浪'，其亦以是爲吾黨戒邪？絶利一原，用師十倍，三反晝夜，用師百倍，汪子蓋有志焉，而惜乎其行之未逮也。"

案"消沈文字海，萬古涕淋浪"句見《詩録》卷二《酬明之次韻十首》之六："息影猶郊藪，生成是鳳皇。冷風行御寇，片月琢吳剛。身世蘆中鳥，人天葉上霜。消沈文字海，萬古涕淋浪。"周實《無盡庵遺集·詩話》卷二："少陵曰：'文章一小技，於道未爲尊。'昌黎曰：'可憐無益費精神，有似黄金擲虚牝。'永叔曰：'文章無用等畫虎，名譽過耳如飛蠅。'東坡曰：'新詞綺語亦安用，相與變滅隨東風。'近代汪大紳曰：'消沈文字海，萬古涕淋浪。'（中略）嗚呼，此是何等胸襟，何等才調。惟不屑以詩人自待，而其詩乃益高。"

[六]汪縉自少嗜讀陳亮文，《二録後叙》（《汪子二録》卷尾）有謂："縉奉母命讀書，少嗜二王（王通、陽明）先生及陸（象山）、陳（龍川）之學，長聞朱子微言，以所聞者尊聖賢之學。（中略）客俯而翻書，觸手皆龍川、陽明集，笑曰：'何龍川、陽明之多乎？'蓋譏余之不知量也。"《文録》卷四《贈薛家三叙》亦稱："予於儒家者流，喜讀永康陳氏、餘姚王氏書，由永康而之河汾王氏，由餘姚而之金谿陸氏。復由四家達之孟子，於是知其原之來甚遠。（中略）予友薛子家三喜道河汾、金谿、餘姚三家，獨於陳氏書未之好也。予爲力贊是書。薛子以予言求之，遂大屈服。"蓋其壯歲之志與龍川經世之學深相契，《文録》卷四《評陳龍川李龍湖書》、《詩録》卷一《古風十六首》其八俱言其意。然後來往往以理學家言，出指摘之語。《二録自叙》："永康陳氏，慕河汾之學而興焉者，

· 281 ·

又嘗與朱子爭王霸之學，以書往復，因附于河汾而爲之説。"《内王附陳》更云："龍川知天理之在人心者，萬古不息，不知天理之在人心、萬古不息者，必以堯舜爲至，知天理之在人心、萬古不息者，流行于事物，不知天理之在人心、流行于事物者，皆備于我。龍川之學，蓋得文中子之麤者也。"

又汪氏治儒學，初好陸王，轉而尊程朱。《文録》卷五《與彭允初二》："縉少愛老氏、王氏之書，長耽瞿曇之學，未敢謂實證實悟，正如郭子元叙莊生書云，暫而攬其餘芳，味其流溢，猶足忘形自得者也。蹉跎半世，日月去矣，猶未能向此中一意參尋者，以牽於晦庵先生之説故也。（中略）欲了宿心，計唯有藉手於良友中有深心大力者，儋當得程朱一派，可以此事付之，縉乃得一意於二氏、陽明之學矣。"《二録》上録《明尊朱之旨》："朱子繼興，盡發孔子以下，至周、程諸君子之奧，抑百家而定一尊，董子所謂'諸不在六藝之科、孔子之列，絕其道而勿並進'者，至朱子而乃克有成焉，厥功茂哉！吾之所以尊朱也，于王、陳之説亦不廢焉者，西方度世之心，漢、唐救世之功，雖聖人復起，亦必有取焉。"就此論之，鄭堂所謂"始悟其非"，言過其實矣。

［七］《汪大紳述》："吾友汪子大紳，讀古人書，統同辨異，喜道程朱、陸王之學，通其隔閡。其於西來大意，信解甚利。"

《書汪子二録後》："自隋迄明，諸老先生異同之恉，往往能啓其關鑰，而通其隔閡。"

案《文録》卷二《讀淨土三書私記叙》："《易》所謂'首出庶物，萬國咸寧'者，其阿彌陀之謂與？予於是時，已知佛法，然意在究竟程朱、陸王實地，爲來者，一車兩輪坐進孔孟大道，未暇及佛法也。"時在乾隆二十一年丙子，愛廬年三十二歲。其意主儒釋相通，《文録》卷五《與羅臺山書》云："縉之遊乎儒釋，實有見於我孔氏、釋迦氏之道幾乎若合符節也。其幾乎若合符節也者，孔曰無思無爲，釋曰本無生；孔曰無方無體，釋曰當生不生。"又愛廬自述"統其同異，通其隔閡"之意，則《二録自叙》（《二録》卷首）有謂："縉爲學，知尊孔子，而遊乎二氏者也。學于孔子之徒，知尊朱子，而出入于河汾、金谿、餘姚諸儒者也。觀于二氏，益知道之大，孔子道之尊。觀于諸儒，益知孔子之道大，朱子道之尊。"

《文録》卷六《與彭允初論學者》義旨亦同，兼見愛廬居當時漢、宋争衡環境中之意態，文曰："客有過我談漢學，因薄宋儒，且大薄朱子者，吾知其難與深言也。徐謂之曰：'孔子，大聖人也，佛、老亦大聖人也，皆以大聖人談道，宜若合符節，又何東西之相反乎？於此可見道之大也。孔子之徒，程、朱大儒也，陸、王亦大儒也，皆以大儒談我孔子之道，宜若符節，又何東西之相反乎？於此可見孔子道之大。此如海然，海中吞舟之魚，百千萬億，日相往來，了不相礙，以其大故也。爲訓詁之學者，偶以一字之異同，輒起諍論，可知其小矣。此如淺谿隘港然，兩葉之舟，偶相往來，彼此閣住，都不能前，舟子因之攘臂，以其小故也。道之大，大如海焉，固也。要必以孔子之道，爲學道者子午鍼。孔子道之大，大如海焉，固也。要必以朱子之道，爲學孔子者子午鍼。'"

[八]《汪大紳述》："慕大洲《二通》之作，著《二録》《三録》，以明經世之道。著《讀四十偈私記》，以通出世之脈。"

案《詩録》卷二《題趙大洲先生集後》有"聖賢祭罷明心學，誰與先生了《二通》"句，小注曰："大洲先生著《經世通》《出世通》未成。"案趙貞吉（一五〇八——一五七六），自孟静，號大洲。四川内江人。嘉靖十一年進士，累官禮部尚書、文淵閣大學士。《明儒學案》卷三三《泰州學案二》："杜門著述，擬作《二通》，以括古今之書。内篇曰《經世通》，外篇曰《出世通》。内篇又分二門：曰史，曰業。史之爲部四：曰統，曰傳，曰制，曰誌。業之爲部四：曰典，曰行，曰藝，曰術。外篇亦分二門：曰説，曰宗。説之爲部三：曰經，曰律，曰論。宗之爲部一：曰單傳直指。書雖未成，而其緒可尋也。"

李慈銘《越縵堂讀書記》集部別集類《汪子遺書》："首有長洲王芑孫序，首言大紳所爲書曰《二録》，曰《三録》，曰《詩録》，曰《文録》。歾後彭允初爲刻其《三録》，而允初卒。方坳堂爲刻其《詩録》，至是得其《二録》稿於允初之門人江鐵君沅，始於嘉慶乙丑爲刻行之，而未及《文録》也。後附諸家評語及江鐵君跋。據彭允初評語，則《三録》上中之文，經羅臺山及允初所改定也。其《二録》分上、下録，上録五篇曰《内王》，王通。曰《附陳》，陳亮。曰《内王附陳》，曰《尊朱》，曰《明尊朱之指》。又《録後》四篇，曰《格物説》上中下，曰《規矩説》。《三録》分上中下三録：上録曰《準孟》八篇，以孟子爲準也；中録曰《繩荀》，以荀子爲亞孟子而繩其出入也；下録曰《案刑家》上下篇，《案兵家》上下篇，《案陰符家》上下篇，皆案其出入也。兩《録》有自序三

· 283 ·

篇及錄後序一篇，述其家世及爲學之略，其意以二《錄》當内聖，外錄當外王。其論治雜王霸，論學宗陸王，而皆以朱子爲歸宿。文筆頗汪洋恣肆，似縱横諸子家，當時得名甚盛。然《二錄》大抵出入泛衍，虚空籠罩，而實不得其要領。《三錄》之論荀子，亦僅得膚淺，要其議論馳騁博辯，固亦一時之雄矣。《案陰符家》下篇以陰符爲道家入兵刑家之樞紐，名言也。"

《讀四十偈私記》佚而不存，《文錄》卷二《讀浄土三書私記叙》曰："未暇及佛法也，（中略）一意儒先書，究心於是者，前後幾三十年。至庚寅歲，乃得《二錄》成。（中略）於是從事於宗浄書，於辛卯正月《讀四十偈私記》成，遂取《無量壽經》《觀無量壽經》《佛説阿彌陀經》觀之。"據此，《讀四十偈私記》實爲愛廬初治佛學之作，亦即由儒入釋之轉折。記文本作"讀書四十偈私記"，"書"字衍。

[九] 彭紹升《與大紳書》（《二林居集》卷四）："兄之文礙于義者，在儒釋之間，一彼一此，忽予忽奪。東西二教，如日月相推，並行而不悖。要其歸，要人明自本心，見自本性，則一而已。不此之察，至主張同異，鼓弄是非。名爲尊聖，而聖不加尊，名欲護儒，而儒不受護。何則？本之不立，只益戲論故也。"

案《二錄自叙》："縉遊乎二氏，知尊孔子；出入于河汾、金谿、餘姚，知尊朱子。非縉之能也，實以孔子之道，天地之道也，二氏所不能澌泯者也；朱子之學，實能發孔子之道，顔、曾以下之藴，定道統之傳，河汾所不能與，金谿、餘姚所不能奪者也。縉以二氏爲外，河汾、金谿、餘姚爲内，非縉之私也，觀于天地之道，乾坤之藴，昭昭然矣。"此或即鄭堂所謂愛廬持以"權量於其間"者也。

[一〇]《汪大紳述》："然其生平，相與講學論文，往復不猒者，獨予與羅臺山而已。臺山寧都人，善古文，亦兼通儒釋。初至予家，見大紳小文，異之，遂造訪。讀其《三錄》，歎曰：'海哉，向覩君谿澗而驚，予則淺矣。'袖而歸，發其菁華，兼繩削其不合。兩人輒相視莫逆也。"

案愛廬寡合於交游，王芑孫《汪子遺書叙》稱："江西魯絜非、山東韓公復主宋儒之學，往往心不然其說，相持辨難。嘉定王光禄、青浦王侍郎學不專主宋儒，或言佛，或不言佛，要不盡與大紳合。"而唯與彭、羅交契，乃記文所載，獨存尺木而遺臺山，實緣鄭堂於羅氏意存不屑，故先著微辭於《羅臺山》傳，繼於此篇刊落其名。愛廬記與臺山之初識，云

"心奇有高矣,遂攜所爲《三錄》者,訪有高於彭家",與彭述有異,似當相從焉。語見《文錄》卷九《薛起鳳羅有高汪縗述》,已引錄於《羅臺山》箋證[九]。

又《文錄》卷二《讀淨土三書私記叙》:"知歸子歸心淨土,以書來招予,予漠然不應,一意儒先書。(中略)知歸子學佛已有至性,予喜與之遊。""知歸子"爲彭紹升別號。據此所述,知愛廬學佛,更於儒釋之間,左出右入,其初實緣尺木之熏染也。韓夢周《理堂日記》卷六:"臺山、允初,學佛者也。大紳,學道之縱橫者也,欲合三教諸子而一之。"引韓氏語附此,以見三子爲學之同異。

[一一]《汪大紳述》:"萊州韓公復,講程朱之學,知來安縣,闢建陽書院,聘大紳主之。以正學道諸生。已而歲荒輟講歸,教授里中,落落不偶。"

案韓夢周事見卷上《姜國霖》。

[一二]《汪大紳述》:"嘗一應浙江學使竇公聘,校試文,歸而養疴家居,以法自娛,不復應科舉。"

案竇光鼐(一七二〇——一七九五),字元調,號東皋,山東諸城人。乾隆七年進士,累官至左都御史。自乾隆二十一年至二十四年、乾隆四十七年至五十一年、乾隆五十四年至五十七年,凡三任浙江學政。有《省吾齋詩文集》。《清史列傳》有傳。

[一三]《汪大紳述》:"嘗作《無名先生傳》云:'先生講學,不朱不王;先生著書,不孟不莊;先生吟詩,不宋不唐;先生爲人,不猥不狂;先生處世,不圓不方。'復作歌曰:'先生有耳聽清風,先生有眼看明月,先生有身神仙人,先生有家山水窟。先生于事無不有,人欲說之壁挂口。'又作《撞菴先生記》,自偁'學無牆壁,行無轍跡。其游乎儒,曰坦蕩蕩;游乎釋,曰冷湫湫;游乎儒釋,曰坦蕩蕩、冷湫湫'。噫,大紳之意則遠矣。晚而與予書,言孤往之趣,曰:'天之高也,不附于天;地之厚也,不附于地;古今之寥闊也,不附于古今。孤往而已矣,人物孤往也,交游孤往也,著述孤往也。名海中人,老死不相往來矣。'予聞其言而悲之。自莊、屈以來,述作相望,具此心眼者幾何人哉?其在孔門,所謂嘐嘐者邪,抑所謂踽踽涼涼者邪?吾無從識之矣。"

案《文錄》卷五《答張時策書》:"弟閒居頗著雜文以自娛,嘗作《無名先生傳》,有曰:'先生性喜閉戶,因號愛廬。'又言:'先生講學,

· 285 ·

不朱不王；先生著書，不孟不莊；先生吟詩，不宋不唐；先生爲人，不猥不狂；先生處世，不員不方。'復作歌曰：'先生有耳聽清風，先生有眼看明月，先生有身神僊人，先生有家山水窟。先生於事無不有，人欲説之壁挂口。'因述閉户，輒漫及之。"《撞菴先生記》《後記》俱見《文録》卷八，文繁不録。尺木所述愛廬孤往之説，見《文録》卷九《薛起鳳羅有高汪縡述》。

［一四］《汪大紳述》："食廩歲滿，貢太學，未得教官而卒，年六十八。卧疾數日，口不及家事。索茗盡兩甌，偶'好好'而逝。時乾隆五十七年六月五日也。一子殤，立從孫玉藻爲後。"

彭尺木居士

尺木居士，又號知歸子，名紹升，字允初，大司馬芝庭公之四子也。[一]八齡，躓于户閾，損一目。早歲舉于鄉，乾隆己丑成進士，例選知縣，不就。[二]生性純厚，稟家教。讀儒書，謹繩尺。初慕洛陽賈生之爲人，思有以建白，樹功名。[三]後讀先儒書，遂一志于儒言儒行，尤喜陸王之學。[四]

及與薛、汪二先生遊，乃閲《大藏經》，究出世法。[五]絶欲素食。久之，歸心浄土，持戒甚嚴。[六]好作有爲功德，鳩同人施衣施棺，恤嫠放生，鄉人多化之。[七]修浄業後，一切屏去，惟讀古德書。閒作漢隸，收弄金石文字。嘗謂予曰："朱子亦愛金石碑版，此《論語》所謂'游於藝'，非玩物喪志也。"治古文，言有物而文有則。[八]熟於本朝掌故，所著名臣事狀、《良吏述》、《儒行述》，信而有徵，卓然可傳於後世。[九]論學之文，精心密意，紀律森然；談禪之作，亦擇言爾雅，不涉禪門語録惡習。其解《大學》"格物"，訓"格"爲"度量"，本之《倉頡篇》。[一〇]宋以後儒者自撰詁訓，豈知此哉！其《讀古本大學》一首，[一一]有禆於經傳，文曰：

《大學》一書，古聖人傳心之學也。傳心之學，"明明德"一言盡之矣。"親民"者，明德中自然之用，非在外也。"民吾同體，親之"云者，還吾一體而已矣。故下文不曰"親民"，而曰"明明德于天下"。心量所周，蕩然無際，民視民聽即吾視聽，民憂民樂即吾憂樂。如明鏡，物無不鑒；如太虛，物無不覆，是謂"明明德于天下"。故曰："一日克己復禮，天下歸仁焉。"仁非在外也，亦還吾一體而已矣。"至善"者，明德中自然之矩，所謂天則也。見龍無首，乃見天則，聖人以此洗心，退藏于密，所謂"至"也，故道莫先于知止矣。知者，明德之所著察，止外無知，知外無止。止外無知，是謂"知本"；知外無止，是謂"知至"。"知至"云者，外觀其物，物無其物，物無其物，是謂"物格"；內觀其意，意無其意，意無其意，是謂"意誠"；進觀其心，心如其心，心如其心，是謂"正心"。由是以身還身，以家還家，以國還國，以天下還天下，不役其心，不動于意，不鷇于物，是謂"身修""家齊""國治""天下平"。而其機莫切于知本，家國天下以身爲本，而身以知爲本。故反復于本末之辨，而終之曰："此謂知本，此謂知之至也。"知本則知止，知止則知至，不其然乎！雖然，本末易知也，知本矣，而其功莫精于誠意。蓋亂吾知者，意也，意之動而好惡形焉。是不可得而遽泯也，慎之于獨而已矣；慎之於獨，"無有作好，無有作惡"而已矣。"如惡惡臭，如好好色"，言無作也。無作則無意矣，"心廣禮胖"，此其徵也。《淇澳》《烈文》，德之所被，民不能忘，一誠之所貫浹也，所謂"誠于中，形于外"也。何以誠之？反之于獨而已矣。反之于獨，不昧其知，謂之"自明"。"用其極"者，自明之極，本斯在是矣。"緝熙敬止"，其功也；"仁""敬""孝""慈""信"，一止也，極也；"大畏民志"，通天下之志也。意既誠矣，知斯至矣，"知本"之說也。然則學者宜知所以事心矣。心本無所，有所，不可也；本無不在，有不在，不可也。善事心者，納之於一矩而已矣，所謂"正"也。自身而家，自家而國，自國而天下，納之於一矩，而無不修且齊焉，治且平焉。"矩"也者，所謂"極"也，"至善"也。"絜矩"云者，即本以知末，"止于至善"，"明明德于天下"之實也。君子先慎乎德，反本而已矣。彼好惡拂人之性者，豈其性異人哉！舍本而逐末，卒爲天下僇，本其可勿務乎？故曰："自天子以至於庶人，壹是皆以修身爲本。"

居士蓋本陽明之說而推廣之，如"意無其意""心本無所"語近於禪，然其言爲學之次第，知所本矣。又有《論語集注疑》《大學章句疑》《中庸章句疑》《孟子集注疑》四篇。居士深於陸王之

學，故於朱子不能無疑焉，亦各尊其所聞而已。[一二]

乾隆四十九年大司馬卒後，往深山習靜，參究向上第一義，自云：「當沈舟破釜，血戰一番，埽盡群魔，以還天明。」作《蓼語示諸兄子》。[一三]久之，又復家居。尋卒。[一四]

〔箋證〕

[一] 胡珽《淨土聖賢錄續編》卷二（《卍續藏》第七八冊）：「彭紹昇，法名際清，字允初，一字尺木，蘇州長洲人。」

王昶《蒲褐山房詩話》「彭紹昇」條：「允初爲芝庭先生第四子，家世清華，簪纓相望。」

案彭紹升《知歸子傳》（《一行居集》卷首，同見《居士傳》五十六）：「知歸子世爲儒，其父兄皆以文學官於朝。」彭啓豐事具王芑孫《兵部尚書彭公啓豐神道碑銘》（《惕甫未定稿》卷八），已徵引於卷下《彭瓏》箋證。啓豐四子，長紹謙，乾隆十二年舉人，官同知。次子紹觀。三子紹咸，增貢生。紹升其幼子也。《（同治）蘇州府志》卷八九《彭啓豐傳》：「紹觀，乾隆丁丑進士，選庶吉士，授編修，歷官侍講學士。在史館二十餘年，諳悉掌故，隨時問答，無少舛。竟歲纂集，無間寒暑。論者比諸唐吳兢、元歐陽原功。」

[二]《知歸子傳》：「知歸子年未弱冠，用儒言取科第。（中略）年三十，有司下檄，召作七品官，知歸子辭焉。」

彭希萊《二林府君述》：「年十六，爲諸生，明年丙子舉於鄉，又明年丁丑捷南宮。越四年辛巳補應殿試，列二甲。歸班銓選，選期已屆，不赴，以名進士終於家。」

案彭氏中進士第，在乾隆二十六年辛巳。《明清進士題名碑錄索引·歷科進士題名錄》：「乾隆二十六年辛巳恩科，第二甲十八名，彭紹升。」與《二林府君述》説合。記文稱「乾隆己丑」實誤，《國朝先正事略》卷三十、《清史列傳》卷七二、《清儒學案》卷四二諸傳皆相沿不改。尺木生於乾隆五年庚申，「年三十」當乾隆三十四年己丑，正文之誤，或誤會《知歸子傳》而致。王昶《湖海詩傳》卷廿一《彭紹昇小傳》作「乾隆二十二年進士」，亦誤。

又《二林居文錄》卷一《盧太公墓志銘》：「紹升年十八，中禮部試，出餘姚盧先生紹弓之門。于時紹升方專攻科舉文，而先生獨賞其五策，以爲是可與道古者。"

［三］《知歸子傳》："嘗慕古抗直士如洛陽賈生之爲人也，思欲考鏡得失之故，陳治安之書，赫然著功名於當世。久之自省曰：此非吾務也。"

案《二林居集》卷三《二林居說》："知歸子讀古人書，負志節。"同卷《蓼語示諸兄子》："予年二十餘，早有兼善之懷，于天下事蓋嘗一一復之胸中，思得一當以既厭志。已而閱歷世途，稍知進退，自度量淺而才疏，終不能適用于世，一有蹉跌，且貽老人之憂，故自奉部檄以來，韜隱家衖者，又十有五年。其在家，亦思遵修禮法，化導鄉黨。"卷九《近取堂記》："予年二十餘，矜尚氣節。嘗與亡友薛家三言志：'願得爲朝廷諫官，忼慨論世間利病，即遇挫折不悔，而頗欲使天下之士慕義無窮也。'（中略）久之，予幡然有志古聖人之道，立人達人之心，油然不能已。予言之：己欲立而立人，己欲達而達人。然則立人者，其立己之成者邪？達人者，其達己之盡者邪？人己異形，而欲則未嘗異也，豈不至近乎？然則積己成家，家一己也；積家成鄉，鄉一己也；積鄉而邑、國、天下，邑、國、天下一己也，豈不至近乎？而知取焉者鮮焉。夫未履其地，思任其事，未遇其時，思奏其功，寧不曰吾欲立而達人也，役役焉馳騖于遼闊，而其近者反曠而不治。"同參箋證［九］所引《良吏述》篇首題識。

［四］空空子《書知歸子傳後》（《一行居集》卷首）："年二十餘，治先儒書，以明道先生爲的，而兼通考亭、象山、陽明、梁谿之說。"

《二林居集》卷五《二林居制義第三叙》："年二十四，始憤讀宋、明諸老先生論學書，因以上窺孔、曾、思、孟之恉，久之而悅然有見焉。偶作講義，與儕輩相切劘，歸于反己內修，求自得於心。"

案彭紹升"喜陸王之學"，《二林居集》卷二《讀陸子書》云："吾儕誠有志于寡過之學者，其不可不師陸子。"《讀王子書》："充古今，塞宇宙，良知而已矣。致良知者，道在反躬而已矣。（中略）吾讀王子書，而知其爲聖人之學也。"同書卷三《答宋道原》："紹升年二十四，始有志于學，以爲學者求其在我者而已。朱陸兩家之書，惟取其切于身心者，反觀而默識之，至彼此異同之故，則不暇致辨。譬飢者之于食，求一飽焉，菽麥之辨，非所急也。自一二年來，反覆于《中庸》之書，乃益信陸子之學，其爲聖人之學無疑也。足下謂陸子遺棄問學，專重德性，以是爲陸子病，是未知聖人之學，唯在復性，復性之功在明明德，外德性無所爲問學也。外德性而爲問學，謂之玩物喪志，故曰：'道也者，不可須臾離也。'

（中略）知聖人之學，則知陸子之學矣。"

《汪子文録》卷四《贈彭允初叙》："彭子既成進士，棄帖括，刻意爲詩古文辭。已而薄其道，復棄去，遂博綜宋、明儒先書，始慕陽明王氏，卒歸於朱子主敬之學。默究而已，不多言也。顧獨與予往復訂證，予亦喜爲誦説，時從彭子辨晰朱、王異同，終日夜不自休。"案愛廬"歸於朱子主敬之學"之説，或本諸《二林居集》卷二《讀朱子書》："敬也者，立此者也。（中略）朱子於此信之，深守之篤，其所以得孔、孟之傳者，實在于是。後之述朱子者，徇其末而不求其所本，所以論説日繁，而日遺于大道也。"尺木論主敬工夫，《二林居集》卷三《復宋道原》又云："竊謂不到得胸中無一事時，總不過以敬直内，非敬以直内也。欲得胸中無一事，不有廓清掃蕩之功以蘄至於豁然之候，則揠苗助長之病，將有不能免者，如何如何。"今人陸寶千疏釋此節曰："奉浄土宗者，皆以口持'阿彌陀佛'名號爲往生極樂之簡易法門，然執持名號，必須一心不亂；一心不亂即胸中無一事，即敬也。此允初之所以入浄土也。"（《清代思想史》第五章《乾隆時代之士林佛學》）

［五］《汪子文録》卷九《薛起鳳羅有高汪縝述》："紹升之學，（薛）起鳳發之，（羅）有高成之者也。"《知歸子傳》："於是端默靜思，反已修德，非禮弗履。久之復自省曰：吾未明吾心奈何。（中略）或告以道家修煉術，習之三年不效。其後讀佛書心開，以爲道之所歸在是矣。聞西方有無量壽佛，放大光明接引五濁衆生往生浄土，意忱然慕之，日面西而拜焉。"

案《二林居集》卷廿二《薛家三述》："予初未識佛，家三數與予言佛，予笑曰：'吾與子游方之内者也，安事佛？'家三曰：'子欲自外于佛，而不知佛之無外也，子且以何爲内哉？'予瞿然有省，則問曰：'輪回之説，信乎？'家三曰：'日月之行，嬗乎晝夜矣；寒暑之運，代乎春秋矣。其昭然于天地之間者，未嘗或息也，奈何疑人心之有息乎？'予撫几而歎，悔聞之晚也。予之向佛，蓋自此始矣。久之無所獲，商之家三。家三曰：'學莫患于數休，而功莫患于杜撰。本體之不明，自私而用智，百病之叢也。逝者如斯，有停住否？不舍晝夜，有造作否？彼怠廢者，不足言矣。若乃彊生枝節，彊作聖證，搏而躍之，激而行之，豈識在川之意也？'"

彭紹升《汪子文録叙》（《汪子文録》卷首）："予年二十餘，始有志於學，其端實自汪子大紳發之。予之初學於程朱，汪子則與予言程朱，汪子之言程朱也，非猶夫人之言程朱也。繼學於陸王，汪子則與予言陸王，汪子之言陸王也，非猶夫人之言陸王也。已而予學於佛，學於淨土，汪子則又與予言佛、言淨土。蓋予之學日變，而汪子之言日以新，而汪子一若無與於其間者。"雖然，據《汪子文錄》卷二《讀淨土三書私記叙》"已而知歸子歸心淨土，以書來招予"之説，汪愛廬於尺木之學佛，非但無啓迪之功，適相反而實緣尺木之影響始治佛學也，參見《汪縉》箋證〔一〇〕。

又彭紹升自述平生交游切劘之深契，《二林居集》卷三《示學子》："紹升少承祖父之訓，長求友于天下，于同府得汪子大紳，于瑞金得羅子臺山，于萊州得韓子公復，皆先以文章合作，已則孳孳焉，惟以古先聖賢復性之術相切磋。治經講學，務求自得，上望康熙諸公白首專門，未之逮也。至其一念真實，不肯詭隨衆好，視諸公寧異焉？"羅有高之不見重於鄭堂，參見《羅臺山》箋證〔九〕。

〔六〕《知歸子傳》："頃之，遂斷肉食，絶淫欲。作偈曰：'我身爾身，爾肉我肉，大德曰生，與爾並育。'又作偈曰：'從妄有愛，萬死萬生，猛然斫斷，天地清寧。'"

空空子《書知歸子傳後》："年二十九，始斷肉。又五年，受菩薩戒，不復近婦人。"

《淨土聖賢録續編》："好方山、永明之書，尤推蓮池、憨山，爲淨土之前導。年二十九，斷肉食。又五年，從聞學定公受菩薩戒。自是不復近婦人，以知歸子自稱。嘗言志在西方，行在梵網。"

案《二林居集》卷六《體仁録叙》自述曰："年十九，奉母夫人諱，案《禮經》斷肉者二年餘。年二十五，始持不殺戒，惟食市上肉。得懷中蟲，輒放之，終以儒自解，不肯斷肉食。又四年，忽自省曰：'儒者恒言以萬物爲一體，一體云者，謂其不二本也。戕物以自肥，是猶割四體以飫口，其痛一也。不知痛者是一體而二之也，是風痹失心者也。且假手于它人而殺之，我不居殺之之名，不親殺之之勞，而坐享其殺之之實，是律所謂造意指使者也，視加刃其頸者，奚有甚焉。'自是遂斷肉食。夫予之斷肉，非有怵于佛氏人羊報復之説也，凡以行吾心之所安而已。吾心之所安，知生可好而已，知物當愛而已。知生可好，則殺之決有所不忍；知物當愛，則毒之決有所不安。去所忍，即所安，其于體仁之學，庶有當乎？"同參《二林居集》卷二《戒殺論》上下篇、卷七《壽吴翁君信叙》。案

· 292 ·

彭尺木居士

《法苑珠林》卷九三《酒肉篇》："肉是斷大慈之種，大聖知其殺因。所以去腥臊，淨身口，啖蔬菜，澄心神，招慈悲，感延年。"

又《一行居集》卷三《問津錄敘》自述皈依始末曰："予年二十餘，有離世之志。覽昔人所傳飛升屍解之事，輒心慕之。其後讀先儒書，頗究心性命之旨。又得先曾大父所受玉局諸先生語錄，發明儒術，貫徹天人。因以謂學者果能砥礪躬行，仰不愧，俯不怍，日進乎高明之域，其於脫五濁，凌清都，殆猶夫歷階而升也，而外求乎哉？已而入玉壇，紬秘笈，窺諸上聖高尊入道之因，度世之本，要以虛無大道爲宗，而數數稱引西方聖人之書，推其道爲萬法總持，由是歎天下無二道，聖人無兩心，向之妄生分別者，迷之甚也。頃之，有清遠壇弟子趙耕非者，事純陽真人，慕長生術，要予閉關文星閣中習丹訣，諸真人先後訓言，多貶斥旁門，以無生爲究竟。予自是向佛益切。居半年而歸，尋從香山老人受菩薩戒，一意禪那迴向淨土。久之，遇西方大士降於玉壇，專以念佛法門爲導。予素所持循，幸蒙印可，誠不勝慶快。"

《一行居集》卷四《答沈立方》："道一而已，在儒爲儒，在釋爲釋，在老爲老。教有三，而道之本不可得而三也。學者由教而入，莫先乎知本。誠知本，則左之右之，無弗得也。"尺木因家學、交遊之故，弱冠而後，學兼三教，初無所主，而終歸於釋迦。此書所云，蓋自爲田地耳。《二林居集》卷三《復宋道原》："伏承爲斯道計，拳拳無已，惟恐弟之淪於禪寂而不知反，足下之愛我甚矣。自念志學以來，十有餘載，於先儒學術之異同，略窺門仞，顧卒無以副足下之盛心者，誠以學者入道之方，各因其性之所近，不能彊同，要其歸，上達天德則一而已。弟之所向，蓋在橫浦（張九成）、慈湖（楊簡）之間。足下以程朱律之，自齟齬而不相入。"同時若戴東原、盧召弓等樸學宗匠，持見與宋氏亦相仿佛，《東原集》卷八《答彭進士允初書》、《抱經堂文集》卷十八《答彭允初書（丁酉）》皆有相諍之言，欲尺木棄釋返儒，更以漢學家法一意治經，而尺木固不易軌轍也。

[七] 空空子《書知歸子傳後》："嘗一試於鄉矣，開近取堂，釀金萬兩，權出入息以周士族孤寡之無依者。又以其餘創佛宮，飯僧衆，施冬衣，放生族，積二十餘年而不懈。又嘗一試於家矣，置潤族田，盡捐己田以益之，合五百餘畝，豫爲終制，俾無立後。人或以此多之。"

案《二林居集》卷五《美成編敘》："予方倡里人釀金爲會，視鄉之

·293·

煢獨飢者周之，寒者衣之，死而裸露者棺之，尤君（士荑）每樂助予而成之。予因問尤君：'唯亭之人，亦有樂爲是者乎？'（中略）予曰：'然。然特無導之者耳，其或導之，移彼而之此，不亦善乎。'"同書卷六《近取堂公產錄叙》、卷七《募修城東皇華橋南北唐路引》《募修瓦屑涇永福橋及隄工引》《惜字會引》《文星閣重整放生會引》《題南濠放生會冊》、卷九《近取堂記》《江西新城縣中田廣仁莊記》《洞庭東山席氏祠堂記》《木瀆朱氏義田記》、卷十《彭氏潤族田記》《平糶記》《彭氏放生池碑》《繼善堂碑》等篇，俱見尺木勖助貧寒、扶持孤苦、倡善鄉里之言行，文繁不復稱引。其篇什多若此者，足見行善倡義，實尺木生平之要事，心力所聚者也，此與彭氏家學雜乎佛法仙道、信奉果報之説關聯甚鉅。而二三有心人之義舉，漸行漸染，故《二林居集》卷五《問心編叙》云："吾蘇自邇年以來，施衣、施棺、施藥、葬死、放生諸局，相望于郊邑之際。"

[八] 空空子《書知歸子傳後》："治古文，出入于韓、李、歐、曾，尤長于叙事，儕輩推爲承蔚宗之匹。"

王昶《蒲褐山房詩話》："然文章流別，亦能識其源委。古文宗法震川，而詩亦克成其家學。"

案劉聲木《桐城文學淵源考》卷一"彭紹升"條："于文章流別更能識其源委，古文宗法歸有光，言有物而文有則。熟于本朝掌故，論學之文，精心密意，紀律森然；談禪之作，亦擇言爾雅，不涉禪門語錄惡習。"實兼綜《蒲褐山房詩話》及記文而爲説。尺木文尚歸震川，見《二林居集》卷六《震川文錄叙》。

案《二林居集》卷三《論文五則》，乃彭氏論文大要，其二云："文之爲用有三，曰明天德，陳王道，辨物情。而所以行之者四，惻隱之心，羞惡之心，是非之心，辭讓之心。是四者，根于性，效于情，而成于才。才者，性情之所由達也。而泥注疏之體者，則曰無事才，方惡人之以才汩之也。不知才不盡，惻隱、羞惡、是非、辭讓之心，不可得而著也；後之讀其文者，惻隱、羞惡、是非、辭讓之心，不可得而興也。若是者，不作可也。吾讀有明中晚諸先輩文，而四者之心，不覺其勃然興也，天德、王道、物情因是益辨晳而察焉。是注疏之善者也。以斯言才，油然于性情之際矣。縱横捭闔，不衷不範，吾亦惡之。"《二林居集》卷三《叙文》："予讀佛經而得爲文之旨焉：旋乾轉坤，沐日浴月，《華嚴經》之文也；萬斛原泉，千尋飛瀑，《般若經》之文也；空山鶴唳，静夜鐘聲，《四十二章遺教經》之文也。雖然有本焉，大智心所出生，故大悲心所成就，故前二者之文，予志焉未之逮也。或彷彿其影響者，其後之文乎？而臺山亦往往稱之，謂予文如梅、如青蓮，寒香寂淨，和風扇物，又曰：'本分事理，本色文章，學道久如，方得到此。'大紳論予詩曰：'束心于規矩之中，游神于言象之外。朒然至妙，充然有餘。'其論予文曰：'周情孔思，一往西方路頭。'嘻，微二子，知我者則希矣。"

又彭紹升《觀河集叙》："予年十八，始爲詩，積二十餘年，所作既多，編爲二集，一爲《測海集》，專録《列朝聖德詩》及《思賢》諸詠，一名《觀河集》，大都感物興懷，永言成韻。其間天倫之離合，人事之進退，道術之從違，具可攷而知焉。"記文語及彭氏之古文而不及其詩，故附識於此。

[九]《汪子文録》卷三《本朝先賢事狀叙》："吾友彭子允初爲侍講南畇先生曾孫，以理學世其家，爲尚書芝庭先生季子，親見先生立朝本末。蓋自其入學過庭時，耳濡目染，固已絶流輩，性喜文學，治古文，尤有意乎本朝文獻，家多藏書。及從尚書於京師，與四方豪俊交遊，所與交多文學之士，由是見聞日廣，撰録本朝名公鉅卿嘉言懿行，攷覈既詳，文亦茂密。嘗著《思賢詠》百數十首，人各一叙，簡而有法。復采其尤者，爲事狀十餘篇，奇偉絶特，更爲同輩所推服。"

案黃虞稷《千頃堂書目》卷十史部傳記類著録："魏顯國《歷代相臣傳》一百六十八卷，又《歷代守令傳》二十四卷，又《儒林全傳》二十卷。"《明史·藝文志》同。《清儒學案》卷四九《高安學案》記朱軾著述有"《名儒傳》八卷、《名臣傳》三十五卷《續編》五卷、《循吏傳》八卷"，同書卷六〇《梁村學案》亦稱蔡世遠"嘗與高安朱文端同編《歷代名臣》《名儒》《循吏》諸傳"。蓋彭氏結撰諸篇，其事實有所本。汪縉所稱"本朝先賢事狀"俱見《二林居集》卷一二至卷一八，彙録尺木所撰清初名臣魏象樞、李之芳、湯斌、熊賜履、徐元文、于成龍、李光地、陸隴其、趙申喬、蔣伊、張伯行、陳鵬年、楊時、孫嘉淦、沈起元、雷鋐等人事狀十六篇。卷一八《書諸名公事狀後二則》自述撰作旨意云："予于本朝諸名公，讀其書，攷其行事，輒私心嚮往。第尋覽往時記載之文，或略不具本末，或煩蕪而寡體要，心嘗病焉。探索餘聞，竊取李氏（翺）、朱氏（熹）之意，成事狀十六篇，庶幾李習之所謂'指示事實，不事虛言'者。傳之異時，徵故獻者當有取焉。"又云："文獻不足，雖善無徵。予之

· 295 ·

狀諸公也，徵諸文者，不可以僞爲也。徵諸獻者，則有諸公朋舊、門生、子姓之屬，其所撰碑志行述，聞見既鑿，情實難淆，以視夫道路之風聞，稗官之勦説，不既遠乎？（中略）雖言之無文，亦庶幾無所苟而已矣。至所引諸書，各條其目，略仿朱子《伊川年譜》之例。"

《二林居集》卷一九《儒行述》篇首題識曰："儒之道，明三綱五常，經緯萬事，飭其叢淆，使罔不順理，洋洋乎天地之際，逮後稍陵遲，求言議之工，務實者少，門户分，是非起，儒益難言矣。子言之：'汝爲君子儒，無爲小人儒。'噫，可不慎哉，作《儒行述》。"篇末更云："予觀近世諸先生論學書，其間是非離合，蓋難言之。然攷其出處之際，作止進退之間，其冥符乎道者多矣。于是比次諸先生行事，擇其言之醇者著于篇。至我高大父、曾大父，闇修力學，希跡東林，其生平行事別有述，俟論定于後之君子焉。"

同書卷二〇、二一爲《良吏述》，篇首題識曰："予少讀《漢書》，至文翁、朱邑之事，心慕之。既長，往來燕、齊、吴、越之間，與其父老游，問民生所疾苦，慨然以康濟爲己任。已而停車沂泗之濱，尋顔生之故蹟，攬曾氏之遺風，遂浩然而歸，不復出。居閒既久，觸事興懷，攷舊聞，作《良吏述》。夫子雖無所效于世，使諸公所施設，不泯于人心，其亦不異予之親見之也。有聞諸公之風而興者焉，其亦不異予之自效之也。"

案《良吏述》記駱鍾麟、施閏章、宋必達、趙吉士、李嶓、白登明、衛立鼎、許定升、任辰旦、劉繼聖、陸在新、張壎、楊朝正、沈光榮、遲維坤、劉啓山、陶元淳、陳汝咸、張士琦、葉新、朱宏仁、童華、李大本等二十三人事略，所記遠較《儒行述》爲詳實，不惟期存文獻，亦隱寄尺木早年用世之志，槪可見焉。《清儒學案》卷四二稱尺木"考求文獻"，即據此三書爲説也。張維屏《聽松廬文鈔》："尺木居士甲門華胄，而淡於世情，耽於禪味，殆有夙根耶？然其所著二林居集，於近時名臣、名儒、循吏生平行實，爲之搜羅綴輯，成一家言。而於砥節礪行之徒，濟人利物之事，尤必勳勳焉記載而表章之，此非特留心文獻，其於扶世翼教，蓋有深衷焉。"近人張舜徽《清人文集別録》卷八《二林居集》："留心當世掌故，所爲碑誌、事狀、述傳之文，居集中太半。嘗博觀清初諸大吏遺書，考其行事，訂傳聞之失，補誌傳之遺。重撰（中略）事狀，共十六篇，分載是集卷十二至十八，叙述翔實，繁而不蕪，足以羽翼國史，與全祖望《鮚埼亭集》中碑傳之作，可相頡頏也。又嘗比次孫奇逢、李中孚、張履祥、顧炎武等二十餘人學行，擇其言之尤醇者，撰爲《儒行述》，載是集卷十九。復廣搜文集方志之所著録，選輯政績斐然之士，爲《良吏述》上下篇，載是集卷二十至二十一。斯又不啻爲後來編《學案小識》《先正事略》諸書之先導矣。"

[一〇]《二林居集》卷八《又書格物説後》（同見《汪子二録》卷尾）："物有本末，其本亂而末治者，否矣。此是格物第一義。家國天下以身爲本，身以心爲本。指其動於彼者言之曰意，指其覺于此者言之曰知，其實一心而已矣。心無方而寓于物，形而爲百體，分而爲五倫，皆物也。有物必有則，明乎不二本也。格者，量度之也。本《文選·運命論》注引《倉頡篇》。即物以達其本，所謂致知也。知本則知至，所謂本立而道生也。故曰：'此謂知本，此謂知之至也。'"

案《文選》卷五三李蕭遠《運命論》："故彼四賢者，名載於篆圖，事應乎天人，其可格之賢愚哉？"李善注引《蒼頡篇》曰："格，量度之也。"其説同見《二林居集》卷二《大學章句疑》，已引徵於箋證 [一二]。

[一一] 案其文載《二林居集》卷一。

[一二] 案彭紹升集中多論及朱陸異同，其意往往倡二派之綰合，而不主兩家之分競。《二林居集》卷五《南畇先生遺書後叙》："烏呼，道之歧出，不統久矣。宋之世，朱與陸分涂；明之世，王與羅異轍。爲其徒者，各峻城塹，操戈戟，伐異黨同，至今而未已。（中略）當明之季，爲朱子之學者，有梁谿高子，高子之學，由悟而入，故能兼通王子之説。其論學本末先後，不悖于古經，雖王子復生，當無以易之也。至于我朝夏峰孫子、睢陽湯子，始有志于徹兩家之樊，觀其會通，上溯孔門竝行不悖之恉。而于時有當湖陸子者出，復以排擊王學爲功，又因王子而竝辠高子。自是王學既衰，而爲朱學者亦日陋。夫朱子未嘗離德性道問學也，而後之道問學者，諱言德性矣。朱子未嘗不以虛靈不昧爲心也，而後之言心者，且以虛靈爲大戒矣。夫不虛不靈，昏且塞矣，德性之不知，而徒問學之務，以是名朱子之學，豈不陋哉！曾大父南畇先生平生服膺高子，由高子上溯朱、王，達于孔氏，既有以得其宗，會其極矣，病世之託朱學攻王子者，踵陸子之説日出不休也，于是著《陽明釋毁録》。（中略）然後朱子之學至是益明，而王子之學賴以不墜，勤勤乎蓋孫、湯之繼興。紹升幸承緒餘，（中略）誠能取是編反求諸身而近思焉，則紛紛異同之論，將有不暇計者矣。"其意同見於卷六《羅子遺集後叙》。蓋其論貌若持平於朱陸之

間，實則隱袒象山、陽明之意尤重（陽明之學本係彭氏世傳之學）。汪愛廬稱尺木"卒歸於朱子主敬之學"（《贈彭允初叙》）者，恐非的論也。記文所舉《論語集注疑》《大學章句疑》《中庸章句疑》《孟子集注疑》諸篇，皆在《二林居集》卷二，立説未必盡諦，然取異朱子之義旨，皎然可見。

《論語集注疑》有曰："學也者，覺也，孳也。覺者，自明之謂。孳者，日新之謂也。人性皆善，而覺有先後。然則學也者，在乎復我本明，還吾本善而已。後覺者必效先覺之所爲，此誠身者所有事，而非明善之功也。明善之功，在致知格物而已，未有不明乎善而可議于誠身者也。明道先生曰：'覷著堯，學他行事，無他許多聰明睿知，安得動容周旋中禮來？'此知本之論也。"

案章太炎曰："學訓覺悟，《白虎通義》及《説文》之説也。聖哲立言無間，高下自明，固覺也；識字解文，義亦覺也。晦翁注固非諦，所疑亦妄。夫明善誠身實則一事，姚江'知行合一'之説是也。此論既以'復我本明，還我本善'爲'學'。夫能'復我本明'，則身不待誠而誠；能'還我本善'，則善不待明而明，安可以明善之功，與誠身者所有事爲之？"（《章太炎藏書題跋批注校録》）

《大學章句疑》有曰："明明德注云：'其本體之明，有未嘗息者，故學者當因其所發而遂明之，以復其初也。'本體之明，無間于未發已發，而必以未發爲之本，故曰：'中也者，天下之大本也。'戒慎不睹，恐懼不聞，正從未發以前，端本澂原，以求復我本明之體。本明既復，其發也直達而已。豫章、延平相傳程門心法，于是乎在。今舍未發而求之已發，譬猶掘井而不及泉，欲其流之不竭也，能乎？當云因其所固有而遂明之，則此病免矣。"又曰："親民者，以萬物爲一體，所謂己欲立而立人，己欲達而達人，仁者之心也。自天子以至于庶人，共此明德，故其視民也，無非一體。于一體中，呼吸痛癢，息息相關，非作而致之也，明德之所以周流而無間也。若改作'新民'，則必有國與天下者，而後可以此責之彼陋巷之英，舞雩之客，其終絶分矣。"又曰："格物之義，聚訟紛紛，吾以中庸判之，可不煩言而決。格物致知者，明善之功。誠意正修者，誠身之目也。知格物致知，所以明善，則尊德性而外，別無道問學之功。博學、審問、慎思、明辨，皆所以明善。善者，德性之謂也。誠身者非他，實有此善而已矣。篤行之效也，此知本之説也。然則舍我本然之善，而別求天下之理者，不已昧于本末之分乎？格字，或訓爲至，或訓爲正。按之本文語脈，俱不可通。《蒼頡篇》云：'格，量度之也。'承上物有本末，則量度之義爲長。能格物，則知本先而末後，知本先而末後，則斷不肯舍本而逐末。故經文既反覆于本末之辨，而終之曰此謂知本，此謂知之至也，此格物之要領也。"

《中庸章句疑》有云："天命之謂性，言天之所以爲命，即人之所以爲性也。其爲物不二，故曰知其性則知天矣。謂之曰令，則二之矣。《易大傳》曰：'窮理盡性，以至于命。'《詩》云'夙夜基命宥密'，其亦可以命爲令乎？"又曰："'於乎不顯，文王之德之純。'純則一於穆不已之天而已矣。於穆之天，孰窺其朕而云豈不顯乎？末章引'不顯維德'，注以'幽深玄遠'詮之，是矣。此之'不顯'與烈文何異？顯則著矣，其可以爲純乎？"

《孟子集注疑》："程子曰：'性即理也。'謂理爲性之所具則可，謂理爲性則不可。理者，條理也。性，其渾然者耳。于渾然之中，指其秩然者謂之理，所謂溥博淵泉而時出之也。若以理爲性，是知有川流而不知有敦化也。《易大傳》曰：'窮理盡性，以至于命。'理既窮，則理不可得而名也，一性之不二而已矣。性既盡，則性不可得而名也，一命之不已而已矣。"

[一三]《二林居集》卷三《蓼語示諸兄子》："古之人有去親而游學者，有居喪而赴講會者，亦各有當而已矣。誠于此沈船破釜，血戰一番，掃盡群魔，此心端拱，命由此立，行由此踐。天地古今，通一無二，況于父母，豈有以存亡遠近間者哉？"

案王芑孫曰："《蓼語》，知歸子居憂述志之所爲作也。知歸子嘗贈予以句，曰：'心從休處得歸根。休，止也，善也。于止止其所止，即至善也。'此白沙'千休千處，得一念一生持'之謂與？（中略）始知歸子有飄然遠引之志，衆皆疑之，予獨憂之。及今讀《蓼語》，反復千餘言，涼涼孤影，沈沈絕照，有非意言所能盡者。然後知知歸子之飄然而遠引也，至孝也，止至善也。知止止之，知終終之，吾且于知歸子望之矣。（中略）知歸子止其所止，可謂行有恒矣；于是乎語兄子，可謂言有物矣。又誰謂知歸子棄家者哉！"又案《知歸子傳》："未幾隱去，遺一偈曰：來無所從，去無所至，極樂非遙，當念即是。"

［一四］《清史列傳》本傳："嘉慶元年卒，年五十七。"

《浄土聖賢録續編》："有僧真清，問曾見瑞應否，紹昇曰：'有何瑞應？我大事在來年開印日耳。'至嘉慶元年正月二十日清晨，作《辭世偈》（中略）遂西向趺坐，念佛而脱，時果爲署中開印日，年五十七。"

程在仁

在仁，常熟人。困童子試，每試必更名，無定名，以字行。深於史學，尤精二《漢書》，嘗謂"魏收有史才，陳壽、沈約皆不及也"。[一]艮庭江先生亟稱之。[二]喜談匡濟之學，以爲如有用我者，可以立致太平，豪氣勃勃，不可一世。[三]從吳門老儒陸佩鳴爲師，一日，謂在仁曰："我不足爲子師，爲子擇師，莫如汪君愛廬。"[四]在仁聞之，即執贄門下，盛稱其學。汪先生曰："昔朱子謂呂子伯恭喜讀史書，所以心麤不能體認經書。子之學去呂子十萬八千里，而子之心已麤，氣亦浮矣。豈有心麤氣浮之人能讀書乎，而能成功業乎？"在仁瞿然下拜，曰："願受教。"乃取《近思錄》授之，十日後問之曰："省否？"曰："不省。"又授以陸王之書。久之。又問之曰："省未？"曰："省。"曰："前此何以不省也？"曰："心不在腔子裏。"[五]

從此砥厲廉隅，雖三旬九食，不妄受人惠。性孤冷，不樂見熱客，坐是益困矣。假僧舍讀書，徧閱《大藏》。又得李卓吾、紫柏書讀之，感其遇，爲之泣下。嘗曰："一僧一俗，皆從悲憤海中來。"蓋引以自喻也。[六]後下榻予家，樂與先君子談論，自悲身世不偶，多憤激之言，先君子曰："傳有之'富貴在天'，雖一衿亦有定數，子學儒學佛十有餘年，胸中尚不能消'秀才'二字，學道何爲？"退而告藩曰："聞丈言，醍醐灌我頂矣。"[七]未幾歸海虞，以貧病死。

〔箋證〕

[一] 案陳壽、沈約以史才見稱，徵諸時人議論，如劉勰《文心雕龍·史傳》："唯陳壽三《志》，文質辨洽，荀（勖）、張（華）比之於遷、

固，非妄譽也。"劉知幾《史通·正史》："世之言宋史者，以裴《略》爲上，沈約次之。"魏收（五〇七——五七二），字伯起，巨鹿下陽曲（今河北晉州市）人。與邢邵、溫子升以文華齊名。齊天寶二年（五五一），以中書令兼著作郎與修《魏書》，而實主之，天寶五年，修成奏上。《北齊書》卷三七《魏收傳》："收頗性急，不甚能平，夙有怨者，多没其善。每言'何物小子，敢共魏收作色，舉之則使上天，按之當使入地！'初，收在神武時爲太常少卿修國史，得陽休之助，因謝休之曰：'無以謝德，當爲卿作佳傳。'休之父固，魏世爲北平太守，以貪虐爲中尉李平所彈獲罪，載在《魏起居注》。收書云：'固爲北平，甚有惠政，坐公事免官。'又云：'李平深相敬重。'爾朱榮於魏爲賊，收以高氏出自爾朱，且納榮子金，故減其惡而增其善，論云：'若修德義之風，則韋、彭、伊、霍，夫何足數！'史既成，時論言收著史不平。"

案乾嘉時，餘姚邵晉涵校理《四庫》乙部，始就此發爲撥正之辭。《南江文鈔》卷三《魏書提要》略云："收以修史爲世詬厲，號爲穢史。今以《收傳》考之，則當時投訴，或不盡屬公論，千載而下，可以情測也。議者云：'收受爾朱榮子金，故減其惡。'夫榮之凶悖惡著而不可掩，收未嘗不書於册，至論云'若修德義之風，則韋、彭、伊、霍，夫何足數'，反言見意，史家微辭，乃轉以是爲美譽，其亦不達於文義矣。又云：'楊愔、高德正勢傾朝野，收遂爲其家作傳。其預修國史，得陽休之之助，因爲休之父固作佳傳。'夫愔之先世爲楊椿、楊津，德正之先世爲高允、高祐。椿、津之孝友亮節，允之名德，祐之好學，實爲魏之聞人。如議者之言，將因其子孫之顯貴，不爲椿、津、允、祐立傳而後快於心乎。《北史·楊固傳》，固以譏切聚斂，爲王顯所嫉，因奏固剩請米麥，免固官，從征峽石，李平奇固勇敢，軍中大事，悉與謀之，是固未嘗以貪虐先爲李平所彈也。固它事可傳者甚夥，不因有子休之而始得傳。况崔暹嘗薦收修史矣，而收列崔暹爲酷吏，其不徇私惠如此，而謂得休之之助，遂曲筆以報德乎？（中略）然李延壽以唐臣修《北史》，多見館中墜簡，參校異同，多以收書爲據，其爲《收傳》論云：'勒成魏籍，婉而有章，繁而不蕪，志存實錄。'於是'穢史'之謗，可以一雪矣。"《四庫全書總目》卷四五《魏書》條實裁剪此篇成文。時與二雲持同調者，如趙翼《陔餘叢考》卷七"《魏書》書法"條、王鳴盛《十七史商榷》卷六五"魏收《魏書》"條等，雖抒論未暢，然獻疑舊説、折衷情理，概可見矣。近人如周一良特

· 302 ·

論文庇護（《魏收之史學》，載《魏晋南北朝史論集》），亦可視作沿其流而揚其波者矣。

［二］《漢學師承記》卷二《江艮庭先生》："先生諱聲，本字鱷濤，後改叔澐。（中略）年三十五，師事同郡通儒惠松崖徵君，（中略）集漢儒之說以注二十九篇，漢注不備，則旁考他書，精研古訓，成《尚書集注音疏》十二卷。（中略）先生精於小學，以許叔重《説文解字》爲宗。（中略）卒年七十有八。晚年因性不諧俗，動與時違，取《周易》艮背之義，自號艮庭，學者稱爲艮庭先生云。藩少從古農先生學，先生没後，藩汎濫諸子百家，如涉大海，茫無涯涘，先生教之讀七經、三史及許氏《説文》，乃從先生受惠氏《易》。讀書有疑義，質之先生，指畫口授，每至漏四下猶講論不已，可謂誨人不倦者矣。"

案信而好古，吴派所尚，措意史學，幾無異曲。惠棟嘗撰《後漢書補注》，號稱名著。而門下執經問難者如錢大昕、王鳴盛輩，尤以史學顯。艮庭雖無乙部專著，然於史學，絕非無甄鑒之識者，亦足判程氏立説之優劣。

［三］《論語·先進》："子路率爾而對曰：'千乘之國，攝乎大國之間，加之以師旅，因之以饑饉，由也爲之，比及三年，可使有勇，且知方也。'"又冉有曰："方六七十，如五六十，求也爲之，比及三年，可使足民。如其禮樂，以俟君子。"

［四］《汪子文録》卷六《示程在仁》："程兄在仁，由海虞來蘇，適予有來安之役，遂從予遊焉。予念生少失怙，無兄弟，離其家尊，從予遠遊也；又念生有意於文學，欲被服於此也。予之期望乎生者甚至，其憂生也甚切。"

案陸氏事跡不詳，而屢見彭紹升、汪縉稱道。檢《一行居集》卷四《與陸佩鳴》："兄病勢如此，將有舍舊圖新之象。平生一切好惡因緣，須與一刀截斷，不可更有絲毫頭牽罣。《彌陀》《金剛》二經，曾有書寫受持功德，不可昧卻此段無上因緣。常提一句佛名，（中略）若不及今奮起精神，痛念生死，正恐佛前立誓，棄若弁髦，閻羅鐵棒，決難放過。升沉之機，間不容髮。思之慎之。半世交情，盡此數語，不能復作兒女句句之態。"《二林居集》卷九《蔣山堂字卷跋》："昔亡友陸佩鳴善評書，或問當代擅名書家者誰爲第一流，佩鳴曰：'擅名者都無第一流，老死深山古巷中者或有之。'"《汪子文録》卷三《香聞遺集後叙》："家三亡矣。予在允初家發其詩觀之,蓋允初所手錄者也。是日,陸佩鳴遠歸,亦在允初家。共觀之,三人皆色動,(中略)佩鳴曰:'是固浸淫於謝西臺、杜茶邨者也。'"備見陸氏從事佛學,雅善丹青品鑒、談藝論詩。

[五] 案"昔朱子謂呂子伯恭喜讀史書"語,見《朱子語類》卷一二二:"先生問:'向見伯恭,有何說?'曰:'呂丈勸令看史。'曰:'他此意便是不可曉。某尋常非特不敢勸學者看史,亦不敢勸學者看經。只《語》《孟》亦不敢便教他看,且令看《大學》。伯恭動勸人看《左傳》、遷《史》,令子約諸人抬得司馬遷不知大小,恰比孔子相似。'""心不在腔子裹",案《近思錄·存養第四》程子曰:"心要在腔子裹。只外面有些隙罅,便走了。"語出《二程遺書》卷七。此理學家慣用常語,係用《大佛頂首楞嚴經》說:"阿難白佛言:'世尊,一切時間十種異生,同將識心居在身內,(中略)我今觀此浮根四塵,祇在我面,如是識心,實居身內。'(中略)佛告阿難:(中略)'阿難,汝亦如是。汝之心靈,一切明了,若汝現前所明了心,實在身內,爾時先合了知內心。(中略)必不內知,如何知外?'"

[六] 案李贄(一五二七——一六〇二),字宏甫,號卓吾,別號溫陵居士、百泉居士,福建泉州人。其學歸於泰州一派,嘗講學麻城,從者數千。晚年遭沈一貫奏劾,以"敢倡亂道,惑世誣民"下獄,自刎而死。有《藏書》《焚書》《續焚書》等。倡"童心說"以祛虛妄(《焚書》卷三),更主"知行相須""道不虛談,學務實效"(《焚書》卷五《孔明為後主寫申韓管子六韜》)。李氏有《自贊》一文,反文見義,意態畢現:"其性褊急,其色矜高,其詞鄙俗,其心狂癡,其行率易,其交寡而面見親熱。其與人也,好求其過,而不悅其所長;其惡人也,既絕其人,又終身欲害其人。志在溫飽,而自謂伯夷、叔齊;質本齊人,而自謂飽道飫德。分明一介不與,而以有莘藉口;分明毫毛不拔,而謂楊朱賊仁。動與物迕,口與心違。其人如此,鄉人皆惡之矣。昔子貢問夫子曰:'鄉人昔惡之何如?'子曰:'未可也。'若居士,其可乎哉!"

釋紫柏(一五四三——一六〇三),俗姓沈氏,名真可,字達觀。吳江人。年十七於虎丘寺出家,二十歲受具足戒。行腳四方,遍歷海內,嘗入廬山參究法相教義,又至五臺山問學。萬曆中,刊印《徑山藏》。三十一年,坐"妖書案"被誣,死於獄。與蓮池、藕益、憨山齊名。事具《憨山老人夢遊集》卷二七《徑山達觀可禪師塔銘》。其學兼諸派,而有志乎復興禪宗，持論主於會通性、相，合一禪、教，於釋、儒、道三教，則倡同源互補之説。身後憨山為之輯《紫柏尊者全集》三十一卷，錢謙益輯有《別集》四卷《附錄》一卷。

［七］案鄭堂父江起棟（一七二二—一七八六），事具江沅《處士江公墓志銘》（《染香盦文外集》），其文略曰："公諱起棟，字胥容，若波其自號也。先世家旌德，父某徙揚，遂著籍甘泉。年十四，父命賈，而性好讀書，習楷法，作字不為行草，曰'此亦居敬之一也'。年卅五，至吳，樂其山水，家焉。一時善士，若汪君家南、薛君香聞、余君古農、汪君竺香及予先大父艮庭徵君，時相遇從。而余君尤密，勸公蓄書，又勸戒殺，遂斷肉食，誦諸大乘經呪，兼持佛號，不以寒暑道途輟也。歸里數年，未微疾，時春雨浹旬，謂家人曰：'晴，吾行矣。'及霽，與親賓訣，趺坐唱佛名而逝。"又云："程生在仁述之於彭二林先師，先師喜，為賦詩贈公。"

記者曰：儒生闢佛，其來久矣，至宋儒闢之尤力。然禪門有語錄，宋儒亦有語錄；禪門語錄用委巷語，宋儒語錄亦用委巷語。夫既闢之而又效之，何也？蓋宋儒言心性，禪門亦言心性，其言相似，易於渾同，儒者亦不自知而流入彼法矣。至儒佛之分，在毫釐之間，若暗中分五色，飲水辨淄澠，其理至微，學者貴自得之，豈可以口舌爭乎！自象山之學興，慈湖之言近于禪矣；[一] 姚江之學繼起，折而入於佛者不可更僕數矣。然尚自諱其學曰"吾之言，儒言也，非禪言也；吾之行，儒行也，非禪行也"，如沈、史諸君子是已；至明之趙大洲，始以儒證佛、以佛證儒，如香聞師諸先生是已。閒嘗考之，後人皆曰援儒入佛始於楊慈湖，然程伯子有言曰："佛言前後際斷，純亦不已是也。"是援儒入佛不始於慈湖，始於伯子矣。[二] 先君子學佛有年，明於去來，嘗曰："儒自為儒，佛自為佛，何必比而同之？學儒學佛，亦視其性之所近而已。儒者談禪，略其跡而存其真，斯可矣。必曰儒佛一本，亦高明之蔽也。"藩謹守庭訓，少讀儒書，不敢闢佛，亦不敢佞佛，識者諒之。[三]

〔箋證〕

[一]《朱子文集》卷四七《答呂伯恭書十七》："近聞陸子靜言論風旨之一二，全是禪學，但變其名號耳。競相祖習，恐誤後生。"

湛若水《楊子折衷引》："甘泉子曰：象山非禪也，然而高矣，其流必至於禪矣。"《楊子折衷》卷一："慈湖立命，全在'心之精神'一句，元非孔子之言，乃異教宗指也，不起而為意，便是寂滅。"同卷又曰："一篇皆禪之宗指，而一一文之以聖人之言，人徒見其與聖人之言同，而不知其實與聖人之言異，差之毫釐，謬以千里也。佛者每援毋意必固我之說以自附，殊不知意必固我皆人欲之私，是可無也；彼乃以一切意誠心正皆宜無之，非誣聖人之言乎。胡康侯謂五峰曰：佛者與聖人句句合，字字是，然而不同。五峰問：既曰合曰是，如何又說不同？康侯曰：於此看得破，許你具一隻眼。康侯可謂卓有所見矣。"

[二]《河南程氏遺書》卷一四《明道先生語四》："佛言前後際斷，純亦不已是也。彼安知此哉？子在川上曰：'逝者如斯夫！不舍晝夜。'自漢以來，儒者皆不識此義，此見聖人之心純亦不已也。"

案章太炎云："大化不停，如波相推。晋時清談之士亦識之，何得言'自漢以來儒者皆不識此義'？且識之而執爲道體，是不了無生之旨。"（羅志歡《章太炎藏書題跋批注校録》）

［三］江沅《處士江公墓誌銘》（《染香盦文外集》）："公於子藩之喜誦經也，謂之曰：'佛教大指由戒生定，由定生慧，功有序矣。徒以童心，悦其文詞，知見未真，必多疑語。盍讀儒書，究世法，以爲之基，然後從文字般若入實相般若乎？'（中略）既藩與人言佛學，又示之曰：'佛學未易談也。三行未修，定慧未具，則教相不瞭，衆生根器，利鈍不明，焉能隨順契經而説法？曷不回心實地，修學無漏，而徒事口舌爲？'"

附　錄

一　《宋學淵源記》人物學行繫年

萬曆三年乙亥（一五七五）
餘姚沈國模（求如）生。
定興鹿善繼（伯順）亦生是年。

萬曆四年丙子（一五七六）
內江趙貞吉（大洲）卒，年六十九。

萬曆五年丁丑（一五七七）
嵊縣周汝登（海門）成進士。

萬曆六年戊寅（一五七八）
無錫高攀龍（景逸）與同邑顧憲成（叔時）講學。
山陰劉宗周（念臺）、餘姚管宗聖（允中）生。

萬曆七年己卯（一五七九）
是年正月，詔毀天下書院。當是時，天下學者講學成風，首輔張居正極惡之，皆改作公廨。

萬曆十年壬午（一五八二）
餘姚史孝咸（子虛）生。

萬曆十一年癸未（一五八三）
山陰王畿（龍溪）卒，年八十六。
《明儒學案》卷一二《浙中王門學案二》："王畿字汝中，別號龍溪，浙之山陰人。弱冠舉於鄉，嘉靖癸未下第，歸而受業於文成。（中略）先生林下四十餘年，無日不講學，自兩都及吳、楚、閩、越、江、浙，皆有講舍，莫不以先生爲宗盟。年八十，猶周流不倦。萬曆癸未六月七日卒，年八十六。（中略）先生之論大抵歸於四無。以正心爲先天之學，誠意爲後天之學。從心上立根，無善無惡之心即是無善無惡之意，是先天統後天。從意上立根，不免有善惡兩端之決擇，而心亦不能無雜，是後天復先天。此先生論學大節目，傳之海內，而學者不能無疑。（中略）然先生親承陽明末命，其微言往往而在。象山之後不能無慈湖，文成之後不能無龍溪，以爲學術之盛衰因之。慈湖決象山之瀾，而先生疏河導源，於文成之學，固多所發明也。"

萬曆十二年甲申（一五八四）
容城孫奇逢（夏峰）生。

萬曆十三年乙酉（一五八五）
漳浦黃道周（石齋）生。

萬曆二十五年丁酉（一五九七）
孫奇逢補諸生，始與鹿善繼論交。

萬曆二十七年己亥（一五九九）
餘姚韓孔當（遺韓）生。

萬曆二十八年庚子（一六〇〇）
孫奇逢舉鄉試，與左光斗、魏大中、周順昌以氣節相尚。

萬曆二十九年辛丑（一六〇一）
劉宗周成進士。
武進惲日初（遜庵）生。

萬曆三十年壬寅（一六○二）

泉州李贄（卓吾）以妖人被誣繫獄，自刭而死，卒年七十五。

萬曆三十一年癸卯（一六○三）

祁州刁包（蒙吉）生。
山陰王朝式（金如）、餘姚邵元長（長孺）皆生今年。

萬曆三十二年甲辰（一六○四）

顧憲成重修東林書院，與高攀龍等講學於此。聞風而起者衆，東林學黨之議始於此。

萬曆三十七年己酉（一六○九）

餘姚邵曾可（子唯）生。

萬曆三十八年庚戌（一六一○）

餘姚黄宗羲（梨洲）、南昌彭士望（躬庵）生。
《清儒學案》卷二《南雷學案》：“南雷之學，最爲博大。師事蕺山，以誠意慎獨爲主。又病南宋以後，講學家空談性命，不究訓詁，教學者説經則宗漢儒，立身則宗宋學。平生以捍衛姚江自任，而於其末流則痛斥至嚴，懼其亂真，不少假借，蓋屹然爲王學之干城焉。”

萬曆三十九年辛亥（一六一一）

桐鄉張履祥（楊園）、海寧祝淵（開美）生。

萬曆四十年壬子（一六一二）

顧憲成卒，年六十三。

萬曆四十一年癸丑（一六一三）

鹿善繼成進士，孫奇逢下第，寓京師，與鹿善繼研讀《傳習録》。
山陰劉汋（伯繩）、崑山顧炎武（亭林）生。

萬曆四十二年甲寅（一六一四）

寧都邱維屏（邦士）、萊陽宋琬（荔裳）生。

萬曆四十三年乙卯（一六一五）
南豐謝文洊（秋水）、仁和應撝謙（嗣寅）、新城王餘佑（介祺）生。

萬曆四十四年丙辰（一六一六）
柏鄉魏裔介（石生）生。

萬曆四十五年丁巳（一六一七）
蔚州魏象樞（環極）生。

萬曆四十六年戊午（一六一八）
仁和沈昀（朗思）、海鹽何汝霖（商隱）、長洲尤侗（西堂）生。

萬曆四十七年己未（一六一九）
張履祥喪父，母沈氏教之讀。
安邱劉源淥（崑石）、衡陽王夫之（船山）、海寧陸嘉淑（冰修）、永年申涵光（鳧盟）生。

天啓元年辛酉（一六二一）
王朝式始從沈國模遊。
宜興湯之錡（世調）、黃岡曹本榮（厚庵）生。

天啓二年壬戌（一六二二）
王朝式入劉宗周門下。
高陽孫承宗（愷陽）經略薊遼。
馮從吾等建首善書院。
長洲徐枋（俟齋）、華陰王弘撰（山史）生。

天啓三年癸亥（一六二三）
孫奇逢與鹿善繼商訂《四書說約》。
蕭山毛奇齡（西河）生。

天啓四年甲子（一六二四）

寧都魏禧（叔子）、長洲汪琬（鈍翁）生。

天啓五年乙丑（一六二五）

楊漣、左光斗、魏大中、顧大章等以糾劾魏忠賢被逮，未幾皆遇害。時孫奇逢致書孫承宗，相救不及。

是年八月，詔毁天下書院，無錫東林書院依庸堂首被拆。十二月，榜東林黨人姓名示天下。

高攀龍被削職爲民。

孫承宗罷歸，茅元儀同時黜落。

張履祥補縣學生。

常熟楊彝、太倉張采、張溥、顧夢麟、吳縣楊廷樞等結應社。

安陽許三禮（酉山）、吳江計東（改亭）皆生於是年。

天啓六年丙寅（一六二六）

四月，閹黨逮高攀龍，攀龍自沉死，年六十五。時吳縣周順昌、吳江周宗建、江陰繆昌期、李應昇等，先後爲閹黨逮捕遇害。

孫奇逢救魏大中不就，以遺骨歸，然左、魏兩家子弟多賴夏峰營護藏活，終致倖免。海内有三烈士之稱，則夏峰、鹿正（善繼父）、張果中也。

天啓七年丁卯（一六二七）

魏忠賢等伏誅。

刁包舉於鄉，此後再與會試不第，遂絕意舉業，一志爲學。

盩厔李顒（二曲）、崑山朱用純（柏廬）、睢陽湯斌（潛庵）皆生於是年。

崇禎二年己巳（一六二九）

劉宗周講學蕺山，黃梨洲侍講。

張溥等依應社更結復社，集會吳江，聲勢極盛。

秀水朱彝尊（竹垞）、石門呂留良（晚村）生。

崇禎三年庚午（一六三〇）
平湖陸隴其（稼書）生。

崇禎四年辛未（一六三一）
高迎祥、張獻忠、李自成等起事反明。明廷罷孫承宗。
劉宗周創證人會，沈國模、管宗聖、史孝咸、孝復及王朝式、祁彪佳等皆與之。劉汋侍父講，蕺山門人有未達者，質諸汋，答問如流，共相推服。
劉源淥年十四而孤，事母至孝。
富平李因篤（天生）生。

崇禎六年癸酉（一六三三）
沈昀為諸生，受業劉宗周。自此始治理學，一宗程朱。摯友應撝謙與相應和。弟蘭成與兄同事講道。
應撝謙與同志結猥社講習理學，獨究性命之旨。
祁彪佳巡按蘇松，至宜興，治在籍翰林陳于鼎激起民變一案，強戍首事數人，劾罷陳于鼎。
武進惲壽平（南田）生於是年。

崇禎七年甲戌（一六三四）
張履祥館顏統（士鳳）家，二人以毋濫赴社為約。

崇禎八年乙亥（一六三五）
李顒家世甚微，年九歲，始入小學。
孝感熊賜履（青岳）、合肥李天馥（湘北）生。

崇禎九年丙子（一六三六）
清兵入京畿，鹿善繼杖節而死，卒年六十二，諡忠節。孫奇逢率族人守禦容城，城得完。
謝文洊為諸生。居廣昌香山，好佛典。

崇禎十年丁丑（一六三七）

浙江大饑，王朝式往嵊賑濟，全活甚衆。

無錫高世泰（彙旃）成進士。

《清儒學案》卷十四《梁谿二高學案》："自明季梁溪顧、高二公講學東林，東南壇坫稱盛。彙旃繼忠憲之志，久主講席，江左學者，翕然向風，推及新安諸子，故有《紫陽通志》之録。（中略）高世泰，字彙旃，無錫人，忠憲公攀龍從子。明崇禎丁丑進士，授禮部主事，擢湖北提學僉事，修濂溪書院，邀諸生數百人講學其中。（中略）先生少侍忠憲講席，篤守家學。及歸林下，時東林書院毁廢已十餘年，先生重修之，取舊藏先聖木主奉祀，春秋仲丁行釋菜禮。次第復道南祠、麗澤堂，築再得草廬，講學其中，四方學者相率造廬問道，凡三十餘年，以東林先緒爲己任，壇坫復盛。清初鉅儒李二曲、陸桴亭、張清恪皆嘗至會講。祁州刁蒙吉篤信忠憲之説，與先生往復論學，學者有'南梁北祁'之稱。孝感熊文端，因其父舊出門下，亦守東林之一脈焉。"

崇禎十一年戊寅（一六三八）

孫奇逢入易州五峰山，結廬雙峰。歲末清兵入塞，劫掠畿輔四十餘城，孫承宗死之。

崇禎十二年己卯（一六三九）

是年，沈國模集同志門人管、史、王等之力，創闢義學於餘姚城南之半霖，是爲姚江書院之前身。

無錫張夏（秋紹）從同邑馬世奇（君常）學。

淄川孫若群（公渙）、星子宋之盛（未有）舉鄉試。

徐枋至崑山，從學朱集璜。

長洲宋實穎、汪琬等從學長洲徐汧（勿齋）。

崇禎十三年庚辰（一六四〇）

史孝咸主姚江書院講席。

王朝式以憂時過傷，病卒，年三十八。

孫望雅長子淦（靜紫）生，爲孫奇逢次孫。

崇禎十四年辛巳（一六四一）
沈國模主講姚江書院，規模粗具。
惲日初上《備邊五策》，不報。
李因篤補諸生，年方十一歲。
管宗聖、張溥、茅元儀卒，各得年六十四、四十、四十七。

崇禎十五年壬午（一六四二）
清軍復入塞，孫奇逢再入雙峰。
李自成入河南，陝西巡撫汪喬年督師討之，李顒父可從隨軍征討，死焉。時顒年僅十六歲。
張履祥謁黃道周於杭州，道周戒以近名，楊園謹誌其教。
謝文洊自今年起，不復與科試。時中原大亂，有出世之志。
徐枋舉鄉試。
安谿李光地（晉卿）生。

崇禎十六年癸未（一六四三）
李自成破潼關，陷西安、延安諸郡，遂據全陝。
時盜賊四起，劉源淥與兄岷中率子弟築壘立寨，共相守禦。
祁州屢被兵，刁包散家財，聚衆守城，城得不破。
孫奇逢守五峰山得全。
李顒定居盩厔新莊堡，矢志向學。
朱用純成諸生。
顧炎武始纂《音學五書》。

崇禎十七年（清順治元年）甲申（一六四四）
三月，李自成陷京師，明莊烈帝殉國。四月，吳三桂破李自成於山海關。五月，清軍入關。福王即位南京。
李因篤隨外祖避亂富平北山，自此不復從事舉業。未幾，清軍入陝，迫走李闖，因篤北走雁代，號召材武之士，期以舉事，無人影從，時因篤年甫十四歲耳。
孫奇逢以李自成亂復入雙峰，自成檄迫赴京授官，不應。五月，清軍驅李闖，改元順治。奇逢再膺地方人才薦，以病辭。

刁包聞知國變，不應李自成檄命。入清不仕。

張履祥入劉宗周門下，以國變返桐鄉。

劉宗周應福王召，至南京，疏劾馬世英、阮大鋮被詰，辭還紹興（《劉宗周年譜》）。

馬世奇殉國。

沈昀以國變棄諸生，嗣後授徒自給，時年二十七。昀教誨二子毅中、純中，止令下學，弗令干祿。

應撝謙自以故國諸生，絕志進取，里居治經授徒。錢塘凌嘉印（文衡）、沈士則（志可）、姚宏任（敬恒）傳其學。

餘姚史孝復（子復）卒，與兄孝咸並稱"二史"。

順治二年（南明弘光元年）乙酉（一六四五）

四月，清兵屠揚州，史可法殉難，年四十四。次月，陷南京，推行薙髮令。六月，唐王即位福州，魯王監國紹興。

祁彪佳拒清將脅召，自沉於故里紹興，年四十四。

劉宗周絕食殉國，年六十八，弟子祝淵等隨之殉。唐、魯二藩皆遣使致奠，蔭劉汋以官，辭而不受。

沈國模屏居石浪有年，聞劉宗周死節，大慟。重掌姚江書院教席。

孫奇逢屢膺薦舉，皆辭以病。

應撝謙奉母避兵亂於獨山東。

彭士望還寧都，依魏禧，結廬翠微峰。

黃道周兵敗被俘。

顧炎武與歸莊共襄守崑山，朱集璜、陶琰亦與之，城破而死，年四十九。朱用純年始十九，棄舉業，隱居篤學，以布衣終。徐汧亦以身殉國，枋痛父死節，自此隱居，以鬻畫終其生。

黃宗羲身率子弟，從魯王抗清，未幾即敗。

惲日初自天台山避亂入閩。

李顒傾慕周、程、張、朱言行，嚮往日篤。

謝文洊遭父喪，自今年迄順治九年，七年間避亂轉徙不休。

長洲彭定求（南畇）生。

順治三年（南明隆武二年）丙戌（一六四六）
　是年，江南抗清軍事迭遭大敗。三月，唐王殉國。十月，桂王即位肇慶。清廷始開科舉。
　劉汋既葬蕺山，編校乃父遺書，獨與史孝咸、惲日初、黃宗羲交。
　黃道周被俘不屈，被殺於南京，年六十二。
　長洲彭瓏（雲客）避兵穹窿山，大亂之中，作《抱子詩》。
　魏裔介舉進士第。
　吳江潘耒（次耕）生。

順治四年（南明永曆元年）丁亥（一六四七）
　孫奇逢編訂《高陽孫文正公年譜》，復纂輯《理學宗傳》。
　謝文洊始讀《王陽明集》，會同志講良知之學。

順治五年（南明永曆二年）戊子（一六四八）
　史孝咸復主姚江書院講會。
　餘姚邵廷采（念魯）生。

順治六年（南明永曆三年）己丑（一六四九）
　孫奇逢南徙祁州，刁包掃室留止，館之二年，與相質正。
　惲日初在閩抗清敗績，解衆潛還。
　黃宗羲至舟山，依魯王，旋還里。
　長洲宋實穎、彭瓏、尤侗、汪琬、吳縣顧堉、吳江吳兆寬、吳兆騫、計東、趙澐、太倉周肇、顧湄、錢塘陸圻等結慎交社。
　李顒嗜學好古，數載之間，天文輿地、九流百家，以至稗官野史、壬奇遁甲，靡不究極。
　無錫張夏、顧景文等與蒼雪會詩忍草庵。
　謝文洊疑陽明之學，轉宗程朱。
　長洲彭寧求（文洽）生。

順治七年（南明永曆四年）庚寅（一六五〇）
　孫奇逢自祁州抵蘇門，同雄縣李對（霞表）讀《易》。始著《讀易大旨》。
　太倉吳偉業、長洲宋實穎、尤侗、吳江計東、崑山徐乾學、無錫顧宸、錢塘陸圻及朱彝尊、毛奇齡等會於嘉興，舉十郡大社。
嘉定錢民（子仁）生。

順治八年（南明永曆五年）辛卯（一六五一）
史孝咸重訂姚江書院會約。
登封耿介（介石）舉鄉試。
儀封張伯行（孝先）生。

順治九年（南明永曆六年）壬辰（一六五二）
安邑馬光裕（玉笥）贈孫奇逢以夏峰田廬，遂移居夏峰。
湯斌、耿介同舉進士第。
謝文洊奉母歸南豐。
曹本榮應詔上《聖學疏》。

順治十年（南明永曆七年）癸巳（一六五三）
彭瓏館於鄒平。
耿介中進士第。
柘城竇克勤（敏修）生。

順治十一年（南明永曆八年）甲午（一六五四）
邵曾可送孫廷采入姚江書院，聽沈國模講學。

順治十二年（南明永曆九年）乙未（一六五五）
徐枋纂著《二十一史文彙》《通鑒紀事類聚》凡三百二十卷，先後成書。
李顒始究心經濟之學。
張履祥、沈昀、陳確有翠薄山房之會。
餘姚勞史（麟書）生。

順治十三年（南明永曆十年）丙申（一六五六）
李顒究心兵法，以自幼目擊流寇劫掠之慘。
沈國模卒，年八十二。史孝咸繼主半霖義學。

順治十四年（南明永曆十一年）丁酉（一六五七）
　　北京、江南鄉試舞弊相繼，清世祖嚴令窮治江南科場案，主考處死，應試者被究。
　　孫奇逢《中州人物考》成書。
　　李顒自今年始摒棄舊日所學，一意性理。
　　史孝咸等重修半霖義學爲姚江書院。
　　竇克勤年五歲，受《四子書》，能解句讀。

順治十五年（南明永曆十二年）戊戌（一六五八）
　　孫奇逢《畿輔人物考》成書。
　　劉源淥四十以後，棄去帖括，殫心性理，尤酷嗜朱子之書，撰《近思續錄》。
　　上蔡張沐（仲誠）、熊賜履成進士。

順治十六年（南明永曆十三年）己亥（一六五九）
　　孫奇逢《四書近指》成書。
　　臨安駱鍾麟知盩厔縣，聞李顒之名，竭誠造訪，從學盡禮。疆臣以下，漸奉爲關中儒宗。
　　刁包始讀高攀龍遺書，心儀之。後與高世泰定交，稱"南高北祁"。
　　張夏纂《楊龜山年譜補編》二卷。
　　彭瓏成進士。
　　孫若群應清廷會試，以亞元及第。
　　史孝咸、邵曾可師弟相繼病卒，年各七十八、五十一。
　　無錫顧鍪（雋生）生。

順治十七年（南明永曆十四年）庚子（一六六〇）
　　徐枋與崑山葛芝（瑞五）、朱用純訪銅井，用純作記。
　　竇克勤受《易》，始學爲文。
　　江陰楊名時（凝齋）生。

順治十八年（南明永曆十五年）辛丑（一六六一）
　　許三禮舉進士第，授海寧知縣，居之八年，嘗欲禮聘應撝謙主講席，

· 319 ·

撝謙拒其請。

康熙元年壬寅（一六六二）
黃宗羲著《明夷待訪錄》二卷。
張沐得授直隸內黃縣知縣，注《六諭敷言》，朔望集諸生講學於明倫堂，興起者衆。
耿介除直隸大名道。
謝文洊始館程山，顏其堂曰尊洛，自署曰約齋。同邑甘京（健齋）、封濬（禹成）、黃熙（維緝）、曾日都（美公）、危龍光（二爲）、湯其仁（長人）皆學行醇篤，同遊文洊門下，時號"程山六君子"。
錢民棄書學賈，數爲鄉里所侮。

康熙二年癸卯（一六六三）
顧炎武、閻若璩先後至太原訪傅山，炎武繼遊五臺山，復西入陝，與李因篤定交於清苑陳上年（祺公）家。更訪王弘撰於華陰、李顒於盩厔，辯訂古今諸學。
宋之盛訪謝文洊於程山，論學相契。魏禧自新城走百二十里來赴，聽者甚重。
查繼佐、陸圻因牽連莊廷鑨《明史》案被逮，旋得釋。

康熙三年甲辰（一六六四）
顧炎武、李因篤謁明思宗陵，作文以祭。是年訪孫奇逢。
呂留良請張履祥館其家，履祥屢辭，留良虛位待之兩年始就。
孫若群進士及第。
劉汋卒，年五十二。

康熙四年乙巳（一六六五）
張沐請業於孫奇逢，更遣二子煟、熰執贄夏峰。
曹本榮卒，年四十五。

康熙五年丙午（一六六六）
張沐迎孫奇逢至內黃。刻《理學宗傳》，未畢而去官。孫奇逢復還夏峰，湯斌問學，作《遯菴説》贈之。魏裔介致書孫奇逢論學。

顧炎武、朱彝尊、屈大均相會於太原，與李因篤謀墾荒雁門關外不成。

吕留良棄諸生，與張履祥及其門人何商隱、吴江張嘉玲（珮蒽）發明程朱之學。

陸隴其舉鄉試。

寶應朱澤澐（湘陶）生。

康熙六年丁未（一六六七）

湯斌自夏峰歸，道出内黄，與張沐定交。

黄宗羲復興證人書院。

熊賜履著《閑道録》成書。

康熙七年戊申（一六六八）

張沐自上蔡至内黄，留孫奇逢十餘日乃别。

顧炎武爲萊州黄培詩案牽及，赴濟南受審，李因篤竭力救援，先後半年始解。

黄宗羲序《憚日初集》。

彭瓏仕清，知廣東長寧縣。

宋之盛卒於是年。無錫顧樞亦卒，年六十七。

桐城方苞（望溪）、寶應王懋竑（予中）生。

《清儒學案》卷五一《望溪學案》："方苞字靈皋，又字鳳九，號望溪，桐城人，寄籍上元。兄舟，諸生，高才篤行，好《左氏傳》《太史公書》，著述未成而卒。先生少從之學，以孝弟相勖。循覽《五經注疏大全》，少者三數周。補諸生，游京師，入太學，安溪李文貞公見其文曰：'韓、歐復出，北宋後無此作也。'萬徵士斯同降齒與之交，曰：'子於古文信有得，願勿溺也。'於是一意求經義。好讀宋儒書，（中略）舉鄉試第一。康熙丙戌成進士，聞母疾，歸侍，家居三年。以戴名世《南山集》之獄牽連被逮，在繫經歲，孳經不輟。（中略）聖祖嘉賞，命入直南書房，又移直蒙養齋，編校樂曆律算諸書，諸皇子皆呼之曰先生，充武英殿總裁。（中略）自康熙朝，先生雖未與廷議，於時政得失，每就李文貞公及徐文定公陳讜言，多得採取上達，見諸施行。復與鄂文端、朱文端、蔡文勤、楊文定諸公相引重，多有所建議。性抗直，遇會議屢有爭執，爲時所忌。（中略）乾隆十四年卒，年八十有二。（中略）嘗論爲學宗旨曰：'制行繼程、朱之後，文章在韓、歐之間。'衛道尤力，遇同時學人攻程朱者，反覆剖辨，必伸其説而後已。於諸經尤深於《三禮》《春秋》。"又云："阮文達輯清一代經解，不收望溪之作，蓋漢、宋顯分門户也。望溪學宗宋儒，於宋、元人經説，薈萃折衷其義理，名物訓詁則略之。館修《三禮義疏》，義例出其手定。文章源於經術，姚氏惜抱承其緒，傳衍甚遠，桐城文派，遂爲一代大宗。"

康熙八年己酉（一六六九）
韓孔當主姚江書院講席。自史孝咸卒，書院至是輟講已十年。
顧炎武偕李因篤謁十三陵，有《謁攢宮文》。
李顒訪父骨於襄城。時駱鍾麟任常州知府，遣人迎至常州講學，聽者雲集。凡開講於無錫、江陰、靖江、宜興，晝夜不得休息。注籍及門者至四千人，時人咤爲百年未有之盛事。
湯斌再過夏峰，留居浹旬，與孫奇逢論學。魏象樞致書論學。
孫博雅（君僑）被薦不起。
刁包卒，年六十七。

康熙九年庚戌（一六七〇）
魏裔介過夏峰訪孫奇逢。
顧炎武刊刻《日知録》八卷。是年有《襄城記異詩》。
彭定求結葑溪文會於長洲。
朱澤澐始就學。
陸隴其、李光地舉進士第。
宜興任啟運（釣臺）生。

康熙十年辛亥（一六七一）
魏禧客毘陵，獲交惲日初。
熊賜履薦顧炎武以史職，炎武力辭不就。
彭瓏被劾罷職，自長寧旋里。
勞史究心朱子之學。

韓孔當、吳偉業、方以智皆卒於是年，年各七十三、六十三、六十一。

吳縣惠士奇（天牧）生。

康熙十一年壬子（一六七二）
施璜赴梁谿謁高世泰，執贄行師事禮，世泰甚相推重。
陸隴其、呂留良始相晤，論學甚洽。
竇克勤舉鄉試。
吳江鈕琇（玉樵）充優貢。

康熙十二年癸丑（一六七三）
孫奇逢命新安魏一鰲（蓮陸）輯《北學編》成書，湯斌遵奇逢囑所輯《洛學編》，亦於歲末成書。耿介請業夏峰。
李顒講學關中書院，立《學規》《會約》。以隱逸被薦，誓死以辭。
孫若群謁選京師，館刑部侍郎聊城任克溥（海湄）家，是年得授山西交城縣令。
長洲沈德潛（歸愚）生。

康熙十三年甲寅（一六七四）
彭定求、尤侗等在里中舉行齋醮，以詩文宣揚道教。
張履祥卒，年六十四。門人海昌祝洤（人齋）彙刻其全集。
邵元長卒，年七十二。

康熙十四年乙卯（一六七五）
陸隴其知嘉定縣，與呂留良商議出處。
李光地呈蠟丸疏，密陳破耿精忠策。
李顒流寓富平，顧炎武致書候問。
程山因戰亂而成丘墟，謝文洊與易堂、髻山諸子播越各鄉，學廢不講。
孫奇逢卒，年九十二。

· 323 ·

康熙十五年丙辰（一六七六）
黃宗羲撰《明儒學案》六十二卷。
彭定求赴京會試。

康熙十六年丁巳（一六七七）
顧炎武、王弘撰至頻陽（富平）訪李顒。王弘撰與顒及縣令大同郭傳芳（九芝）論學於頻陽軍寨，并以所著《正學隅見述》相質證。
滿洲鄂爾泰（毅庵）生。

康熙十七年戊午（一六七八）
是年，清廷開博學鴻詞科，詔徵天下士子。顧炎武、王弘撰、應撝謙、呂留良等皆在被徵之列，辭而不應薦。黃宗羲、李顒、朱用純、魏禧等堅辭不就，至有以死自表之舉。
李因篤以有司迫遣，就徵來京，晤陸隴其，隴其許爲"樸實君子"。
湯斌應徵入京。
惲日初卒，年七十八。

康熙十八年己未（一六七九）
顧炎武客居華陰王弘撰家，更定《日知錄》爲三十卷。
張沐以魏象樞薦，起授四川資陽縣知縣。
張夏爲明吳應卯書《赤壁賦卷題辭》。
錢民始讀《四書》。時陸隴其知嘉定縣，與之論學。
李因篤與試博學鴻詞科，除翰林院檢討，與修《明史》。旋以母老，具疏陳情乞歸養。時王士禎、汪琬主詩社，因篤與之抗禮。與毛奇齡論音韻學不合。
無錫顧棟高（震滄）生。

康熙十九年庚申（一六八〇）
耿介倡學嵩陽書院，士風蒸起。竇克勤聞而往赴受業，投契甚深。六年之中，竟五至嵩陽。
李光地上疏論治統道統。
沈昀、魏禧卒，年各六十三、五十七。

康熙二十年辛酉（一六八一）

陸隴其訪應撝謙，論學相合。撝謙命子禮璧、禮琮受業。

謝文洊虛勞病作，自爲墓誌而卒，年六十七。

婺源江永（慎修）生。

康熙二十一年壬戌（一六八二）

顧炎武客死曲沃，年七十。

朱用純作《朱布衣傳》自明心志。

婺源黃昌衢僑寓鎮江，爲張夏刊印《雒閩源流錄》十七卷

長洲黃農（古處）卒，以孝著聞於時。子商衡（景淑）年始四歲，幼而好學，事母極孝。

鄠縣王心敬（爾緝）聞李顒學名，棄諸生，遊顒門下。

鈕琇解項城縣職束還，居官之日，屢以詩刺時。

竇克勤會試及第，居京謁湯斌，日夕請業。斌以師席不整，勸就教職。

孫若群卸任交城縣事，陞雲南晉寧州知州。

湯之錡卒，年六十二。

山陰向璿（荊山）、溧陽史貽直（儆弦）生。

康熙二十二年癸亥（一六八三）

自韓孔當、俞長民相繼病逝，姚江書院講席停輟，舊人淪散。是歲，邵廷采攜同志敦請史標主書院講席，以陽明之學爲教。

吕留良、彭士望俱卒於今年，壽五十五、七十四。

太原孫嘉淦（懿齋）生。

康熙二十三年甲子（一六八四）

湯斌巡撫江蘇，爲政清簡。

徐枋自定文集序例，潘耒爲之編次，題曰《俟齋文集》。

吳日慎自序所著《周易本義爻徵》。

吳江任德成（象元）生。

康熙二十四年乙丑（一六八五）
　　湯斌訪徐枋，枋閉門不見，斌久候乃去，時論兩高之。舊識高愈，囑縣令再三致意，而愈卒不往謁。延張夏至蘇州學宮，爲諸生講論《孝經》《小學》。結識彭瓏，往來頗密，後更稱其學於清聖祖。
　　張伯行成進士，始宗程朱之學。
　　熊賜履《學統》成書，施璜爲之撰《後序》於紫陽書院。
　　宋實穎任興化縣學教諭。

康熙二十五年丙寅（一六八六）
　　陝西學政許孫荃爲李顒刊其所撰《四書反身錄》。
　　耿介以湯斌之薦，授少詹事。
　　竇克勤授泌陽教諭，倣《白鹿洞規》課試諸生。輯《理學正宗》。
　　湯斌還京，河陽趙士麟（玉峰）繼之巡撫江蘇，禮請張夏授學於蘇州學宮。
　　彭定求任國子監司業。
　　朱澤澐補諸生。
　　向璿年甫五歲，得母口授《四書》，即了大義。
　　魏裔介、錢民卒，年各七十一、三十七。

康熙二十六年丁卯（一六八七）
　　應撝謙、湯斌、魏象樞皆卒於今年，各得年六十九、六十一、七十一。

康熙二十七年戊辰（一六八八）
　　竇克勤進士及第，以丁憂歸籍。建朱陽書院，與耿介聲應氣求。
　　沈昀弟子仁和陸寅（冠周）成進士，未幾而卒。

康熙二十八年己巳（一六八九）
　　張夏寓金山，爲黃昌衢序《明二十四家詩定》。
　　鈕琇知陝西蒲城縣（《臨野堂詩集》卷一〇）。
　　朱澤澐讀《性理大全》，是爲其治理學之始。
　　彭瓏卒，年七十七。

康熙二十九年庚午（一六九〇）
史標自今年以足疾卧小樓三歲，講學不輟。
惲壽平卒，年五十八。

康熙三十年辛未（一六九一）
顧培及武進金敵（廓明）築共學山居，規制條約悉仿東林書院。
許三禮卒，年六十七。
博野尹會一（健餘）生。

康熙三十一年壬申（一六九二）
朱澤澐購得《讀書分年日程》，依其所立次序，循序讀書。
李因篤、陸隴其、王夫之卒，年各六十二、六十三、七十四。

康熙三十二年癸酉（一六九三）
施璜輯《紫陽書院志》十卷。
張夏以手寫明浦源《東海生集》四卷寄與王士禎（《錫金考乘》卷一二）。
李顒《二曲集》刊竣。
朱澤澐隨父約（艮齋）官江西南豐。
史標卒，年七十八。
山陽任瑗（東澗）生。

康熙三十三年甲戌（一六九四）
高安朱軾（若瞻）舉進士第。
竇克勤服除入京，授編修。旋歸里，講學於朱陽書院。
徐枋、徐乾學俱卒，年各七十三、六十四。

康熙三十四年乙亥（一六九五）
黃宗羲卒，年八十六。
臨桂陳宏謀（榕門）、錢塘桑調元（弢甫）生。

· 327 ·

康熙三十五年丙子（一六九六）
顧棟高從學高愈。
王弘撰卒，年七十五。

康熙三十六年丁丑（一六九七）
寧化雷鋐（翠庭）、元和惠棟（定宇）生。

康熙三十七年戊寅（一六九八）
沈德潛從吳江葉燮學詩。
朱用純卒，年七十二。
贛縣鄧元昌（慕濂）、桐城劉大櫆（海峰）俱生於是年。
《清儒學案》卷五一《望溪學案》附《劉先生大櫆》："望溪自矜重，不假借後生，其推挹先生獨至。後姚惜抱受文法於先生，三人相繼，爲學者所宗，稱桐城派。"

康熙三十八年己卯（一六九九）
鈕琇編次所著爲《臨野堂集》，先後輯得二十九卷。
朱彝尊《經義考》成書。
山西姜橚典試江蘇，方苞以第一名舉。姜橚於江南之士，獨賞高愈、方苞，然此時愈已不復與試。
竇克勤復入京供職。
潘耒序李因篤《受祺堂詩集》。
膠州法坤宏（鏡野）生。

康熙三十九年庚辰（一七〇〇）
鈕琇著《觚賸》八卷。
竇克勤分校會試。未久，即移疾假歸。
劉源淥、彭寧求卒，年各八十二、五十二。

康熙四十年辛巳（一七〇一）
向璿始讀性理書，集同人爲輔仁會。
桐城方舟卒，年三十七。

長洲彭啟豐（芝庭）生。

康熙四十一年壬午（一七〇二）
張夏輯《洛閩源流錄》，請序於彭瓏，復自爲之序。
鈕琇著《觚賸續編》四卷。
仁和沈廷芳（椒園）生。

康熙四十二年癸未（一七〇三）
清聖祖西巡至陝，召李顒，顒辭不應詔。清聖祖以顒高年有疾，亦不相強。

康熙四十四年乙酉（一七〇五）
清聖祖詔輯《全唐詩》，彭定求等任編校（《全唐詩進書表》）。
施璜自序所著《五子近思錄發明》。
李顒、宋實穎卒，年各七十九、八十五。
鄞縣全祖望（謝山）生。

康熙四十五年丙戌（一七〇六）
朱澤澐細繹朱子《文集》《語類》，自此專意朱子之學。
《全唐詩》九百卷刻成（《全唐詩進書表》）。
方苞舉進士第。
武功孫景烈（酉峰）生。

康熙四十六年丁亥（一七〇七）
向璿沉潛陽明之學凡六七年，漸疑其說，自是確守程朱，撰《志學錄》《後錄》與《四書記疑》。門人山陰黃序言（艮輔）、程魯望（登泰）亦從師教，由奉陽明之學轉而宗尚程朱。
張伯行撫閩，建鰲峰書院。漳浦蔡世遠（聞之）來謁。

康熙四十七年戊子（一七〇八）
張伯行《道統錄》成書，自爲之序。
湘潭陳鵬年（北溟）知蘇州府，試生員學業，黃商衡第一，然院試輒落。

竇克勤、潘耒俱卒於今年，年各五十六、七十二。

康熙四十八年己丑（一七〇九）
彭定求刻《南畇續稿》。
惠士奇、蔡世遠、李紱、戴名世中進士第。
熊賜履、朱彝尊卒，得壽各八十一、八十四。

康熙四十九年庚寅（一七一〇）
張伯行至東林書院，招請耆儒高愈、顧培、顧鎣及無錫錢仲選（禹田）等會講其中。

康熙五十年辛卯（一七一一）
朱澤澐作《讀中和舊說序》諸篇，自述為學次第。
《南山集》案興，戴名世被逮繫獄。方苞以為《南山集》撰序，同時被捕。
邵廷采、王士禛卒，各得年六十四、七十八。

康熙五十一年壬辰（一七一二）
清廷特升朱子配享孔廟，續修《朱子全書》。毛奇齡自斧《四書改錯》書板。
張夏既刊行《洛閩源流錄》，更作《補編》二卷。

康熙五十二年癸巳（一七一三）
《南山集》案結，戴名世被處死，年六十一。方苞免死入旗籍，供職南書房。
詔命李光地纂修《周易折中》。
張伯行進《濂洛關閩集解》。
孫嘉淦舉進士第。
勞史卒，年五十九。臨終，獨二子與門人餘姚汪鋆（梅津）侍側。

康熙五十三年甲午（一七一四）
鄧元昌始讀宋五子書。

康熙五十四年乙未（一七一五）
《御纂周易折中》成書。李光地承命纂修《性理精義》。
朱澤澐以女歸王懋竑子雒師（箴傳），王雒師遂受業於朱澤澐之門。
長洲褚寅亮（搢升）、建寧朱仕琇（梅崖）生。

康熙五十五年丙申（一七一六）
朱澤澐始著《朱子聖學輯略》，又撰《陽明輯朱子晚年之論辨》。
毛奇齡、顧鏊卒，年各九十四、五十八。
錢塘袁枚（子才）生。

康熙五十六年丁酉（一七一七）
《御纂性理精義》成書。
仁和盧文弨（召弓）生。

康熙五十七年戊戌（一七一八）
黃商衡撰《困學錄》。
李光地卒，年七十七，諡文貞。
山陽程晉芳（魚門）生。

康熙五十八年己亥（一七一九）
朱澤澐選《朱子文集目錄》《語類目錄》。
彭定求卒，年七十五。

康熙五十九年庚子（一七二〇）
朱澤澐、顧培論學有契。時顧培出示《王心敬集》，澤澐見其論朱子與己見不合。

康熙六十年辛丑（一七二一）
張伯行總裁會試，顧棟高、沈起元皆於是歲舉進士第。

朱澤澐攜子光進赴會錫山，有《共學山居講義》。江陰是鏡（仲明）問學澤澐。

元和江聲（艮庭）生。

康熙六十一年壬寅（一七二二）

朱澤澐與王心敬通書，論朱子之學。

嘉定王鳴盛（鳳喈）生。

雍正元年癸卯（一七二三）

清廷詔舉孝廉方正，江蘇布政使鄂爾泰以任德成名奏上，德成以侍養辭。

陳宏謀、尹會一舉進士第。

孫景烈補諸生。

休寧戴震（東原）生。

雍正二年甲辰（一七二四）

張伯行進呈《續近思錄》，建議以明儒羅欽順及本朝陸隴其從祀兩廡，從之。

顧培偕門人至寶應晤朱澤澐，會講二十餘日。

獻縣紀昀（曉嵐）、青浦王昶（德甫）生。

雍正三年乙巳（一七二五）

施璜刊刻《朱子年譜》。

任瑗問學朱澤澐。

張伯行卒，年七十五。

吳縣汪縉（大紳）、韓城王杰（偉人）生。

雍正四年丙午（一七二六）

桑調元舉順天鄉試（《餘山遺書》）。

雍正五年丁未（一七二七）

朱澤澐輯《師表集覽》《吏治集覽》《朱子誨人編》。

彭啓豐以一甲一名中進士第。
昌樂閻循觀（懷廳）生。

雍正六年戊申（一七二八）
朱澤澐以學行被薦，作書肯辭得免。
沈廷芳居京，以劉大櫆介，從學方苞。
嘉定錢大昕（竹汀）生。

雍正七年己酉（一七二九）
濰縣韓夢周（理堂）、吴縣余蕭客（古農）、大興朱筠（竹君）生。

雍正九年辛亥（一七三一）
向璿卒，年五十。
桐城姚鼐（姬傳）生。
《清儒學案》卷八八《惜抱學案》："姚鼐，字姬傳，一字夢穀，桐城人。嘗顔所居曰惜抱軒，學者稱惜抱先生。乾隆癸未進士，改庶吉士，散館，改兵部主事，補授禮部主事，洊遷刑部郎中。典試湖南、山東，分校會試，皆得士。充《四庫全書》纂修，記名御史。乞病歸，主講於江南，爲梅花、紫陽、敬敷、鍾山諸書院山長。嘉慶庚午，以鄉舉重逢赴鹿鳴宴，賜四品銜。越五年卒，年八十有五。（中略）爲學既兼漢、宋，而一以程朱爲宗。（中略）其爲文，與司馬、韓、歐諸君子有相遇以天者；有所作，必歸於扶樹道教，講明正學。（中略）所著經説，發揮義理，輔以考證，而一行以古文法。其生平論學宗旨曰：'義理、考證、辭章不可偏廢。必義理爲質，而後文辭有所附，考證有所歸。'"

雍正十年壬子（一七三二）
無錫許獻（香山）輯《東林書院志》二十二卷。
朱澤澐輯數十年讀書劄記爲《學旨》，未幾卒，年六十七。

雍正十一年癸丑（一七三三）
雷鋐、桑調元舉進士第。

雍正十二年甲寅（一七三四）
蔡世遠卒，年五十二，明年諡文勤。
瑞金羅有高（臺山）、長洲薛起鳳（香聞）生。

雍正十三年乙卯（一七三五）
孫景烈以第二名舉是年陝西鄉試。
沈廷芳在京，從沈德潛學。

乾隆元年丙辰（一七三六）
賜諡陸隴其曰清獻，湯斌曰文正。
方苞充《三禮義疏》館總裁。
孫景烈以孝廉方正之士被薦，以未得進士辭。
蒲城進士某應廷試，鄂爾泰問以王心敬安否。
朱軾卒，諡文端。楊名時亦卒今年，年七十七。

乾隆二年丁巳（一七三七）
孫景烈會試及第，獲授商州學正。

乾隆三年戊午（一七三八）
沈德潛舉於鄉，時年六十六。
興化任大椿（幼植）生。

乾隆四年己未（一七三九）
孫景烈舉進士第，授翰林院檢討。
安溪官獻瑤（石溪）亦於今年進士及第。

乾隆五年庚申（一七四〇）
長洲彭紹升（允初）生。

乾隆六年辛酉（一七四一）
黃商衡父農以孝子旌，商衡竭力請旌垂二十年。
王懋竑、惠士奇俱卒今年，年各七十四、七十一。

乾隆七年壬戌（一七四二）
江永《近思錄集注》成書。
韓夢周始學詩，補諸生。
長洲彭績（秋士）生。

乾隆八年癸亥（一七四三）
昌樂閻循中（怡堂）館韓夢周家，夢周與循中弟循觀從之學。是歲，閻循觀補諸生。
孫景烈以言事忤旨放歸，陝西巡撫陳宏謀延至西安，主關中書院教席。
黃商衡病卒，年六十五。

乾隆九年甲子（一七四四）
閻循觀舉鄉試。
任啓運卒，年七十五。

乾隆十年乙丑（一七四五）
陳宏謀赴關中書院，與孫景烈會講，語涉嫌疑，景烈即日辭歸。
鄂爾泰卒，年六十九，諡文端，有《西林遺稿》。

乾隆十一年丙寅（一七四六）
尹會一提督江蘇學政，以高愈《小學纂注》頒行學宮。
全祖望增修《宋元學案》。

乾隆十二年丁卯（一七四七）
陝西巡撫徐杞聘孫景烈再主關中書院。

乾隆十三年戊辰（一七四八）
陝撫徐杞被詔還京，陳宏謀再居陝撫，函邀景烈重掌關中書院，二人冰釋舊嫌。
韓夢周從學昌樂滕綱（建三）。
尹會一卒，年五十八。

乾隆十四年己巳（一七四九）
顧棟高纂就《春秋大事表》五十卷。
羅有高補諸生。
方苞卒，年八十二。

乾隆十五年庚午（一七五〇）
詔舉經明行修之士，陳宏謀舉孫景烈，景烈堅辭不就。
戴震始從江永學。
江聲從惠棟學。
羅有高寓雩都蕭氏別業，徧讀所藏書。

乾隆十六年辛未（一七五一）
沈德潛主紫陽書院。
褚寅亮、錢大昕等同應清高宗南巡試。
戴震補諸生。

乾隆十七年壬申（一七五二）
盧文弨舉進士第。
韓夢周舉鄉試，與法坤宏定交。

乾隆十八年癸酉（一七五三）
戴震作《與是仲明論學書》。
羅有高謁雩都宋昌圖（道原），道原面折其盛氣，介之於鄧元昌。
孫嘉淦卒，年七十一。卒謚文定。

乾隆二十年乙亥（一七五五）
汪縉補諸生，一意詩古文。
彭紹升補諸生。得鈔本《顧炎武集》，其中篇什多通行本所無（《二林府君述》）。
陳宏謀延聘孫景烈掌教蘭山書院。
姚鼐與戴震有書論學，欲師事之，震約為友。
全祖望卒，年五十一。

乾隆二十一年丙子（一七五六）

戴震居京，館王安國家，教授其子念孫。

汪縉撰《讀浄土三書私記叙》，自述其時學尚宋儒，未及佛法。

彭紹升舉鄉試。

乾隆二十二年丁丑（一七五七）

孫景烈因病歸里講學。

羅有高學《易》於雷鋐門下，過陰承方（静夫）。

韓夢周舉進士第。

清高宗南巡，臨蘇州紫陽書院，山長沈德潛以薛起鳳著文名，强其應試獻詩。

彭紹升始爲詩。是年會試報捷，出盧文弨門下。

陽湖惲敬（子居）生。

乾隆二十三年戊寅（一七五八）

閻循觀、韓夢周讀書程符山。

惠棟卒，年六十二。

乾隆二十四年己卯（一七五九）

閻循觀、韓夢周築程符山學舍，名之曰西澗草堂，講學授徒其中。

顧棟高卒，年八十一。

乾隆二十五年庚辰（一七六〇）

薛起鳳舉鄉試。

彭紹升弱冠，欲著功名，久乃遷變初志，一意向學。

雷鋐卒，年六十四。

乾隆二十六年辛巳（一七六一）

王杰、李文藻、彭紹升皆於今年舉進士第。

吴仲明倡復共學山居。

甘泉江藩（子屏）生。

《清儒學案》卷一一八《鄭堂學案》："江藩，字子屏，號鄭堂，晚號節甫，江蘇甘泉人。監生。少長蘇州，受業余仲林、江叔澐之門，傳惠氏學。博綜群經，尤深漢詁，旁及九流二氏之書，無不綜覽。所爲古文辭，豪邁雄俊，（中略）性不喜唐、宋文，每被酒，輒自言文無八家氣。人目爲狂，不顧也。早歲蓄書萬餘卷，以好客貧其家，歲饑，盡以易米，作書窠圖以寓感。初，惠定宇作《周易述》，未竟而卒，闕自鼎至未濟十五卦、序卦、雜卦二傳，先生乃著《周易述補》五卷，羽翼惠氏。凌次仲序之，謂'惠氏猶不免用王弼之説，先生則悉無之，方之惠書，有過之無不及也'。又著《漢學師承記》八卷，於兩漢儒林家法之承授，清代經學之源流，犖然可考。又取諸家撰述，專精漢學者，倣唐陸元朗《經典釋文》傳注姓氏之例，著《經師經義目錄》一卷，凡言不關乎經義小學，意不純乎漢詁訓者，悉不著錄。又錄孫鍾元以下諸人，分南學、北學、附記，著《宋學淵源記》三卷。少嘗爲《爾雅正字》，道光初復重加刪訂，爲《爾雅小箋》三卷。他著有《隸經文》四卷《續》一卷、《樂縣考》二卷、《炳燭室雜文》一卷、《扁舟載酒詞》一卷。卒年七十一。"

乾隆二十七年壬午（一七六二）

羅有高以優行貢入太學，時彭紹升侍父居京，與有高定交。

江永卒，年八十二。

乾隆二十八年癸未（一七六三）

戴震入京會試不第，段玉裁從之問學，抄錄戴著《原善》三篇。

羅有高南還，寓彭紹升家，獲交汪縉。三人論學往復，彼此砥礪，自此始。

姚鼐舉進士第。

沈起元、史貽直卒，年七十九、八十二。

乾隆二十九年甲申（一七六四）

桑調元、沈廷芳輯刻勞史《餘山遺書》蕆事，桑氏撰序。

儀徵阮元（芸臺）生。

乾隆三十年乙酉（一七六五）

沈廷芳序勞史《餘山遺書》。

韓夢周入京謁選，與彭紹升定交。
羅有高舉順天鄉試，主鄉試者彭啓豐。
鄧元昌卒，年六十八。

乾隆三十一年丙戌（一七六六）
韓夢周知安徽來安縣，獲交任瑗。
羅有高會試落第，與彭紹升閉關七旬。

乾隆三十三年戊子（一七六八）
彭紹升始食素斷肉。
韓夢周延汪縉主建陽書院講席。

乾隆三十四年己丑（一七六九）
戴震始著《緒言》。
閻循觀、任大椿同舉進士第。循觀得授考功主事。
沈德潛卒，年九十七。

乾隆三十五年庚寅（一七七〇）
韓夢周罷官，彭紹升以陽亢宗、元魯山相況。

乾隆三十六年辛卯（一七七一）
朱筠上奏《謹呈管見開館校書摺子》。
羅有高館李文藻恩平縣署中。
薛起鳳講學沂州書院。
韓夢周撰《陰符經解》，歲末北歸，授徒程符山以自給。
閻循觀卒，年四十五。
陳宏謀、桑調元、滿洲尹繼善（望山）俱卒是年，俱得年七十七。宏謀卒後諡文恭。

乾隆三十七年壬辰（一七七二）
韓夢周訪法坤宏，商訂編輯閻循觀遺書事。
羅有高攜子之明入京，會試又落第。

江藩從學薛起鳳，薛氏諭以涵養工夫。

任德成、沈廷芳卒，年各八十九、七十一。會清廷詔求遺書，德成孫兆麟以所著《白鹿洞規大義》五卷上之。

桐城方東樹（植之）生。

《清儒學案》卷八九《惜抱學案》下附《方先生東樹》："方東樹，字植之，晚號儀衛，桐城人。（中略）先生承家學，年二十補諸生，師事惜抱，相從最久。後客游授經，先後主安徽巡撫胡公克家、兩廣總督阮公元，分纂《江寧府志》《廣東通志》，主講廣東廉州、韶州書院。歸皖，主廬州、亳州、宿松書院。復游廣東，客巡撫鄧公廷楨幕中，近七十乃歸里，後進多從游，著書不輟。咸豐元年，主祁門書院，卒於講舍，年八十。先生性高介，不隨人俯仰，好盡言，論道德、文藝，必抉其所以然。（中略）客阮文達幕時，論學意不合，著《漢學商兌》，反復申辨。又慮排漢學或變爲空談性命，不守孔子下學上達之序，乃著《辨道論》《跋南雷文定》，以砭姚江、山陰牴牾朱子之誤。少有用世志，於禮樂、刑法、河漕、水利、錢穀、關市皆嘗究心。（中略）所著書《漢學商兌》三卷、《書林揚觶》二卷、《大易尊聞》三卷、《向果微言》三卷、《昭昧詹言》六卷、《陶詩附考》一卷、《儀衛軒文集》十二卷、《半字集》二卷、《考槃集》三卷、《王餘集》一卷，皆刊行。曰《待定集》者百餘卷，中多微言粹語，軼不存。"

乾隆三十八年癸巳（一七七三）

清廷開設四庫全書館（《朱筠年譜》）。

彭紹升據鈔本《顧亭林集》及從吳江故家所獲手帖五通，輯《亭林先生餘集》一卷（《亭林餘集序》）。受菩薩戒，自是不復近婦人。

羅有高游宜黃、揚州高旻寺、奉化西峰寺。客寧波邵海圖家。

乾隆三十九年甲午（一七七四）

姚鼐卸任四庫館南還。

薛起鳳自沂州歸吳，越四旬而病卒，年四十一。卒後，彭紹升梓其遺集爲《香聞遺集》四卷。

江藩攜妹珠，受業於汪縉（《小維摩詩稿》卷尾）。

任瑗卒，年八十二。

乾隆四十年乙未（一七七五）
江藩居蘇州，從余蕭客受業。
韓夢周設教程符山，作《學規》。
姚鼐還桐城。

乾隆四十一年丙申（一七七六）
戴震撰《孟子字義疏證》成書。歙縣程瑤田（易疇）抄錄《緒言》。

乾隆四十二年丁酉（一七七七）
盧文弨、戴震先後致書彭紹升。震未幾卒，年五十五。
羅有高入京，獲識王昶、周永年。
余蕭客卒，年四十九。江藩轉師江聲。

乾隆四十三年戊戌（一七七八）
東台徐述夔《一柱樓編年詩》案興，清高宗以沈德潛曾爲徐氏作傳，追論其罪，褫奪封典。
江藩著《爾雅正字》。
羅有高會試報罷，得頓腳病，日益消損。其秋南歸，居彭紹升家兩月，疾復發，杖而後行。
李文藻病逝桂林，臨終以編次文集事托付羅有高。

乾隆四十四年己亥（一七七九）
羅有高正月歸家，逾旬而歿，卒年四十六歲。歿後，彭紹升輯刻其遺集八卷，篇次去取，多商之於汪縉。

乾隆四十七年壬寅（一七八二）
常熟程在仁借讀江藩所藏述古堂精鈔本《吳越備史》、《道藏》本李荃注《太乙紫庭經》，後因亡故而佚失（上海圖書館藏揚州江氏鈔校本《吳越備史》跋）。嘗居江藩家，樂與藩父江起棟談論。未幾以貧病死。
孫景烈卒，年七十七。

乾隆四十九年甲辰（一七八四）
彭啓豐卒，年八十四。彭紹升遂往深山習靜，參究向上第一義，作《蓼語示諸兄子》。

乾隆五十年乙巳（一七八五）
韓夢周主講益都書院。
法坤宏、彭績俱卒今年，各得壽六十三、四十四。

乾隆五十一年丙午（一七八六）
江藩父起棟病卒，年六十五。

乾隆五十五年庚戌（一七九〇）
姚鼐受聘至南京，主講鍾山書院。

乾隆五十六年辛亥（一七九一）
江藩與阮元相晤於京師，元薦之館王杰家。

乾隆五十七年壬子（一七九二）
汪縉卒，年六十八。

乾隆五十八年癸丑（一七九三）
方東樹入讀鍾山書院，從學姚鼐。

嘉慶元年丙辰（一七九六）
彭紹升、邵晉涵卒，年各五十七、五十四。

嘉慶三年戊午（一七九八）
韓夢周卒，年七十。

嘉慶四年己未（一七九九）
江聲卒，年七十九。

嘉慶十年乙丑（一八〇五）

姚鼐復至南京，主講鍾山書院，上元管同、梅曾亮、婁縣姚椿、寶山毛嶽生先後從學。

紀昀、王杰俱卒今年，各得年八十二、八十一。

二　相關序跋篇什

不著撰人《江藩傳》（節錄）

又著《漢學師承記》八卷，於兩漢儒林家法之承授，國朝經學之源流，釐然可考。又取諸家撰述專精漢學者，倣唐陸德明《經典釋文》傳注姓氏之例，著《國朝經師經義目錄》一卷，凡言不關乎經義小學，意不純乎漢儒詁訓者，悉不著錄。論者以爲二百年來談漢學不可少之書。又錄孫奇逢以下諸人，分南學、北學、附記，著《宋學淵源記》三卷。（中略）初，藩著《漢學師承記》，仁和龔自珍諍之，大旨謂讀書者實事求是而已，若以漢與宋爲對峙，恐成門户之見。其後壽陽祁寯藻囑光澤何秋濤爲《續記》，秋濤曰："是編當依阮元《疇人傳》之例，改爲《學人傳》。若特立一漢學之名，宋學家群起而攻之矣！"方東樹《漢學商兑》所由作也。然藩所著《宋學淵源記》多以禪學爲宋學，亦爲世所譏云。

　　　　　　　　　　　　　　——《清史列傳》卷六九《儒林傳下》

達三《國朝宋學淵源記序》

嘗觀元代之尊孔子曰："先孔子而聖者，非孔子無以明；後孔子而聖者，非孔子無以法。"至哉言乎！不唯有明講學者所弗能及，即宋儒極力推崇，連篇累牘，亦未有若是之精確者也。蓋天之生物，氣具則命立，性賦則理存，而人秉天地之中，以生故爲萬物之靈。有斯世則有斯人，有斯人則有斯性，自開闢以至今日，自羲、農以至今世之人，此理無一息之間斷，此性亦無一人之不具也。但天道不能無寒暑晝夜之遞嬗，人性不能無昏明强弱之不同，反其同而變其異，作之君，作之師，所謂"修道之教"也。粵稽堯、舜、禹、湯、文、武之爲君，皋陶、稷、契、伊、周之爲臣，其所謂"繼天立極"者，亦不過君君臣臣、父父子子，各全其天性而已。

　　周衰，孔子生於東魯，出類拔萃，繼往開來，然使當日得行其道，亦不過致君爲堯、舜之君，使民爲堯、舜之民，原不能於各全天性之外別有神奇也。無如天厭周德，其道未能大行於天下，不得已訂《詩》《書》、正禮樂、序《易象》、修《春秋》以垂教於萬世，而大經大法、靜義微言具載六經。後之人果能於六經身體而力行之，以之修身，則可悟前聖之心傳，以之治世，則可返唐、虞之盛軌，内聖外王，體用兼盡，原非爲托之空言已也。至於七十二子之徒，皆親炙門牆，身通六藝，其中惟顏、曾獨得心傳，諸子則各具一體，其問答之間，皆因其品詣而指示之，非厚於顏、曾而薄於諸子也。聖人之言，廣大精微，因人設教，使諸子各尊所聞而深造之，其要歸亦未有不合於一貫之旨者也。

　　孔子没，楊墨興，孟子辭而距之廓如也，然當時已有好辯之譏。暴秦焚書坑儒，典籍蕩然，然斯人斯性未嘗滅絶也。漢興，尊崇經術，諸大儒於灰燼之餘，或師學淵源，專門稽古，或殫心竭慮，皓首窮經，而各守一説，不相攻擊，意至厚也。昌黎崛起數百年後，推崇聖道，力排佛、老，而於荀、楊，則曰"大醇而小疵"，亦何嘗於儒術之中自相抵牾哉？蓋道在修己，功在安民，王道聖功，理無二致，故《大學》始言格致誠正以修身，終之以齊家治國平天下，節次不紊，事理相因，本心性以爲事功，即所謂"一以貫之"者也。自宋儒道統之説起，謂二程心傳直接鄒、魯，從此心性、事功分爲二道，儒林、道學判爲兩途，而漢儒之傳經、唐儒之衛道，均不啻糟粕視之矣。殊不思洛閩心學源本六經，若非漢、唐諸儒授受相傳，宋儒亦何由而心悟？且詳言誠正，略視治平，其何以詆排二氏之學乎？南渡後，江西陸氏、永嘉陳氏，或尊德性，或講事功，議論與朱子不合，門下依草附木者互相攻訐。沿至有明，姚江王氏本良知以建功業，稍徵實學，而推尊《古本大學》，不遵朱《注》，於是黨同伐異者又群起而攻陽明矣。本朝列聖相承，本建中立極之學，爲化民成物之政，《四子書》仍遵朱子，《十三經》特重漢儒。名賢輩出，或登廊廟，黼黻皇猷，或守蓬茅，躬行實踐。府縣置學官，無聚徒私議之士；文武歸科第，無懷才不售之人。重熙累洽，一道同風，直邁三代而媲美唐、虞矣。今世之人，幸值休明之運，果能下學上達，服古入官，言行一以孔聖爲依歸，則將仰高鑽堅，瞻前忽後，矻矻孜孜，寸陰是惜，又何暇分唐分漢，闢陸闢王，舍己之田而芸人之田乎？

甘泉江子鄭堂，博學多識，有志斯文，經術湛深，淵源有自，既編《漢學師承記》，芸臺宮保爲跋於前，繼又纂《宋學淵源記》，問序於予。予才疏學淺，曷能妄測高深？詳閱其書，無分門別户之見，無好名爭勝之心，唯録本朝潛心理學而未經表見於世者，其餘廟堂諸公，以有國史可考，不敢僭議也。其用心至矣，其用力勤矣。因忘其譾陋，本諸師傳，驗諸心得，爲弁數語於簡端，以答其虛衷下問之意。若夫精一執中、至誠無息之淵源，請還質諸世之善法孔子者。時皇清道光二年嘉平月，長白達三書於粵東權署。

伍崇曜《國朝宋學淵源記跋》

右《國朝宋學淵源記》二卷《附記》一卷，國朝江藩撰。百餘年來，學者以訓詁小學相尚，許、鄭之學尊於周、孔，儁材秀民，欲以是別異，矯枉過直，集矢於宋儒，影響附和，冥行擿埴，捫籥揣燭，皆自以爲漢學，亦一蔽也。蓋漢儒專言訓詁，宋儒專言義理，原不可偏廢。學者各尊所聞，各行所知，隨其性情之所近，詣力之所專，殊塗同歸，與道大適，無庸悦甘而忌辛，是丹而非素也。鄭堂復撰此書，匪騎牆之見，亦持平之論耳。湯文正、魏果敏諸巨公以史成當有傳，故未及載；若陸清獻從祀孔庭，史臣亦必有傳，故亦未載，亦見矜慎。至孫百泉道光間從祀孔庭，則鄭堂書成久矣。南北學者分上、下二卷，《附記》一卷多援儒入墨之論，殊可不必。鄭堂專宗漢學，而是書記宋學淵源，臚列諸人多非其所心折者，固不無蹈瑕抵隙之意。至《羅臺山孝廉傳》，痛詆之幾無完膚，其人苟無可取，亦何必爲之立傳？甚矣鄭堂之褊也。鄭堂學術人品頗近毛西河檢討，故留粵時，於阮文達亦頗有違言，則其他可知，讀者分別觀之可耳。張石州《閻潛邱年譜》稱"是書載李天生於甲申、乙酉間冒鋒刃，間關至燕中，兩謁愍帝攢宮，是並先生詩文集未之見也"云云，今《李天生傳》無此語，或石州所見爲鄭堂未定之本歟？[一]咸豐甲寅夏五望後，南海伍崇曜謹跋。

案張穆《閻潛邱先生年譜》記李因篤事殊寥寥，僅於康熙十七年條中一見，石州自注云："天生事跡詳《顧譜》。"石州《顧亭林先生年譜》康熙八年己酉"三月，往昌平，五謁天壽山及懷宗攢宮。是行也，與李子德偕"條下自注曰："又案江藩《宋學淵源記》謂天生於甲申、乙酉間，與先生冒鋒刃，間關至燕中，兩謁愍帝攢宮，是并先生詩文集亦未之見也。"

知張石州語實出《顧譜》，而非《閻譜》。二譜並輯入《粵雅堂叢書》中，容伍氏有誤憶。至石州所述記文見李因篤傳，赫赫昭昭，諸本皆同，乃竟謂以"今《李天生傳》無此語，或石州所見爲鄭堂未定之本"云云，則大謬不然者也。

汪喜孫《與江鄭堂先生書》（節錄）

思國朝自顧亭林，首闢禪學，昌明正教。東原吉士繼之，錢少詹、程教諭、淩教授、洪舍人、阮尚書、許兵部、焦舉人，皆爲其學，使孔、孟之旨，不汩於二氏。某欲集爲一書，聞執事有《宋學師承記》，已刊行，伏希惠寄。

——《從政錄》卷一

張穆《日照許肅齋先生壽序》（節錄）

竊嘗羨歎先生家庭之樂，前惟潛邱之事，飲牛夋近之，然閻氏世席厚貲，而先生家無儋石，則難能也。江鄭堂覃思高密，以父母宋五子書別輯《宋學淵源錄》，亦與先生橋梓爲近。然江父兼好佛理，而先生壹意儒書，則醇粹過江氏遠矣。

——《{月齋文集》卷二

謝章鋌《書漢學師承記宋學淵源記後》（節錄）

余舊讀是書，嘗博采傳記爲注，十已得六七，積稿倍原書。咸豐三年，余在漳州，家中藏書爲人所竊，並是書亦亡之。惜哉，後復尋得此本點閱，欲再作注，而插架盡散，無從檢擷矣。鄭堂與焦理堂循並名，當時稱爲"二堂"。是書論漢學，知宗家法，然亦不無偏見私情。（中略）至其論宋學則大謬，象山、慈湖已難免後人擬議，奈何公然以禪學爲宋學耶？國朝講考據，與漢人近。至性理之學，則自安溪、江陰、當湖、睢州數巨公外，後起寥寥。顧余竊謂立品端方、踐履篤實，即是宋學天下之通理。蓋即古今之絕學，非如窮經者必斤斤奉一先生之説也。周和程、介、朱復博通之五子，中已不盡同，然引而之於禪學，不亦悖乎。（中略）宋儒專講心性而薄視事功，置聰明於玄妙之中，故以讀書爲玩物喪志。而太極之上，尚有無極，舉凡東萊、永嘉諸術業，不足值其一唉而掃除一切，直指本心，蓋與禪學通消息久矣。薛香聞、羅臺山輩，蓋亦不足怪也。鄭堂此編殆欲表章陽明宗旨，而陰與紫陽爲向背。不然，豈不知諸君之大異於程朱哉？然而鄭堂固不喜朱學，實亦不知陸王之學也。

——《賭棋山莊文集》卷四

黃式三《漢學師承記跋》（節錄）

江氏宗鄭而遂黜朱，抑又偏矣。漢無兩鄭君，宋無兩朱子，其瀏覽諸經舊説，擇善而從，各能集一代之大成。朱子雖主張程門之教，而王介甫、劉器之不合於程門，亦録其辭，不拘於一。（中略）《儀禮經傳通解》實能合鄭君注，孔、賈疏而斟酌之，則後來居上，有令前賢畏之者，可不溯其由乎？惟是元、明以降，一遵朱子，竟不讀宋以前之書，所有撰著大抵堅持門户，拘守而復衍之，遂欲坐分朱子闡明斯道之功，幸得閻氏百詩、江氏慎修、錢氏竹汀、戴氏東原、段君懋堂諸公，心恥斯習，不糾纏朱子所已言，乃搜輯古今遺説，析所可疑，補所未備，其心誠，其論明，其學實，能合漢、宋所長，徹其藩籬，通其溝澮，而盡掃經外之浮言，則經學得漢、宋之注，十閲六七，加今大儒之實事求是，庶幾十閲八九歟。江氏宗師惠、余，攬閻、江諸公爲漢學，必分宋學而二之，適以增後人之惑也。

——《儆居集》五《雜著一》

李慈銘《讀國朝宋學淵源記》

夜擁衾閲江節甫《國朝宋學淵源記》。上卷孫奇逢、刁包、李中孚、李因篤、孫若群、淄川人。張沐，字仲誠，上蔡人。竇克勤、字敏修，柘城人。劉源涤、姜國霖、字雲一，濰縣人。孫景烈十人，爲北方之學者；下卷劉汋、韓孔當、邵曾可、字子唯，餘姚人。張履祥、朱用純、沈昀、謝文洊、應撝謙、吳慎、字徽仲，歙人。施璜、字虹玉，休寧人。張夏、字秋紹。彭瓏、高愈、顧培、錢民、字子仁，嘉定人。勞史、朱澤澐、向瓙、字荆山，山陰人。先從王文成後人王行九講良知之學，爲輔仁會，後著《志學録》，謹守程朱之説。弟子黃艮輔，字序言，程登太，字魯望，皆邑人。黃商衡、字景淑，長洲人。任德成、字象元，吳江人。鄧元昌二十一人，皆南方之學者。俱取躬行實踐，不墮二氏，不攻擊門户。而湯文正、魏果敏、李文貞、熊文端、張清恪、朱文端、楊文定、孫文定、蔡文勤、雷副憲、陸清獻、陳文恭、王文端諸公皆以國史已有傳，故不録。末附記沈國模、史孝咸、王朝式、字金如，山陰人。沈國模弟子，嘗與證人社，卒於順治初。薛起鳳、節甫嘗從受業，故稱薛香聞師。

· 347 ·

羅有高、汪縉、節甫亦從受業，稱汪愛廬師。彭紹升、程在仁八人，皆以學涉禪理。而深致不滿於臺山，謂其"爲宋儒之學不及道原，宋道原，雩都人。歸西方之教不如照月，肄訓詁之學不如戴太史，文則吾不知也"。

同治癸亥（一八六三）十月初五日

——《越縵堂讀書記》史部傳記類

譚宗浚《擬續修儒林文苑傳條例》（節錄）

讀書貴化門户之見，苟悦甘而忌辛，是丹而非素，斯通儒所弗取也。國朝漢學、宋學，軌轍互歧，各有專長，未容偏廢。而江藩《宋學淵源錄》必擇其聲華閴淡者始錄之，至方東樹《漢學商兑》又攘臂訛爭，幾於灌夫駡坐，信乎楚失而齊亦未爲得矣。

——《希古堂集甲集》卷一

葉德輝《明以來刻本之希見》（節錄）

康熙六年，陳上年屬張弨刻明本《廣韻》發端於李天生、顧亭林二人，故前校勘人姓名四行，爲陳上年、張弨、顧炎武、李因篤。乃江藩《漢學師承記·閻若璩傳》述顧千里廣圻語，以若璩爲亭林門人，云顧刻《廣韻》前列校勘門人有若璩名。不知《廣韻》爲陳刻，非顧刻，且若璩並未與聞。是江、顧均不見陳刻《廣韻》也。顧、閻之學出於朱子，江藩抑於《記》之卷末，故造此言，托之千里，以誣若璩背棄師門，如《宋學源淵記》詆羅有高負氣干訟之類。亦以陳刻《廣韻》流傳頗稀，故敢爲此不實之詞，厚誣賢哲。

——《書林清話》卷八

周實《〈國朝宋學淵源記〉書後》

《國朝宋學淵源記》二卷附錄一卷，甘泉江藩輯。南海伍崇曜論之，曰："鄭堂專治漢學，於宋學諸人不無抵隙蹈瑕之意。"又曰："鄭堂痛詆羅臺山孝廉，幾無完膚，其人苟無可取，亦何必爲之立傳也？"嗚呼，崇曜此言，可謂批隙道窾，洞中癥結者矣。鄭堂標經生之幟，其一生聰明才力，悉敝於聲音訓詁之中，而程、朱、陸、王心性之説，渺無所窺，故語焉不詳、擇焉不精之病，往往不能免焉。且吾尤有異者，鄭堂嘗謂梨洲、亭林深入宋儒之室，於漢儒多騎牆之見，但以爲不可廢耳。而此書自叙又多調停漢、宋之言，且引惠研溪"六經尊服鄭，百行法程朱"二語，以見漢、宋之不相背而相師也。嗚呼，治宋學而不廢漢學，與治漢學而不廢宋

· 348 ·

學者，有以異乎？吾知鄭堂必曰："無以異也。"然則其伸此而抑彼，是丹而非素，果足以服古人之心，而箝後人之口歟。蓋挾意見以立論者，其論必不公。移時而平其心性以出之，則鮮有不自相矛盾者。嗟夫，君子當慎之矣。

——《無盡庵遺集》

章太炎《自述學術次第》（節錄）

古稱讀書論世，余於晚明遺老之書，欲爲整理而未逮也。今觀清世先儒遺學，必當心知其意，若全紹衣痛詆李光地佻淫不孝，實未足以爲大過。臺灣之役，光地主謀，使漢緒由兹而斬，欲明加罪狀則不能，故托他過以譏之也。江子屏《宋學淵源記》不錄高位者一人，自湯斌、二魏、熊賜履、張伯行之徒，下至陸隴其輩，靡不見黜。而顧、黃二子爲明代人物，又別爲論叙以見端，誠謂媚於胡族，得登膴仕者，不足與於理學之林也。

——《制言》半月刊第二十五期

孟森《清史講義》（節錄）

夫唐氏（鑒）之擯孫先生（奇逢），謂其入清朝已七十，不應講學，此於門户之外，別加罪狀，理極不通，道學家之橫生意見，往往如此。江藩《宋學淵源錄》又去其有位於朝、國史應立傳者不載，則似理學爲隱逸者所專，而"天民""大人"之說荒矣，漢學家言宋學，固自隔閡。

——《清史講義》第二章

劉師培《近儒學術統系論》

昔周、秦諸子，淵遠流分，然咸守一師之言，以自成其學。漢儒說經，最崇家法，宋、明講學，必稱先師。近儒治學，亦多專門名家，惟授受謹嚴，間遜漢、宋。甘泉江藩作《漢學師承記》，又作《宋學淵源記》，以詳近儒之學派。然近儒之學，或析同爲異，或合異爲同，江氏均未及備言，則以未明近儒學術之統系也。試舉平昔所聞者，陳列如左。

明、清之交，以浙學爲最盛。黃宗羲受學蕺山，而象數之學兼宗漳圃，文獻之學遠溯金華先哲之傳，復兼言禮制，以矯空疏。傳其學者數十人，以四明二萬爲最著，而象數之學則傳於查愼行。又沈昀、張履祥亦受

· 349 ·

學蕺山，沈昀與應撝謙相切磋，均黜王崇朱，刻苦自厲。履祥亦然，而履祥之傳較遠。其別派則爲向璿。

呂留良從宗羲、履祥遊，所學略與履祥近，排斥餘姚，若放淫詞。傳其學者，浙有嚴鴻逵，湘人有曾靜，再傳而至張熙。及文獄誕興，而其學遂泯。別有沈國模、錢德洪、史孝咸，承海門、石梁之緒，以覺悟爲宗，略近禪學。宗羲雖力摧其説，然沈氏弟子有韓孔當、邵曾可、勞史。邵氏世傳其學，至於廷采，其學不衰。

時東林之學有高愈、高世泰、顧培，上承涇陽、梁谿之傳，講學錫山。寶應朱澤澐，從東林子弟遊，兼承鄉賢劉静之之學，亦確宗紫陽。王茂竑繼之，其學益趨於徵實。又吳人朱用純、張夏、彭瓏，歙人施璜、吳慎，亦篤守高、顧之學。順、康以降，其學亦衰。

若孫奇逢講學百泉，持朱陸之平，弟子尤衆，以耿介、張沐爲最著。湯斌之學，亦出於奇逢，然所志則與奇逢異。

李顒講學關中，指心立教。然關中之士，若王山史、李天生，皆敦崇實學。及顧炎武流寓華陰，以躬行禮教之説倡導其民，故受學於顒者，若王爾緝之流，均改宗紫陽。顒曾施教江南，然南人鮮宗其學，故其學亦失傳。

博野顏元以實學爲倡，精研禮樂兵農。蠡縣李塨初受學毛大可，繼從元説，故所學較元尤博。大興王源，初喜論兵，與魏禧、劉繼莊友善，好爲縱橫之談，繼亦受學於元，故持論尤高。及元游豫省，而顏學被於南；塨寓秦中，而顏學播於西。即江浙之士，亦間宗其學。然一傳以後，其學驟衰，惟江寧程廷祚私淑顏、李，近人德清戴望亦表彰顏、李之書，舍是，傳其學者鮮矣。

自是以外，則太倉陸世儀幼聞幾社諸賢之論，頗留心經世之術，繼受學馬負圖，兼好程朱理學。陳名［言］夏亦言經世，與世儀同。世儀講學蘇、松間，當時鮮知其學，厥後吳江陸耀、宜興儲大文、武進李兆洛，蓋皆聞世儀之風而興起者，故精熟民生利疾而辭無迂遠。

贛省之間，南宋以降，學風漸衰。然道原之博聞，陸王之學術，歐、曾、王氏之古文，猶有存者，故易堂九子均好古文。三魏從王源、劉繼莊遊，兼喜論兵，而文辭亦縱橫。惟謝秋水學崇紫陽，與陸王異派。及雍、乾之間，李紱起於臨川，確宗陸學，兼侈博聞，喜爲古文詞，蓋合贛學三派爲一途。粵西謝濟世，党於李紱，亦崇陸黜朱，然咸植躬嚴正，不屈於

· 350 ·

威武。瑞金羅臺山早言經世，亦工說經，及伊鬱莫伸，乃移治陸王之學，兼信釋典，合淨土、禪宗爲一。吳人彭尺木、薛湘文、汪大紳從臺山遊，即所學亦相近。惟羅學近心齋、卓吾，彭、汪以下，多宅心清靜。由是吳中學派，多合儒、佛爲一談。至嘉道之際，猶有江沅，實則贛學之支派也。

閩中之學，自漳圃以象數施教，李光地襲其唾餘，兼通律呂音韻，又說經近宋、明，析理宗朱子，卒以致身貴顯。光地之弟光坡作《禮記述注》，其子鍾倫亦作《周禮訓纂》，蓋承四明萬氏之學。楊名時受學光地，略師其旨以說經，而律呂音韻之奧，惟傳於王蘭生。又閩人蔡世遠，喜言朱學，亦自謂出於光地。雷鋐受業於世遠，兼從方苞問《禮》，然所學稍實，不欲曲學媚世，以直聲著聞。

自此以外，則湘有王夫之，論學確宗橫渠，兼信紫陽，與餘姚爲敵，亦雜治經史百家；蜀有唐甄，論學確宗陸王，尤喜陽明，論政以便民爲本，嫉政教禮制之失平。然均躬自植晦，不以所學授於鄉，故當時鮮宗其學。別有劉源淥、姜國霖講學山左，李闇章、范鎬鼎講學河、汾，均以宗朱標其幟，弟子雖衆，然不再傳，其學亦晦。此皆明末國初諸儒理學之宗傳也。

——《左盦外集》卷九

劉師培《南北理學不同論》

明代末葉，南方學者若伯玉、金鉉，武進人，多雜佛學。魚山、熊開元，嘉魚人，亦喜佛學，後爲僧人。正希、金聲，徽州人，作《詮心應事篇》。懋德、蔡維立，崑山人。震青，朱天麟，崑山人。咸皈依佛法，復以忠義垂名。黃陶庵諸人亦然。而高、顧諸儒，講學東林，力矯王學末流之失，以王學近於禪，故以無善無惡心之體爲非。弘毅篤實，取法程朱，然立說著書雖緣飾閩洛之言，實隱襲餘姚之旨。如梁溪先生言"心無一事之謂敬"，而《與管登之書》復曰"以覺包理而理乃在外"，而《靜坐說》一篇亦指吾心爲性體。陸隴其言梁溪一派看得性僅明白，卻不認得性中條目，此語近之。又忠憲解格物，以反求諸身爲主，又言"人心明即是天理"，與王氏之旨有何異乎？蕺山之學，出自東林，以誠意爲宗，以慎獨爲主，以改過爲歸，而良知之說，益臻平實，不雜玄虛。然改過之說，出於陽明之"格非"；今讀蕺山《人譜》已與袁氏《功過格》無異，特人弗知耳。慎獨之言，出於東廓之"戒懼"；而誠意之旨，亦與念庵"無欲"相同。惟守身嚴肅，足矯明儒曠放之風。故從其學者，或主考亭，如張考夫、沈昀、應撝

· 351 ·

謙是。或主陽明，如沈求［如］、黃梨洲是。兩派分歧，紛紜各執。

時北方學者有孫夏峰、李二曲。夏峰講學百泉，持朱陸之平，不廢陽明之說，故《理學宗傳》於宋儒兼崇朱陸，於明儒兼崇薛、王、羅、顧，而《歲寒集》有曰："朱陸不同，豈可相非？"又伸陽明無善無惡之旨，蓋亦唯心學派也。從其學者，多躬行實踐之士。然仲誠、孔伯，仍主陸王。仲誠之學多言存心，故唐氏《學案小識》列之心宗，孔伯《上夏峰書》亦主二曲之學，言晚年則囿於習俗，改從程朱。耿介亦主心宗。至顏、李巨儒，以實學爲天下倡，而幽、豫之士，無復以空言相尚矣。二曲講學關中，指心立教，不涉見聞，如《二曲語錄》言讀經取其正大簡易直截，又言道理從聞見入者足障靈源，又言周、程、朱、薛乃孔門曾、卜學派，惟陸、陳、吳、王及龍溪、心齋、近溪、海門乃鄒、孟學派。其爲學也不靠見聞，反己自認。又作《消極說》，以靜坐遏欲爲宗。又有《答門人論學書》，亦盛稱知覺。近於龍溪、心齋之學。然關中之地，有王爾緝、李天生，皆敦崇實學，王爾緝爲二曲弟子，然崇紫陽之學，見《與張伯行論朱子之學書》。天生亦崇實學，觀天生《與孫少宰書》可見。克己復禮，有橫渠講學之遺風。是南學由南輸北，輒與北學相融。自是以還，崑石、雲一，劉源淥及姜國霖。標幟齊東；彪西、閻章，范鎬鼎及李闇章。授徒汾、晉，咸尊朱闢陸，以居敬窮理爲宗。齊、晉之間，遂爲北學盛行之地矣。

南方之儒，嫉王學之遺實學也，亦排斥餘姚，若放淫詞。然舍亭林、道威、晚村外，時吳中有王寅旭，越中有張考夫，湘中有王船山，贛中有謝秋水，皆排斥王學，以程朱爲指歸者。若陸隴其、李光地、楊名時，咸緣飾朱學，炫寵弋榮，與宋、明講學諸儒異趣。而東林子弟，如高愈、高世泰、顧培之屬是也。講學錫山，吳中學者多應之。如朱用純、張夏、彭瓏是也。大抵近宗高、顧，遠法程、朱。然重涵養而輕致知，尊德性而道問學，近於龜山、延平之昔，觀朱柏廬《答徐昭法書》以及張氏《小學瀹注》諸書可見。與北方學派不同。至此以還，淮南徽、歙之間，咸私淑東林之學。淮南學者，以朱止泉爲最著，然治心之說，與吳中同。朱止泉治朱學，純取朱學之虛處。惟徽、歙處萬山之問，異於東南之澤國，故聞東林之緒論者，咸敦崇禮教，如施璜、吳［日］慎是。或致知格物，研精殫思，如雙池、慎修是，二公皆治朱學者。與空談心性者迥別。

當此之時，吳、越之民，雖崇桐鄉張氏之學，從蕺山入程朱者。然證人學會、姚江書院啓於越東，講學之旨，大抵宗蕺山而桃陽明，倡其說者有錢、德洪。沈、國模，字求如。曾、宗聖。史、孝咸，字子虛。諸子，沈氏弟子有韓仁父、名孔當，學稍趨實。邵子唯、名曾可。勞麟書。名史，近於王心齋之化民。邵氏世傳家學，至念魯廷采。而集其大成，謂人心之僞，伏於孔、孟、程、朱，又言束書一切不觀，餘説甚多。以覺悟爲宗，與海門、近溪之言相近。若向璿等，則爲考夫之別派。又吳中之地，前有錢民，見錢竹汀所作行狀。後有尺木，其學雜糅儒佛，與大紳、汪縉。臺山羅有高。相切磋，而大江以南習陸王之學者以數十計。如唐甄、黄宗羲、全謝山主王學，李穆堂主陸學，其最著者也。復有程雲莊等，亦信王學。豈非南方之地，民習浮誇，好騰口説，固與北人之身體力行者殊哉？晚近以來，僞學日昌，南北講學之風盡輟，而名節亦日衰矣。

——《左盦外集》卷九

三　主要引徵書目

經部

張沐：《周易疏略》，《續修四庫全書》影印中國科學院圖書館藏清康熙十九年（一六八〇）陳如升刻本。

吳日慎：《周易本義爻徵》，《續修四庫全書》影印復旦大學圖書館藏清道光二十年（一八四〇）李錫齡刻《惜陰軒叢書》本。

朱熹：《詩集傳》，《中國古典文學基本叢書》本，中華書局二〇一七年版。

孫希旦：《禮記集解》，《清人十三經注疏》本，中華書局一九八九年版。

顧棟高：《春秋大事表》，中華書局一九九三年版。

朱熹：《四書章句集注》，《新編諸子集成》本，中華書局一九八三年版。

焦循：《孟子正義》，《新編諸子集成》本，中華書局一九八七年版。

顧炎武：《音學五書》，《顧炎武全集》本，上海古籍出版社二〇一二年版。

高愈：《小学纂注》，《四庫全書存目叢書》影印清乾隆十二年（一七四七）刻本。

段玉裁：《説文解字注》，上海古籍出版社一九八八年版。

史部

司馬遷：《史記》，中華書局一九八二年校點本。
范曄：《後漢書》，中華書局二〇〇〇年校點本。
陳壽：《三國志》，中華書局二〇一一年校點本。
房玄齡：《晉書》，中華書局二〇一二年校點本。
李百藥：《北齊書》，中華書局一九七二年校點本。
脫脫：《宋史》，中華書局一九八五年校點本。
張廷玉：《明史》，中華書局一九七四年校點本。
趙爾巽：《清史稿》，中華書局一九九八年校點本。
阮元：《國史儒林傳稿》，《續修四庫全書》影印南京圖書館藏清嘉慶刻本。
《清史列傳》，王鍾翰點校，中華書局一九八七年版。
張岱：《石匱書》，《續修四庫全書》影印南京圖書館藏稿本。
徐鼒：《小腆紀傳》，中華書局一九五八年版。
龔百藥：《盩厔李氏家傳》，《二曲集》卷二五，《理學叢書》本，中華書局一九九六年版。
劉紹攽：《關中人文傳》，《碑傳集》卷一三九。
李時燦：《中州先哲傳》，《中州文獻彙編》，民國間刻本。
馬其昶：《桐城耆舊傳》，《安徽古籍叢書》本，黃山書社二〇一五年版。
高廷珍等輯：《東林書院志》，《續修四庫全書》影印上海圖書館藏清雍正十一年（一七三三）刊本。
邵廷采：《姚江書院志略》，餘姚市文物管理所藏清刻本。
孫奇逢：《理學宗傳》，鳳凰出版社二〇一五年版。
張夏：《雒閩源流錄》，《續修四庫全書》影印復旦大學圖書館藏清康熙二十一年（一六八二）黃昌衢彝叙堂刻本。
黃宗羲著，全祖望補修：《宋元學案》，中華書局一九八六年版。
黃宗羲：《明儒學案》，中華書局二〇〇八年版。
徐世昌：《清儒學案》，中華書局二〇〇八年版。
熊賜履：《學統》，《續修四庫全書》影印北京大學圖書館藏清康熙二十四年（一六八五）刻本。
湯斌：《洛學編》，《四庫全書存目叢書》影印康熙刻本。

尹會一：《續洛學編》，湯斌《洛學編》附錄。

王心敬：《關學續編》，附《關學編》，《理學叢書》本，中華書局一九八七年版。

李富孫：《鶴徵前錄》，《昭代叢書》本。

秦瀛：《己未詞科錄》，《續修四庫全書》影印北京大學圖書館藏清嘉慶刻本。

錢林：《文獻徵存錄》，《續修四庫全書》影印清咸豐八年（一八五八）有嘉樹軒刻本。

唐鑑：《國朝學案小識》，清光緒十年（一八八四）刻本。

李元度：《國朝先正事略》，《續修四庫全書》影印北京大學圖書館藏清同治八年（一八六九）循陔草堂刻本。

錢儀吉：《碑傳集》，清光緒十九年（一八九三）江蘇書局刻本。

李桓：《國朝耆獻類徵初編》，清光緒間湘陰李氏刻本。

張維屏：《國朝詩人徵略》，臺北明文書局一九八六年版。

朱子素：《嘉定縣乙酉紀事》，《痛史》本。

李瑶：《繹史摭遺》，國家圖書館藏清道光十年（一八三〇）古高易氏補刻本。

鎖綠山人：《明亡述略》，《荊駝逸史》本，清宣統三年（一九一一）石印本。

陳國慶：《漢書藝文志注釋彙編》，中華書局一九八三年版。

朱彝尊撰，林慶彰等點校：《經義考新校》，上海古籍出版社二〇一〇年版。

永瑢：《四庫全書總目》，中華書局二〇〇三年版。

張庚：《國朝畫徵錄》，清乾隆十九年（一七五四）魚元傅抄本。

袁行雲：《清人詩集叙錄》，人民文學出版社二〇一六年版。

張舜徽：《清人文集別錄》，中華書局一九六三年版。

張夏：《宋儒楊文靖公龜山先生年譜》，清康熙刻本。

華允誠：《高忠憲公年譜》，國家圖書館藏清光緒二年（一八七六）無錫高氏刻本。

洪思：《黃子年譜》，《續修四庫全書》影印中國科學院圖書館藏清道光二十四年（一八四四）曾省林廣邁刻本。

孫奇逢：《孫文正公年譜》，清乾隆六年（一七四一）師儉堂刻本。

王思任：《祁忠敏公年譜》，國家圖書館藏稿本。

劉汋：《先君子蕺山先生年譜》，《劉蕺山先生遺集》附錄，清乾隆間刻道光十一年（一八三一）增刻本。

湯斌：《孫夏峰先生年譜》，《叢書集成初編》本。

黃炳垕：《黃梨洲先生年譜》，《續修四庫全書》影印清同治十二年（一八七三）刻本。

吳映奎：《顧亭林先生年譜》，國家圖書館藏清光緒六年（一八八〇）嘉興金吳瀾刻《歸顧朱三先生年譜》合刻本。

凌錫祺：《尊道先生年譜》，國家圖書館藏清光緒二十六年（一九〇〇）刻本。

羅振玉：《徐俟齋先生年譜》，《永豐鄉人雜著》本。

朱用純：《朱柏廬先生編年毋欺錄》，清光緒間《歸顧朱三先生年譜》合刻本。

楊謙：《朱竹垞先生年譜》，國家圖書館藏清刻本。

吳懷清：《關中三李年譜》，民國十七年（一九二八）京師刻本。

惠靇嗣：《歷年紀略》，《二曲集》卷四十五，《理學叢書》本，中華書局一九九六年版。

姚夏：《張楊園先生年譜》，清道光十四年（一八三四）平湖沈維鐈刻本。

蘇惇元：《張楊園先生年譜》，清同治三年（一八六四）錢塘丁氏刻《當歸草堂叢書》本。

方苞：《湯文正公年譜定本》，清乾隆八年（一七四三）刻本。

沈起：《查東山年譜》，《續修四庫全書》影印上海古籍出版社藏民國五年（一九一六）金榮《漁洋山人年譜》，國家圖書館藏清刻本。

李清植：《文貞公年譜》，《榕村全書》本。

吳光酉：《陸隴其年譜》，《年譜叢刊》本，中華書局一九九三年版。

尤侗：《悔庵年譜》，國家圖書館藏清康熙刻《西堂全集》本。

李塨：《顏習齋先生年譜》，《續修四庫全書》影印上海古籍出版社藏《畿輔叢書》本。

馮辰：《李恕谷先生年譜》，《續修四庫全書》影印南京圖書館藏清道光十六年（一八三六）刻本。

張穆：《閻潛邱先生年譜》，《粵雅堂叢書》本。

張師栻、張師載：《張清恪公年譜》，《續修四庫全書》影印上海古籍出版社藏清乾隆四年（一七三九）正誼堂刻本。

蘇惇元：《方望溪先生年譜》，國家圖書館藏清咸豐刻《望溪先生全集》本。

桑調元：《餘山先生行狀》，附《餘山先生遺書》，清乾隆間刻本。

佚名：《白田王公年譜稿》，《揚州學派年譜合刊》，廣陵書社二〇〇八年版。

朱駱：《朱止泉先生年譜》，《揚州學派年譜合刊》據朵雲軒鈔本整理，廣陵書社二〇〇八年版。

沈德潛：《沈歸愚自訂年譜》，國家圖書館藏清乾隆二十九年（一七六四）教忠堂刻本。

羅繼祖：《清朱笥河筠先生年譜》，《新編中國名人年譜集成》本，臺灣商務印書館一九八一年版。

段玉裁：《戴東原先生年譜》，《戴震集》附錄，上海古籍出版社二〇〇九年版。

錢大昕：《錢辛楣先生年譜》，《嘉定錢大昕先生全集》本，江蘇古籍出版社一九九七年版。

丁錫田：《韓理堂先生年譜》，北京圖書館編《北京圖書館藏珍本年譜叢刊》第一〇六冊，北京圖書館出版社一九九九年版。

沈津：《翁方綱年譜》，"中央研究院"中國文哲研究所二〇〇二年版。

胡適：《章實齋年譜》，安徽教育出版社二〇〇六年版。

阮元：《王文端公年譜》，國家圖書館藏清嘉慶刻本。

鄭福照：《方儀衛先生年譜》，《儀衛軒文集》附錄。

黃宗羲：《思舊錄》，清光緒五年（一八七九）餘姚黃氏五桂樓刻《黃梨洲先生遺書》本。

甘京：《親炙錄》，《謝程山集》附錄，《四庫全書存目叢書》影印清道光三十年（一八五〇）刻本。

劉知幾著，浦起龍通釋：《史通通釋》，《清代學術名著叢刊》本，上海古籍出版社二〇〇九年版。

吳曾：《能改齋漫錄》，上海古籍出版社一九七九年版。

王應麟：《困學紀聞（全校本）》，上海古籍出版社二〇〇八年版。

閻若璩：《潛邱札記》，清乾隆十年（一七四五）眷西堂繕刻本。

王鳴盛：《十七史商榷》，《清代學術名著叢刊》本，上海古籍出版社二〇一三年版。

李慈銘撰，由雲龍輯：《越縵堂讀書記》，上海書店出版社二〇〇〇年版。

葉德輝：《郋園讀書記》，《中國歷代書目題跋叢書》本，上海古籍出版社二〇一〇年版。

祁彪佳：《祁忠敏公日記》，民國二十六年（一九三七）紹興縣修志委員會鉛印本。

劉源淥：《讀書日記》，《四庫全書存目叢書》影印清雍正間刻本。

李文藻：《南澗先生易簀記》，民國二十四年（一九三五）《山左先喆遺書》甲編。

韓夢周：《理堂日記》，清道光四年（一八二四）刻本。

李慈銘：《越縵堂日記補》，民國二十五年（一九三六）商務印書館影印稿本。

葉昌熾：《緣督廬日記鈔》，北京圖書館出版社二〇〇七年版。

陸世儀：《復社紀略》，清末江陰繆氏藕香簃抄本。

宋奎光：《徑山志》，國家圖書館藏明天啓四年（一六二四）李燁然刻本。

儲大文等纂：《（雍正）山西通志》，清嘉慶十六年（一八一一）衡齡校刻本。

孫灝、顧棟高等纂：《（雍正）河南通志》，《文淵閣四庫全書》本。

黃之儁等纂：《（乾隆）江南通志》，《文淵閣四庫全書》本。

謝道承等纂：《（乾隆）福建通志》，《文淵閣四庫全書》本。

張廷寀等纂：《（乾隆）淄川縣志》，《中國地方志集成》影印清乾隆四十一年（一七七六）刻本。

邵晉涵等纂：《（乾隆）杭州府志》，《中國地方志集成》影印清乾隆四十九年（一七八四）刻本。

李亨特等纂：《（乾隆）紹興府志》，《中國地方志集成》影印清乾隆五十七年（一七九二）刻本。

顧詒祿等纂：《（乾隆）長洲縣志》，天津圖書館藏清乾隆十八年（一七五三）刻本。

朱文藻等纂：《（嘉慶）餘杭縣志》，《中國地方志集成》影印清嘉慶

附錄

十三年（一八〇八）刻本。

閻學夏等纂：《（嘉慶）昌樂縣志》，《中國地方志集成》影印清嘉慶十四年（一八〇九）刻本。

馬步蟾等纂：《（道光）徽州府志》，《中國地方志集成》影印清道光七年（一八二七）刻本。

李圖等纂：《（咸豐）青州府志》，《中國地方志集成》影印清咸豐九年（一八五九）刻本。

馮桂芬等纂：《（同治）蘇州府志》，《中國地方志集成》影印清光緒九年（一八八三）江蘇書局刻本。

熊其英等纂：《（光緒）吳江縣續志》，《中國地方志集成》影印清光緒五年（一八七九）刻本。

程其珏等纂：《（光緒）嘉定縣志》，《中國地方志集成》影印清光緒七年（一八八一）刻本。

秦緗業等纂：《（光緒）無錫金匱縣志》，《中國地方志集成》影印清光緒七年（一八八一）刻本。

王文韶等纂：《（光緒）雲南通志》，清光緒二十年（一八九四）刻本。

李藩等纂：《柘城縣志》，國家圖書館藏清光緒二十二年（一八九六）刻本。

邵友濂等纂：《（光緒）餘姚縣志》，《中國地方志集成》影印清光緒二十五年（一八九九）刻本。

法偉堂等纂：《（光緒）益都縣圖誌》，《中國地方志集成》影印清光緒三十三年（一九〇七）刻本。

丁錫田等纂：《（民國）濰縣志稿》，民國三十年（一九四一）鉛印本。

皮錫瑞著，周予同注：《經學歷史》，中華書局二〇〇八年版。

宋慈抱：《兩浙著述考》，浙江人民出版社一九八五年版。

劉聲木：《桐城文學淵源撰述考》，黃山書社一九八九年版。

王慈：《冰槎集題中人物考略》，《張蒼水全集》附錄，清光緒至宣統國學保存會鉛印本。

朱倓：《明季杭州讀書社考》，《明季社黨研究》，商務印書館一九四五年版。

謝國楨：《明清之際黨社運動考》，上海書店出版社二〇〇四年版。
謝國楨：《增訂晚明史籍考》，上海古籍出版社一九八一年版。

子部

朱熹：《朱子語錄》，《朱子全書》本，上海古籍出版社、安徽教育出版社二〇〇二年版。

王陽明：《朱子晚年定論》，國家圖書館藏清光緒十九年（一八九三）周文桂刻本。

羅欽順：《困知記》，《理學叢書》本，中華書局二〇一三年版。

湛若水：《楊子折衷》，《續修四庫全書》影印浙江省圖書館藏明嘉靖葛澗刻本。

陳建：《學蔀通辨》，《續修四庫全書》影印北京大學圖書館藏明嘉靖二十七年（一五四八）刻本。

李贄：《焚書‧續焚書》，《中國思想史資料叢刊》，中華書局二〇〇九年版。

張烈：《王學質疑》，《四庫全書存目叢書》影印清鈔本。

秦雲爽：《紫陽大指》，《四庫全書存目叢書》影印南京圖書館藏清紅格鈔本。

劉源淥：《近思續錄》，《四庫全書存目叢書》影印清康熙間陳舜錫鈔本。

施璜：《五子近思錄發明》，清光緒六年（一八八〇）雲南書局刻本。

施璜：《塾講規約》，清道光間《昭代叢書》本。

張沐：《六諭敷言通俗》，清乾隆三十二年（一七六七）敦臨堂刻本。

謝文洊：《學庸切己錄》，《四庫全書存目叢書》影印清光緒十八年（一八九二）謝鏞刻《謝程山全書》本。

熊賜履：《閑道錄》，《四庫全書存目叢書》影印清康熙間刻本。

王弘撰：《正學隅見述》，清光緒二十一年（一八九五）王凌霄刻本。

竇克勤：《理學正宗》，《四庫全書存目叢書》影印清康熙間刻《竇靜庵先生遺書》本。

竇克勤：《事親庸言》，國家圖書館藏清康熙五十九年（一七二〇）朱陽竇氏刻本。

朱澤澐：《朱子聖學考略》，《續修四庫全書》影印遼寧省圖書館藏民國刻本。

李光地：《榕村語錄》，《文淵閣四庫全書》本。

張伯行：《困學錄集粹》，清同治五年（一八六六）福州正誼書院刻《正誼堂全書》本。

陸隴其：《三魚堂賸言》，《文淵閣四庫全書》本。

方東樹纂，漆永祥彙校：《漢學商兌》，北京聯合出版公司二〇一七年版。

羅大經：《鶴林玉露》，《唐宋史料筆記》本，中華書局一九八三年版。

王家禎：《研堂見聞雜記》，中國歷史研究社編《中國內亂外禍歷史叢書》本，神州國光社民國二十五年（一九三六）版。

鈕琇：《觚賸·觚賸續編》，《續修四庫全書》影印天津圖書館藏清康熙臨野堂刻本。

王士禎：《池北偶談》，《清代史料筆記》本，中華書局一九九七年版。

王弘撰：《山志》，《元明史料筆記》本，中華書局一九九九年版。

彭孫貽：《客舍偶聞》，《續修四庫全書》影印上海圖書館藏清柘柳草堂抄本。

夏荃：《退庵筆記》，《四庫未收書輯刊》影印清代鈔本。

福格：《聽雨叢談》，《清代史料筆記》本，中華書局一九九九年版。

戴璐：《藤陰雜記》，上海古籍出版社一九八五年版。

劉廷璣：《在園雜誌》，《清代史料筆記》本，中華書局二〇〇五年版。

錢泳：《履園叢話》，《清代史料筆記》本，中華書局一九九七年版。

朱彭壽：《舊典備徵》，《清代史料筆記》本，中華書局一九九七年版。

余金：《熙朝新語》，《歷代筆記叢刊》本，上海書店出版社二〇〇八年版。

王培荀：《鄉園憶舊錄》，齊魯書社一九九三年版。

吳翌鳳：《鐙窗叢錄》，《續修四庫全書》影印民國十五年（一九二六）鉛印《涵芬樓秘笈》本。

李斗：《揚州畫舫錄》，《清代史料筆記》本，中華書局一九九七年版。

昭槤：《嘯亭雜錄》，《清代史料筆記》本，中華書局一九八〇年版。

阮葵生：《茶餘客話》，《明清筆記叢刊》本，中華書局上海編輯所一九六〇年版。

吳德旋：《初月樓聞見錄》，清道光間刻本。

陳康祺：《郎潛紀聞初筆・二筆・三筆》，《清代史料筆記》本，中華書局一九八四年版。

陳康祺：《郎潛紀聞四筆》，《清代史料筆記》本，中華書局一九九七年版。

劉體信：《萇楚齋隨筆・續筆・三筆・四筆・五筆》，《清代史料筆記》本，中華書局一九九八年版。

徐珂：《清稗類鈔》，中華書局一九八四年版。

劉承幹：《明史例案》，民國四年（一九一五）吳興劉氏嘉業堂刻本。

李有經：《昔吾雜抄》，山東省圖書館藏民國抄本。

羅志歡主編：《章太炎藏書題跋批注校錄》，齊魯書社二〇一二年版。

道世撰，周叔迦校注：《法苑珠林校注》，《中國佛教典籍選刊》本，中華書局二〇〇三年版。

釋寂蘊：《入就瑞白禪師語錄》，《嘉興大藏經》本。

彭紹昇撰，張培峰校注：《居士傳校注》，《中國佛教典籍選刊》本，中華書局二〇一四年版。

胡珽：《凈土聖賢錄續編》，清光緒元年（一八七五）錢塘許靈虛刻本。

集部

邵雍：《伊川擊壤集》，國家圖書館藏清光緒三年（一八七七）三原劉氏述荊堂刻本。

王安石：《臨川先生文集》，中華書局一九五九年版。

程顥、程頤：《二程集》，《理學叢書》本，中華書局二〇〇四年版。

朱熹：《晦庵先生朱文公文集》，《朱子全書》本，上海古籍出版社、安徽教育出版社二〇〇二年版。

陸九淵：《陸九淵集》，《理學叢書》本，中華書局一九八〇年版。

歸有光：《震川先生集》，《中國古典文學叢書》本，上海古籍出版社二〇〇七年版。

高攀龍：《高子遺書》，《文淵閣四庫全書》本。

黃道周：《黃道周集》，《理學叢書》本，中華書局二〇一七年版。

劉宗周：《劉蕺山先生遺集》，清乾隆間刻道光十一年（一八三一）增刻本。

錢謙益：《牧齋初學集》，《中國古典文學叢書》本，上海古籍出版社二〇〇九年版。

錢謙益：《牧齋有學集》，《中國古典文學叢書》本，上海古籍出版社一九九六年版。

孫奇逢：《夏峰先生集》，《理學叢書》本，中華書局二〇〇四年版。

黃宗羲：《黃梨洲文集》，《理學叢書》本，中華書局二〇〇九年版。

顧炎武：《亭林詩文集》，《顧炎武全集》本，上海古籍出版社二〇一二年版。

王冀民箋釋：《顧亭林詩箋釋》，《中國古典文學基本叢書》本，中華書局一九九八年版。

王弘撰：《砥齋集》，《續修四庫全書》影印南開大學圖書館藏清康熙十四年（一六七五）刻本。

潘耒：《遂初堂集》，國家圖書館藏清康熙刻本。

李顒：《二曲集》，《理學叢書》本，中華書局一九九六年版。

傅山：《霜紅龕集》，臺灣大學藏清丁寶銓刊本影印本，文史哲出版社一九八六年版。

屈大均：《翁山文外》，《續修四庫全書》影印上海圖書館藏清康熙刻本。

徐枋：《居易堂集》，《續修四庫全書》影印湖北省圖書館藏清康熙刻本。

張履祥：《楊園先生全集》，《理學叢書》本，中華書局二〇〇二年版。

邵廷采：《思復堂文集》，清光緒二十年（一八九四）會稽徐氏刻《紹興先正遺書》本。

魏裔介：《兼濟堂文集》，《中國歷史文集叢刊》本，中華書局二〇〇七年版。

朱彝尊：《曝書亭集》，《文淵閣四庫全書》本。

李因篤：《受祺堂詩》，清康熙三十八年（一六九九）田少華廣東刻本。

李因篤：《續刻受祺堂文集》，清道光十年（一八三〇）楊浚刻本。

刁包：《用六集》，《四庫全書存目叢書》影印清康熙三年（一六六四）熊仲龍刻本。

魏禧：《魏叔子文集》，《中國古典文學基本叢書》本，中華書局二〇〇三年版。

彭士望:《恥躬堂詩鈔》,清咸豐二年(一八五二)刻本。

謝文洊:《謝程山集》,《四庫全書存目叢書》影印清道光三十年(一八五〇)刻本。

應撝謙:《應潛齋先生集》,上海圖書館藏清咸豐四年(一八五四)刻本。

張沐:《溯流史學鈔》,《四庫全書存目叢書》影印清康熙間侯重喜等刻本。

惲格:《甌香館集》,國家圖書館藏清道光二十六年(一八四六)海昌蔣氏刻《別下齋叢書》本。

惲格:《南田詩稿册》,上海博物館藏稿本。

湯斌:《潛庵先生全集》,清同治十年(一八七一)繡谷麗澤書屋刻本。

耿介:《敬恕堂存稿》,清康熙間麗澤堂刻本。

汪琬:《堯峰文鈔》,國家圖書館藏清康熙刻本。

韓菼:《有懷堂文藁》,清康熙四十二年(一七〇三)刻本。

陳廷敬:《午亭文編》,國家圖書館藏清康熙四十七年(一七〇八)刻本。

王心敬:《豐川全集》,《四庫全書存目叢書》影印清康熙五十五年(一七一六)額倫特刻本。

陸隴其:《三魚堂文集》,《文淵閣四庫全書》本。

徐乾學:《憺園全集》,國家圖書館藏清光緒九年(一八八三)嘉興金吳瀾刻本。

趙執信:《飴山文集》,國家圖書館藏清乾隆三十九年(一七七四)刻本。

毛奇齡:《西河集》,《文淵閣四庫全書》本。

彭定求:《南畇文稿》,《四庫全書存目叢書》影印清雍正四年(一七二六)刻本。

勞史:《餘山先生遺書》,清乾隆間刻本。

計東:《改亭文集》,《四庫全書存目叢書》影印清乾隆十三年(一七四八)計濱刻本。

朱澤澐:《朱止泉先生文集》,《四庫全書存目叢書》影印清乾隆間顧天齋刻本。

孫景烈：《滋樹堂文集》，清道光間刻本。

宋振麟：《中巖文介先生文集》，《四庫全書存目叢書》影印清乾隆十六年（一七五一）王文昭刻本。

雷鋐：《經笥堂文鈔》，清嘉慶十六年（一八一一）寧化伊氏秋水園刻本。

湯修業：《賴古堂文集》，清道光九年（一八二九）湯韻清宛鄰書屋京師刻本。

彭啓豐：《芝庭文稿》，天津圖書館藏清乾隆宋思仁刻本。

全祖望撰，朱鑄禹匯校集注：《全祖望集匯校集注》，上海古籍出版社二〇〇〇年版。

江聲：《江聲草堂詩集》，清乾隆十九年（一七五四）刻本。

尹會一：《健餘文集》，清光緒間《畿輔叢書》本。

杭世駿：《道古堂文集》，清乾隆五十三年（一七八八）補史亭刻本。

朱筠：《笥河文集》，《續修四庫全書》影印清嘉慶二十年（一八一五）椒吟舫刻本。

王鳴盛：《西莊始存稿》，《續修四庫全書》影印國家圖書館藏清乾隆三十年（一七六五）刻本。

戴震撰，湯志鈞編校：《戴震集》，《清代學者文集叢刊》本，上海古籍出版社二〇〇九年版。

錢大昕撰，呂友仁校點：《潛研堂集》，《清代學者文集叢刊》本，上海古籍出版社二〇〇九年版。

閻循觀：《西澗草堂集》，清乾隆三十八年（一七七三）樹滋堂刻本。

韓夢周：《理堂文集》，《山東文獻集成》第一冊，山東大學出版社二〇〇七年版。

鄭燮：《板橋集》，《續修四庫全書》影印遼寧省圖書館藏清清暉書屋刻本。

任兆麟：《有竹居集》，清嘉慶二十四年（一八一九）兩廣節署刻本。

李文淵：《李靜叔遺文》，清乾隆刻本。

盧文弨：《抱經堂文集》，《中國歷史文集叢刊》本，中華書局二〇〇六年版。

姚鼐著，劉季高標校：《惜抱軒詩文集》，上海古籍出版社二〇一〇年版。

　　姚鼐著，陳用光編：《姚惜抱先生尺牘》，清宣統元年（一九〇九）小萬柳堂重刊本。

　　羅有高：《尊聞居士集》，《續修四庫全書》影印清光緒七年（一八八一）刻本。

　　汪縉：《汪子文錄》，《續修四庫全書》影印山東省圖書館藏清道光三年（一八二三）張杓江沅刻本。

　　汪縉：《汪子二錄·三錄》，《續修四庫全書》影印山東省圖書館藏清嘉慶十年（一八〇五）王芑孫刻《汪子遺書》本。

　　汪縉：《汪子詩錄》，《續修四庫全書》影印復旦大學圖書館藏清嘉慶三年（一七九八）方昂刻本。

　　薛起鳳：《香聞遺集》，國家圖書館藏清光緒十一年（一八八五）彭祖賢湖北撫署刻本。

　　彭紹升：《二林居集》，《續修四庫全書》影印清嘉慶四年（一七九九）味初堂刻本。

　　彭紹升：《一行居集》，國家圖書館藏清道光五年（一八二五）長洲葆素堂彭氏刻本。

　　彭紹升：《觀河集》，清光緒四年（一八七八）刻本。

　　邵晉涵：《南江文鈔》，《續修四庫全書》影印南京圖書館藏清道光十二年（一八三二）胡敬刻本。

　　翁方綱：《復初齋文集》，《續修四庫全書》影印清李彥章校刻本。

　　惲敬：《惲敬集》，《中國古典文學叢書》本，上海古籍出版社二〇一三年版。

　　陳梓：《删後文集》，清嘉慶二十年（一八一五）刻本。

　　王昶：《春融堂集》，《續修四庫全書》影印清嘉慶十二年（一八〇七）塾南書舍刻本。

　　王芑孫：《惕甫未定稿》，清嘉慶長洲王氏刻本。

　　章學誠：《章學誠遺書》，文物出版社一九八五年版。

　　桂馥：《晚學集》，《續修四庫全書》影印清道光二十一年（一八四一）孔憲彝刻本。

　　楊椿：《孟鄰堂文鈔》，《續修四庫全書》影印華東師大圖書館藏清嘉慶二十四年（一八一九）楊魯生刻本。

附　錄

阮元：《揅經室集》，《中國歷史文集叢刊》本，中華書局一九九三年版。

凌廷堪：《校禮堂文集》，《中國歷史文集叢刊》本，中華書局一九九八年版。

焦循著，劉建臻校點：《焦循詩文集》，廣陵書社二〇〇九年版。

劉毓崧：《通義堂文集》，民國間劉氏刻《求恕齋叢書》本。

江沅：《染香盦文外集》，清道光二十年（一八四〇）染香精舍刻本。

沈垚：《落帆樓文集》，清咸豐八年（一八五八）吳興劉氏嘉業堂刻《吳興叢書》本。

方東樹：《儀衛軒文集》，清同治七年（一八六八）刻本。

潘德輿：《養一齋集》，清同治十一年（一八七三）刻本。

李元春：《桐閣先生文鈔》，國家圖書館藏清光緒十年（一八八四）朝邑同義文會刻本。

何桂珍：《何文貞公遺書》，清光緒十年（一八八四）六安涂氏求我齋校刊本。

邵懿辰：《半巖廬遺集》，《續修四庫全書》影印湖北省圖書館藏清光緒三十四年（一九〇八）邵章等刻本。

劉師培：《左盦外集》，《劉申叔遺書》本，江蘇古籍出版社一九九七年版。

周實：《無盡庵遺集》，民國元年（一九一二）上海國光印刷所鉛印本。

葉德輝：《郋園書劄》，民國二十五年（一九三六）《郋園全書》本。

王昶：《湖海詩傳》，上海古籍出版社二〇一四年版。

徐世昌撰，傅卜棠編校：《晚晴簃詩匯》，華東師範大學出版社二〇〇九年版。

劉勰撰，范文瀾注：《文心雕龍注》，人民文學出版社二〇〇六年版。

嚴有翼：《藝苑雌黃》，《說郛》本。

俞弁：《逸老堂詩話》，《續修四庫全書》影印國家圖書館藏清代鈔本。

張表臣：《珊瑚鉤詩話》，《文淵閣四庫全書》本。

朱彝尊：《静志居詩話》，人民文學出版社一九九〇年版。

袁枚：《隨園詩話》，人民文學出版社二〇一三年版。

洪亮吉：《北江詩話》，人民文學出版社一九八三年版。
楊鍾羲：《雪橋詩話全編》，人民文學出版社二〇一一年版。
鄧之誠：《清詩紀事初編》，上海古籍出版社二〇〇二年版。
錢鍾書：《談藝錄》，生活·讀書·新知三聯書店二〇〇七年版。

索 引
（主要人名書名索引）

B

《補農書》 153,157

C

程登泰 230
程在仁 26,34

D

鄧元昌 25,26,33,239,240,242
刁包 25,32,67—71,131,188,195,206,232
竇克勤 25,32,61,108—112,131

F

《豐川集》 84—87

G

高世泰 67,68,71,186,188,192,194

高愈 5,26,33,35,36,206—208,212,242
顧培 5,26,33,36,210—212,217,242
顧炎武 29,30,49,54,73,81,88,90,92,93,98,131,184,297
管宗聖 26,33,219,249,253

H

韓孔當 25,33,145,146,149,150,152,219,232,242,253
韓夢周 25,32,119,121—124,131,285
黃艮輔 230
黃商衡 26,33,233,235,242

J

姜國霖 25,32,115,119,124,131
《近思續錄》 116,118,191
《經正錄》 153,156,158

L

勞史 26,33,218,219,221,222,242
《禮經考次》 135,138—140

《理學宗傳》 10,24,25,51,56,57,65,66,106
李顒(中孚) 7,25,29,30,32,64,73,74,81,83,88,90,91,93,95,98,131,132,296
劉汋 25,33,135,136,140,141,158,235,242
《洛閩源流錄》 194,196
羅有高 26,34,123,124,199,202,204,239—241,266

P

彭瓏 26,30,33,197—200,202,242
彭紹升(尺木) 15,26,30—32,34,42,51—54,121—123,146,186,199,202,204,205,233,234,236,238,255,262

Q

錢民 26,33,214—217,242

R

任德成 26,33,236,238,242
《人譜》 135,140,141,144,152,153,158,259
《儒行述》 30—34,36,42,63,69—71,77,104,106,117,119—121,146,164,166,167,175,176,178,183,186,188,191,206—208,210—212,215—217,230—232,240,241,250,255,256,287,296,297

S

邵曾可 25,33,150—152,219,242,253

沈國模 26,33,145,146,152,219,249—253,255,258,259
沈昀 25,33,169,171,172,242
施璜 5,25,33,186,188,190—193,195,242
史孝咸 26,33,135,141,145,150,219,249—251,254,255,258,259
《受祺堂集》 90,101
《四書反身錄》 73,81—83
孫景烈 25,32,53,78,126—131
孫奇逢 7,10,24,25,29,30,32,51,55,61,64,70,83,106,107,131,132,195,201,204,296
孫若群 25,32,96,102,103,131

T

湯斌 2,7,10,27,31,50,55,56,61,62,95,106,107,132,187,195,202,204,208,295

W

王朝式 26,33,250,255,257—261
汪鑒 26,33,218,220,222,242
汪縉(愛廬) 17,26,34,36,37,123,204,239,240,263,270,273—275,278,279,281,292,295,303
王心敬 10,25,32,73,77,78,83—86,131,132
吳日慎 5,25,33,68,186,189,191,195,244

X

向璿 26,33,230,232,242

索引

謝文洊　25,33,174—176,178,180,242
徐枋　162—165,167,168,256
薛起鳳（香聞）　17,26,34,263,280

Y

閻循觀　25,32,119—121,125,131
《楊園備忘錄》　153,160
應撝謙　7,25,33,36,169—173,181,182,242
《餘山遺書》　218,221

Z

張履祥　7,8,25,30,33,153,154,157,221,242
張沐　25,32,104—107,131
張夏　5,10,25,33,186,188,194—196,202,242,243
《志學錄》　230—232
朱用純　25,33,162,163,166—168,242
朱澤澐　26,33,223—225,227,242

後　　記

　　本書在我博士學位論文的基礎上增補刪訂而成。嚴師佐之先生指導了全篇的撰寫與修訂，更在成書之日，寵我以序。漆師永祥先生審閱了書稿，賜示了絕佳的建議。華東師範大學劉永翔先生、戴揚本先生、顧宏義先生、朱傑人先生，復旦大學吳震先生、鄧志峰先生，中國社會科學院汪學群先生，蘇州大學程水龍先生等皆曾不吝賜教，裨我良深。感謝《中國社會科學博士後文庫》能夠接納這本遠未成熟的小書，感謝編輯李凱凱先生的辛勤付出。我也趁機向父母和未婚妻子楊芳表達我的感激，謝謝他們給我的愛與寬容。

劉國宣 二〇二〇年冬草於北京大學中關新園

第九批《中国社会科学博士后文库》专家推荐表 1

《中国社会科学博士后文库》由中国社会科学院与全国博士后管理委员会共同设立，旨在集中推出选题立意高、成果质量高、真正反映当前我国哲学社会科学领域博士后研究最高学术水准的创新成果，充分发挥哲学社会科学优秀博士后科研成果和优秀博士后人才的引领示范作用，让《文库》著作真正成为时代的符号、学术的示范。

推荐专家姓名	严佐之	电话	13818391858
专业技术职务	研究员	研究专长	中国古典文献学
工作单位	华东师范大学古籍研究所	行政职务	无
推荐成果名称	《宋学渊源记笺证》		
成果作者姓名	刘国宣		

（对书稿的学术创新、理论价值、现实意义、政治理论倾向及是否具有出版价值等方面做出全面评价，并指出其不足之处）

《宋学渊源记》是清代著名学者江藩在汉宋学术争衡的时代背景下，结撰的第一部清代理学史著述，反映了自晚明迄清代中期凡二百年间"宋学"发展状况，在清代学术史甚至整个中国理学发展史上，均具有相当重要的学术意义与价值，但长期以来备受冷遇，迄今尚未出现一部深入系统的研究著作揭示该书的学术内涵。就此论之，《宋学渊源记笺证》在选题价值和创新意义上，都极为值得肯定。

全书正文分引论、笺证两部分，以传统文献学的方法研治思想学术史，对《宋学渊源记》进行了系统而细密的研究。《宋学渊源记》以传记体编著，但记事较为疏略。江藩以汉学名家编撰宋学学术史著作，实不能尽免门户之见，在编撰过程中，轻视宋学的意态、删易史源的痕迹，多有呈现。针对这一文献特征，作者的具体撰述做法如下：以通行的《粤雅堂丛书》本为底本，参校他本及相关史传、方志、诗文集材料，整理出一个更为精善的文本。继而对《宋学渊源记》的史源进行深入的考查梳理，甄别所记人事与史实的异同。参互比较，辨其是非正误，进以去伪存真，补阙拾遗。并视《记》文难易程度以判定有无笺证的需要，大抵凡关于学术流变、学林故实、政治兴乱、社会升降等关键条目详作笺证，对于浅近而无碍理解的语词掌故，尽付阙如，以免滥释之责。力求使《宋学渊源记》所记清代理学史事详明准确，以供学界参考利用。无论就江藩本人学术思想，抑或自晚明迄于清代前中期学术史研究，皆有裨益。在撰写过程中，作者谨守尺度，始终保持客观理性的态度，微引详实，考论严谨，不发空论，言必有据，表现出扎实的古典文献学素养，与较强的独立科研能力。但部分论述尚需斟酌，某些笺证条目稍嫌繁琐，尚需进一步的剪裁，以求精简；其余标点、误字等技术性问题，也需注意。

综上所论，我认为此书已经具备了较为成熟的学术价值，是一部优秀的古籍整理研究著作，适宜出版，特此郑重推荐。

签字：严佐之

2019 年 12 月 19 日

说明：该推荐表须由具有正高级专业技术职务的同行专家填写，并由推荐人亲自签字，且推荐，须承担个人信誉责任。如推荐书稿入选《文库》，推荐专家姓名及推荐意见将印入著作。

第九批《中国社会科学博士后文库》专家推荐表2

《中国社会科学博士后文库》由中国社会科学院与全国博士后管理委员会共同设立，旨在集中推出选题立意高、成果质量高、真正反映当前我国哲学社会科学领域博士后研究最高学术水准的创新成果，充分发挥哲学社会科学优秀博士后科研成果和优秀博士后人才的引领示范作用，让《文库》著作真正成为时代的符号、学术的示范。

推荐专家姓名	漆永祥	电话	13699207956
专业技术职务	教授	研究专长	清代考据学
工作单位	北京大学中文系	行政职务	无
推荐成果名称	《宋学渊源记笺证》		
成果作者姓名	刘国宣		

（对书稿的学术创新、理论价值、现实意义、政治理论倾向及是否具有出版价值等方面做出全面评价，并指出其不足之处）

　　本书是首次对江藩《宋学渊源记》进行系统整理与研究的著作，包括宏观的学术史研究（引论）和文本方面的笺证，对江藩的学术思想和清代前中期的学术生态都有清晰的阐述，对清代理学史的研究尤具参考价值。选题固佳，更呈现出"沉潜考索"的扎实的专业功底。《宋学渊源记》记述时间跨度很大，涉及方面异常广泛，相关史料汗牛充栋，笺证的难度很大。作者知难而上，在就《宋记》的成书背景、体裁内容、史源旨趣等方面进行周密深入研究的基础之上，针对原书记事疏简的著述特征，仿裴松之《三国志注》的体例，从爬梳史源入手，立足原始文献，对《宋学渊源记》核异同，辨是非，去讹存真，补阙引申。征引繁富，不出空论，言必有据，为学界研究该书提供了一部极具学术价值的整理本，必将成为清代学术史领域内长期持续的重要参考书籍。但在剪裁方面还要用力，类同的史料当有取舍；同时建议编著索引，以便读者查阅。

　　有鉴于本书优长的价值，特此郑重推荐。

签字：漆永祥

2019 年 12 月 10 日

说明：该推荐表须由具有正高级专业技术职务的同行专家填写，并由推荐人亲自签字，且推荐，须承担个人信誉责任。如推荐书稿入选《文库》，推荐专家姓名及推荐意见将印入著作。